Bernhard Graefrath (Hrsg.)
Probleme des Völkerrechts (Beiträge)
1985

Bernhard Graefrath
(Hrsg.)

Probleme des Völkerrechts 1985

Beiträge

Akademie-Verlag · Berlin
1985

Institut für Theorie des Staates und des Rechts
der Akademie der Wissenschaften der DDR
Redaktionelle Bearbeitung: Manfred Mohr, Kamen Sachariew

Erschienen im Akademie-Verlag, DDR-1086 Berlin, Leipziger Str. 3—4

Lizenznummer: 202 · 100/18/85
Printed in the German Democratic Republic
Gesamtgestaltung: Ralf Michaelis
Gesamtherstellung: VEB Druckerei „Thomas Müntzer“, 5820 Bad Langensalza
LSV 0435
Bestellnummer: 754 429 1 (6860)
02200

Inhaltsverzeichnis

Содержание

Contents

Vorwort

Das Institut für Theorie des Staates und des Rechts der Akademie der Wissenschaften der DDR möchte mit der Herausgabe von Sammelbänden zu Problemen des Völkerrechts dazu beitragen, Arbeiten der Völkerrechtswissenschaft der DDR bekanntzumachen, die Diskussion und Zusammenarbeit zwischen den sozialistischen Völkerrechtlern zu fördern und der internationalen Öffentlichkeit den Zugang zu Auffassungen und Arbeiten der sozialistischen Völkerrechtswissenschaft zu erleichtern.

Zwischen den sozialistischen Ländern haben sich internationale Beziehungen herausgebildet, die durch die Gemeinsamkeit ihrer sozialistischen Gesellschaftsordnung, die Übereinstimmung ihrer ideologischen Grundpositionen und ihrer gemeinsamen außenpolitischen Ziele gekennzeichnet sind. Zugleich ist der Einfluß der sozialistischen Staaten auf die Entwicklung der universellen internationalen Beziehungen ständig gewachsen. Im Zusammenhang mit dieser Entwicklung hat die Völkerrechtswissenschaft in den sozialistischen Ländern an Umfang und Bedeutung gewonnen. Das hat in zahlreichen Publikationen in den einzelnen Staaten und in der Mitarbeit sozialistischer Experten in internationalen Organen und Organisationen seinen Niederschlag gefunden. Angesichts der Breite und Vielfalt der völkerrechtlichen Arbeiten in den einzelnen sozialistischen Ländern ist das Bedürfnis nach gemeinsamen Publikationen und einer Koordinierung der wissenschaftlichen Arbeiten erheblich angewachsen. Die Sammelbände versuchen dem Rechnung zu tragen, indem sie Beiträge aus allen sozialistischen Ländern aufnehmen.

Die Sammelbände werden nicht thematisch orientiert sein. Sie sollen den Autoren die Möglichkeit geben, zu wichtigen aktuellen theoretischen und praktischen Problemen des Völkerrechts zu publizieren, zur Entwicklung des Völkerrechts, seinem Verständnis und seiner Durchsetzung beizutragen sowie auf neue Entwicklungen aufmerksam zu machen. Sie werden neben Beiträgen von Autoren aus der DDR Arbeiten von Völkerrechtlern anderer sozialistischer Länder in deutscher, russischer oder englischer Sprache enthalten. Die Beiträge werden jeweils ohne Übersetzung veröffentlicht. Um sie jedoch einem möglichst breiten Nutzerkreis zugänglich zu machen, sind ihnen Resümees in den beiden anderen Sprachen beigefügt. Die Beiträge geben die Auffassungen ihrer Autoren und nicht unbedingt die des Herausgebers wieder.

Wir denken, daß der Sammelband „Probleme des Völkerrechts" bei Wissenschaftlern, Studenten und Praktikern im In- und Ausland auf reges Interesse und eine breite Resonanz stoßen wird, und wir hoffen deshalb auf zahlreiche Hinweise, auch auf thematische Anregungen für nachfolgende Sammelbände.

Besonderer Dank gilt dem Verlag, der das Erscheinen dieses Sammelbandes ermöglicht hat und allen Mitarbeitern — besonders Frau H. Lauter —, die geholfen haben, alle technischen Hürden bei der Vorbereitung dieses Bandes zu überwinden.

Berlin, im Mai 1984 Bernhard Graefrath

Л. А. Алексидзе

Место и роль императивных норм в системе международного права

Современный международный правопорядок проходит испытание на прочность. Наиболее реакционные силы империализма, возглавляемые военно-промышленным комплексом США, делают все, чтобы подорвать основы сложившегося за последние десятилетия международного права, призван-
сложившегося за последние десятиления международного права, призванного защищать мир и безопасность народов, способствовать эффективному развитию международного сотрудничества в политической, экономической, научно-технической, социальной, культурной и др. областях.

СССР и другие социалистические государства делают всё возможное для упрочения современного международного правопорядка. В обращении Верховного Совета СССР от 29 декабря 1983 года говорится: „Верховный Совет СССР торжественно заявляет, что Советский Союз не посягнет на безопасность ни одной страны — будь то на Западе или на Востоке. Он желает жить в мире со всеми странами и проводить в жизнь принцип мирного сосуществования государств с различным социально-политическим строем" („Правда", 30 декабря 1983 г.).

В этих условиях трудно переоценить важность нормального функционирования норм jus cogens в системе международного права.

Сегодня уже ни у кого не вызывает сомнения факт наличия в международном праве императивных норм, закреплённый в ст. 53 Венской конвенции по праву договоров, гласящей:
„Договор ничтожен, если в момент заключения он противоречит императивной норме общего международного права. Поскольку это касается настоящей конвенции, императивная норма общего международного права является нормой, которая принимается и признаётся международным сообществом государств в целом как норма, отклонение от которой недопустимо и которая может быть изменена только последующей нормой общего международного права, носящей такой же характер".

1. Общая согласованная воля членов международного сообщества — основа норм jus cogens в международном праве

Современное общее международное право является совокупностью принципов и других, более конкретных норм, признанных в качестве юридически обязательных правил поведения всеми или почти всеми государствами, представляющими различные социально-экономические системы, т.е. международным сообществом государств в целом.

Признание правила поведения в качестве юридически обязательной нормы означает согласование воль признающих его государств и взаимное согласие признать юридическую обязательность нормы.

Одно или несколько государств, представляющих различные социальные системы, не могут повлиять на формирование общей воли международного сообщества государств, на характер общепризнанности нормы в силу согласия на нее всех остальных членов международного сообщества. Возражающие государства просто остаются вне сферы действия данной нормы до тех пор, пока сами не признают ее юридической обязательности при условии, что своими действиями они не будут нарушать прав других, признавших юридическую обязательность нормы, государств.

Для государств, признавших юридическую обязательность нормы, „общепризнанность" и „обязательность" последней совпадают и нарушение нормы ведет к международно-правовой ответственности, формы которой также согласованы и признаны международным сообществом государств в целом, считающим, что однажды данное согласие государства на признание юридической обязательности той или иной нормы поведения не может быть взято обратно, не вызывая юридической ответственности, если только это не делается в рамках процедуры, определенной опять же общим согласием международного сообщества государств в целом или самими заинтересованными государствами.

Волеизъявление государства, выражающего согласие на признание юридической обязательности формирующегося или сформировавшегося правила поведения, проявляется либо в ясно выраженной взаимообусловленной форме (договорная форма), либо такая взаимообусловленность подразумевается в результате односторонних действий (воздержания от действий), свидетельствующих о явном либо подразумеваемом признании юридической обязательности практикуемого самим государством либо другими государствами правила поведения (обычноправовая форма).

Большинство норм общего международного права носит смешанный, договорно-обычный характер, являясь договорным обязательством для одних и обычно-правовой нормой для других.

Современное международное сообщество государств пока что не признает других юридических источников общего международного права кроме договорной и обычно-правовой формы выражения общей согласованной воли международного сообщества государств.

В то же время следует учесть, что воля государства в отношении существующего правопорядка, сложившегося в данный момент на международной арене, не безгранична. Хотя большинство норм международного права и связывает государство только в силу данного им согласия на признание их в качестве юридически обязательного правила поведения, но в современном общем международном праве существуют принципы и нормы, юридическая обязательность которых для всех без исключения государств абсолютна, независимо от того, признало конкретное государство, существующее или новое, данную норму или отказывается сделать это, ссылаясь на свою свободу воли. В этом случае „общепризнанность“ должна быть близкой к „универсальности“, т.е. должно быть налицо общее согласие, общая согласованная воля почти всех государств, за исключением нескольких, при условии наличия подавляющего большинства государств каждой из трех групп — социалистических, капиталистических и развивающихся государств. Таким образом, „общепризнанность“ и „общеобязательность“ здесь совпадают. Речь идет не о навязывании воли большинства меньшинству, воли одной группы государств другой, а о воле всего международного сообщества, противопоставляемой воле отдельных государств, общее число которых ничтожно мало по сравнению с общим числом остальных членов международного сообщества государств, призванных стоять на страже созданного ими правопорядка, который юридически закрепляет социальные и моральные ценности, сложившиеся в ходе исторического развития человечества вообще и объективной необходимости мирного сосуществования государств с различным социальным строем в особенности.

Общедемократический характер общего международного права, сформировавшийся лишь после выхода на международную арену Советского государства, а затем и других социалистических стран, с особой силой проявляется в основных и других отраслевых принципах и нормах общего международного права, и в частности тех, которые носят запрещающий характер, не допуская односторонних или групповых нарушений, направленных на подрыв устоев современного международного правопорядка, защищающего мир и безопасность народов, основные начала гуманности и права человека, основы сотрудничества государств в различных, жизненно важных как для отдельного государства, так и всего сообщества государств в целом, сферах.

К запрещающим нормам относятся так же все более конкретные отраслевые принципы и нормы, защищающие жизненные интересы государств, народов и человеческой личности, т.е. основные общедемократические стандарты современных международных отношений.

Действие ряда запрещающих норм может быть обойдено взаимным согласием двух или группы государств в пределах взаимных прав и обязанностей (напр., взаимное ограничение дипломатического иммунитета своих представителей, взаимное разрешение на досмотр своих судов другой стороной в открытом море и т.д.).

Однако существует совокупность запрещающих норм, которые не могут быть обойдены даже взаимным согласием государств.

Этот факт признает наука, и практика государств.[1]

Однако констатация этого факта еще не означает решения проблемы, более того, как известно, на Венской конференции западные страны воспротивились принятию соответствующей статьи именно в силу отсутствия четкого перечня норм jus cogens, что якобы угрожает стабильности договоров.

И сегодня проблема идентификации норм jus cogens представляет собой один из самых спорных вопросов в науке международного права, где особенно четко проявляется идеологическая борьба социализма и капитализма.

2. Jus cogens и проблема иерархии норм в международном праве

Ряд авторов в поисках разрешения проблемы обращается к иерархии норм и к иерархии источников международного права. Прежде всего, предлагается искать нормы jus cogens в обычноправовых нормах, стоящих якобы выше договорных (Ж. Барберис, Я. Броунли и др.).

Прежде всего следует отметить неприемлемость иерархического различия юридической силы норм международного права в том плане, как это делается во внутригосударственно праве, т.е. в зависимости от огранов, создающих нормы права. В международном праве источники права не различаются по уровню их юридической обязательности; в отличие от законов, подзаконных актов по нисходящей линии, судебных прецедентов и т.д., принятых в качестве основных звеньев иерархии норм во внутригосударственном праве различных государств, договор и международно-правовой обычай стоят на абсолютно равном уровне с точки зрения их юридической обязательности и лишь характер формулируемых ими норм и степень признания их в сообществе государств может служить критерием определения уровня их юридической обязательности. Именно тесное переплетение договорных и обычных норм является характерной чертой современного международного права. Те западные авторы, которые пытаются выразить иерархию норм в международном праве в превосходстве обычая над договором, получающего, мол, свою юридическую силу на основе принципа pacta sunt servanda, объявляемого обычной нормой международного права, явно уклоняются от реальности и находятся в плену собственных теоретических выкладок.

Применительно к международному праву можно говорить об иерархии норм лишь в смысле их соподчиненности и приоритета применения в конкретной ситуации. В этом аспекте иерархия норм международного права

1 Обобщающий анализ см. Л. А. Алексидзе, Некоторые вопросы теории международного права: императивные нормы (jus cogens), Тбилиси, 1982, с. 15—20; L. Alexidze, Legal Nature of Jus Cogens in Contemporary International Law, Recueil des Cours de l'Académie de Droit International de la Haye, vol. 172, 1981, p. 228—232; Л. Н. Шестаков, Императивные нормы в системе современного международного права, Москва, 1981, с. 8—30.

прежде всего упирается в проблему соподчинения норм универсального, т.е. общепризнанного значения, и норм, созданных на локальном (двустороннем, трехстороннем или более широком) уровне.

Н. В. Миронов предлагает следующую конструкцию иерархии норм (принципов) международного права:

1. Универсальный иерархический приоритет императивных норм и принципов международного права (jus cogens) над всеми другими принципами и нормами.

2. Специальный договорный иерархический приоритет принципов и норм, закрепленных в международных договорах, над нормами других международных договоров.

Автор отмечает, что если отступление от первых влечет за собой ничтожность договора, то отступление от предписаний норм второй категории ведет всего лишь к приостановлению действия заключенного договора, а не к отмене или ничтожности его, если только впоследствии за указанными нормами не признан характер jus cogens.[2]

Л. Н. Шестаков, напротив, считает, что понятие jus cogens исключает иерархию норм, поскольку единственным последствием противоречия локальной нормы норме jus cogens является ничтожность первой с самого начала.[3]

В этом заявлении есть доля правды, ибо действительно нормы, отступающие от императивных норм (принципов) международного права, считаются юридически недействительными ab initio и, следовательно, не могут рассматриваться как часть совокупности норм, составляющих международное право на локальном уровне.

Иерархия же норм с точки зрения уровня их юридической силы должна сводиться к соподчинению всех норм системы, объединенных в одну цепь обязательных правил поведения государств на разных уровнях отношений. Если подойти к вопросу с этой точки зрения, то можно наметить следующую пирамиду нормативных принципов и норм современного международного права:

1. Основные принципы международного права, признанные всеми государствами мира в качестве основополагающих правил поведения для всех членов сообщества государств.

2. Принципы, регулирующие основы поведения государств в отдельных областях правовой системы и выражающие главное содержание отрасли.

2 См. Н. В. Миронов, Международное право: нормы и их юридическая сила, Москва 1980, с. 82—101.

3 Л. Н. Шестаков, Некоторые вопросы норм jus cogens в современном международном праве. Автореферат диссертации, Москва, 1974, с. 17.

3. Нормы, создаваемые государствами во исполнение и для конкретизации основных и отраслевых принципов общего международного права.

4. Принципы и нормы, содержащиеся в договорах и обычаях, действующих на локальном уровне и не противоречащие принципам и нормам вышеуказанных трех категорий.

Такая градация дает возможность представить совокупность норм международного права как стройную систему правил поведения, звенья которой нисходит по степени обобщенности и уровню юридической силы от наиболее общих и основополагающих правил поведения к более детальным и конкретным по содержанию правилам, юридическая сила которых зависит от соответствия критериям, установленным вышестоящими принципами и нормами.

3. Критерии идентификации норм jus cogens

Очевидно, что проблема jus cogens лежит не в сфере иерархии норм международного права с точки зрения уровня их юридической силы, а в плоскости степени юридической обязательности (т.е. абсолютной или относительной) для заключающих договор сторон — насколько категорично требование следовать предписаниям, которые содержатся в нормах (принципах), признанных международным сообществом государств в качесте меры поведения для всех и каждого члена этого сообщества. И основные принципы международного права, и отраслевые принципы, и нормы общего международного права могут быть той сферой, где можно обнаружить норму jus cogens и jus dispositivum, что не укладывается в прокрустово ложе иерархии норм с точки зрения уровня их юридической силы, где юридическая сила одного уровня норм подчинена критериям, установленным стоящими на более высоком уровне принципами и нормами.

Напомним, что в Комиссии международного права и докладчики, и члены, принимавшие участие в обсуждении статей о jus cogens, апеллировали к ценностным категориям — морали, социальным нуждам, общим интересам, воле государств, гуманности.

В то же время Комиссия не смогла выработать критериев идентификации норм jus cogens, в результате чего наметился некоторый разнобой в определении содержания норм jus cogens в международном праве. Известно, что в комментариях к ст. 50 проекта статей по праву договоров КМП предпочла лишь констатировать существование норм jus cogens и предоставить практике государств и международным трибуналам самим кристаллизовать эти нормы.[4]

4 Yearbook of the International Law Commission (YILC) 1966, vol. II, p. 248.

Тем не менее, в комментариях приводится несколько примеров норм jus cogens, выдвигаемых членами Комиссии в ходе дискуссии: недействительны договоры, предусматривающие применение силы или угрозы ею вопреки принципам Устава ООН; договоры, предусматривающие совершение всех других актов, составляющих преступление против международного права; договоры, предусматривающие совершение или терпимость действий, таких, как работорговля, пиратство или геноцид, в пресечении которых должны сотрудничать все государства; договоры, нарушающие права человека и право наций на самоопределение.

КМП заявила, что составление подробного перечня норм jus cogens и включение его в статью 50, во-первых, могло бы повлечь неправильное отношение к другим нормам jus cogens, не попавшим в список, и во-вторых, вовлекло бы Комиссию в долгую аналитическую работу, что выходит за пределы комментируемой статьи. В силу этого КМП отказалась от включения в ст. 50 каких либо примеров вообще.[5]

Однако и те примеры, которые попали в комментарий, дают основание для оценки окончательно сформировавшегося отношения КМП к критериям идентификации норм jus cogens в международном праве. Это — недопустимость нарушения мира и безопасности народов и защита основных принципов гуманности и человечности.

В то же время критерий этот надо признать слишком широким, ибо защита мира и гуманности лежит в основе и многих других, не императивных норм общего международного права. Необходимость защиты мира и гуманности это лишь один из критериев идентификации норм jus cogens, основной индикатор сферы, где надо искать нормы этой категории.

Современное международное право закрепляет и защищает основные стандарты поведения государств, ставшие сегодня, в условиях мирного сосуществования государств с различными социально-экономическими системами, основными моральными ценностями человечества и обусловленные современным этапом развития материального и духовного прогресса человечества. Именно здесь, в категории норм, тесно связанных с основными морально-политическими требованиями прогрессивного человечества, и следует искать нормы jus cogens, ибо именно неразрывная связь юридических норм с выкристаллизовавшимися в ходе развития человечества, и прежде всего под влиянием идей и практики социализма, объективно существующими морально-политическими императивами современного человечества, позволяет очертить сферу, в которой следует искать нормы.

Л. Н. Шестаков категорически выражает против попыток „обоснования юридической природы норм jus cogens нравственной основой этих норм,

5 Ibid.

поскольку . . . нравственная основа в большей или меньшей степени присуща всем нормам современного общего международного права.

Получение нормой международного права когентности ничего нового в отношения (между нормами морали и нормами международного права вообще — Л. А.) не вносит. Правильное научное представление о правовой природе норм jus cogens дает теория соглашения.“[6]

Автор явно смешивает два понятия — юридическую природу и ценностное содержание нормы. Конечно все нормы общего международного права основаны на общей согласованной воле международного сообщества, т.е. на согласии всех или подавляющего (почти всех) большинства государств мира. Однако ценностность, социальное значение этих норм далеко не однозначно — ядром правопорядка являются нормы, которые отражают объективно существующие основные морально-этические требования прогрессивного человечества и в рамках которых формируются и действуют остальные правовые нормы. Моральная ценность последних на данном этапе развития человечества более связана с понятием справедливого распределения прав и обязанностей всех участников и они могут быть изменены как с общего согласия всех государств, так и на двусторонней основе в зависимости от волеизъявления сторон.

Именно тот факт, что в основе критерия когентности нормы лежит объективно непреодолимая моральная ценность, сформировавшаяся в ходе развития наиболее глубинных и коренных факторов производительных сил в мировом масштабе, и прежде всего выхода на международную арену сил социализма, и дает возможность выработать единственно научный подход к решению проблемы. Повторяем — юридическая природа норм jus cogens аналогична юридической природе „рядовых“ норм общего международного права, но их моральная ценность существенно отличается от моральной ценности других норм и принципов.

Правда, в Венской конвенции сказано, что императивная норма должна быть признана таковой „международным сообществом государств в целом“, но нигде в ней не говорится об обязательности указания на императивность в каждой норме. Возможно в будущем международное сообщество государств и пойдет по этому пути. Скорее всего, оно пойдет по пути кристаллизации и кодификации норм jus cogens, но скоро ли? В настоящее же время при отсутствии в международном праве принципов и норм, явно запрещающих договорное отступление на локальной основе, единственным путем определения критерия понятия jus cogens является уровень моральной ценностности и значимости общепризнанного принципа или нормы между-

6 Л. Н. Шестаков, О правовой природе норм jus cogens в современном международном праве. — „Вестник Мозковского государственного университета. Право“, Москва, 197[illegible] с. 23.

народного права. Только вооружившись таким критерием и можно сделать первый верный шаг по пути определения той сферы, где надо искать нормы jus cogens в общем международном праве.

Следует признать правильной мысль X. Бокор-Сего о том, что одной лишь теории воли государства недостаточно для идентификации норм jus cogens, необходимо обратиться к „неюридическим факторам — экономическим, историческим, социальным, влияющим на сегодняшние международные отношения", или, скорее всего, к „объективным общественным законам", обуславливающим содержание норм jus cogens.[7]

Собственно говоря, вся социалистическая наука международного права подчеркивает ценностный подход к проблеме jus cogens, указывая на тесную связь этих норм с „увеличением . . . значения моральных принципов в международных отношениях" (Г. И. Тункин), с „социальными закономерностями развития человечества", „интересами международного общения" и „делом поддержания мира и безопасности" (А. П. Мовчан), „с потребностями развития международной жизни, а также эффективного функционирования МП", „жизненными интересами всех государств", „достигнутым нравственным стандартом" и „уровнем гуманности в международных отношениях" (И. И. Лукашук) и т.д.[8]

Это и понятно, ибо в условиях современного международного права обращение лишь к тексту самой нормы или принципа в поисках ее императивного характера обрекает на бесплодные изыскания.

Буржуазная наука, в основном естественно-правовая школа также подчеркивает необходимость ценностного подхода при кристаллизации норм jus cogens, но сводит эти критерии к надклассовым, внеклассовым, вытекающим из „природы человека", „заповеданным богом" идеалам, которым приписывается высшая юридическая сила независимо от того — закреплены они или нет в договорах и обычаях, т.е. в общепризнанных нормах международного права. Однако при демонстрации примеров jus cogens в основном приводятся нормы, лежащие в сфере позитивного международного права.

Неправильно огульно отбрасывать предлагаемый школой естественного права подход к идентификации норм jus cogens. Необходимо вскрывать классовый характер этого подхода, стремящегося выдать ряд выдвигаемых буржуазией требований не только за нормы общего международного права, но и за нормы jus cogens. Однако необходимо показать и общедемократичность целого ряда моральных императивов, лежащих в основе норм jus

7 H. Bokor-Szegö, The Role of the United Nations in International Legislation, Budapest 1978, p. 48.

8 Г. И. Тункин, Теория международного права, Москва, 1970, с. 180; А. П. Мовчан, Кодификация и прогрессивное развитие международного права. Москва, 1972, с. 21; И. И. Лукашук, Механизм международно-правового регулирования, Киев, 1980, с. 51—52.

cogens. Необходимо отстаивать марксистское понимание морали и права, их взаимодействие и взаимопроницаемость, их четко обусловленный, детерминированный производственными отношениями и рожденными ими идеологическими факторами характер.

Очевидно одно — для идентификации норм jus cogens в международном праве необходима на данном этапе некоторая доля допущения „подразумеваемого согласия сообщества государств" считать норму императивной в силу ее сравнительно непреходящего и глубоко коренящегося в правосознании прогрессивного человечества характера. Можно сказать, что jus cogens в международном праве состоит в основном из предписаний, выражающих непреходящие в обозримом будущем моральные императивы, которые в силу своей общечеловеческой ценности не могут быть изменены не только на локальном уровне, но и всеобщим согласием государств мира.

Это именно те нормы, которые, сформировавшись и будучи закреплены юридически в позитивном международном праве, являются еще одной ступенью в лестнице, именуемой прогрессом истории человечества. В этом смысле общая воля международного сообщества государств, будучи юридически неограничена в нормотворчестве, в то же время скована объективно существующими морально-политическими императивами, выкристаллизовавшимися и глубоко проникшими в правосознание прогрессивного человечества в эпоху перехода мира от капитализма к социализму. Попытки империализма повернуть колесо истории вспять в рамках общего международного права обречены на провал в силу наличия другой равноправной системы — социализма, без которой не может существовать общей воли международного сообщества государств — единственной основы юридической обязательности норм общего международного права.

В этом отношении международное право более стабильно, чем внутригосударственное, где в отдельных случаях морально-политические идеалы господствующего класса, в целом закрепленные в праве, могут быть ликвидированы с приходом к власти реакционных сил, опирающихся на самые реакционные и негуманные законы и проповедующих человеконенавистническую мораль, противоречащую самым элементарным требованиям гуманности и вообще цивилизации.

Общедемократический характер современного общего международного права предопределяет демократичность и прогрессивность его содержания, хребтом чего являются запретительные нормы, носящие в большинстве своем характер jus cogens и имеющие объективно непреходящий характер в обозримом будущем. И когда участники Венской конвенции формулировали принцип, допускающий изменение императивной нормы новой нормой такого же характера, они, конечно, меньше всего думали об изменении основного ядра jus cogens и руководствовались необходимостью динамического развития этого института в целом, увязываемого с волей международного сообщества государств „в целом". Достаточно поставить вопрос: можно ли ожидать, что в будущем отступление от запрещения применения силы как одного из средств разрешения споров будет признано законным со стороны международного сообщества государств в целом?! Думаю, ответ может быть лишь один — нет! Сам запрет необходим постольку, поскольку сегодня существует международное сообщество с участием империалистических государств, вынужденных хотя бы формально признать этот принцип, отстаиваемый и обеспечиваемый странами социалистического содружества и всем миролюбивым человечеством, стремящимися исключить войну не только на словах, но и на деле, что возможно при должной мобилизации сил мира.

Таким образом, критериями идентификации норм jus cogens в современном международном праве должны служить:

а) общепризнанность нормы (принципа) со стороны всего сообщества государств в целом, т.е. всеми или почти всеми (за исключением нескольких) государствами, включая все или почти все государства противоположных социальных систем, в качестве юридически обязательной;

б) общепризнанность императивного характера данной нормы (принципа), проявленная государствами expressis verbis либо подразумеваемая в силу ее особой социальной и морально-политической ценности для функционирования всего современного правопорядка;

в) недопустимость отклонения от данной нормы (принципа) в направлении отступления от общепризнанных, общедемократических стандартов цивилизации путем двусторонних и локальных многосторонних договоров;

г) ничтожность договоров, отступающих от данной нормы (принципа), не могущая быть избегнута даже путем расторжения договора или отказа от обычной нормы, содержащей данную норму jus cogens.

4. Степень юридической обязательности основных принципов международного права

Вооружившись этими критериями, можно попытаться, путем критического анализа каждого уровня иерархии норм общего международного права определить, какие из данных норм несут характер jus cogens.

Очевидно, что чем ниже мы будем спускаться от уровня к уровню, от основных принципов к отраслевым нормам, тем больше норм jus cogens должно выявляться, что обусловит и большую трудность в деле исчерпывающей кристаллизации, идентификации всего содержания jus cogens в современном международном праве. Впрочем, в этом и нет необходимости, достаточно на данном этапе четко определить несколько наиболее важных и типичных категорий норм jus cogens.

Итак, обратимся прежде всего к основным принципам международного права: какова их природа с точки зрения степени юридической обязательности, иными словами все они или лишь часть из них носят характер jus cogens.

Буржуазная наука в большинстве своем избегает ссылок на понятие основных принципов международного права при перечислении примеров норм jus cogens и главным образом оперирует принципами, защищающими права человека и гуманность (Дж. Фицморис, Х. Уолдок, Г. Дам и др.).

Так, Я. Броунли перечисляет: запрещение агрессивной войны, геноцида, расовой дискриминации, преступлений против человечности, работорговля, пиратство, а также принцип постоянного суверенитета над природными богатствами и принцип самоопределения.[9]

Другие авторы более определенно высказываются за признание за некоторыми принципами Устава ООН характера jus cogens. Э. Сой отмечает, что хотя Устав ООН и содержит „определенные принципы, безусловно принадлежащие к числу абсолютных принципов jus cogens", все же не все принципы, перечисленные в гл. I, относятся к этой категории.[10] Во время обсуждения его доклада на конференции в Лагонисси Э. Сой отнес к jus cogens принципы запрещения применения силы, уважение суверенитета и независимости государств, невмешательство.[11]

А. Фердросс, отметив принцип, запрещающий нарушение прав третьих стран и принципы гуманности, лишь в заключение формулирует положение о третьей группе норм jus cogens, „введенной Уставом ООН": запрещение применения силы не иначе как для целей самообороны [ст. 2 (4) и 51], обязанность решать споры мирными средствами [ст. 2 (3)], обязанность содействовать любым действиям ООН, предпринятым в соответствии с Уставом, и воздержаться от какой-либо помощи государству, в отношении которого ООН применяет превентивные или принудительные меры (ст. 2 (5)).[12]

Именно принцип запрещения силы наиболее часто упоминается в буржуазной науке международного права в качестве примера jus cogens, чего нельзя сказать об остальных основных принципах международного права, как правило, редко встречающихся в примерах, приводимых западными авторами.

На Венской конференции же большинство делегатов чаще всего упоминало ст. 1 и 2 Устава ООН. И. Штуцкий вынужден констатировать наличие

9 Я. Броунли, Международное право, т. 2, Москва 1977, с. 189—190.

10 E. Suy, The Concept of Jus Cogens in Public International Law — "The Concept of Jus Cogens in International Law", Conference on International Law, Lagonissi (Greece). April 3—8, 1966, Papers and Proceedings II, Geneva 1967, p. 73.

11 Ibid., p. 106.

12 A. Verdross, Jus dispositivum and Jus Cogens in International Law — American Journal of International Law, vol. 60, 1966, No. 1, p. 58—60.

„несоответствия между примерами, приведенными в литературе, и примерами, предлагаемыми на дипломатическом уровне. В частности, в первом случае можно заметить обращение к правам человека и гуманитарным нормам как возможным примерам (jus cogens — Л. А.). „Официальный“ лист примеров кажется гораздо более „ориентированным на государство“.[13] Что же касается развивающихся стран, то и ученые и дипломаты активно поддерживают идею jus cogens именно применительно к основным принципам международного права. Так, в Комиссии международного права, на конференции в Лагонисси, на Венской конференции по праву договоров представители этих стран прежде всего обращались к понятию основных принципов международного права, изложенных в Уставе ООН.[14]

Социалистическая наука международного права почти единогласно относит к jus cogens все основные принципы международного права (см. гл. V). Правда, Г. И. Тункин поставил вопрос о „неполной когентности“[15] некоторых основных принципов международного права. Позже, не соглашаясь с учеными и дипломатами, отрицающими за основными принципами характер jus cogens (делегат США в специальном комитете по принципам международного права), Г. И. Тункин справедливо отмечает, что „если принципы jus cogens вообще существуют в современном международном праве, то, безусловно, их надо искать прежде всего среди основных принципов современного международного права . . . Однако не было сделано удовлетворительной попытки выяснить все ли основные принципы являются императивными или, как это можно предположить, часть из них является лишь частично императивными.“[16]

Н. М. Минасян категорически возражает против формулы „неполной когентности“. „По нашему убеждению“, — пишет автор, — „поскольку речь идет действительно об основных принципах международного права, то таковой проблемы ‚неполной когентности‘ ни у одного из них не возникает и возникнуть не может, ибо ни один из основных принципов не имеет меньшей когентности, чем любой другой из них. Все они равно когентные, императивные принципы в международном праве. Речь может идти не о полной или неполной когентности тех или иных основных принципов, а лишь об их полном или неполном соблюдении или даже их нарушений каким-либо государством, но это отнюдь не снижает когентности нарушенного принципа,

13 J. Sztucki, Jus Cogens and the Vienna Convention on the Law of Treaties. A Critical Appraisal, Wien—New York 1974, p. 121.

14 См. выступления: YILC, 1966, vol. I, p. 72, 213—214; Conference on International Law II. Lagonissi, p. 107, 113.

15 Г. И. Тункин, Теория международного права . . ., с. 181.

16 G. Tunkin, International Law in the International System — Recueil des Cours, vol. 166, 1975/IV, p. 97—98.

а означает противоправное действие данного государства в международных отношениях.“[17]

Совершенно очевидно, что авторы, сводящие нормы jus cogens только к основным принципам международного права, смешивают два понятия — уровень юридической силы основных принципов, безусловно занимающих наивысшее положение в иерархии норм международного права, и степень обязательной силы этих принципов в процессе нормообразования, т.е. допустимость или запрещение правомерного отступления от их предписаний и создание новых правил поведения строго между заключающими договор государствами.

Попробуем подойти к вопросу с критериями, сформулированными выше. Вряд ли стоит доказывать общепризнанность основных принципов международного права, после того как они закреплены в Уставе ООН, в Декларации ООН 1970г. и Заключительном акте совещания в Хельсинки 1975г. Следовательно, критерий а) здесь налицо.

Сложнее обстоит дело с императивным характером каждого принципа (критерий б), ибо отсутствует общепризнанность либо их императивности, либо ничтожности договоров, отступающих от них, либо и того и другого, выраженных expressis verbis, и можно лишь ссылаться на подразумеваемое согласие „международного сообщества государств в целом“, основываясь на внеюридических, ценностных факторах. Вряд ли правы те авторы, которые видят в ст. 103 Устава ООН императивное предписание не отступать от всех основных положений Устава.[18] Ведь ст. 103 всего лишь устанавливает договорный приоритет обязательств, взятых на основании Устава, в отношении обязательств, вытекающих для членов ООН из других международно-правовых актов, что сводится к „преимущественной силе“ обязательств по Уставу ООН. Это положение распространяется на все обязательства, взятые государствами-членами по Уставу, а не только на ст. 1 и 2. Разве обязательства, взятые на основе гл. VII и в частности ст. 41, не будут иметь приемущественную силу над договором, заключенным между двумя государствами о неприменении как вооруженной, так и невооруженной силы, или угрозы силой, если Совет Безопасности потребует от одной из сторон участия в полной или частичной невоенной блокаде в отношении другой, вставшей на путь угрозы силой или применения силы против третьего государства. А разве ст. 42 не дает Совету Безопасности права требовать выполнения обязательств, взятых по ст. 42, предусматривающей даже военную блокаду и др. принудительные меры, связанные с операциями воздушных, морских или сухопутных сил членов ООН.

17 Н. М. Минасян, Социализм и международное право, Саратов, 1975, с. 66.
18 См. И. И. Лукашук, Механизм международно-правового регулирования, с. 52—53.

Правильно отмечают некоторые авторы, что нельзя отождествлять с jus cogens все нормы Устава ООН или утверждать, что в силу ст. 103 положения Устава ООН получают силу jus cogens. Речь идет лишь о приоритете применения норм Устава к создавшейся ситуации, даже если существует договор, предусматривающий иное правило поведения.[19]

Подобные положения содержатся и в других многосторонних договорах.[20] Так, международная конвенция об охране человеческой жизни на море 1960 г. предусматривает, что „в тех случаях, когда договоры, конвенции или соглашения (заключенные отдельными государствами. — Л. А.) противоречат положениям настоящей конвенции, должен отдаваться приоритет постановлениям настоящей конвенции".[21] И. И. Лукашук относит это положение к локальному jus cogens, с чем трудно согласиться. Налицо договорное установление приоритета согласованных положений над всеми „противоречащими" договорами, что не делает их ничтожными. Ведь государство может выйти из договора и остаться верным последующему договору. Здесь имеет место, говоря словами Н. В. Миронова, „специальный договорный иерархический приоритет", отличающийся от jus cogens, сущность которого лежит не в форме, а содержании нормы, иначе вся формулировка ст. 53 Венской конвенции теряет смысл.

Спорно и то утверждение И. И. Лукашука, что в „самом Уставе просматривается определенное различие между императивным характером основных принципов и остальных положений Устава. Если преимущественная сила положений Устава касается лишь государств членов, то императивная сила основных принципов относится ко всем государствам" (автор имеет в виду соответственно ст. 103 и пункт 6 ст. 2 — Л. А.)"[22]. Одно дело „обеспечивать", чтобы государства-нечлены „действовали в соответствии с этими принципами (Устава. — Л. А.), поскольку это может оказаться необходимым для поддержания международного мира и безопасности" (п. 6, ст. 2) и другое дело — признать ничтожным добровольно заключенный договор, чего ни одно положение Устава ООН expressis verbis не делает.

Как же определить степень юридической обязательности основных принципов международного права?!

Здесь большую услугу может оказать концепция основных прав и обязанностей государств. Естественно-правовая концепция прав человека и народов, выдвинутая в эпоху буржуазных революций, сыграла важную, весьма прогрессивную роль в развитии международного права, в основу которого

19 Л. Н. Шестаков, Императивные нормы в системе международного права . . ., с. 93—94; Н. В. Миронов, Цит. соч., с. 90—96.

20 См. E. Suy, Op. cit., p. 65—67.

21 Сборник действующих договоров, соглашений и конвенций, заключенных СССР с иностранными государствами, Вып. XXIV, Москва, 1971, с. 88.

22 Н. И. Лукашук, Цит. соч., с. 53.

были положены начала суверенного равенства государств, невмешательства, неприкосновенности территориальной целостности и др. принципы, объявленные „необходимым правом", а затем „добровольным позитивным правом", основанным на „подразумеваемом согласии всех государств". Эти начала считались продуктом правосознания христианской цивилизации, которые стали обычно-правовыми принципами в силу необходимости и единственно возможной альтернативы, могущей обеспечить исключение анархии и хаоса в международных отношениях и способствовать установлению разумного правопорядка, служащего интересам всех (конечно, „цивилизованных" прежде всего) народов. Эти „основные права" считались неотчуждаемыми и присущими каждому независимому государству в силу естественного права каждого цивилизованного народа на самостоятельное существование при условии признания им основных начал международно-правового общения „цивилизованных государств".

Тот факт, что „право на войну" было одним из основных прав государства, не исключал прогрессивного характера концепции „основных прав государств", тем более; что „право на войну" формально ограничивалось необходимостью обращения к нему лишь как к крайней мере разрешения споров.

Моральная ценность концепции „основных прав государства" очевидна. Особенно важна была она на рубеже XIX—XX вв., когда империализм, готовясь к переделу мира, начинает топтать права малых государств и насаждать агрессивные блоки.

Марксистско-ленинское учение о противоправности колониализма, о праве наций на самоопределение, суверенном равенстве всех, и больших, и малых народов и государств, и проведение этого учения в жизнь молодым Советским государством как во внутренней, так и во внешней политике, способствовали формированию новых морально-политических и правовых (на первых порах носящих локальный характер) принципов, формированию более демократического по форме и содержанию правосознания прогрессивного человечества, ставшего материальной силой, перед которой вынуждены были отступить даже крупные империалстические державы, согласившиеся в 1928 г. на формальное запрещение войны как средства национальной политики; Устав ООН окончательно закрепил и развил принцип запрещения применения силы и договорно оформил признание основных принципов современного международного права, отражающих основные неотъемлемые права, которые вытекали из факта политической независимости, достигнутой малым или большим народом на данном этапе развития человечества. Сегодня не имеет значения „цивилизованное" или „нецивилизованное" то или иное государство с точки зрения уровня его социально-экономического и духовного развития — все народы имеют права на независимое существование в силу своего морально-политического, и сегодня уже юридического, т.е. признанного всеми государствами, права.

Основные права государств (народов), как и основные права человека зависят от уровня развития производительных сил в мире и прежде всего являют собой социальное притязание борющегося за независимость или приобревшего таковую народа (нации). Шаг за шагом закреплялись эти принципы в международном праве, становясь общепризнанными. Одним из последних было признано право нации (народа) на равноправие и самоопределение, получившее юридическое закрепление в Уставе ООН под давлением возглавляемых СССР свободолюбивых сил.

Сегодня, так же как рабство и другое подчиненное состояние человека в зависимости от цвета кожи, расы, пола, национального происхождения и т.д. несовместимы с правосознанием подавляющего большинства человечества, с понятием демократи и вообще, так и колониализм, подчинение одного государства другому силой, отказ борющемуся за независимость народу в праве реализовать притязание на создание своего государства — стали анахронизмом и несовместимы с требованиями прогрессивного человечества.

Отталкиваясь от этого, можно попытаться сконструировать модель „основных прав государства“ на современном этапе, прежде всего, с точки зрения морально-политических прав, которые принадлежат любому добивающемуся или добившемуся независимости народу в условиях действия объективного закона неизбежности мирного сосуществования государств двух противоположных социально-экономических систем — социализма и капитализма. Эти права принадлежат народам, государствам независимо от того, решили они вступить в международное сообщество государств или нет и могут быть сведены к следующей формуле:

1. Любая нация или народ, борющиеся за независимость, имеют право на самоопределение вплоть до вооруженной борьбы и требовать от других государств не мешать этому процессу.

2. Достигнув политической независимости, любой народ (нация) приобретает следующие права по отношению к другим государствам:

а) право требовать от других государств уважения к своей политической независимости, к прерогативам, присущим государственному суверенитету;

б) право требовать неприкосновенности своих границ и территориальной целостности;

в) право требовать от любого государства невмешательства в свои внутренние дела;

г) право требовать от других государств не применять по отношению к себе силу или угрозу силой с целью покорения, подчинения, вмешательства во внутренние дела, присвоения части территории и т.д.;

д) право на самосохранение в порядке самообороны в случае нападения любого другого государства;

е) право требовать от других государств решать спорные с данным государством вопросы мирным путем.

Совокупность этих прав можно отнести к соответствующим данному этапу развития человечества основным морально-политическим правам государств, которые принадлежат им в силу факта приобретения независимости политически организованным народом и не могут быть силой отняты, нарушены ни другим государством, ни всем международным сообществом государств в целом.

В то же время совокупность этих прав накладывает на государство соответствующие, вытекающие из основных прав, обязанности по отношению к другим, обладающим теми же правами государствам:

1. Уважать право на самоопределение других народов.

2. Уважать политическую независимость и суверенитет других государств.

3. Не нарушать неприкосновенность границ и территориальную целостность других государств.

4. Не вмешиваться в их внутренние дела.

5. Не прибегать к силе или угрозе силой.

6. Применять лишь мирные средства разрешения споров с другими государствами.

Все указанные морально-политические основные права и обязанности, будучи продуктом прогрессивного развития человечества, получили сегодня юридическую форму — они закреплены в основных принципах современного общего международного права, призванного защищать основные права каждого политически организованного народа и гарантировать неуклонное соблюдение вытекающих из этого факта обязанностей государств по отношению друг к другу.

Все указанные права и обязанности — это проявление суверенности народа (нации) в рамках своих собственных границ и связаны с воздержанием от таких действий в отношении других государств, которые данное государство отказывается признать справедливыми по отношению к себе со стороны этих государств.

Кроме перечисленных обязанностей, вытекающих из основных прав других государств, государства не должны преступать во внутренней политике основных начал гуманности в отношениях со своими гражданами и другими лицами, пребывающими в пределах государственных границ данного государства, т.е. не нарушать неотъемлемых прав человека, связанных с обеспечением ему права на жизнь, свободное от рабства и другого подневольного положения в обществе, не допускать таких массовых и грубых нарушений прав человека, как геноцид, апартеид, массовый террор и другие наиболее тяжкие формы расовой дискриминации и фашистского разбоя, поставленных сегодня мировым общественным мнением вне закона;

они противоречат элементарным понятиям справедливости и морали в их общедемократическом содержании.

Выход государства на международную арену и установление контактов с другими государствами автоматически сообщает первому ряд дополнительных прав и обязанностей, вытекающих из членства в международном сообществе государств и носящих юридический характер, ибо они установлены общей волей международного сообщества государств. Права и обязанности эти следующие:

1. Право требовать равноправного положения в международном сообществе государств, т.е. соблюдения принципа суверенного равенства государств независимо от их социальной системы, размеров территории, военной и политической мощи и т.д.

2. Обязанность соблюдать все запрещающие общепризнанные принципы и нормы международного права, составляющие хребет современного правопорядка в международном сообществе государств и закрепляющие основы современной цивилизации — сформировавшиеся к сегодняшнему дню общечеловеческие ценности.

Все указанные основные права и соответствующие им обязанности государств получили отражение и закрепление в Уставе ООН, который сделал их общепризнанными договорьми основными принципами современного международного права.

Известно, что глава I Устава „Цели и принципы", хотя и формулирует положения, предназначенные главным образом для членов ООН, но ст. 2(6) предусматривает обязательность этих положений и для нечленов ООН. Учитывая, что сегодня почти все государства мира — члены ООН, вопрос о том, являются ли основные принципы ООН основными принципами общего международного права носит схоластический характер и, как уже отмечалось, лишен реального значения.

Декларация 1970 г. о принципах международного права, касающихся дружественных отношений и сотрудничества между государствами в соответствии с Уставом ООН, обращена ко всем государствами и предлагает им руководствоваться „основными принципами международного права" в своей „международной деятельности и развивать свои взаимоотношения на основе их строгого соблюдения". Отдельные основные права и коррелятивные обязанности государств стали гранями конкретных основных принципов международного права. Хорошо известны те семь принципов, которые формулирует Декларация 1970 г.:

1. Принцип, согласно которому государства воздерживаются в своих международных отношениях от угрозы силой или ее применения как против территориальной неприкосновенности или политической независимости любого государства, так и каким-либо другим образом, не совместимым с целями ООН.

2. Принцип, согласно которому государства разрешают свои международные споры мирными средствами таким образом, чтобы не подвергать угрозе международный мир, безопасность и справедливость.

3. Принцип, касающийся обязанности в соответствии с Уставом не вмешиваться в дела, входящие во внутреннюю компетенцию любого государства.

4. Обязанность государств сотрудничать друг с другом в соответствии с Уставом.

5. Принцип равноправия и самоопределения народов.

6. Принцип суверенного равенства государств.

7. Принцип добросовестного выполнения государствами обязательств, принятых ими в соответствии с Уставом.

Каждый из этих принципов содержит целый ряд других важных норм, которые также могут быть признаны основными в силу важного значения для всего правопорядка. Именно таковыми являются неприкосновенность территориальной целостности, нерушимость границ, а также принцип уважения основных прав и свобод человека.

Вот почему участники Хельсинского совещания по сотрудничеству и безопасности в Европе в Заключительном акте, подписанном 1 августа 1975 г., не только подтвердили свою приверженность к семи основным принципам, содержавшимся в Декларации 1970 года, но и вычленили из них вышеуказанные три увеличив, количество основных принципов до десяти.

Участники совещания выразили свою общую приверженность к „принципам, которые изложены ниже и которые находятся в соответствии с Уставом ООН, а также свою общую волю действовать, в применении этих принципов“, в соответствии с целями и принципами Устава . . .“. В принципе же „Добросовестное выполнение обязательств по международному праву“ заявлено, что „при осуществлении своих суверенных прав . . . (государства-участники. — Л. А.) будут сообразовываться со своими юридическими обязательствами по международному праву; они будут, кроме того, учитывать должным образом и выполнять положения Заключительного акта . . .“.

Здесь четко видно разграничение юридических обязательств, а также изложенных принципов, от „других положений Заключительного акта“, налагающих морально-политические обязательства, с которыми нужно „должным образом сообразовывать“ свои действия.

Все это дает основание считать на сегодняшний день оправданным при перечислении основных принципов международного права, обладающих наивысшей юридической силой и пронизывающих все отрасли этой системы права, формулировать их с учетом дополнений, сделанных на Хельсинском совещании и молчаливо признанных всем международным сообществом государств.

Принципы, перечисленные в Заключительном акте, следующие:

1. Суверенное равенство, уважение прав, присущих суверенитету.
2. Неприменение силы или угрозы силой.
3. Нерушимость границ.
4. Территориальная целостность государств.
5. Мирное урегулирование споров.
6. Невмешательство во внутренние дела.
7. Уважение прав человека и основных свобод, включая свободу мысли, совести, религии и убеждений.
8. Равноправие и право народов распоряжаться своей судьбой.
9. Сотрудничество между государствами.
10. Добросовестное выполнение обязательств по международному праву.

5. Анализ когентности основных принципов международного права

Каждый из этих принципов содержит ряд конкретных предписаний, норм, раскрытых в Декларации 1970 года и в самом Заключительном акте. Поэтому само название принципа не исчерпывает его нормативного содержания, а лишь отражает основную идею совокупности более конкретных предписаний. Это очень важный момент.

Таким образом, при анализе основных принципов международного права с точки зрения их когентности, надо исходить прежде всего из степени абсолютности социальной и моральной ценности предписания того или иного принципа, как для каждого государства в отдельности, так и для всего сообщества государств в целом. И здесь концепция основных прав и обязанностей государства играет весьма важную роль в процессе выявления когентности того или иного принципа: государства вправе распоряжаться своими основными правами лишь в пределах, не затрагивающих мир и безопасность народов, основные принципы гуманности и сторудничества государств в жизненно важных для всех государств пространствах.

Видимо, необходимо прежде всего уточнить соотношение принципов и их главное содержание. Если считать, что принципы суверенного равенства, нерушимости границ, неприкосновенности территориальной целостности имеют в виду лишь недопустимость их нарушения силой или под угрозой применения силы, то тогда обедняется их регулирующий характер и вряд ли стоит их выделять в отдельные принципы или в подпункты содержания других принципов.

Следует учесть, что все принципы, перечисленные в Декларации 1970 г. и Заключительном акте 1975 г., взаимозависимы и даже повторяются один в другом. Так, неприкосновенность территориальной целостности упоминается в принципах неприменения силы, самоопределения и суверенного равенства, перечисленных в Декларации, а также в принципах неприменения силы, нерушимости границ, территориальной целостности, равноправия и права народов распоряжаться своей судьбой, перечисленных в Заключительном акте.

Поэтому необходимо рассматривать все основные принципы в свете основных прав и обязанностей государств, обобщенных данными принципами, и степени допустимости отступления от этих прав и обязанностей в свете моральных и юридических основ современного международного правопорядка.

Прежде всего следует исключить из норм jus cogens принцип pacta sunt servanda, и даже более широко трактуемый принцип добросовестного выполнения взятых на себя взаимных обязательств, ввиду логической и фактической невозможности отказа от них в отношениях между договаривающимися государствами, что практически сделало бы недействительным и сам договор на этот счет. Отказ же участников договора от обязательств в отношении других государств выходит за рамки проблемы jus cogens, ибо эти нормы касаются лишь отношений государств inter se и не затрагивают их обязательств в отношении третьих стран.

О. И. Тиунов считает, что принцип добросовестного соблюдения международных обязательств „относится к числу фундаментальных норм международного права", составляющих „особую группу норм ‚jus cogens', то есть имеющих императивный характер".[23] Автор считает, что принцип добросовестного соблюдения международных обязательств, „не занимая какихлибо „верхних этажей" в системе норм „jus cogens", пронизывает все эти нормы — каждая императивная норма включает требование ее абсолютного выполнения, недопустимости отхода от нее. Эта особенность подчеркивает положение о том, что повелительность норм „jus cogens" всегда предполагает как обязанность государств следовать императивному предписанию, так и обязанность воздерживаться от принятия юридических норм, отклоняющихся от данного предписания. Таким образом, добросовестное соблюдение международных обязательств как императивный принцип требует выполнения взятых обязательств и отказа от заключения соглашений, противоречащих нормам „jus cogens".[24]

Трудно понять это положение. Прежде всего, разве принцип добросовестного соблюдения обязательств распространяется лишь на нормы jus cogens, а не на все взятые на себя государством международные обязательства?! Конечно же, нет, любое обязательство, в том числе и договорное, должно быть добросовестно соблюдаемо.

Далее, два государства всегда могут договориться о замене одного дого-

23 О. Н. Тиунов, Принцип соблюдения международных обязательств, Москва, 1979, с. 49.
24 Там же, с. 51.

вора другим или изменить существующую обычную норму, поскольку все они не носят характер jus cogens. Более того, два или несколько государств могут записать в договор возможность отказа от обязательств в случае коренного изменения обстоятельств (rebus sic stantibus). Уже отмечалось, что государства вольны отказаться в любой момент на взаимных началах от всех связывающих их международных обязательств за исключением тех, которые связывают их с третьими странами или накладываются в императивной форме от имени всего международного сообщества государств.

В-третьих, два или несколько государств не могут заключить договор, фиксирующий отклонение от норм jus cogens не только потому, что они обязаны следовать принципу добросовестного соблюдения взятых на себя обязательств, а главным образом в силу особой ценности нормы с точки зрения ее значения для всей системы международного права и моральных ценностей, им защищаемых. Добросовестное соблюдение международных обязательств — это категорическое требование современного международного права, призванное обеспечить эффективность международно-правового регулирования. Исключить его как принцип на будущее в двусторонних отношениях означало бы отказаться от международно-правовых отношений между сторонами вообще, что немыслимо и невозможно в рамках правового регулирования отношений участников договора.

Таким образом, очевидно, что специфика понятия jus cogens как нормы, запрещающей отступление только лишь в отношении сторон договора, не позволяет считать вышеуказанный принцип императивным.

Сложнее обстоит дело с принципами суверенного равенства государств, нерушимости границ и территориальной неприкосновенности государств. В той части, где эти принципы соприкасаются с принципом неприменения силы или угрозы силой, они носят абсолютно императивный характер и должны быть помещены именно в рамки этого последнего принципа.

Действительно, вряд ли вызывает сомнение противоправность договоров, ставящих государство в зависимое положение или отторгающих у другой стороны часть территории или устанавливающих сеттелменты или военные базы и сервитуты, навязанные посредством вооруженных действий либо под давлением других видов силы, не связанных с вооруженными действиями, либо под действием угрозы применения силы.

Венская конвенция о праве договоров категорически объявила: „договор является ничтожным, если заключение явилось результатом угрозы силой или ее применения в нарушение принципов международного права, воплощенных в Уставе Организации Объединенных Наций“ (ст. 52). И лишь после этого формулируется (ст. 53) положение о недействительности договоров, противоречащих императивной норме общего международного права (jus cogens).

А если одно государство добровольно уступает часть своей территории другому или ограничивает свое территориальное верховенство, предоставляя право транзита по своей территории другому или другим государствам? Подобных примеров из практики можно привести много и они хорошо известны. Главное, чтобы эти договоры основались на подлинной добровольности сторон, исключающей любое влияние силы или угрозы силой, обман, подкуп или принуждение представителя государства.

Если обратиться к принципу суверенного равенства, то окажется, что каждое государство может отступить на договорной основе от предписания, дающего ему право иметь „одинаковые права и обязанности" быть „равноправным членом международного сообщества". Достаточно предположить, что несколько государств могут заключить договор о создании федерации или конфедерации, ограничивающей внешнеполитическую дееспособность каждого из членов союза за счет центральных федеральных органов, обладающих полной международноправовой субъектностью.

Значит, главное требование принципа суверенного равенства государств заключается в обеспечении равноправного положения каждого субъекта в том, что касается пользования правами и несения обязанностей, предусмотренных международным правом. Это право каждого государства, которым оно может распорядиться по своему усмотрению, в рамках, допускаемых международным правом.

Возникает законный вопрос: а как быть, когда налицо договор, устанавливающий явно колониальный, зависимый режим и оставляющий лишь видимость государственности?! Могут ли сегодня империалистические государства навязать режим протектората уже существующему независимому государству или же борющемуся за независимость народу (нации)?!

Совершенно очевидно, что все формы зависимости и подчинения, противоречащие основным стандартам сегодняшних межгосударственных отношений и ущемляющие основные, неотъемлемые права народов, от которых ни одно государство или народ добровольно никогда не откажется, так же как и человек не пойдет добровольно в рабы, создает презумпцию отсуствия доброй воли со стороны слабого государства и делает договор ничтожным, даже если внешние формальности заключения договора были соблюдены. Здесь принцип суверенного равенства является как бы гранью принципа равноправия и самоопределения народов. Сегодня право народа на самоопределение не может реализоваться в одной из форм прошлой зависимости (вассальной, протектората, просто колонии), или в формах неоколониализма, оставляющих лишь видимость политической независимости и полностью подчиняющих военно-промышленным комплексам природные богатства и экономику слабых стран. Здесь всегда присутствует нажим империалистического государства и сговор с правящим классом, отдающим свою страну на откуп империалистам и, следовательно, предающим законные интересы своего народа, отчуждающим те основные права, которые ни одно правительство не может отнять у своего народа. В силу этого такой договор будет недействительным ab initio, ибо объектом договора являются такие права народа, которые никто не может у него отнять юридическим путем. Поэтому неоспоримо право этого народа добиться отмены такого договора.

Даже Р. Аго констатирует недопустимость односторонней зависимости государства. „Можно ли предположить, — пишет он, — что согласие, которое правительство одного суверенного государства даст сегодня на создание режима протектората или на создание другой формы зависимости данного государства от другого государства, могло бы в результате исключить противоправность такого акта? По нашему мнению, обязательный, общепризнанный характер запрещения наносить ущерб независимости других государств и праву народов самим распоряжаться своей судьбой, явно противоречил бы принятию подобной концепции.“[25]

Достаточно вспомнить, что принцип равноправия и самоопределения народов, как он сформулирован в Декларации 1970 г., специально подчеркивает необходимость „незамедлительно положить конец колониализму, проявляя должное уважение к свободно выраженной воле заинтересованных народов, а также имея в виду, что подчинение народов иностранному игу, господству и эксплуатации является нарушением настоящего принципа, равно как и отказом в основных правах человека и противоречит Уставу Организации Объединенных Наций“.

Таким образом, ни одно государство не может договорным путем лишить другой народ, государство права на самоопределение путем „свободно выраженной воли“, что уже само по себе является гарантией недопустимости подчинения государству другого государства. Вот почему Заключительный акт 1975 г. в принципе „равноправие и право народов распоряжаться своей судьбой“ подчеркивает „важность исключения любой формы нарушения этого принципа“.

Известна расистская и колонизаторская политика ЮАР, стремящаяся исказить волю намибийского народа и установить нужные расистскому режиму отношения с марионеточным правительством, создания которого она добивается, что вызывает резкий отпор всего мирового сообщества государств и прежде всего ООН.

Следовательно, принцип самоопределения народов императивен, ибо содержание его касается самого права на самостоятельное решение народом своей судьбы. От этого права не может отказаться ни один народ, ни одно государство, ибо это значило бы лишить себя основного права, которым обладает каждый политически организованный, либо борющийся за самоопределение народ, что немыслимо в сегодняшних условиях. Отказ от права

25 Док. ООН A/C № 4/318/ Add., 2, 5 Feb. 1979.

решать свою судьбу самостоятельно не обязательно должен проявляться expressis verbis в договоре, а может быть выведен из содержания договора, устанавливающего явно неравноправные, подчиненные отношения одного государства по отношению к другому, не совместимые с современным уровнем цивилизации и ценностями, защищаемыми современным международным правом.

В то же время никто не может ограничить права реализующего свое право на самоопределение народа в договорном порядке определить свой политический статус. Декларация 1970 года гласит: „Создание суверенного и независимого государства, свободное присоединение к независимому государству или объединение с ним, или установление любого другого политического статуса, свободно определенного народом, являются способами осуществления этим народом права на самоопределение".

Но это не отклонение от принципа, а его реализация и, следовательно, такой договор не выходит за пределы действия принципа в целом. Принцип равноправия и самоопределения народов абсолютен в своей императивности.

Так же абсолютен в своей императивности принцип, запрещающий вмешательство одних государств во внутренние дела других. Этот принцип тесно связан и вытекает из принципа права народов и государств на равноправие и самоопределение, права свободно выбирать и развивать свою политическую, социальную, экономическую и культурную систему, определять свой внутренний и внешнеполитический статус.

Именно поэтому неправомерно не только вооруженное вмешательство или применение экономических, политических или любых других мер одним государством с целью добиться подчинения другого государства, но и договорное отступление от принципа невмешательства.

Ни одно государство не может заключить с другим или другими государствами договор, взаимно или в одностороннем порядке, признавая право вмешательства в свои внутренние дела с целью защиты данного режима от сил, борющихся за изменение существующего положения, ибо такое соглашение противоречит праву народа решать свою судьбу самостоятельно, без вмешательства извне.

Если же договор заключается для взаимной помощи против беспорядков, спровоцированных и поддерживаемых извне, т. е. по существу против внешней агрессии, то такой договор ничего общего не имеет с принципом невмешательства, а лежит в плоскости права каждого народа на коллективную безопасность и самооборону в рамках Устава ООН. Именно к этому типу и относится договор о дружбе и сотрудничестве, заключенный СССР с Афганистаном в 1978 г., и помощь, оказанная нашей страной афганскому народу против банд, засылаемых и поддерживаемых империалистическими силами, международной реакцией. Вряд ли кто сможет сегодня отрицать факт активного и грубого вмешательства мировой реакции в процесс революционных преобразований в Афганистане.[26]

Императивны принципы, не допускающие взаимного отказа от основных обязанностей, вытекающих из необходимости обеспечения мира и безопасности народов: принцип, запрещающий применение силы или угрозы силой, принцип мирного разрешения международных споров, принцип сотрудничества друг с другом для поддержания мира и безопасности в соответствии с Уставом ООН.

Два или несколько государств не могут заключить договор, дающий им право отойти от принципа мирного разрешения споров, как единственно возможного в сегодняшних условиях средства решения международных конфликтов, и обратиться в случае спора к силе или угрозе силой.

Не в праве государства заключить и договор, предусматривающий взаимный отказ сотрудничать с ООН в случае, если одна из сторон станет на путь применения силы или угрозы силой в отношении третьего государства. Таким образом, из общего принципа, требующего сотрудничества государств друг с другом в соответствии с Уставом ООН в различных областях межгосударственных отношений — политической, военной, экономической, социальной, культурной, и т. д. лишь сотрудничество по борьбе с агрессией и другими формами силы может быть отнесено к данной категории норм jus cogens, тесно связанных с задачей обеспечения мира и безопасности. Что касается других сфер сотрудничества, то ничто не может заставить государство сотрудничать с другим, режим которого ему не нравится. Более того, два государства, в одном из которых к власти пришло новое правительство, могут заключить договор об отказе от ранее существующих экономических и других видов сотрудничества и договориться о поддержании лишь официальных или полуофициальных контактов. Или, напротив, старое государство может заключить с новым государством договор о ненападении, исключая какие-либо виды сотрудничества в экономической, социальной, культурпой или др. областях. А разве трудно себе представить, что два государства, вовлеченных в пограничный конфликт, заключат договор о статус кво и только, но на большее они не пойдут в силу целого рядо обстоятельств.

Можно привести много примеров, иллюстрирующих возможность отступления на локальной основе от предписания, требующего сотрудничества государств в экономической, культурной и др. областях, в особых, конфликтных условиях.

Весьма многогранен принцип уважения прав человека и основных свобод, закрепляющий основные требования гуманности, защищающий свободу, честь и достоинство человека, независимо от расы, пола, языка, религии; запрещение геноцида, апартеида, рабства и другого подневольного состоя-

26 Правда об Афганистане. Документы, факты, свидетельства. Москва, 1980.

ния, работорговли, торговли женщинами и детьми, воздушного и морского пиратства; запрещение преступлений против человечности в военное время, как это предусмотрено в уставах Нюрнбергского и Токийского трибуналов, Женевских конвенциях о жертвах войны 1949 г. и Дополнительных протоколах 1976 года, а также других международных договорах, предусматривающих защиту основных стандартов гуманности в период вооруженных (как международных, так и внутренних) конфликтов; запрещение посягательства на основные, жизненно необходимые гражданские, политические, экономические, социальные и культурные права человека (как своих граждан, и лиц без гражданства, так и иностранцев, имеющих гражданство другой договаривающейся страны).

Мало кто будет оспаривать императивность этих норм, вытекающих из сущности всей системы общего международного права и защищаемых им моральных ценностей. Конечно, не все нормы, содержащиеся в указанных международных соглашениях, носят императивный характер, а лишь основные положения, определяющие противоправность того или иного действия или воздержания от действий. Сегодня практически нет многосторонних договоров, охватывающих все государства мира или хотя бы всех членов ООН. Однако можно с уверенностью сказать — основные положения этих договоров молчаливо были признаны всем международным сообществом государств и носят сегодня обычно-договорный характер.

Прежде всего необходимо учесть тот факт, что основные стандарты гуманного и достойного обращения с любым физическим лицом или группой лиц, пребывающими в пределах данного государства и, прежде всего, со своими гражданами, закреплены в Уставе ООН — в преамбуле, гласящей о решимости народов „вновь утвердить веру в основные права человека, в достоинство и ценность человеческой личности, в равноправие мужчин и женщин и в равенство прав больших и малых наций . . .“, в ст. 1 (2) и (3), призывающей уважать принцип равноправия и самоопределения народов и осуществлять международное сотрудничество в поощрении и развитии уважения к правам человека и основным свободам для всех, без различия расы, пола, языка и религии, в ст. 55 и 56, предусматривающих международное экономическое и социальное сотрудничество по осуществлению указанных целей.

Вся совокупность существующих договорных и обычных норм лишь конкретизирует данные положения, уточняя основные понятия той или иной группы прав и свобод, детализируя перечень прав и свобод, входящих в эти группы, определяя формы и методы осуществления международного сотрудничества по обеспечению уважения и поощрения этих прав как в мирное, так и военное время.

Так, хотя Конвенция о предупреждении преступления геноцида и наказания за него охватывает 83 государства, Конвенция о ликвидации всех форм расовой дискриминации — 106 государств, Конвенция о борьбе с апартеидом и наказании за него — 54 государства, Пакт о гражданских и политических правах — 61 государство, Пакт об экономических, социальных и культурных правах — 63 государства, Конвенции об упразднении рабства, работорговли и институтов и обычаев, сходных с рабством — 75 государств, и др., основные положения этих актов, являясь отражением основных принципов и положений Устава ООН и Всеобщей декларации прав человека, получившей широкое признание в силу обычно-правового признания ее международным сообществом государств в целом, сегодня являют собой общепризнанные нормы общего международного права, часть которых безусловно носит характер jus cogens. Достаточно упомянуть, что заключенный между двумя или большим числом государств договор был бы, бесспорно, недействительным, если бы он предусматривал совместную борьбу против проживающей на границе территории этнической группы, нацменьшинства с целью лишения групп элементарных экономических, культурных и др. прав, проведения политики геноцида или апартеида. Та же участь постигла бы договор, предусматривающий сотрудничество сторон в деле насаждения рабства, работорговли, торговли женщинами и детьми, сокрытия лиц, занимающихся этим преступным делом, от рук правосудия, узаконения морского и воздушного пиратства и захвата заложников и т. д.

Недопустим договор, предусматривающий совместные действия по массовому и грубому нарушению прав человека, хотя и не связанных с геноцидом, апартеидом, рабством и работорговлей, но представляющих угрозу жизни и человеческому достоинству в широких масштабах: совместное подавление оппозиционных политических партий, лишение определенных групп населения права на жизнь и свободу, на судебную защиту, элементарных, социальных и культурных прав, без которых немыслимо достойное и свободное существование человека как разумной личности, с точки зрения сегодняшних общедемократических стандартов. Даже с согласия одного государства, его граждане, находящиеся на территории другого государства, не могут быть поставлены этим последним в положение, несовместимое с минимумом тех прав и свобод, которые международное сообщество государств признает сегодня за каждой личностью, независимо от расы, цвета кожи, пола, языка, религии, политических или иных убеждений, национального или социального происхождения, имущественного, сословного или иного положения.

Наиболее многочисленны среди норм jus cogens в группе основных прав человека нормы гуманитарного права, запрещающие негуманное обращение с комбатантами и некомбатантами, с партизанами и борцами сопротивления, участниками освободительных движений, с гражданским населением на территории врага и на оккупированной территории, с пленными, ранеными, больными и т. д. Недействительный договоры, предусматривающие как негуманные средства ведения войны (ядерное оружие, химическое и бактериологическое оружие, использование окружающей среды как средства военного воздействия), так и негуманное отношение к попавшим в руки противника вооруженного (регулярной или нерегулярной армии) или невооруженного (некомбатанты, гражданское население) населения: взаимное согласие не брать пленных или содержать их в невыносимых условиях, лишая элементарных средств существования, не оказывать помощи раненым и больным, поступать с партизанами и борцами сопротивления как с бандитами, превратить население оккупированной территории в объект террора и насилия. Иными словами, недействительны договоры, отступающие от современного уровня гуманности и цивилизации, от элементарных норм морали и человечности, закрепленных в общепризнанных нормах гуманитарного права и обязательных, как это гласят Женевские конвенции 1949 г., „в силу принципов международного права, поскольку они вытекают из обычаев, установившихся среди цивилизованных народов, из законов человечности и велений общественной совести".[27]

В число императивных норм следует включить принципы, запрещающие присвоение отдельных частей пространств, имеющих жизненно важное значение для всех государств мира: недопустимость присвоения части открытого моря и воздушного пространства над ним, мирное использование космического пространства, Луны и других небесных тел, мирное использование Антарктики.

Если бы два или три государства договорились о присвоении и разделе части открытого моря, установив свой суверенитет, то такой договор был бы недействительным, ибо он посягает на право всего международного сообщества государств пользоваться открытым морем для прохода своих судов, рыболовства, прокладки кабеля и т. д. То же самое можно сказать о договоре, имеющем целью захват и раздел части космического пространства, Луны и других небесных тел, или о выводе на орбиту военной базы и т. д.

Эти группы принципов в значительной мере касаются прав третьих государств, ибо и открытое море, и космос, и Антарктика относятся к пространствам, находящимся в общем пользовании государств, и любое ограничение этих пространств нарушает права остальных членов международного сообщества. Принципы, запрещающие присвоение этих пространств, имеют особую ценность для всего сообщества государств в целом, не позволяющим присвоение находящихся в общем пользовании пространств.

6. Заключение

Таким образом, если встать на путь такой связи юридической природы норм

27 Женевская конвенция от 12 августа 1949 г., о защите мирного населения во время войны, ст. 158 и др.

jus cogens с основными моральными ценностями, рожденными объективными закономерностями истории развития человечества и уровнем современной цивилизации, ценностями, не могущими быть ущемленными, игнорированными даже по взаимному согласию государств, то легко можно обнаружить основные пласты указанных норм, не совпадающие во всем с приведенной выше иерархией норм (принципов):

а) Принципы, защищающие право каждого борющегося за независимость или уже обретшего таковую народа на самостоятельное решение всех своих внутриполитических и внешнеполитических задач: принцип равноправия и самоопределения народов, принцип невмешательства.

б) Принципы, не допускающие заключения договоров, имеющих целью обойти основные требования по поддержанию мира и безопасности народов, их политической независимости и территориальной целостности: принцип неприменения силы или угрозы силой, принцип мирного разрешения споров.

в) Принципы, не допускающие даже взаимносогласованного отступления от общедемократических стандартов элементарной гуманности и основных прав человека, присущих современному уровню цивилизации и должных соблюдаться как в мирное, так и в военное время.

г) Принципы, не допускающие группового присвоения „ничейных" земных, морских, воздушных и космических пространств, имеющих жизненно важное значение для всего международного сообщества государств.

И как бы „невероятными" и „лишенными реального смысла" ни казались некоторые примеры, приведенные выше, это не дает основания отрицать существование самих принципов и норм, отступление от которых договорным путем недопустимо именно в силу их совершенно очевидного непререкаемого, с точки зрения современных общечеловеческих морально-этических и политических императивов, характера, который накладывает на государства и их правительства абсолютные обязанности, запрещающие правительствам отказываться от ряда основных прав своего народа и требующие неукоснительного соблюдения императивов уважения и защиты жизни и достоинства человека.

Это те принципы и нормы общего международного права, без чего международный правопорядок превратился бы в башню на песке, в совокупность норм, лишенных той моральной основы, без которой не может существовать ни одна система права, а тем более международное право, сегодня, как никогда, закрепляющее и отражающее основные социальные и духовные ценности эпохи.

Роль императивных норм в международном праве весьма значительна, но по сравнению с ролью основных принципов международного права, являющихся критерием законности в более широком смысле, нормы jus cogens носят более ограниченный характер и отступление от них весьма проблематично, хотя и вероятно. Совокупность этих норм цементирует всю систему международного права, углубляет его общедемократический характер, его общечеловеческую ценность, без чего немыслим сегодня прочный международный правопорядок.

Международный jus cogens представляет опасность лишь для тех сил, которые строят свою политику по отношению к другим государствам на основе неоколониалистских устремлений, в целях утвердить господство военно-промышленных комплексов в экономике, а следовательно, и в политике малых и средних суверенных государств, интересы которых и защищает современное международное право.

Страны социалистического содружества, все миролюбивые государства, борющиеся за мир и безопасность народов, за равноправное и взаимовыгодное сотрудничество, против политики неоколониализма и диктата, делают все для обеспечения незыблемости норм jus cogens, как одного из устоев современного международного правопорядка, призванного закреплять и развивать мирное сосуществование государств независимо от их социально-политического строя.

Resümee

L. A. Alexidze

Die Stellung und Rolle des jus cogens im Völkerrechtssystem

Die Hierarchie der Normen im allgemeinen Völkerrecht unterscheidet sich von der Hierarchie im innerstaatlichen Recht. Letztere entspricht der Kompetenzebene des Organs, von welchem die Rechtsnorm erlassen oder sanktioniert wurde — das Parlament, die Exekutivorgane, örtliche Organe etc.

Völkerrechtliche Verträge und Gewohnheiten stehen auf gleicher Ebene, und das Gewohnheitsrecht ist gleichermaßen verbindlich, was die Ausdrucksformen des staatlichen Willens betrifft. Allein der Charakter der Normen und der Umfang ihrer Anerkennung in der internationalen Gemeinschaft enthalten Hinweise für die Bestimmung des Grades der juristischen Verbindlichkeit.

In diesem Zusammenhang kann die Hierarchie der Rechtsnormen folgendermaßen dargestellt werden:

1. Die Grundprinzipien des Völkerrechts, die durch alle Staaten als grundlegende und für alle Mitglieder der internationalen Gemeinschaft verbindliche Verhaltensregeln anerkannt sind.
2. Prinzipien, die grundlegende Regeln einzelner Rechtszweige des Völkerrechtssystems enthalten.
3. Normen, die von den Staaten in Übereinstimmung mit den Grund- und Zweigprinzipien vereinbart worden sind.
4. Prinzipien und Normen, die in lokalen Verträgen und Gewohnheiten enthalten sind und den oben erwähnten Prinzipien und Normen nicht widersprechen.

Diese Abstufung ermöglicht es, das ganze System des Völkerrechts als eine Gesamtheit miteinander verbundener und gegenseitig abhängiger Verhaltensregeln mit unterschiedlichem Grad der Verallgemeinerung und der juristischen Verbindlichkeit zu betrachten.

Bedeutet dies, daß die Sphäre des jus cogens nur im Bereich der ersten Kategorie, d. h. der Grundprinzipien, gesucht werden sollte? Zweifellos sind die Grundprinzipien des allgemeinen Völkerrechts diejenigen, in denen jus cogens gesucht werden sollte. Obwohl nicht alle diese Prinzipien als jus cogens Normen bezeichnet werden können, so hat doch ihre überwiegende Mehrheit zwingenden Charakter.

Gleichzeitig existieren zahlreiche jus cogens Normen und Prinzipien in einzelnen Völkerrechtszweigen, d. h. auf Ebenen, die den Grundprinzipien untergeordnet sind.

Jus cogens kann nicht auf den Begriff der Normenhierarchie reduziert werden.

Es sollte im Gegenteil außerhalb dieser Hierarchie behandelt werden, da sein spezifisches Wesen mit dem Grad der Verbindlichkeit der Vorschriften verbunden ist. Solche (zwingenden) Normen existieren auf allen Ebenen der Normenhierarchie im allgemeinen Völkerrecht. Das Wesen des zwingenden Charakters der jus cogens Normen liegt in ihrem moralischen Wert für die heutige Menschheit, in ihrer progressiven, demokratischen Natur, die durch die ökonomischen und sozialen Faktoren der gegenwärtigen Etappe der Zivilisation bestimmt werden. Darin besteht der Hauptunterschied zwischen dem marxistisch-leninistischen Herangehen an den moralischen Faktor im Recht und der Konzeption des Naturrechts. Letztere leitet diese Faktoren aus dem menschlichen Wesen als solchem ab, betrachtet sie isoliert von den sozial-ökonomischen Grundlagen des Rechts.

Das internationale jus cogens enthält nur Prinzipien und Normen des allgemeinen Völkerrechts, die solche moralischen Forderungen beinhalten, von denen eine vertragliche Abweichung auch im gegenseitigen Einverständnis der Parteien unzulässig ist.

Bei der Bestimmung von jus cogens Normen im Völkerrecht der Gegenwart sollten folgende Kriterien angewandt werden:

a) Die Norm muß von der internationalen Gemeinschaft als Ganzes, d. h. von allen oder fast allen Staaten mit unterschiedlichen Gesellschaftssystemen, als bindend anerkannt sein.

b) Der zwingende Charakter der Norm muß von den Staaten entweder expressis verbis anerkannt sein, oder es sollte möglich sein, ihn aus seinem lebenswichtigen, sozialen und moralischen Wert für das Funktionieren der gesamten internationalen Rechtsordnung abzuleiten.

c) Jede Abweichung von einer solchen Norm auf lokaler Ebene, auch mit Zustimmung der beteiligten Staaten, die auf eine Verschlechterung der allgemein anerkannten Standards der Zivilisation gerichtet ist, ist nichtig.

d) Die Nichtigkeit von Vereinbarungen, die von bestimmten Verträgen oder Gewohnheitsnormen abweichen, kann auch dadurch nicht vermieden werden, daß die Teilnehmer versuchen, sich von Verträgen oder Gewohnheiten, die jus cogens Normen enthalten, zu befreien.

Gegenwärtig, d. h. solange die internationale Gemeinschaft noch nicht expressis verbis festgelegt hat, welche Normen jus cogens Charakter haben, kann der zwingende Charakter einer Norm nur anhand der obenerwähnten Kriterien festgestellt werden. Allein ein solches Herangehen ermöglicht die Schlußfolgerung, daß die Staaten allgemein zugestimmt haben, eine bestimmte Norm, angesichts ihres allgemein anerkannten moralischen Wertes, der ein Ausdruck des Rechtsbewußtseins der Menschheit darstellt, als jus cogens zu betrachten.

Daher stellen die zwingenden Normen im gegenwärtigen allgemeinen Völkerrecht eine Gesamtheit rechtlich verbindlicher Normen dar, die vertraglich oder gewohnheitsrechtlich allgemein anerkannt sind, den gemeinsamen koordinierten Willen der internationalen Staatengemeinschaft zum Ausdruck bringen. Sie sind darauf gerichtet, jede Abweichung durch partikuläre Vereinbarungen zu verhindern, und zwar sowohl von Staaten, die an der Schaffung der Norm teilgenommen haben, als auch von Staaten, die ausdrücklich dagegen sind. Der Grund dafür ist, daß solche Abkommen, die formell nur die Vertragsstaaten betreffen, die allgemein anerkannten, demokratischen Standards — juristisch verankerte lebenswichtige Werte unserer Zivilisation — beeinträchtigen und das moralische und rechtliche Fundament der gesamten Völkerrechtsordnung unterminieren.

Man kann die allgemein anerkannten Grundprinzipien des gegenwärtigen Völkerrechts, dessen jus cogens Charakter offensichtlich ist, in folgende Gruppen unterteilen:

a) Prinzipien der wichtigsten souveränen Rechte der Staaten und Völker: Gleichberechtigung und Selbstbestimmungsrecht der Völker, Nichteinmischung;

b) Prinzipien der internationalen Sicherheit und des Friedens: das Verbot der Anordnung und Anwendung von Gewalt, die friedliche Streitbeilegung, die kollektive Bekämpfung der Aggression in Übereinstimmung mit der UN-Charta;

c) Prinzipien der Hauptforderungen der Menschlichkeit: Schutz der Freiheit, Ehre und Würde der menschlichen Person, unabhängig von Rasse, Geschlecht, Sprache und Glauben; Verbot des Völkermordes, der Apartheid und aller Formen der Rassendiskriminierung; Verbot der Sklaverei, des Sklavenhandels und des Handels mit Frauen und Kindern usw.; Verbot der Piraterie; Unverletzlichkeit der grundlegenden wirtschaftlichen, sozialen, kulturellen, politischen und Bürgerrechte der Individuen;

d) Prinzipien, die Verbrechen gegen die Menschlichkeit verbieten, so wie sie im Status des Nürnberger Militärgerichtshofes und in den Genfer Konventionen von 1949 verankert sind.

e) Prinzipien, die die Aneignung von Räumen verbieten, die von besonderer Bedeutung für alle Staaten sind: die Freiheit der Meere und des Luftraums über der Hohen See, die Prinzipien der friedlichen Nutzung des Weltalls, des Mondes und anderer Himmelskörper, die Prinzipien der friedlichen Nutzung der Antarktis.

Summary

L. A. Alexidze

The Place and Role of Jus Cogens in the System of International Law

In general international law there is no hierarchy of norms analogous to the hierarchy existing in domestic law. The latter depends on the level of the competence of the body which has enacted or sanctioned a given rule of law — the parliament, the executive bodies, local anthorities, etc.

International treaties and customs stand on an equal footing, and customs have the same level of legal bindingness with regard to the forms of expression of the will of States. Only the character of rules and the scope of their recognition within the international community of States can give us a clue to determining the level of legal bindingness.

In this connection the following hierarchy of legal rules can be presented:

1. The fundamental principles of international law recognized by all the States of the world as basic rules of conduct obligatory for each member of the international community of States.

2. Principles establishing basic rules of conduct within separate branches of this system of law.

3. Rules established by States in accordance with the fundamental and branch principles of general international law.

4. Principles and rules contained in local treaties and customs, provided that they are not at variance with the above-mentioned principles and rules of general international law.

Such a gradation permits us to consider the whole system of international law as an aggregate of interrelated and interdependent rules of conduct differing from each other by the degree of generalization and level of legal bindingness.

Does this mean that only the first category of rules, i.e. the fundamental principles, is the sphere where international *jus cogens* should be looked for? There is no doubt that the fundamental principles of general international law are those in which international *jus cogens* should be sought. While not all these principles can be qualified as *jus cogens* rules, the bulk of the fundamental principles have a peremptory character.

At the same time are many *jus cogens* principles and rules within separate branches of general international law, i.e. at levels subordinated to the fundamental principles.

Jus cogens should not be reduced to the notion of a hierarchy of norms. On the contrary it should be rather placed outside this hierarchy due to its specific nature connected with the degree of the obligatory character of prescriptions. Such a rule can be found at any level of the existing hierarchy of norms of general international law. The essence of this character is its outstanding moral value for contemporary mankind, its progressive, democratic nature is determined by the present stage of civilization resulting from objective economic and social factors mentioned above. This is the main difference between the Marxist-Leninist approach to the moral factor in law and the natural law school, the latter deducing these factors from the nature of human beings as such, taken in isolation from the socio-economic background of their existence.

International *jus cogens* contains only those principles or rules of general international law which contain such moral demands of progressive mankind which cannot be derogated from even by mutual agreement of contracting States. The following criteria should be used for the identification of a *jus cogens* norm in contemporary international law:

a) a rule should be recognized as legally binding by the international community of States as a whole, i.e. by all or almost all States with different socio-economic systems;

b) the peremptory character of a rule should be recognized by States either *expressis verbis*, or such a character can be presumed due to its vital social and moral value for the functioning of the whole contemporary international legal order;

c) any derogation from a rule by the mutual consent of States on the local level, aimed at worsening the commonly recognized legal standards of civilization, is null and void;

d) the voidness of agreements derogating from a given treaty or customary rule cannot be avoided even if the participants of a derogating agreement try to free themselves from treaties or customs containing *jus cogens* norms.

At this stage, i.e. so far as the international community of States itself has not indicated *expressis verbis* which rule is of *jus cogens* character, only a rule containing all the above features can be qualified as having *jus cogens* nature. Only such an approach allows us to presume that there is a common consent of States to consider a given rule as a *jus cogens* one due to its obvious commonly recognized moral value expressing the legal consciousness of mankind.

Therefore, international *jus cogens* in contemporary general international law is an aggregate of legally binding rules commonly recognized through treaty or custom expressing the explicit or implicit common coordinated will of the international community of States aimed at preventing the given rules from any derogation by local agreements entered into not only by States which have participated in the creation of these rules but even by those few States which openly reject these prescriptions. For such agreements, formally affecting only the contracting States, worsen the recognized general democratic standards — legally fixed vital values of contemporary civilization — and undermine the moral and legal foundations of the whole international legal order.

It is possible to form several groups of universally recognized principles(norms) of contemporary international law whose peremptory character is obvious:

a) principles which establish the main sovereign rights of States and peoples: equality and self-determination of peoples, non-interference;

b) principles defending the peace and security of nations: prohibition of the use or threat of the use of force, peaceful settlement of disputes; collective struggle against aggression in accordance with the UN Charter;

c) principles establishing major demands of humanity: defending the freedom, honour and dignity of human beings regardless of their race, sex, language and creed; ban on genocide, apartheid and all other kinds of racial discrimination, prohibition of slavery, slave trade, trade of women and children, etc., prohibition of piracy, inviolability of the major economic, social, cultural, political and civil rights of individuals:

d) principles prohibiting crimes against humanity, as established in the Statutes of the Nuremberg and Tokyo Tribunals, and in the Geneva Conventions of 1949 on Victims of War;

e) principles prohibiting the appropriation of parts of space vitally important to all States of the world: freedom of the High Seas and air space above, principles of peaceful uses of Outer Space, the Moon and other celestial bodies, principles of peaceful use of the Antarctica.

J. Barcz

Das Prinzip der Unverletzlichkeit der Grenzen im Vertrag VRP—BRD vom 7. 12. 1970 und seine praktische Bedeutung

1. Einleitung

Im allgemeinen Völkerrecht wird gewöhnlich der Begriff der Unverletzlichkeit der Grenzen entweder mit dem Prinzip des Verbots der Androhung oder Anwendung von Gewalt oder mit dem Prinzip der territorialen Integrität verbunden. Das Prinzip der Unverletzlichkeit der Grenzen wird jedoch weder in der UN-Charta noch in der Deklaration vom 24. Oktober 1970 über die Prinzipien des Völkerrechts betreffend die freundschaftlichen Beziehungen und die Zusammenarbeit zwischen den Staaten als selbständiges Prinzip erwähnt.[1]

Von spezifischer Bedeutung ist das Problem der Unverletzlichkeit der Grenzen in den europäischen Beziehungen. Darunter versteht man hier die Notwendigkeit, den gegenwärtigen, politisch-territorialen Status quo in Europa anzuerkennen und zu achten, auf Gebietsansprüche zu verzichten. Dadurch wird der Begriff der Unverletzlichkeit der Grenzen zu einer conditio sine qua non des Systems der europäischen Sicherheit und des Friedens in Europa.[2] Der Inhalt des Begriffes der Unverletzlichkeit der Grenzen gestaltete sich vor allem als eine Reaktion gegen den politisch-territorialen Revisionismus der BRD.

Die sozialistischen Staaten formulierten zum erstenmal das Prinzip der Unverletzlichkeit der Grenzen im Sinne der breiten Grundlage der europäischen Sicherheit und Zusammenarbeit[3] in der Deklaration der Staaten des Warschauer Vertrages über die Festigung des Friedens und der Sicherheit in Europa, die in Bukarest am 6. Juli 1966 verabschiedet worden war.[4] Diese Position wurde sowohl in den weiteren Deklarationen der Staaten des Warschauer Vertrages — z. B. im Budapester Appell vom 17. März 1969 an alle europäischen Länder,[5] im Memorandum vom 22. Juni 1970[6] — als auch in den Freundschaftsverträgen zwischen den sozialistischen Staaten fortgeführt und entwickelt. Im Völkervertragsrecht

1 Die Stellung des Prinzips der Unverletzlichkeit der Grenzen im allgemeinen Völkerrecht habe ich in der Arbeit erörtert: Das Prinzip der Unverletzlichkeit der Grenzen in der Schlußakte von Helsinki unter Berücksichtigung der Haltung der BRD, Dissertation A, Berlin 1978.

2 Vgl. J. Symonides, Nienaruszalnośc granic i integralnośc terytorialna w ukladach Polska-NRD Polska-NRD i Polska-RFN, in: Sprawy Międzynarodowe, 1/1981, S. 17.

3 Vgl. V. Jaroslavcev, Osnova jevropejskoj bezopasnosti, in: Meždunarodnaja Žizn, 4/1976, S. 15.

4 Vgl. Neues Deutschland vom 9. Juli 1966, S. 1 und 3.

5 Vgl. Neues Deutschland vom 18. März 1969, S. 1.

6 Vgl. Neues Deutschland vom 27. Juni 1970, S. 1.

wurden die wichtigsten Elemente dieses Prinzips auch in den Normalisierungsverträgen zwischen den sozialistischen Staaten und der BRD bestätigt.

Am 26. Januar 1972 vereinbarten die Staaten des Warschauer Vertrages in Prag die Deklaration über Frieden, Sicherheit und Zusammenarbeit in Europa.[7] Diese Deklaration enthielt ein konkretisiertes Programm hinsichtlich der Prinzipien des friedlichen Zusammenlebens der europäischen Staaten. Sie war auch von großer Bedeutung für die Gestaltung des Inhalts des Prinzips der Unverletzlichkeit der Grenzen während der Beratung der KSZE und bekräftigte die Elemente dieses Prinzips, die in den Verträgen zwischen der UdSSR bzw. Polen und der BRD enthalten waren. In der Deklaration wurde u. a. festgestellt: „Die Grenzen, die heute zwischen den europäischen Staaten existieren, darunter auch die im Ergebnis des zweiten Weltkrieges entstandenen, sind unverletzlich. Jeder Versuch, sie zu verletzen, würde den europäischen Frieden gefährden. Deshalb müssen die Unverletzlichkeit der gegenwärtig bestehenden Grenzen und die territoriale Integrität der Staaten Europas auch künftig strikt gewahrt werden und Gebietsansprüche der einen Staaten gegenüber den anderen völlig ausgeschlossen sein."

Während der KSZE betonten die Vertreter der sozialistischen Staaten konsequent, daß sich eine friedliche Zusammenarbeit auf dem europäischen Kontinent nur auf der Grundlage der Anerkennung des politisch-territorialen Status quo entwickeln könne. Darin sahen sie auch den Sinn der Einführung eines Prinzips der Unverletzlichkeit der Grenzen in die Schlußakte. Diese Stellungnahme wurde in der Erklärung des polnischen Außenministers, S. Olszowski, während der ersten Phase der KSZE bestätigt: „Das zukünftige Europa ist für uns die Vision eines Gebäudes, das auf soliden Grundlagen aufgebaut wird. Derartige Fundamente existieren schon. Es handelt sich um die territorialen und politischen Realitäten des heutigen Europa. Eine konstruktive, auf eine friedliche Zukunft gerichtete Politik ist nicht möglich, wenn diese Realitäten nicht anerkannt werden. Es hängt von uns ab, welches Gebäude wir uns auf diesen Fundamenten aufbauen . . . Unter zehn Prinzipien, die in den Schlußempfehlungen der Konsultationen von Helsinki aufgeführt wurden, sind in der besonderen historischen und politischen Situation unseres Kontinents besonders wichtig die Unverletzlichkeit der Grenzen und die territoriale Integrität der Staaten. Die strikte Beachtung des Prinzips der Unverletzlichkeit der Grenzen und der territorialen Integrität bildet die Grundlage für friedliche Beziehungen und gute Nachbarschaft zwischen den einzelnen Staaten und ist ein wichtiger Faktor für die Festigung der Unabhängigkeit und Souveränität der Staaten. Das Prinzip der Unverletzlichkeit der Grenzen beinhaltet die Anerkennung und Respektierung der bestehenden Staatsgrenzen, den Verzicht, und zwar heute und in Zukunft, auf territoriale Ansprüche sowie die Pflicht, sich jeder diesem Prinzip zuwiderlaufenden und gegen die territoriale Integrität von Staaten

7 Vgl. Neues Deutschland vom 27. Januar 1972, S. 1/2.

gerichteten Handlung zu enthalten. Der Frieden in Europa kann nur gewährleistet werden, wenn niemand die gegenwärtigen Grenzen in Frage stellt."[8]

Diesen Standpunkt widerspiegelte in vollem Ausmaß die sowjetische Allgemeine Erklärung vom 4. Juli 1973 über die Grundlagen der Sicherheit in Europa und über die für die Beziehungen zwischen den Staaten in Europa geltenden Prinzipien. In der Erklärung wurde der Inhalt des Prinzips der Unverletzlichkeit der Grenzen in der gleichen Form wie in den Verträgen zwischen der UdSSR bzw. VRP und der BRD bestätigt. Als eines der gleichberechtigten Prinzipien wurde erwähnt: „die Unverletzlichkeit der Grenzen, wonach die Teilnehmerstaaten die bestehenden Grenzen in Europa heute wie in Zukunft als unverletzlich betrachten, keine Gebietsansprüche gegeneinander erheben und anerkennen, daß der Friede in diesem Gebiet nur dann erhalten werden kann, wenn niemand den Versuch unternimmt, die Unverletzlichkeit der gegenwärtigen Grenzen anzutasten".[9]

Die kapitalistischen Staaten, darunter insbesondere die BRD, waren interessiert, die Bedeutung des Prinzips der Unverletzlichkeit der Grenzen — vor allem in Verbindung mit dem Prinzip des Gewaltverbots und mit Hilfe der Möglichkeit einer friedlichen Grenzänderung — zu begrenzen.[10]

Während der zweiten Phase der KSZE argumentierten die sozialistischen Staaten bezüglich der Notwendigkeit, dem Prinzip der Unverletzlichkeit der Grenzen einen eindeutigen Inhalt zu verleihen, u. a. wie folgt: Sie unterstrichen, daß die Einschränkung dieses Prinzips auf das Verbot der Anwendung von Gewalt in bezug auf Grenzen einen Rückschritt gegenüber dem Inhalt der bilateralen Verträge (vor allem der Normalisierungsverträge zwischen den sozialistischen Staaten und der BRD) darstellt. Sie verabsolutierten nicht den Inhalt des Prinzips. Sie stimmten der Möglichkeit der friedlichen Grenzänderung zu. Sie wollten aber dadurch die Bedeutung des Prinzips der Unverletzlichkeit der Grenzen nicht schwächen.[11]

An der Schlußakte der KSZE wurde das Prinzip der Unverletzlichkeit der Grenzen als selbständiges, gleichberechtigtes Prinzip (III) verankert:

„III. Unverletzlichkeit der Grenzen"

8 KSZE. Konferenz über Sicherheit und Zusammenarbeit in Europa, in Beiträgen und Dokumenten aus dem Europa-Archiv, hrsg. von W. Wagner, Bonn 1976, S. 174.

9 Ebenda, S. 220. Vgl. auch L. I. Volova, Meždunarodno-pravovoj princip territorial'noj neprikosnovennosti i nerušimost granic jevropejskich gosudarstv, in: Sovetskij ježegodnik meždunarodnogo prava 1974, Moskva 1976, S. 135.

10 Diese Bemühungen wurden in dem französischen Vorschlag — Entwurf einer Erklärung über die Beziehungen zwischen den Teilnehmerstaaten der KSZE — vom 19. Oktober 1983 „kodifiziert". Vgl. KSZE. Konferenz über Sicherheit und Zusammenarbeit in Europa in Beiträgen und Dokumenten aus dem Europa-Archiv, a. a. O., S. 234.

11 Vgl. S. Dąbrowa, Zasady nienaruszalności granic i integralności terytorialnej państw na KBWE, in: Sprawy Międzynarodowe, 11/1975, S. 12.

Die Teilnehmerstaaten betrachten gegenseitig alle ihre Grenzen sowie die Grenzen aller Staaten in Europa als unverletzlich und werden deshalb jetzt und in der Zukunft keinen Anschlag auf diese Grenzen verüben.

Dementsprechend werden sie sich auch jeglicher Forderung oder Handlung enthalten, sich eines Teiles oder des gesamten Territoriums irgendeines Teilnehmerstaates zu bemächtigen."[12]

Aus dem Inhalt und der Stellung des Prinzips der Unverletzlichkeit der Grenzen in der Prinzipien-Deklaration der Schlußakte ergibt sich eindeutig, daß das Verbot der Anordnung oder Anwendung von Gewalt gegen die Grenzen nur einen Bestandteil des Prinzips darstellt. Die Teilnehmerstaaten der Konferenz haben in der Prinzipien-Deklaration festgestellt, daß alle in der Schlußakte enthaltenen Prinzipien von grundlegender Bedeutung sind und folglich gleichermaßen und vorbehaltlos angewandt werden, wobei ein jedes von ihnen unter Beachtung der anderen auszulegen ist.[13] Aus diesen Bestimmungen ist klar zu ersehen, daß das Prinzip der Unverletzlichkeit der Grenzen sowohl mit dem Prinzip des Gewaltverbots als auch im gleichen Maße mit den anderen Prinzipien zusammenhängt.[14] Im Prinzip II — Enthaltung von der Anordnung oder Anwendung von Gewalt — wurde u. a. ein breit formuliertes Verbot der Androhung oder Anwendung von Gewalt gegen die territoriale Integrität (also auch gegen Grenzen) verankert. Die Beschränkung des nächsten Prinzips (der Unverletzlichkeit der Grenzen) nur auf dieses Verbot wäre sinnlos. Die im Prinzip der Unverletzlichkeit der Grenzen angewandten Formulierungen — „*Unverletzlichkeit* der Grenzen", Verzicht auf jeden *Anschlag* auf diese Grenzen, Gebot, sich „jeglicher *Forderung* oder *Handlung* (zu) enthalten" mit dem Ziel, „sich eines Teiles oder des gesamten Territoriums irgendeines Teilnehmerstaates zu bemächtigen" — sind eindeutig breiter als das Verbot der Anordnung oder Anwendung von Gewalt gegen die Grenzen.

In den Normalisierungsverträgen zwischen den sozialistischen Staaten und der BRD — darunter vor allem im Vertrag vom 7. Dezember 1970 — wurden zwei grundlegende Bestandteile der Unverletzlichkeit der Grenzen formuliert, die das Verbot der Androhung oder Anwendung von Gewalt gegen die Grenzen überschreiten: die Anerkennung der bestehenden Grenzen und der Verzicht auf Gebietsansprüche.[15] Im Vertrag vom 7. Dezember 1970 war die Anerkennung von konkreter Bedeutung; sie bezog sich auf die polnische Westgrenze. In der Schlußakte dagegen ist sie von allgemeiner Bedeutung — das Prinzip der Unver-

12 Völkerrecht. Dokumente, Teil 3, Berlin 1980, S. 950.
13 Vgl. ebenda, S. 953.
14 Vgl. V. A. Romanov, Nerušimost' granic, in: Vo imja mira. Meždunarodno-pravovyje problemy jevropejskoj bezopasnosti, Moskva 1977, S. 68.
15 Vgl. J. Symonides, Nienaruszalność granic i integralność terytorialna w ukladach Polska-NRD i Polska-RFN, a. a. O., S. 27.

letzlichkeit der Grenzen beinhaltet die breit formulierte Pflicht zur vollen Anerkennung und Achtung der bestehenden Grenzen.

2. Die Unverletzlichkeit der Grenzen im Vertrag vom 7. Dezember 1970 als eine grundlegende Bedingung für die Erhaltung des Friedens

Die Hauptursache aller Spannungen und des Fehlens der Beziehungen zwischen der VRP und der BRD war vor dem Jahre 1970 die Tatsache, daß die BRD hinsichtlich Polen weder die Normen des allgemeinen Völkerrechts (vor allem das Prinzip der souveränen Gleichheit und der Achtung der territorialen Integrität) noch die Bestimmung des Potsdamer Abkommens respektierte. Dies fand seinen Ausdruck in der Nichtanerkennung der polnischen Westgrenze an Oder und Lausitzer Neiße seitens der BRD und in der Infragestellung der Souveränität Polens hinsichtlich seiner West- und Nordgebiete (ehemalige Ostgebiete des Deutschen Reiches). Der grundlegende Wert des Vertrages vom 7. Dezember 1970 ist darin zu sehen, daß er die Haltung der BRD in diesen beiden Punkten durchbricht, d. h. im Vertrag erkannte die BRD sowohl die polnische Westgrenze (und die polnische Souveränität über die West- und Nordgebiete) als auch die Tatsache an, daß sich die Beziehungen mit Polen auf grundlegende Prinzipien des Völkerrechts zu stützen haben. Auf diese Art und Weise wurden im Vertrag die Grundlagen der künftigen — normalen — Beziehungen zwischen den beiden Staaten bestimmt.

Die Bedeutung des Vertrages ergibt sich auch daraus, daß er zu einer Reihe von Verträgen gehört, die die Grundlagen der Beziehungen zwischen der BRD und den betreffenden sozialistischen Staaten formulierten. Darunter sind zu erwähnen: der Vertrag zwischen der UdSSR und der BRD vom 12. August 1970, der Vertrag vom 21. Dezember 1972 über die Grundlagen der Beziehungen zwischen der DDR und der BRD, der Vertrag vom 11. Dezember 1973 über die gegenseitigen Beziehungen zwischen der ČSSR und der BRD (von großer Bedeutung ist auch in diesem Zusammenhang das Vierseitige Abkommen vom 3. September 1971 über Westberlin).[16] Der Vertrag vom 7. Dezember 1970 ist also ein Bestandteil einer Reihe von völkerrechtlichen Verträgen, die — indem sie den politisch-territorialen Status quo in Europa gefestigt haben — den Weg zur Normalisierung und Entspannung der 70-er Jahre bahnten. Dabei ist der besondere Zusammenhang zwischen der Notwendigkeit, die politisch-territorialen Realitäten in Europa anzuerkennen, und der Sicherheit in Europa zu unterstreichen. Die sozialistischen Staaten wiesen darauf mehrmals hin (siehe die in der Einleitung angeführten Dokumente). Während der Verhandlungen über den Vertrag VRP—BRD hatte

16 Wortlaut dieser Verträge in: Für Entspannung und dauerhaften Frieden in Europa. Dokumente, Berlin 1976.

der damalige Erste Sekretär der PVAP, Wladyslaw Gomulka am 17. März 1970 erklärt: „Wozu sollten wir eine Anerkennung unserer Westgrenze seitens der BRD brauchen. Polen grenzt doch nicht an die BRD. Es steht auch außer Zweifel, daß sich die Sicherheit unserer Grenze an Oder und Neiße infolge einer Anerkennung oder Nichtanerkennung seitens der BRD ändert. Die Antwort auf diese Frage ist in unserer These enthalten, daß eine Grenzfrage überhaupt nicht besteht. Es existiert aber ein akutes Problem der Sicherheit und des Friedens, ein Problem, das ganz Europa und die ganze Welt betrifft."[17]

In der Präambel des Vertrages vom 7. Dezember 1970 betonen beide Staaten den engen Zusammenhang zwischen der Anerkennung und Achtung des politisch-territorialen Status quo und dem Frieden in Europa. Indem sie die Ursachen des Vertragsabschlusses aufzählen (beide Staaten weisen darauf hin, daß in beiden Ländern inzwischen eine neue Generation herangewachsen ist, der eine friedliche Zukunft gesichert werden soll; äußern den Wunsch, dauerhafte Grundlagen für ein friedliches Zusammenleben und die Entwicklung normaler und guter Beziehungen zwischen ihnen zu schaffen; betonen auch das Bestreben, den Frieden und die Sicherheit in Europa zu festigen), stellen die beiden Parteien fest, daß „die Unverletzlichkeit der Grenzen und die Achtung der territorialen Integrität und der Souveränität aller Staaten in Europa in ihren gegenwärtigen Grenzen eine grundlegende Bedingung für den Frieden sind." Damit wurden vertraglich die Ursachen der Ausgestaltung des Prinzips der Unverletzlichkeit der Grenzen dargelegt.

3. Die Unverletzlichkeit der Grenzen als Pflicht zur Anerkennung und Achtung der bestehenden Grenzen

3.1. Anerkennung der polnischen Westgrenze seitens der BRD im Art. I des Vertrages

Im Art. I des Vertrages erkannte die BRD die polnische Westgrenze an Oder und Lausitzer Neiße an und verpflichtete sich dadurch, die damit verbundenen Rechtsfolgen zu respektieren. Art. I des Vertrages beinhaltet eine Reihe von Elementen, die eindeutig auf die Anerkennung der polnischen Westgrenze seitens der BRD hinweisen:

— In Art. I Absatz 1 stellen die beiden Staaten übereinstimmend fest, daß die bestehende Grenzlinie, deren Verlauf im Kapitel IX der Beschlüsse der Potsdamer Konferenz festgelegt worden ist, die westliche Staatsgrenze Polens bildet; die Grenze an Oder und Lausitzer Neiße wird ausdrücklich als Staatsgrenze bezeichnet;

17 Trybuna Ludu vom 20. März 1970.

— in Art. I Absatz 2 wird die Unverletzlichkeit der bestehenden Grenzen beider Staaten bekräftigt; es ist in diesem Zusammenhang zu unterstreichen, daß das Wort „Unverletzlichkeit“ nicht nur das Verbot der Androhung oder Anwendung von Gewalt gegen die Grenzen bedeutet, sondern auch die Möglichkeiten der Infragestellung ihrer Legalität und der Zweckmäßigkeit ihres jetzigen Verlaufs ausschließt;[18] in diesem Punkt wurde auch die Verpflichtung zur gegenseitigen uneingeschränkten Achtung der territorialen Integrität beider Staaten formuliert.

— In Art. I Absatz 2 erklären die beiden Staaten, daß sie gegeneinander „keinerlei Gebietsansprüche haben und solche auch in Zukunft nicht erheben werden.“

A. Klafkowski unterstreicht mit Recht, daß die im Art. I des Vertrages enthaltenen Elemente mit dem Inhalt der völkerrechtlichen Anerkennung gleichbedeutend sind. Unter diesen Bedingungen, schreibt er, spielt es keine Rolle, ob in dem völkerrechtlichen Abkommen die Bezeichnung „Anerkennung“ ausdrücklich angewandt wird oder nicht.[19]

3.2. Deklaratorische Bedeutung des Art. I des Vertrages in bezug auf die Anerkennung der polnischen Westgrenze

Die Bestimmung des Art. I des Vertrages vom 7. Dezember 1970 sind in bezug auf die polnische Westgrenze von deklaratorischer Bedeutung. Dies bedeutet, daß der Vertrag weder die Grenze festlegt noch eine Rechtsgrundlage des Erwerbs der West- und Nordgebiete durch Polen bildet. Von einer solchen — konstitutiven — Bedeutung ist in bezug auf die polnische Westgrenze das Potsdamer Abkommen vom 2. August 1945. Dies ergibt sich eindeutig aus dem Inhalt des Art. I des Vertrages:

— in Art. I Absatz 1 weisen die Parteien unmittelbar auf den hinsichtlich der polnischen Westgrenze konstitutiven Rechtsakt (das Potsdamer Abkommen) hin, indem sie feststellten, daß „die bestehende Grenzlinie, deren Verlauf im Kapitel IX der Beschlüsse der Potsdamer Konferenz vom 2. August 1945 von der Ostsee unmittelbar westlich von Swinemünde und von dort die Oder entlang bis zur Einmündung der Lausitzer Neiße und die Lausitzer Neiße entlang bis zur Grenze mit der Tschechoslowakei festgelegt worden ist, die westliche Staatsgrenze der Volksrepublik Polen bildet;“

18 Vgl. K. Skubiszewski, Zachodnia granica Polski w świetle traktatów, Poznań 1975, S. 254. A. Klafkowski unterstreicht, daß die Unverletzlichkeit der Grenzen mit der Anerkennung des endgültigen Charakters dieser Grenzen verbunden sei. Es ist nicht anzunehmen, schreibt er, daß ein Staat die Grenzen eines anderen Staates als unverletzlich anerkennt und sie gleichzeitig als ein Provisorium betrachtet. Vgl. Uklad Polska-NRF z 7 grudnia 1970r. Podstawy interpretacji w świetle prawa międzynarodowego, Warszawa 1973, S. 45.

19 Vgl. ebenda, S. 40. Vg. auch L. Gelberg, Uklad PRL-NRF z 7 grudnia 1970r. Analiza prawna, Wroclaw, Warszawa, Kraków, Gdańsk 1974, S. 55.

— darüber, daß es sich um eine schon im Moment des Abschlusses des Vertrages bestehende Grenze handelt, zeugen solche in Art. I Absatz 1 enthaltenen Formulierungen wie: „die bestehende Grenzlinie", „die westliche Staatsgrenze . . . bildet;"

— dies beweisen auch die in Art. I Absatz 2 und 3 enthaltenen Bestimmungen; es ist dort von der Bekräftigung der Unverletzlichkeit „ihrer bestehenden Grenzen" und davon die Rede, daß die Vertragsparteien keinerlei Gebietsansprüche „gegeneinander" erheben werden; es kann auch nicht anders sein, da die territorialen Angelegenheiten schon früher (im Potsdamer Abkommen) endgültig geregelt worden sind.

Die Feststellung, Art. I des Vertrages sei in bezug auf die polnische Westgrenze von deklaratorischer Bedeutung, zieht wichtige Rechtsfolgen nach sich. Obwohl die BRD die polnische Westgrenze erst im Vertrag vom 7. Dezember 1970 anerkannte, ist sie verpflichtet, die aus dem Bestehen der Grenze resultierenden Rechtsfolgen seit dem Moment des Abschlusses des Potsdamer Abkommens (des konstitutiven Aktes) zu respektieren.[20] Das ist von grundlegender Bedeutung für die Klärung einer Reihe von humanitären Fragen und von Vermögenssachen, die wegen der Infragestellung des Potsdamer Abkommens (insbesondere seiner territorialen Bestimmungen) seitens der BRD nicht erledigt werden konnten (und weiterhin offen bleiben). In diesem Zusammenhang ist zu betonen, daß die BRD — unabhängig vom Vertrag vom 7. Dezember 1970 — verpflichtet ist, die Bestimmungen des Potsdamer Abkommens (darunter auch die territorialen) zu respektieren und anzuwenden.[21]

3.3. Konstitutive Bedeutung des Potsdamer Abkommens in bezug auf die polnische Westgrenze

Von völkerrechtlich konstitutiver Bedeutung hinsichtlich der polnischen Westgrenze und der Übernahme der West- und Nordgebiete durch Polen ist das Potsdamer Abkommen.[22] Schon im Abkommen von Jalta vom 11. Februar 1945 stellten die Regierungschefs der drei alliierten Mächte (der UdSSR, der USA und Großbritanniens) fest, daß „Polen einen beträchtlichen Gebietszuwachs im

20 Vgl. A. Klafkowski, Uklad Polska-NRF z 7 grudnia 1970, a. a. O., S. 43.

21 Das Problem des Verhältnisses zwischen dem Vertrag vom 7. Dezember 1970 und dem Potsdamer Abkommen wurde besprochen bei A. D. Rotfeld/J. Sulek, Uklad PRL-RFN na tle umowy poczdamskiej, ukladu zgorzeleckiego i ukladu ZSRR-NRF. Analiza poròwnawcza, Warszawa 1970; J. W. Szydlak, Uklad Polska-RFN z 7 XII 1970 o podstawach normalizacji ich wzajemnych stosunkòw a umowa poczdamska, Poznań 1974.

22 Vgl. A. Klafkowski, Umowa poczdamska z dnia 2 VIII 1945r. Podstawy prawne likwidacji skutków wojny polsko-niemieckiej z lat 1939—1945, Warszawa 1960.

Norden und im Westen erhalten muß." Sie gaben auch ihrer Ansicht Ausdruck, daß „die Meinung der neuen Polnischen Regierung der Nationalen Einheit über den Umfang dieses Gebietszuwachses zu gegebener Zeit einzuholen ist ..."[23]

Die Festlegung des Umfangs dieses „Gebietszuwachses" (und der polnischen Westgrenze) erfolgte im Kapitel IX des Potsdamer Abkommens. Aus dem Abkommen von Jalta ergeben sich aber — in bezug auf das Potsdamer Abkommen — erhebliche Auslegungshinweise. Der generelle Akt von Jalta, in dem festgestellt worden ist, daß „Polen einen beträchtlichen Gebietszuwachs im Norden und im Westen erhalten muß", entscheidet über die Richtung und Möglichkeiten der Auslegung der Bestimmungen des Potsdamer Abkommen bezüglich der polnischen Westgrenze und der in diesem Abkommen angewandten Begriffe.[24] Während der Potsdamer Konferenz wurde auch die im Abkommen von Jalta formulierte Pflicht erfüllt, daß „die Meinung der neuen Polnischen Regierung der Nationalen Einheit über den Umfang dieses Gebietszuwachses zu gegebener Zeit einzuholen ist". Die Potsdamer Konferenz ist eben als die „gegebene Zeit" anzusehen, zu der der Umfang des Gebietszuwachses Polens im Norden und im Westen festgelegt worden ist.[25] Der endgültige Charakter der im Potsdamer Abkommen hinsichtlich der polnischen Westgrenze getroffenen Entscheidung ergibt sich auch daraus, daß im Kapitel XIII dieses Abkommens die alliierten Mächte eine Umsiedlung der deutschen Bevölkerung u. a. aus den Polen übertragenen Gebieten (die als „former German territories" im Kapitel IX bezeichnet worden sind) vereinbarten.

Es ist zu unterstreichen, daß Polen zur Übernahme der Nord- und Westgebiete voll legitimiert war. Dies wurde durch folgende Faktoren bestimmt:
— Die alliierten Mächte hatten das Recht, über das Territorium des Deutschen Reiches zu verfügen; in dieser Zeit handelten sie „im Namen Deutschlands"; dies ergab sich aus der Urkunde der bedingungslosen Kapitulation vom 8. Mai 1945 und aus der Erklärung vom 5. Juni 1945;
— das Völkerrecht verbietet zwar generell Verträge zu Lasten eines Dritten; dieses Verbot erstreckt sich aber nicht auf Verträge, die Pflichten eines Aggressorstaates (also auch entsprechende Gebietsveränderungen) regulieren;[26] ein solcher Staat ist eben das „Dritte Reich" gewesen;
— die Staaten müssen sich nicht damit begnügen, die Aggression zu bekämpfen und auf die nächste zu warten; sie können gegenüber dem Aggressor materielle Garantien (Sanktionen) zur Gewährleistung der künftigen Sicherheit und des Friedens durchsetzen, wozu auch Gebietsveränderungen gehören; so sind auch

23 Teheran. Jalta. Potsdam. Dokumentensammlung, Moskau 1978, S. 206.
24 J. Kokot, Logika Poczdamu, Katowice 1961, S. 62.
25 Vgl. ebenda, S. 63.
26 Vgl. I. Brownlie, Principles of Public International Law, London 1973, S. 601/602.

die im Potsdamer Abkommen festgelegten Gebietsveränderungen zu qualifizieren.[27]

3.4. Anerkennung der polnischen Westgrenze seitens der DDR im Vertrag von Zgorzelec vom 6. Juli 1950

Die im Kapitel IX des Potsdamer Abkommens enthaltenen Vorbehalte, daß „the final delimitation of the western frontier of Poland should await the peace settlement", und die Ankündigung „the final determination of Poland's western frontier", beziehen sich ausschließlich auf Durchführungshandlungen, deren Grundlage der fundamentale, die Grenze festlegende Rechtsakt, das Potsdamer Abkommen, bildet. Die Grenzdelimitation bedeutet die genaue Festlegung des Grenzverlaufes im einzelnen und die Eintragung in Karten. Sie setzt aber die Anerkennung der Legalität und der Endgültigkeit der durchgeführten Gebietsveränderungen voraus.[28] Auf dieser Grundlage wird dann die Grenzdemarkation, d. h. die exakte Markierung der Grenze im Gelände (z. B. durch Setzen von Grenzpfählen), vorgenommen.

Die Durchführung dieser Handlungen in bezug auf die im Potsdamer Abkommen festgelegte polnische Westgrenze wurde nach der Entstehung der DDR aktuell. Dies geschah in Gestalt von zwei Rechtsakten:
— des Abkommens zwischen der Republik Polen und der DDR vom 6. Juli 1950 über die Markierung der festgelegten und bestehenden deutsch-polnischen Staatsgrenze;
— des Aktes vom 27. Januar 1951 über die Durchführung der Markierung der Staatsgrenze zwischen Polen und Deutschland.

Im Art. 1 des Abkommens stellen Polen und die DDR fest, daß „die festgelegte und bestehende Grenze, die von der Ostsee entlang der Linie westlich von der Ortschaft Swinoujscie und von dort entlang dem Fluß Oder bis zur Einmündung der Lausitzer Neiße und die Lausitzer Neiße entlang bis zur tschechoslowakischen Grenze verläuft, die Staatsgrenze zwischen Deutschland und Polen bildet".[29] In der Präambel des Abkommens wurde zusätzlich festgestellt, daß die Grenze an Oder und Lausitzer Neiße eine „festgelegte und bestehende Grenze" ist und daß sich die beiden Staaten von dem Wunsche leiten lassen, „die gegenseitigen Beziehungen in Anlehnung an das die Grenze an Oder und Lausitzer Neiße festlegende Potsdamer Abkommen zu stabilisieren und zu festigen". Aus dem Inhalt

27 Vgl. B. Graefrath/E. Oeser/P. A. Steiniger, Völkerrechtliche Verantwortlichkeit der Staaten, Berlin 1977, S. 136; J. Kokot, Od Poczdamu do Helsinek. Koniec okresu powojennego w Europie, Opole 1974, S. 157.
28 Vgl. K. Kocot, Delimitacja, Opole 1970, S. 25.
29 Völkerrecht. Dokumente, Teil 2, Berlin 1980, S. 365.

dieses Abkommens ergibt sich eindeutig, daß es im Verhältnis zum Potsdamer Abkommen (das die polnische Westgrenze konstitutiv festlegte) von durchführender Bedeutung ist. Die im Art. 1 des Abkommens enthaltene Delimitationsformel ist identisch mit den entsprechenden Bestimmungen des Potsdamer Abkommens.

Auf Grund des Art. 3 des Abkommens von Zgorzelec wurde eine gemischte Kommission berufen, die die Demarkation der Grenze durchgeführt hat. Dies wurde im Akt vom 27. Januar 1951 bestätigt. Auf diese Art und Weise wurden alle Delimitations- und Demarkationshandlungen, dem Potsdamer Abkommen entsprechend, durchgeführt.[30]

4. Die Unverletzlichkeit der Grenzen als Zusammenfassung der Pflicht zum Schutz von Staatsgrenzen im allgemeinen Völkerrecht

In Art. II Absatz 1 des Vertrages vom 7. Dezember 1970 stellen die VRP und die BRD fest, daß sie sich „in ihren gegenseitigen Beziehungen sowie in Fragen der Gewährleistung der Sicherheit in Europa und in der Welt von den Zielen und Grundsätzen, die in der Charta der Vereinten Nationen niedergelegt sind, leiten lassen." Demgemäß konstatieren die beiden Staaten, daß sie „entsprechend den Artikeln 1 und 2 der Charta der Vereinten Nationen alle ihre Streitfragen ausschließlich mit friedlichen Mitteln lösen und sich in Fragen, die die europäische und internationale Sicherheit berühren, sowie in ihren gegenseitigen Beziehungen der Drohung mit Gewalt oder der Anwendung von Gewalt enthalten" (Art. II Absatz 2).

Die Bestimmungen dieses Artikels sind von erheblicher Bedeutung. Die Hauptursache aller Spannungen in den Beziehungen zwischen der VRP und der BRD lag darin, daß die BRD die polnische Westgrenze nicht anerkennen wollte, die Souveränität Polens in den Nord- und Westgebieten in Frage stellte und dadurch — gleichzeitig — die in der UN-Charta enthaltenen Völkerrechtsprinzipien verletzte. Die Bestimmungen des Art. II sind also als eine logische Konsequenz der im Art. I erfolgten Anerkennung der polnischen Westgrenze zu betrachten. In

30 In der polnischen Völkerrechtsliteratur bestehen Unterschiede hinsichtlich der Qualifizierung des Vertrages von Zgorzelec und des Aktes von Frankfurt. Während K. Skubiszewski behauptet, daß die auf Grund des Art. 3 des Vertrages von Zgorzelec berufene gemischte Kommission sowohl die Delimitations- als auch die Demarkationsfunktionen erfülle und entsprechende Dokumente der Akt von Frankfurt beinhalte (Zachodnia granica Polski w świetle traktatów, a. a. O., S. 205), ist A. Klafkowski der Meinung, daß die Delimitation im Potsdamer Abkommen und die Demarkation im Vertrag von Zgorzelec und im Akt von Frankfurt erfolge (Uklad Polska-NRF z 7 grudnia 1970r., a. a. O., S. 57). Ähnlich qualifiziert J. Symonides von Zgorzelec (als Demarkationsvertrag). Vgl. Nienaruszalność granic i integralność terytorialna w ukladach Polska-NRD i Polska-RFN, a. a. O., S. 19.

Art. II verpflichten sich die beiden Staaten (faktisch betrifft diese Verpflichtung nur die BRD, da Polen niemals die Anwendung der Prinzipien des allgemeinen Völkerrechts in den Beziehungen mit der BRD in Frage stellte), die Beziehungen zwischen ihnen auf Grund dieser Prinzipien zu gestalten.[31] Diese Verpflichtung überschreitet die bilateralen Beziehungen zwischen der VRP und der BRD; sie bezieht sich auch auf die „Fragen der Gewährleistung der Sicherheit in Europa und in der Welt."

Im Vertrag vom 7. Dezember 1970 wurde also darauf hingewiesen, daß sich aus den Prinzipien des allgemeinen Völkerrechts eine Pflicht zur Achtung und Anerkennung der Grenzen ergibt. Diese Pflicht wurde im Vertrag hinsichtlich der polnischen Westgrenze konkretisiert und durchgesetzt.

In Art. II Absatz 2 wurde die besondere Bedeutung von zwei Prinzipien des allgemeinen Völkerrechts — der Pflicht zur Lösung aller Streitfragen ausschließlich mit friedlichen Mitteln und des Verbots der Androhung oder Anwendung von Gewalt — hervorgehoben.[32] Die Tatsache, daß das Prinzip des Verbots der Anwendung oder Androhung von Gewalt in Art. II Absatz 2 ausdrücklich genannt worden ist, berechtigt jedoch nicht, den Vertrag vom 7. Dezember 1970 lediglich als einen „Gewaltverzichtsvertrag" zu qualifizieren.[33] Dieses Prinzip des allgemeinen Völkerrechts ist auch eine der wichtigsten Grundlagen in den Beziehungen

31 Die in der UN-Charta enthaltenen Prinzipien sind authentisch in der Deklaration vom 24. Oktober 1970 über die Prinzipien des Völkerrechts betreffend die freundschaftlichen Beziehungen und die Zusammenarbeit zwischen den Staaten in Übereinstimmung mit der Charta der Vereinten Nationen interpretiert worden. Vgl. Völkerrecht. Dokumente, Teil 3, Berlin 1980, S. 709—714.

32 Vgl. L. Gelberg, Normalizacja stosunków PRL-RFN. Problemy polityczno-prawne, Warszawa 1978, S. 75—82.

33 In der Völkerrechtsliteratur und politischen Praxis der BRD versucht man immer wieder, den Vertrag mit der UdSSR und — in letzter Zeit — auch den Vertrag mit Polen als „Gewaltverzichtsverträge" zu qualifizieren. Diese Auslegung zielt darauf, die Grundlagen der gegenseitigen Beziehungen nur auf ein (militärisches) Gewaltverbot zu begrenzen und die Verträge ihres fundamentalen Inhalts (der Anerkennung des politisch-territorialen Status quo in Europa) zu berauben. So schrieb z. B. unlängst C. Arndt über die Verträge mit der UdSSR und mit der VRP: „Gemeinsam ist jedoch allen diesen Verträgen ein Grundmuster, das durch zwei elementare Prinzipien gekennzeichnet wird: 1. Die Vertragsparteien sind sich untereinander darüber einig, daß sie in ihren politischen Grundzielen ebenso wenig übereinstimmen wie in ihren Auffassungen über die Rechtmäßigkeit der gegenwärtigen territorialen Besitzstände in Mitteleuropa und deren Entstehung: Es besteht Konsensus über diesen Dissens. 2. Ungeachtet ihrer gegenseitigen Auffassungen über politische Ziele und rechtliche Situationen sind sich die Vertragspartner einig, daß sie ihre Zusammenarbeit auf möglichst vielen Gebieten verstärken, ihre gegenseitigen Beziehungen verbessern wollen und vor allen Dingen ihre Politik auf dem Grundsatz aufbauen wollen, daß die Anwendung und die Androhung von Gewalt verboten sein sollen. Praktischer Ausgangspunkt für die Zusammenarbeit soll die tatsächlich bestehende (‚reale') Lage sein — und zwar ohne Rücksicht darauf, wie die Vertragsparteien sie rechtlich beurteilen." Die deutschen Ostverträge zehn Jahre in Kraft, in: German Studies Review, 2/1983, S. 274.

zwischen der VRP und der BRD; es ist die logische Folge der Bestimmungen des Art. I, denn nur auf Grund der Anerkennung der bestehenden Grenzen, der Anerkennung ihrer Unverletzlichkeit und der Achtung der territorialen Integrität der Staaten kann das Prinzip des Verbots der Anwendung oder Androhung von Gewalt in vollem Ausmaß durchgesetzt werden.

Im Vertrag vom 7. Dezember 1970 wurde vertragsrechtlich festgelegt, daß das Verbot der Androhung oder Anwendung von Gewalt gegen die Grenzen nur ein (wichtiger) Bestandteil der Unverletzlichkeit der Grenzen (neben der Pflicht zur Anerkennung der Grenzen, ihrer Achtung, dem Verbot der Erhebung von Gebietsansprüchen) ist. Diese Feststellung wurde im Prinzip der Unverletzlichkeit der Grenzen der Schlußakte von Helsinki bestätigt und weiterentwickelt.

5. Die Unverletzlichkeit der Grenzen als eine der „festen Grundlagen" der Beziehungen

Die Bezeichnung des Vertrages vom 7. Dezember 1970 weist darauf hin, daß es sich um einen Vertrag „. . . über die Grundlagen der Normalisierung . . . gegenseitige(r) Beziehungen" zwischen den beiden Staaten handelt. In der Präambel des Vertrages wird betont, daß er „. . . dauerhafte Grundlagen für ein friedliches Zusammenleben und die Entwicklung normaler und guter Beziehungen zwischen ihnen" schaffen soll. Dementsprechend stellen die beiden Staaten in Art. III Absatz 1 fest, daß sie „. . . weitere Schritte zur vollen Normalisierung und umfassenden Entwicklung ihrer gegenseitigen Beziehungen unternehmen (werden), deren feste Grundlage dieser Vertrag bildet." Daraus ergibt sich, daß die im Art. I des Vertrages enthaltene Anerkennung der polnischen Westgrenze, ihrer Unverletzlichkeit, der territorialen Integrität Polens und die im Art. II des Vertrages erwähnten Prinzipien des allgemeinen Völkerrechts eine „feste Grundlage" der Beziehungen zwischen der VRP und der BRD bilden. Der Abschluß des Vertrages selbst bedeutet nicht, daß sich die Beziehungen zwischen den beiden Staaten „automatisch" normalisieren; vielmehr gibt der Vertrag „feste Grundlagen", auf die sich „weitere Schritte zur vollen Normalisierung und umfassenden Entwicklung . . . gegenseitiger Beziehungen" zu stützen haben.[34] Die Tatsache, daß es sich um „feste Grundlagen" handelt, ist von großer Bedeutung für die Beurteilung des Charakters der Beziehungen zwischen der VRP und der BRD nach dem Abschluß des Vertrages und insbesondere für die Auslegung anderer, in den 70-er Jahren abgeschlossener Abkommen. Sie ist auch wesentlich für die Entwicklung

34 Vgl. J. Sulek, Stosunki polityczne między Polską Rzecząpospolitą Ludową a Republiką Federalną Niemiec, in: Polska Rzeczpospolita Ludowa — Republika Federalna Niemiec. Bilans stosunków wzajemnych. Problemy i perspektywy normalizacji, Warszawa 1979, S. 78—80.

des Prinzips der Unverletzlichkeit der Grenzen. Konkrete Beispiele verdeutlichen die fundamentale Bedeutung des Prinzips der Unverletzlichkeit der Grenzen in den internationalen Beziehungen.

6. Zur praktischen Bedeutung der Unverletzlichkeit der Grenzen in den Beziehungen VRP—BRD

In Art. III Absatz 2 des Vertrages vom 7. Dezember 1970 betonen die beiden Parteien, „. . . daß eine Erweiterung ihrer Zusammenarbeit im Bereich der wirtschaftlichen, wissenschaftlichen, wissenschaftlich-technischen, kulturellen und sonstigen Beziehungen in ihrem beiderseitigen Interesse liegt." Dementsprechend — und auf Grund der in Art. I und Art. II verankerten „festen Grundlagen" — wurde zwischen der VRP und der BRD in den 70-er Jahren eine Reihe von wichtigen Abkommen und Dokumenten abgeschlossen bzw. vereinbart (u. a. Abkommen über Renten- und Unfallversicherung vom 9. Oktober 1975; Vereinbarung vom 9. Oktober 1975 über die pauschale Abgeltung von Rentenansprüchen; Abkommen vom 9. Oktober 1975 über die Gewährung eines Finanzkredits; Protokoll vom 9. Oktober 1975; Kulturabkommen vom 11. Juni 1976; Schulbuchempfehlungen vom 7. April 1976; eine Reihe von wirtschaftlichen Vereinbarungen).[35]

Die Anzahl der abgeschlossenen Vereinbarungen täuscht aber nicht über den Grad der Normalisierung der gegenseitigen Beziehungen hinweg. Seit dem Abschluß des Vertrages unternahm die BRD, ihrer Deutschlandpolitik entsprechend, eine Reihe von Maßnahmen, die darauf gerichtet waren bzw. sind, nicht von den im Vertrag verankerten „festen Grundlagen" für die Beziehungen mit der VRP auszugehen.[36] Im Hintergrund dieser Handlungen der BRD steht eine revisionistische, politisch-rechtliche Staatsdoktrin. Das Wesen dieser Staatsdoktrin besteht darin, den bestehenden politisch-territorialen Status quo in Europa als ein Provisorium darzustellen, die im Potsdamer Abkommen und im Ergebnis der Entwicklung der Situation in der Nachkriegsperiode festgelegten Grenzen in Frage zu stellen. Allgemein lassen sich drei Bestandteile dieser Staatsdoktrin unterscheiden:

Erstens geht man von einem rechtlichen und theoretischen Modell „Deutschlands" und einem entsprechenden Modell der Rechtslage der BRD, ihres Verhältnisses zur DDR und zu dem angeblich weiter bestehenden Deutschen Reich aus. Den territorialen Anknüpfungspunkt bildet hierzu das Gebiet des Deutschen Reiches vom 31. Dezember 1937.

35 Vgl. in: Polska Rzeczpospolita Ludowa — Republika Federalna Niemiec, a. a. O., S. 265ff.

36 Vgl. A. Klafkowski, Prawne aspekty wykonywania Ukladu Polska-RFN z 1970 roku, in: Sprawy Międzynarodowe, 2/1981, S. 13.

Zweitens wird das theoretische Modell „Deutschlands“ im Rechtssystem der BRD konkretisiert. Sein territorialer Anknüpfungspunkt (das Gebiet des Deutschen Reiches vom 31. Dezember 1937) spiegelt sich im territorialen Geltungsbereich der Gesetzgebung der BRD (entweder im Begriff des Inlandes oder in verschiedenen Erscheinungsformen des sog. Dreiteilungsprinzips) und in der Staatsbürgerschaftskonzeption der BRD (im Rechtsinstitut der „deutschen Staatsangehörigkeit“ und des „Deutschen“ im Sinne des Art. 116 Abs. 1 GG) wider. Dies findet auch seinen Ausdruck in der Verwaltungspraxis der BRD — in Ortsbezeichnungen, in der Bezeichnung von Grenzen, im Unterricht, im Entschädigungssystem usw. Es ist auch zu betonen, daß diese Staatsdoktrin in der Rechtsprechung der Gerichte der BRD (vor allem in der Rechtsprechung des Bundesverfassungsgerichts — z. B. in den bekannten Entscheidungen von 1973 und 1975 zu den Normalisierungsverträgen mit der DDR bzw. der UdSSR und der VRP) fortgesetzt und weiterentwickelt wird.
Drittens handelt es sich dabei um eine Reihe von Auslegungsmaßnahmen seitens der BRD (z. B. die Entschließung des Bundestages vom 17. Mai 1972, den sog. Brief zur deutschen Einheit usw.) mit dem Ziel, die Bestimmungen von Völkerrechtsnormen (vor allem von Normalisierungsverträgen), der Staatsdoktrin entsprechend, abzuwerten.[37]

Diese Staatsdoktrin der BRD (und auch die entsprechende Staatspraxis) widerspricht eindeutig den Bestimmungen des Vertrages vom 7. Dezember 1970 (allen Elementen der Unverletzlichkeit der Grenzen). Die Abkehr von den im Vertrag verankerten „festen Grundlagen“ seitens der BRD, die dem Art. III entsprechend die Möglichkeit der Zusammenarbeit auf allen Gebieten bestimmen, macht es zwangsläufig unmöglich, normale und gute Beziehungen zwischen den beiden Staaten zu entwickeln. Dies führte u. a. dazu, daß im Grunde genommen keine der politischen Charakter tragenden Vereinbarungen von der BRD völlig durchgesetzt wurde. Das betrifft z. B. das Abkommen über die Renten- und Unfallversicherung vom 9. Oktober 1975 (die sich aus dem Art. 16 dieses Abkommens für die BRD ergebenden Verpflichtungen),[38] das Kulturabkommen vom 11. Juni 1976 (wegen der Staatsbürgerschaftskonzeption der BRD, der revisionistischen Ortsbezeichnungen und der Haltung der BRD in bezug auf Westberlin kann kein Durchführungsprotokoll vereinbart werden), die Schulbuchempfehlungen vom 7. April 1976 (die im Art. 4 des Kulturabkommens bestätigt worden sind). Bis jetzt scheitern auch nach wie vor alle Initiativen hinsichtlich des Abschlusses eines Konsular- bzw. Rechtshilfeabkommens zwischen der VRP und der BRD.[39]

37 Vgl. L. Janicki, Republika Federalna Niemiec wobec terytorialno-politycznych następstw klęski i upadku Rzeszy. Zagadnienia prawne, Poznań 1982.

38 Vgl. J. Barcz, Probleme des Rentenabkommens zwischen der Volksrepublik Polen und der Bundesrepublik Deutschland, in: Osteuropa-Recht, 1/1982, S. 14—25.

39 Vgl. 10 Jahre Warschauer Vertrag. Bestandsaufnahme. Deutsch-Polnisches Gespräch 80, Düsseldorf 1980, S. 101—103.

Diese Beispiele beweisen, daß sich die normalen Beziehungen zwischen der VRP und der BRD auf die Grundlage der Anerkennung und Achtung des politisch-territorialen Status quo in Europa — insbesondere der Grenze an Oder und Lausitzer Neiße — stützen müssen. Sie weisen auch auf die praktische Bedeutung des Prinzips der Unverletzlichkeit der Grenzen als einer grundlegenden Bedingung für Zusammenarbeit und Sicherheit hin.

7. Schluß

Aus dem Vertrag vom 7. Dezember 1970 ergeben sich für das Prinzip der Unverletzlichkeit der Grenzen mindestens zwei grundlegende Schlußfolgerungen. *Erstens* wurden im Vertrag alle Bestandteile des Prinzips markiert. Es kommt insbesondere darauf an, daß der Vertrag mit der völkerrechtlichen „Abtrennung" der Unverletzlichkeit der Grenzen vom Gewaltverbot begann. Das Verbot der Androhung oder Anwendung von Gewalt gegen die Grenzen stellt einen wichtigen Bestandteil des Prinzips der Unverletzlichkeit der Grenzen aber nicht seinen gesamten Inhalt dar. Es enthält daneben die Pflicht zur Anerkennung und Achtung von Grenzen und die Pflicht zum Verzicht auf Gebietsansprüche. Im Vertrag vom 7. Dezember 1970 wurden alle Elemente des Prinzips hinsichtlich der polnischen Westgrenze an Oder und Lausitzer Neiße konkretisiert. *Zweitens* beweist die mit dem Vertrag verbundene Praxis, daß die Entwicklung normaler Beziehungen zwischen den beiden Staaten nur auf der Grundlage einer strikten Befolgung des Prinzips der Unverletzlichkeit der Grenzen möglich ist. Das Infragestellen dieses Prinzips durch die BRD verhindert bislang die Lösung einer Reihe grundlegender Fragen in den Beziehungen zwischen der VRP und der BRD. Das Prinzip der Unverletzlichkeit der Grenzen ist eine der fundamentalen Grundsätze der europäischen Sicherheit und Zusammenarbeit.

Резюме

Я. Барч

Принцип нерушимости границ в договоре ПНР — ФРГ от 7. 12. 1970 года и его практическое значение

Статья посвящена влиянию договора между ПНР и ФРГ от 7 декабря 1970 г. на формирование принципа нерушимости границ и на практическое значение этого принципа.

Договор от 7 декабря 1970 г. внёс значительный вклад в формирование принципа нерушимости границ Заключительного Акта Совещания по Безопасности и Сотрудничеству в Европе. В договоре были сформулированы все элементы этого принципа [относительно конкретных отношений между ПНР и ФРГ].

Положения договора указывают, что нерушимость границ обобщает вытекающую из принципов международного права обязанность уважения границ.

Договор этот положил начало процессу различения понятия нерушимости границ и принципа запрещения применения силы и угрозы силой. Запрещение применения силы и угрозы силой против границ является лишь одним из наиболее важных элементов нерушимости границ. Принцип нерушимости границ содержит в себе также обязанность признания ныне существующих границ. В договоре это нашло конкретное выражение в признании — со стороны ФРГ — польской западной границы на Одре и Нысе Лужицкой. Этот принцип заключает в себе также запрещение предъявления каких-либо территориальных претензий к кому бы то ни было не только в настоящем, но и в будущем.

Принцип нерушимости границ является conditio sine qua non нормализации отношений между ПНР и ФРГ, а также европейского сотрудничества и безопасности. Нарушение этого принципа со стороны ФРГ в отношениях с Польшей [и тем самым нарушение определённой в договоре основы отношений] является главной причиной напряжений и трудностей во взаимных отношениях.

Summary

J. Barcz

The Principle of Inviolability of Frontiers in the 1970 Treaty between Peoples Republic of Poland and Federal Republic of Germany and its Importance in Practice

The article deals with the influence of the Treaty between Poland and the FRG of December 7th, 1970 on the formation of the principle of inviolability of frontiers and on the practical significance of this principle.

This Treaty has contributed to a great extent to the formation of the principle of inviolability of frontiers in the Final Act of CSCE. All the elements of this principle have been put down in the Treaty (regarding the concrete relations between Poland and the FRG).

It is to be concluded from the above Treaty, that the principle of inviolability of frontiers encompasses the obligation to respect the frontiers, a rule arising from the principles of international law. The Treaty has begun the process of separation of the inviolability of frontiers from the principle of refraining from the threat or use of force. The refraining from the threat or use of force against the frontiers is one of the important elements of the inviolability of frontiers only. The principle of inviolability of frontiers contains the obligation to recognize the existing frontiers too. It has been expressed in the recognition by the FRG in the Treaty of the Polish boundary on the Oder and Neisse Rivers. The principle contains also the obligation to refrain now and in the future from any demand for, or act of, seizure and usurpation of the territory of other States.

The principle of inviolability of frontiers is considered as a condition sine qua non for the normalization of relations between Poland and the FRG and for the co-operation and security in Europe. The violation of this principle by the FRG in the relations with Poland (and thereby the violation of the basis for normalization fixed in the Treaty) shall be considered as the main cause of tensions and difficulties in mutual relations.

H. de Fiumel

Die Gültigkeit der völkerrechtlichen Normen in der nationalen Rechtsordnung

1. Die grundsätzliche Ausgangsposition

Ein wichtiges sowohl theoretisches als auch praktisches Problem des Völkerrechts ist die Gültigkeit der völkerrechtlichen Normen in der nationalen Rechtsordnung. Es ist in der Rechtslehre weiterhin kontrovers. Selbst die Fragestellung weckt Vorbehalte bei einer Reihe von Autoren. Es geht darum, daß das Völkerrecht gemäß der traditionellen Auffassung allein Verhältnisse zwischen den Staaten, nicht aber innerstaatliche Verhältnisse regelt. Im Zusammenhang damit könne schwerlich davon die Rede sein, daß es in innerstaatlichen Beziehungen Gültigkeit besitze.[1]

Selbst wenn die völkerrechtlichen Normen, sachlich gesehen, die Regelung solcher Verhältnisse zum Ziel haben, die normalerweise im Bereich der innerstaatlichen Regelung liegen, so können sie *niemals* unmittelbar — das heißt als solche — in bezug auf diese Beziehungen gelten und Anwendung finden. In jedem Fall sei es erforderlich, sie auf Subjekte des inneren Rechts mit Hilfe eben dieses Rechts „umzuadressieren". Das sei eine notwendige Maßnahme, da das Völkerrecht *als solches* die erwähnten Beziehungen niemals unmittelbar regeln könne.[2] Dabei wird häufig unterstrichen, daß eine gegenteilige Betrachtungsweise bedeuten würde, natürliche Personen zu völkerrechtlichen Subjekten zu machen,[3] sie wäre überhaupt mit dem Prinzip der staatlichen Souveränität unvereinbar.[4]

Mit einer solchen Auffassung kann man sich schwerlich einverstanden erklären. Die Analyse des modernen Völkerrechts beweist, daß es in einem immer größeren Maße beginnt, ebenfalls die Beziehungen zwischen natürlichen bzw. juristischen Personen und Staatsorganen sowie die Beziehungen zwischen natürlichen bzw. juristischen Personen untereinander zu regeln. Dabei handelt es sich in der Regel

1 Vgl. A. S. Gaverdovskij, Implementacija norm meždunarodnogo prava, Kiev 1980, S. 70, 91.
2 Vgl. R. A. Mjullerson, Sootnošenie meždunarodnogo i nacionalnogo prava, Moskva, 1982, S. 58.
3 Vgl. A. S. Gaverdovskij, Implementacija norm meždunarodnogo prava, a. a. O., S. 69, A. M. Kupčišin, Sovetskaja konstitucija i meždunarodnoe pravo, Kiev 1983, S. 50.
4 Vgl. Ansicht von M. Mohr, zitiert bei H. J. Müller, Prawo międzynarodowe a prawo wewnętrzne w Niemieckiej Republice Demokratycznej (Völkerrecht und innerstaatliches Recht in der Deutschen Demokratischen Republik), in: Prawo międzynarodowe a prawo wewnętrzne w świetle doświadczeń państw socjalistycznych (Völkerrecht und innerstaatliches Recht im Lichte der Erfahrungen der sozialistischen Länder) — Materiały naukowej konferencji międzynarodowej w Warszawie w październiku 1977 (Materialien der internationalen wissenschaftlichen Konferenz in Warschau, Oktober 1977), S. 88.

um Beziehungen mit einem sogenannten ausländischen Element, zwischen einem Staat und Bürgern eines *anderen* Staates oder Bürgern aus verschiedenen Staaten. R. A. Mjullerson bezeichnet sie als „internationale Beziehungen nichtstaatlicher Art".[5]

Daher ist es auch keineswegs präzise, von „innerstaatlichen" Beziehungen zu sprechen, es wäre wohl richtiger, den Begriff „nationale Rechtsordnung" zu verwenden, da dieser nicht suggeriert, daß es um die Beziehungen zwischen den zu ein und demselben Staat gehörenden Subjekten geht. Es muß hierbei aber betont werden, daß das moderne Völkerrecht in dieser Hinsicht noch weiter geht, da es auch im vollen Sinne dieses Wortes innerstaatliche Beziehungen regelt, sogar die Beziehungen zwischen den Bürgern und ihrem eigenen Staat, was z. B. im Falle des völkerrechtlichen Schutzes der Menschenrechte erfolgt. Es stimmt, daß solche Fälle als Ausnahmen betrachtet werden müssen, obwohl in dieser Frage auch Beispiele aus dem internationalen Arbeitsrecht angeführt werden könnten.

Fälle der völkerrechtlichen Regelung der Beziehungen mit ausländischen Elementen, von denen bereits die Rede war, finden wir im Bereich des internationalen Privatrechts, des internationalen Wirtschaftsverkehrs, der Wirtschaftsintegration, der Staatsbürgerschaft, des Verkehrswesens, des Rechtsverkehrs (Rechtshilfe) usw.

Häufig sind die Vorschriften der internationalen Verträge, die die erwähnten Beziehungen regeln, so gefaßt, daß sie unmittelbar zur Regelung der Verhältnisse, auf die sie sich beziehen, angewandt werden können. Das heißt, daß besonders natürliche und juristische Personen aus ihnen Rechte und Pflichten ableiten und überdies Staatsorgane und Gerichte sie unmittelbar anwenden können. Wenn ich in diesem Fall das Wort „unmittelbar" gebrauche, denke ich daran, daß sie quasi vom technischen Standpunkt aus geeignet sind, unmittelbar angewandt zu werden, ohne, daß sie weiter präzisiert werden müßten. Dies soll aber keineswegs besagen, daß eine solche direkte Anwendung der erwähnten Normen, vom *rechtlichen* Standpunkt aus gesehen, immer möglich ist. Eine notwendige Vorbedingung und Voraussetzung dazu ist ihre *Gültigkeit* im innerstaatlichen Bereich, in der nationalen Rechtsordnung.

An dieser Stelle sei geklärt, was wir unter dem Begriff der Geltung völkerrechtlicher Normen in der nationalen Rechtsordnung verstehen. In der Literatur wird manchmal ebenso wie von der Gültigkeit auch von der Anwendung des Völkerrechts innerhalb eines Staates oder der innerstaatlichen Wirksamkeit usw. gesprochen.[6] Unserer Meinung nach ist die Geltung dieser Normen der angemessene Terminus; denn damit sie innerhalb eines Staates angewandt werden können,

5 R. A. Mjullerson, Sootnošenie meždunarodnogo i nacionalnogo prava, a. a. O., S. 25, 27.

6 Vgl. P. de Visscher, Les tendances internationales des constitutions modernes, in: Recueil des Cours de l'Académie de Droit International, Bd. 80 (1952/I), S. 559.

müssen sie vor allem Geltung haben, staatliche Organe und natürliche Personen müssen sich also nach ihnen richten und aus ihnen Berechtigungen ableiten.[7]

Die völkerrechtlichen Normen gelten innerhalb eines Staates als Teil der nationalen Rechtsordnung. Dieser Begriff ist umfassender als der des inneren Rechts, weil er außer diesem Recht, das vor allem darauf gerichtet ist, insbesondere die innerstaatlichen Beziehungen im engen Sinne dieses Wortes zu regeln, auch diejenigen völkerrechtlichen Normen umfaßt, die die Regelung der Beziehungen unter Beteiligung von natürlichen und juristischen Personen bezwecken. Es ist klar, daß daraus das Bedürfnis hervorgeht, jene völkerrechtlichen Normen mit denjenigen des inneren Rechts zu harmonisieren und im Zusammenhang damit die Beteiligung des staatlichen Gesetzgebers daran zu gewährleisten, daß den völkerrechtlichen Normen eine für den betreffenden Staat verbindliche Rechtskraft verliehen wird.

2. Geltung völkerrechtlicher Normen in der nationalen Rechtsordnung

Es bleibt nun die grundlegende Frage, was die Rechtsgrundlage für die Geltung völkerrechtlicher Normen in der nationalen Rechtsordnung ist. Kann das Prinzip einer solchen Geltung schon aus dem Völkerrecht als allgemeiner Grundsatz dieses Rechts abgeleitet werden?

In der Rechtslehre wird hervorgehoben, daß es einen solchen Grundsatz nicht gibt und daß „. . . das Völkerrecht sich selbst, mit Wirkung im Landesbereich, keineswegs mit einer unmittelbaren Rechtskraft auf dem Gebiet eines Staates und innerhalb der dort vorkommenden Beziehungen ausstattet".[8]

In der internationalen Rechtsprechung können wir aber auch eine andere Auffassung zu diesem Problem finden. So stellte z. B. der Schiedsrichter Asser im französisch-polnischen Streit in der Sache eines Warschauer Elektrizitätswerks (1936) in seinem Urteil fest, daß ein rechtmäßig geschlossener Vertrag eine Quelle des objektiven Rechts in den Vertragsstaaten bilde und sowohl in jedem der betreffenden Staaten als auch auf internationaler Ebene verbindliche Kraft besitze.[9] Skubiszewski zitiert die erwähnte Entscheidung und schreibt, daß die

7 Vgl. A. Bleckmann, Begriff und Kriterien der innerstaatlichen Anwendbarkeit völkerrechtlicher Verträge, Berlin (West) 1970, S. 59; A. Koller, Die unmittelbare Anwendbarkeit völkerrechtlicher Verträge und des EWG-Vertrages im innerstaatlichen Bereich, Bern 1971, S. 67.

8 K. Skubiszewski, in: Prawo międzynarodowe a prawo wewnętrzne w świetle doświadczeń państw socjalistycznych, a. a. O., S. 48; vgl. auch A. Koller, Die unmittelbare Anwendbarkeit völkerrechtlicher Verträge und des EWG-Vertrages im innerstaatlichen Bereich, a. a. O., S. 59.

9 Affaires de la Compagnie d'Electricité de Varsovie (fond), in: Reports of International Arbitral Awards, Bd. III, S. 1696.

darin enthaltene These eher ein Postulat als die Widerspiegelung einer völkerrechtlichen Norm und der daraus resultierenden Pflicht der Staaten bilde.[10]

Es ist dabei zu betonen, daß in der Literatur zumeist unterstrichen wird, daß das Völkerrecht den Staaten freie Hand bezüglich der Methoden und Verfahrensweisen bei der Einführung seiner Normen in die nationale Rechtsordnung läßt. Das bedeutet jedoch etwas völlig anderes, als im Landesrecht Gültigkeit zu haben. Eine andere Sache ist, daß die Autoren in der Regel voraussetzen, daß das Völkerrecht als solches nicht automatisch innerhalb des Staates gilt.[11]

Es sei jedoch hervorgehoben, daß zuweilen ein internationaler Vertrag vorsieht, daß seine Bestimmungen direkte Verbindlichkeit in der nationalen Rechtsordnung der Vertragsstaaten erhalten. Als Beispiel kann die Konvention über die Anwendung der RGW-Standards, die am 21. Juni 1974 in Sofia unterzeichnet wurde, genannt werden.[12] Artikel 1 Absatz 1 dieser Konvention besagt, daß die Vertragsstaaten die verbindliche und direkte Anwendung der RGW-Standards in den vertragsrechtlichen Beziehungen auf dem Gebiet der wirtschaftlichen und wissenschaftlich-technischen Zusammenarbeit zwischen den Staaten sowie die verbindliche Anwendung der RGW-Standards in ihrer *Volkswirtschaft* gewährleisten.

In Absatz 3 dieses Artikels wird klargestellt, daß der Begriff vertragsrechtliche Beziehungen sich nicht nur auf zwischenstaatliche, sondern auch auf vertragliche Beziehungen zwischen Wirtschaftsorganisationen der Staaten bezieht.

Absatz 6 präzisiert dann, was übrigens das wichtigste ist, daß durch die Anwendung von RGW-Standards in der Volkswirtschaft gemäß Art. 1 insbesondere die direkte Anwendung von RGW-Standards ohne Änderungen und Umformulierungen gemeint ist. Wir haben hier also ein klares Beispiel dafür, daß ein internationaler Vertrag selbst eindeutig vorsieht, daß die in ihm enthaltenen Regelungen in der nationalen Rechtsordnung der Vertragsstaaten direkt gelten werden.

Selbst wenn man der Ansicht ist, daß nach allgemeinem Völkerrecht völkerrechtliche Normen (insbesondere auch Vertragsnormen) in keinem Fall automatisch in der Rechtsordnung der Vertragsstaaten gelten können, hätte man noch immer keine Erklärung für die Regel, wonach es *immer* eines entsprechenden innerstaatlichen Aktes bedarf, um einer völkerrechtlichen Norm verbindliche Kraft zu verleihen.

Unserer Meinung nach ist es überhaupt unbegründet, die völkerrechtlichen Verpflichtungen eines Staates von seiner nationalen Rechtsordnung allzu rigoros

10 K. Skubiszewski, in: Prawo międzynarodowe a prawo wewnętrzne w świetle doświadczeń panstw socjalistycznych, a. a. O., S. 48.

11 Vgl. ebenda, S. 49; A. S. Gaverdovskij, Implementacija norm meždunarodnogo prava, a. a. O., S. 75; P. de Visscher, Les tendances internationales des constitutions modernes, a. a. O., S. 555.

12 Text in: GBl. 1974 II Nr. 27 S. 508.

zu trennen. In der völkerrechtlichen Norm tritt doch der Wille des Staates, der nicht abstrakt, sondern als ein aus solchen Elementen wie Staatsorgane, Bevölkerung und Territorium bestehendes Ganzes aufgefaßt wird, in Erscheinung. Wenn also das Eingehen von Verbindlichkeiten durch den Staat irgendwelchen praktischen Sinn haben soll und aus ihrem Inhalt hervorgeht, daß sie im Grunde zum Ziel haben, die Verhältnisse innerhalb der nationalen Rechtsordnung zu regeln, so ist es schwer vorstellbar, daß es nicht der Wille des betreffenden Staates wäre, diese Verpflichtungen ipso facto in der nationalen Rechtsordnung als gültig anzuerkennen.[13]

V. S. Vereščetin stellt in diesem Zusammenhang fest, daß die innerstaatliche Gültigkeit der völkerrechtlichen Normen im Augenblick des Inkrafttretens des Vertrags für den betreffenden Staat erfolgt.[14]

S. Kaźmierczyk unterstreicht, daß ein internationaler Vertrag Willensausdruck eines Staates ist. Dieser Wille wird durch die rechtsbegründende Tätigkeit realisiert, deshalb muß der Vertrag in den inneren Verhältnissen verbindlich sein.[15]

Eine falsche Auffassung vom Staat als einem Abstraktum führt bei manchen Autoren zu der Feststellung, daß das Völkerrecht die Tätigkeit des Staates allgemein, als einer gesellschaftlichen Erscheinung, und nicht die Tätigkeit der zum Staatssystem gehörenden Organe regele. Sic![16]

Dabei wird also nicht nur die Möglichkeit bestritten, die Tätigkeit natürlicher und juristischer Personen mittels der für den Staat verbindlichen völkerrechtlichen Normen zu regeln, sondern auch der Organe des Staates. Bei einer solchen Betrachtungsweise scheint aber der Staatsbegriff selbst überhaupt jeglichen Sinn zu verlieren.

13 Vgl. auch E. M. Ametistov, Meždunarodnoe pravo i trud, Moskva 1982, S. 91. Der Autor meint, es wäre etwas Absurdes, den Staat in zwei Subjekte zu gliedern, in ein Subjekt des innerstaatlichen Rechts und ein völkerrechtliches Subjekt. Vgl. auch G. Seidel, Das Verhältnis von Völkerrecht und innerstaatlichem Recht. Zur Frage einer Rechtsdefinition, in: Staat und Recht, 1981/7, S. 645.

14 V. S. Vereščetin, Meždunarodnoe kosmičeskoe pravo: problemy vzaimosvjazi, in: Sovetskoe gosudarstvo i pravo, 1981/12, S. 109.

15 S. Kaźmierczyk, Umowa międzynarodowa jako źródło prawa wewnętrznego Polskiej Rzeczypospolitej Ludowej (Der internationale Vertrag als Quelle innerstaatlichen Rechts der Volksrepublik Polen), Wrocław 1968, S. 46. Vgl. auch K. Skubiszewski, Miejsce traktatów w porządku prawnym PRL (Die Stellung der Verträge in der Rechtsordnung der Volksrepublik Polen), in: Sprawy Międzynarodowe 1973/1, S. 89; V. S. Verescetin, Meždunarodnoe kosmičeskoe pravo: problemy vzaimosvjazi, a. a. O., S. 108.

16 Vgl. A. S. Gaverdovskij, Implementacija norm meždunarodnogo prava, a. a. O., S. 91, ähnlich R. A. Mjullerson, Sootnošenia meždunarodnōgó i nacionalnogo prawa, a. a. O., S. 71.

3. Die sowjetische Praxis und ihre Auslegung innerhalb der sowjetischen Völkerrechtswissenschaft

Die Befürworter der These, daß das Völkerrecht als solches niemals unmittelbar die „innerstaatlichen" Beziehungen regeln könne und stets entsprechende Transformationsakte benötige, berufen sich in der Regel außer auf grundlegende theoretische Voraussetzungen auch auf die Praxis, die diese These bestätigen soll. Es ist aber sehr charakteristisch, daß diese Praxis (in der Regel geht es um die Gesetzgebungspraxis) selbst von der Rechtslehre sehr verschiedenartig aufgefaßt und interpretiert wird, wobei sie unserer Meinung nach häufig keinerlei stichhaltigen Beweis zur Unterstützung der genannten These liefert. Wir werden uns dabei nicht mehr damit beschäftigen zu beweisen, wie verschieden bereits der Begriff „Transformation" der völkerrechtlichen Normen im Landesrecht verstanden wird.

Die Mehrheit der Vertreter der sowjetischen Völkerrechtswissenschaft bestreitet die Möglichkeit, daß völkerrechtliche Normen in der nationalen Rechtsordnung unmittelbar Gültigkeit haben könnten, das heißt ohne einen entsprechenden innerstaatlichen Rechtsakt.[17] Es fällt jedoch die Tatsache auf, daß die von den einzelnen Autoren zitierten Beispiele der gesetzgeberischen Praxis eine verschiedenartige Interpretation finden. Das bezieht sich bereits auf die Bestimmungen der Verfassung der UdSSR aus dem Jahre 1977, die ja bekanntlich jeglicher Vorschrift entbehrt, die die Rechtslage von völkerrechtlichen Normen in der nationalen Rechtsordnung bestimmt.[18] I. I. Lukašuk stellt aber fest, daß die verfassungsmäßige Verankerung des Prinzips, internationalen Verpflichtungen guten Glaubens nachzukommen, bedeutet, daß alle Organe, Organisationen und Einzelpersonen, die sich im Geltungsbereich des sowjetischen Rechts befinden, dazu verpflichtet seien, die Vorschriften des Völkerrechts zu achten. Diese Pflicht gehe aus der Verfassung selbst hervor und verlange *nicht*, durch irgendwelche zusätzlichen Gesetzgebungsakte bestätigt zu werden.[19]

Es ist jedoch zu bemerken, daß der Grundsatz der Befolgung von internationalen Verträgen ein allgemeiner völkerrechtlicher Grundsatz ist, der alle Staaten verpflichtet. Die Einführung dieses Prinzips in die Verfassung kann deshalb lediglich

17 Vgl. viele Beispiele einer solchen Auffassung bei E. M. Ametistov, Meždunarodnoe pravo i trud, a. a. O., S. 85–88, A. S. Gaverdovskij, Implementacija norm meždunarodnogo prava, a. a. O., S. 69 und nachf. R. A. Mjullerson, Sootnošenie meždunarodnogo i nacionalnogo prava, a. a. O., S. 59, A. M. Kupčišin, Sovetskaja konstitucija i meždunarodnoe pravo, a. a. O., S. 57–58.

18 Vgl. D. P. Korovina, Priroda edinoobraznych norm meždunarodnych konvencii, in: Pravovedenie, 1983/1, S. 64.

19 I. I. Lukašuk, Sootnošenie vnutrigosudarstvennogo i meždunarodnogo prava v svete novoj Konstitucii SSSR, in: Vestnik Kievskogo Univ., MOiMP, 1979, Kiev.

eine deklaratorische Bedeutung besitzen und keine konstitutive.[20] Und wenn es so ist, so scheint es nicht vollauf begründet zu sein, die erwähnten juristischen Folgen dieses Grundsatzes *eben* aus der Verfassung abzuleiten, wie Lukašuk es tut.

Eine ziemlich große Bedeutung hat in dieser Hinsicht das sowjetische Gesetz über das Verfahren bei der Schließung, Ausführung und Kündigung von internationalen Verträgen der UdSSR aus dem Jahre 1978.[21] In der Literatur wird besonders auf Art. 21 dieses Gesetzes aufmerksam gemacht, nach dem „... Ministerien, staatliche Komitees, Ressorts der UdSSR, Ministerräte der Sowjetrepubliken und andere Staatsorgane, in deren Zuständigkeitsbereich Fragen gehören, die von den internationalen Verträgen der UdSSR geregelt werden, die Ausführung der Verpflichtungen gewährleisten, die in diesen Verträgen von der sowjetischen Seite übernommen worden sind ..."

Nach der Ansicht Gaverdovskijs besteht die Bedeutung dieser Vorschrift darin, daß sie nicht nur die Pflicht des Staates feststellt, internationale Verträge zu befolgen, sondern auch die Pflicht „... aller Organe, Organisationen und Einheiten, die im Wirkungsbereich des sowjetischen Rechts verbleiben, die Bestimmungen völkerrechtlicher Normen zu befolgen"[22].

Vereščetin zitiert dieselbe Vorschrift und meint, sie würde geradewegs nicht nur die völkerrechtliche, sondern „auch die innerstaatliche Geltung der Verträge, deren Partner die Sowjetunion ist", vorsehen. Der Autor fügt hinzu, daß diese Geltung dabei einen bedingungslosen Charakter habe und „von der früheren Einführung völkerrechtlicher Normen in das innerstaatliche Recht nicht abhängt".[23]

Aus dieser Feststellung geht jedoch keineswegs völlig klar hervor, ob der Autor die zitierte Vorschrift nur deklaratorisch auffaßt, oder aber meint, daß einzig auf ihrer Grundlage die Verträge im innerstaatlichen Bereich Geltung haben.

Es ist auffällig, daß die einzelnen sowjetischen Autoren bei der Beurteilung der in der UdSSR bestehenden Gesetzgebungspraxis verschiedene Bezeichnungen für den Prozeß der Verwandlung der Vertragsnormen in innerstaatliches Recht verwenden. Dabei gebrauchen manche die generelle Bezeichnung „landesrechtliche Erfüllung" völkerrechtlicher Normen (Gaverdovskij, Mjullerson)[24], andere

20 Vgl. A. S. Gaverdovskij, Implementacija norm meždunarodnogo prava, a. a. O., S. 219.

21 Text in: A. N. Talalaev, Zakon o meždunarodnych dogovorach SSSR na službe mira, Moskva 1979, S. 87—95.

22 A. S. Gaverdovskij, Implementacija norm meždunarodnogo prava, a. a. O., S. 222.

23 V. S. Vereščetin, Meždunarodnoe kosmičeskoe pravo: problemy vzaimosvjazi, a. a. O., S. 110.

24 A. S. Gaverdovskij, Implementacija norm meždunarodnogo prava, a. a. O., S. 228 und nachf. R. A. Mjullerson, Sootnošenie meždunarodnogo i nacionalnogo prava, a. a. O., S. 74, der diese Erfüllung als „Hilfsprozeß von seiten des innerstaatlichen Rechts für die Ausführung von völkerrechtlichen Normen auf dem Territorium eines Staates im Geltungsbereich des innerstaatlichen Rechts" bezeichnet.

dagegen sprechen von einer Transformation oder Verweisung (Mironov)[25], einer allgemeinen Rezeption im Verhältnis zu völkerrechtlichen Verträgen (Lukašuk)[26], einer Verweisung und Inkorporation (Mjullerson)[27] usw. Einige Autoren betrachten die Ratifikation als eine Form einer breit aufgefaßten Transformation (Ametistov, Usenko)[28].

Gleichzeitig räumen manche Autoren selbst ein, daß die Situation in der erörterten Frage nicht ganz klar ist und Zweifel hervorrufen mag. So betont Ametistov, daß es in der UdSSR bis vor kurzem an einem genügend präzisen Verfahren der Realisierung völkerrechtlicher Normen mangelte, was aus der unzulänglichen Regelung des Transformationsprozesses internationaler Verträge resultierte.[29] Gawerdowskij sagt, es gäbe keine einheitliche Auffassungsweise zur Frage der mit der Ausführung internationaler Verträge verbundenen Gesetzgebung.[30]

Obwohl die sowjetische Völkerrechtswissenschaft, wie gesagt, im Grunde die Ansicht vertritt, daß in der UdSSR als generelles Prinzip gilt, daß eine Transformation von Vertragsnormen in innerstaatliches Recht erfolgt, gesteht Mironov, der diese Ansicht vertritt, ein, daß „. . . weder im Gesetz, noch in den Akten anderer Organe der Staatsmacht ein Beschließungsverfahren von Transformationsakten vorgesehen ist“[31], und darüber hinaus, daß es in der UdSSR „. . . keine besondere Form des Transformationsakts gab und gibt“[32].

In letzter Zeit wird in der sowjetischen Literatur die Bedeutung des bereits oben zitierten Gesetzes aus dem Jahre 1978 über die internationalen Verträge hervorgehoben, das in der Tat in dieser Hinsicht viele Fragen auf ausführliche Weise regelt. Das Gesetz betont in Art. 19 besonders den allgemein anerkannten Grundsatz „pacta sunt servanda“.[33]

Doch das Gesetz selbst regelt die Frage der Geltung internationaler Verträge im innerstaatlichen Bereich nicht auf eine direkte und klare Art und Weise. Nichtsdestoweniger kann aus dem Wortlaut seines Artikels 24 unserer Meinung nach gefolgert werden, daß eine Möglichkeit besteht, daß ein Vertrag in der innerstaatlichen Rechtsordnung unmittelbar wirksam werden kann, ohne, daß

25 N. W. Mironov, sovetskoe zakonodatelstvo i meždunarodnoe pravo, Moskva 1968, S. 44; derselbe, Pravovye formy socialističeskoj integracii, Moskva 1977, S. 107, 115.

26 I. I. Lukašuk, Sootnošenie vnutrigosundarstvennogo i meždunarodnogo prava v svete novoj Konstitucii SSSR, a. a. O., S. 11.

27 R. A. Mjullerson, Sootnošenie meždunarodnogo i nacionalnogo prava, a. a. O., S. 75.

28 E. M. Ametistov, Meždunarodnoe pravo i trud, a. a. O., S. 138, E. T. Usenko, Prawo międzynarodowe a prawo wewnętrzne w Związku Socjalistycznych Republik Radzieckich (Das Völkerrecht und das innerstaatliche Recht in der UdSSR), in: Prawo międzynarodowe a prawo wewnętrzne w świetle doświadczeń państw socjalistycznych, a. a. O., S. 58.

29 E. M. Ametistov, Meždunarodnoe pravo i trud, a. a. O., S. 136, 137.

30 A. S. Gaverdovskij, Implementacija norm meždunarodnogo prava, a. a. O., S. 245.

31 N. W. Mironov, Pravovye formy socialistižeskoj integracii, a. a. O., 111.

32 Ebenda, S. 112.

33 Vgl. E. M. Ametistov, Meždunarodnoe pravo i trud, a. a. O., S. 139.

das Bedürfnis bestünde, ihn in innerstaatliches Recht zu transformieren. In diesem Artikel heißt es: „*In Fällen*, in denen es zwecks Ausführung eines internationalen Vertrags durch die UdSSR notwendig ist, ein Gesetz der UdSSR *zu beschließen*..." usw. (Hervorhebung von mir, H. F.), reichen die daran interessierten Organe den Vorschlag ein, einen entsprechenden Akt zu beschließen.

Der Gesetzgeber selbst setzt also voraus, daß es nicht immer notwendig ist, einen besonderen innerstaatlichen Rechtsakt zu beschließen.[34] Es kann also angenommen werden, daß in einer Reihe von Fällen ein internationaler Vertrag Gültigkeit haben kann, ohne daß das Bedürfnis besteht, einen besonderen Akt herauszugeben.

Es muß übrigens betont werden, daß es in der sowjetischen Rechtswissenschaft auch nicht an Juristen mangelt, die die These von der unmittelbaren Geltung (Wirksamkeit) einer Vertragsnorm in der innerstaatlichen Rechtsordnung verteidigen. Wie wir bereits hervorgehoben haben, wird eine solche Anschauung von Vereščetin vertreten. Bereits früher gehörten Mešera[35], Grevčova[36] und Bliščenko[37] zu ihren Anhängern.

Unserer Ansicht nach stützt sich die Ansicht der Mehrheit der Vertreter der sowjetischen Rechtslehre von der Notwendigkeit der Transformation (die zwar verschiedenartig aufgefaßt wird) völkerrechtlicher Normen in der UdSSR auf eine eigene Interpretation der angeführten inneren Rechtsakte sowie auch auf die angenommene theoretische Voraussetzung, daß es unmöglich sei, daß das Völkerrecht die in der innerstaatlichen Rechtsordnung bestehenden Verhältnisse regele.

Unserer Meinung nach brauchen die erwähnten Beispiele aus der Gesetzgebung jedoch keineswegs als „Transformationsakte" behandelt zu werden. Sie können ganz einfach als Schritte zur *praktischen Realisierung* der Vertragsbestimmungen verstanden werden. So stellt z. B. Mironov selbst fest, daß es zumeist eine Folge des Transformationsakts in der UdSSR sei, das bestehende Recht zu ergänzen oder es im Zusammenhang mit den Anforderungen, die ein internationaler Vertrag stellt, zu ändern.[38]

Insgesamt hat es also den Anschein, daß das Problem der Geltungskraft von internationalen Verträgen in der innerstaatlichen Rechtsordnung der UdSSR weiterhin tiefgreifende Analysen und Studien erfordert.

34 Vgl. D. P. Korovina, Priroda edinoobraznych norm meždunarodnych konvencii, a. a. O., S. 64.

35 Vgl. V. F. Mešera, O meždunarodnom dogovore kak istočnike sovetskogo prava, in: Pravovedenie 1963/1, S. 124.

36 Vgl. T. P. Grevčova, Meždunarodnyj dogovor v sisteme istočnikov sovetskogo vnutrigosudarstvennogo prava, in: Sov. Ežegodnik meždunarodnogo prava 1963, Moskva 1965, S. 173.

37 Vgl. I. P. Bliščenko, Deistvie meždunarodnogo dogovora na territorii SSSR, in: Pravovedenie 1968/6, S. 106.

38 N. W. Mironov, Sovetskoe zakonodatelsvo i meždunarodnoe pravo, a. a. O., S. 47.

4. Zur Rechtslage nach der Verfassung der Deutschen Demokratischen Republik

Bevor wir dazu übergehen, das Problem der Geltung internationaler Verträge in der Rechtsordnung der Volksrepublik Polen zu erörtern, müssen wir uns etwas mit der diesbezüglichen Rechtslage in der Deutschen Demokratischen Republik beschäftigen. Das Beispiel ist deshalb interessant, weil die Verfassung der DDR nach ihrem Wortlaut aus dem Jahre 1974 gewisse Vorschriften im Zusammenhang mit dieser Fragestellung enthält. Es geht dabei um Art. 8 Abs. 1 und um Art. 91.[39]

Gemäß Art. 8 Abs. 1 sind allgemein anerkannte Grundsätze des Völkerrechts, die dem Frieden und der friedlichen Zusammenarbeit der Völker dienen, für die Staatsmacht und jeden Bürger verbindlich.

Artikel 91 stellt fest, daß die allgemein anerkannten Normen des Völkerrechts über die Bestrafung von Verbrechen gegen den Frieden und die Menschlichkeit und von Kriegsverbrechen unmittelbar geltendes Recht sind.

Im juristischen Schrifttum der DDR wird unterstrichen, daß die erwähnten Verfassungsvorschriften ein Beispiel der sog. generellen Transformation des Völkerrechts in innerstaatliches Recht bilden.[40] Im Zusammenhang mit der Analyse der erwähnten Artikel treten einige Fragen auf. Vor allem entsteht das Problem, ob diese Vorschriften einen konstitutiven Charakter oder nur einen deklaratorischen besitzen. Überdies entsteht die Frage, ob die Formulierung „verbindlich" und nicht „unmittelbar verbindlich" in Art. 8 bewußt gewählt worden ist. Es ist auch nicht völlig klar, für *wen* die in Art. 91 erwähnten Normen unmittelbar gelten.

Die Tatsache, daß allgemein anerkannte völkerrechtliche Grundsätze für die Staatsmacht gelten, erscheint als offensichtlich, insbesondere dann, wenn man unter diesem Begriff den Staat als solchen versteht. Es ist aber nicht völlig klar, wie überhaupt die Geltung dieser Grundsätze für die *Bürger* aufzufassen ist, von Grundsätzen, die ihrem Wesen nach an Staaten als solche gerichtet sind und diese und nicht die Bürger betreffen.

Der Wortlaut des Art. 91 kann insofern lediglich eine deklaratorische Bedeutung haben, als in der Rechtslehre betont wird, daß eben das Kriegsrecht, besonders aber das Recht zum Schutze der Kriegsopfer, zu jenen Ausnahmen gehört, wo dieses Recht „... innerstaatliche Adressaten verpflichtet, ungeachtet dessen, ob und wie es in die innerstaatliche Rechtsordnung eines betreffenden Staates eingegliedert worden ist"[41] (Hervorhebung von mir, H. F.).

39 Text in: GBl. I 1974 Nr. 47, S. 432.

40 Vgl. H. J. Müller: in: Prawo międzynarodowe a prawo wewnętrzne w świetle doświadczeń państw socjalistycznych, a. a. O., S. 95—96; Völkerrecht. Grundriß, Berlin 1983, S. 90.

41 K. Skubiszewski, in: Prawo międzynarodowe a prawo wewnętrzne w świetle doświadczeń państw socjalistycznych, a. a. O., S. 48.

Das alles zeugt davon, daß die Formulierungen in der Verfassung eines Staates allein noch keine eindeutige Antwort auf alle Fragen geben, wenn sie nicht zusätzlich von der Gesetzgebungspraxis, der Verwaltungs- und Gerichtspraxis dieses Staates ergänzt werden.

Es ist zu bemerken, daß in der juristischen Literatur der DDR gleichzeitig Anschauungen von Autoren zu finden sind, wonach bestimmte völkerrechtliche Normen im Rahmen der sozialistischen Wirtschaftsintegration unmittelbar in der Rechtsordnung gelten müßten. Diese Autoren führen aus, daß man die Transformation nicht als „Fetisch" betrachten dürfe, der unter allen Bedingungen als Prinzip angewandt werden müsse. Zur Begründung wird insbesondere die Tatsache erwähnt, daß sowohl das sozialistische Völkerrecht als auch das innerstaatliche Recht der einzelnen sozialistischen Staaten im Rahmen der sozialistischen Gemeinschaft den Interessen der Arbeiterklasse und ihrer Verbündeten dienen.[42]

5. Rechtslage und Auffassungen in der Volksrepublik Polen

In der Volksrepublik Polen enthält die Verfassung aus dem Jahre 1952 keinerlei Vorschrift über die Geltung völkerrechtlicher Normen in der innerstaatlichen Rechtsordnung. In der Praxis der Gesetzgebung aber treffen wir eine Reihe von Fällen an, in denen auf internationale Verträge, und dies auf vielfache Art und Weise, verwiesen wird.[43]

Manchmal besagt die Gesetzesvorschrift, daß anstelle des innerstaatlichen Rechts ein internationaler Vertrag anzuwenden sei. (vgl. den Art. 1096 der ZPO, den Art. 1 Abs. 2 des Gesetzes über das internationale Privatrecht). In anderen Fällen geht es nicht um die Wahl zwischen einem inländischen Gesetz und einem internationalen Vertrag, sondern die innerstaatliche Vorschrift gebietet, einen internationalen Vertrag anzuwenden (vgl. z. B. Art. 24 Abs. 1 des Luftverkehrsgesetzes, Art. 1134 der ZPO). Es kommen auch Vorschriften vor, die einfach bestimmen, daß das betreffende Gesetz die in Polen geltenden internationalen Verträge nicht verletze (vgl. z. B. Art. 15 des Luftverkehrsgesetzes).

In allen diesen Fällen ist in der innerstaatlichen Vorschrift von der Frage der innerstaatlichen Geltung internationaler Verträge selbst nicht die Rede. Wie von Skubiszewski betont wird, bildet „der Umstand, daß der Vertrag Gültigkeit hat und die VRP sein Vertragspartner ist"[44], die einzige und offensichtliche Bedingung für die erwähnte Verweisung. Es geht dabei natürlich um die Geltung auf internationaler Ebene.

42 Vgl. H. J. Müller, in: Prawo międzynarodowe a prawo wewnętrzne w świetle doświadczeń państw socjalistycznych, a. a. O., S. 92—93.
43 Vgl. K. Skubiszewski, Miejsce traktatów w porządku prawnym PRL, a. a. O., S. 81 und ff.
44 Ebenda, S. 84.

Die genannten Fälle der Verweisung auf internationale Verträge beziehen sich aber nur auf *einen Teil* der internationalen Verträge, die für Polen verbindlich sind. Außerdem klären auch sie die Frage der Gültigkeit von Verträgen in der innerstaatlichen Rechtsordnung nicht eindeutig.

Die bestehende Praxis der Rechtsprechung der inländischen Gerichte ist nicht besonders umfangreich[45], doch die Gerichte wandten häufig internationale Verträge an, die für Polen verbindlich waren (sowohl ratifizierte als auch solche, die keinerlei Ratifizierung bedürfen), und dies auch angesichts dessen, daß keine gesetzliche Verweisung vorlag. Dabei fehlt in einer Reihe von Fällen im Urteil die deutliche Feststellung, auf welcher Grundlage der betreffende Vertrag vom Gericht angewandt wird.

Angesichts dessen hat sich die Rechtslehre ziemlich umfassend mit dieser Frage beschäftigt.[46] Es gibt zwar einige Meinungsunterschiede, doch scheint die Mehrheit die Ansicht von S. Rozmaryn zu teilen, daß die Polen verpflichtenden internationalen Verträge in der innerstaatlichen Rechtsordnung proprio vigore, das heißt aus eigener Kraft, Rechtsfolgen haben.[47] Rozmaryn selbst stellte zwar fest, daß die vom Staatsrat ratifizierten Verträge, die im Dziennik Ustaw (Gesetzblatt) veröffentlicht werden, in gesetzlichen Bereichen (d. h. in solchen, die einem Gesetz vorbehalten oder gesetzlich geregelt sind) Wirksamkeit besitzen, doch er sprach auch anderen Verträgen diese Wirksamkeit nicht ab, obwohl er sie nur auf die nichtgesetzliche Materie beschränkte.[48]

Seine These stützt Rozmaryn auf eine vom polnischen Verfassungsgesetzgeber angenommene Konzeption und auf die feststehende Praxis der obersten Staatsorgane. Skubiszewski akzeptiert im Grunde die allgemeine These Rozmaryns über die Wirksamkeit internationaler Verträge in Polen aus eigener Kraft, doch weist er gleichzeitig auf eine Unklarheit hin, nämlich, welche Verfassungsvorschriften hier in Frage kommen könnten.[49] Überdies betont er die mangelhafte

45 Vgl. II Cr 458/72, OSPIKA, Nr. 1/1794, Pos. 6; OSPIKA Nr. 11/1976, Pos. 202, III Cr 714/73, PUG, Nr. 12/1974, S. 418.

46 Vgl. die diesbezügliche Literatur bei K. Skubiszewski, Miejsce traktatów w porządku prawnym PRL, a. a. O., S. 85.

47 S. Rozmaryn, Skuteczność umów międzynarodowych PRL w stosunkach wewnętrznych (Die Wirksamkeit der internationalen Verträge der VRP in den innerstaatlichen Beziehungen), in: Państwo i Prawo 1962/12, S. 957—962; derselbe, Ustawa w Polskiej Rzeczpospolitej Ludowej (Das Gesetz der Volksrepublik Polen), Kap. VI — Ustawa a umowy międzynarodowe (Das Gesetz und die internationalen Verträge), Warszawa 1964, S. 319ff.

48 S. Rozmaryn, Skuteczność umów międzynarodowych PRL w stosunkach wewnętrznych, a. a. O., S. 960—961.

49 K. Skubiszewski, Prawa jednostki, umowy międzynarodowe i porządek prawny PRL (Die Rechte des Individuums, die internationalen Verträge und die Rechtsordnung der VRP), in: Państwo i Prawo 1981/7, S. 19.

Präzision des Begriffs „gesetzliche Materie", besonders, wenn es sich um die „einem Gesetz vorbehaltenen" Angelegenheiten handelt.[50]

In dieser Frage finden wir einen ziemlich interessanten Beschluß des Plenums der Zivilkammer des Obersten Gerichts vom 5. 10. 1974,[51] obwohl es dabei nicht so sehr um die Geltung eines internationalen Vertrages in der innerstaatlichen Rechtsordnung als um die Möglichkeit seiner Anwendung und der in dieser Hinsicht erforderlichen Voraussetzungen ging.

Das Gericht beschränkte sich auf die Anwendung eines internationalen Vertrags im Falle einer gesetzlichen *Verweisung* und stellte fest, daß, wenn es sich in einer solchen Situation um eine „gesetzliche" Materie handelt, die Ratifizierung und Veröffentlichung des Vertrages im Gesetzblatt eine notwendige Voraussetzung für seine gerichtliche Anwendung bildet. So hat also das Oberste Gericht zu verstehen gegeben, daß ein internationaler Vertrag proprio vigore nur in außergesetzlicher Materie Gültigkeit haben kann. Unklar bleibt jedoch die Frage der Wirkung internationaler Verträge, in Bereichen, in denen es überhaupt keine gesetzliche Verweisung gibt.[52]

Rozmaryn äußert sich zur Frage der „Wirksamkeit" internationaler Verträge in der innerstaatlichen Rechtsordnung. Es entsteht nun die Frage, was dieser Begriff bedeuten soll. Ist die Wirksamkeit der Geltung der Verträge gleichzusetzen? Der Autor gibt keine klare Antwort auf diese Frage, obwohl eine solche Schlußfolgerung daraus zu fließen scheint.

C. Berezowski behauptet, daß das Völkerrecht in der innerstaatlichen Rechtsordnung keine Gültigkeit besitze, sondern dort angewandt werde.[53] Das erklärt aber sichtlich nicht das Wesen der Sache. Die völkerrechtliche Norm wird in der innerstaatlichen Rechtsordnung eben deshalb angewandt, weil sie dort *Gültigkeit* hat — die Anwendung bildet ein Resultat der Geltung einer Norm. Anders verhält es sich mit der Anwendung fremden innerstaatlichen Rechts durch die Gerichte — dort kann tatsächlich nur von der „Anwendung" dieser Norm die Rede sein, denn fremdes innerstaatliches Recht kann in einem betreffenden Staat keine Gültigkeit haben. Völlig anders ist es, wenn es um eine völkerrechtliche Norm geht, die von einem konkreten Staat geschaffen worden ist, damit sie in diesem Staat gelte.

In der polnischen Rechtslehre ist die Meinung anzutreffen, daß der Grundsatz von der Geltung internationaler Verträge proprio vigore sich nur auf die gegenseitigen Beziehungen zwischen *Staatsorganen* und nicht auf die Beziehungen

50 K. Skubiszewski, Glosse zum Beschluß des Plenums der Zivilkammer des Obersten Gerichts vom 5. Oktober 1974, III CZP 71/73, in: Państwo i Prawo, 1977/8/9, S. 261 (poln.).

51 Text in: OSNCP Nr. 5/1975, Pos. 72 und OSPIKA 1976, Pos. 202.

52 Vgl. K. Skubiszewski, Glosse zum Beschluß des Plenums der Zivilkammer des Obersten Gerichts vom 5. Oktober 1974, a. a. O., S. 265.

53 C. Berezowski, Wzajemny stosunek prawa międzynarodowego i prawa krajowego, in: Państwo i Prawo 1964/8/9, S. 218.

zwischen diesen Organen und den Bürgern oder zwischen den Bürgern bezieht. Im Rahmen dieser Beziehungen könne ein Vertrag lediglich eine *mittelbare* Bedeutung haben.[54]

Ganz abgesehen von der Tatsache, daß es nicht klar ist, was unter den Bezeichnungen „unmittelbare“ bzw. „mittelbare“ Quelle zu verstehen ist, hat eine solche Unterscheidung keinerlei logische Begründung, da doch der Grundsatz der Geltung eines internationalen Vertrages in den innerstaatlichen Beziehungen angenommen wird.[55]

Bei der Analyse der Rechtslage in der Volksrepublik Polen stellt Skubiszewski fest, daß die Verfassung aus dem Jahre 1952 keineswegs hinderlich ist, für Polen verbindliche internationale Verträge vor den Gerichten anzuwenden (was tatsächlich mehrfach der Fall war), doch sei es nur eine *Möglichkeit* und keine Pflicht, da die Verfassung eine solche nicht formuliere.[56] In dieser Situation begünstige der bestehende Sachverhalt es, daß die Gerichte die Verträge übergehen und dem Gesetz den Vorrang geben.[57]

An einer anderen Stelle dieses Artikels stellt der Autor im Zusammenhang mit den Vorschriften der Konvention über Bürgerrechte und politische Rechte und den Konventionen des internationalen Arbeitsrechts bereits kategorisch fest, daß „die Verwaltungsorgane und Gerichte die *Pflicht* haben, diese Verträge anzuwenden . . .“[58] (Hervorhebung von mir, H. F.).

Unsere Meinung ist die: Wenn die internationalen Verträge, die für Polen verpflichtend sind, in der innerstaatlichen Rechtsordnung proprio vigore gelten, muß angenommen werden, daß sowohl die Verwaltungsorgane als auch die Gerichte dazu verpflichtet sind, sie anzuwenden, und dies nicht von ihrem freien Ermessen abhängen kann.

6. Abschließende Betrachtung

Zum Abschluß unserer bisherigen Erwägungen können wir die Frage stellen, was die Grundlage dafür ist, daß in der Volksrepublik Polen internationale Verträge proprio vigore, das heißt aus eigener Kraft, gelten.

Skubiszewski betont in diesem Zusammenhang, daß jene eigene Kraft bzw. Unmittelbarkeit meistens relativ sei, „. . . weil sie in der Regel von der Toleranz des innerstaatlichen Systems, wenn nicht geradezu von einer deutlichen Landes-

54 Vgl. S. Kaźmierczyk, Umowa międzynarodowa jako źródło prawa wewnętrznego Polskiej Rzeczypospolitej Ludowej, a. a. O., S. 81—82.

55 Vgl. ebenda, S. 46.

56 K. Skubiszewski, Prawa jednostki, umowy międzynarodowe i porządek prawny PRL, a. a. O., S. 16—17.

57 Ebenda, S. 17.

58 Ebenda, S. 23.

norm abhängt"[59]. Der Autor möchte dadurch unterstreichen, daß diese verbindliche Kraft der Vertragsnormen in den inneren Beziehungen nicht aus dem Völkerrecht an sich resultiert.

Wir stimmen zwar generell mit dieser These überein, doch muß dabei einiges präzisiert werden. Unserer Ansicht nach geht es dabei nicht um die Toleranz oder gar um ein Gebot des innerstaatlichen Systems im Sinne des „Landesrechts", sondern eher um das *stillschweigende* Einverständnis des polnischen Staates damit, daß die für den polnischen Staat verbindlichen internationalen Verträge allein aus der Gültigkeit dieser Verträge auf völkerrechtlicher Ebene in der innerstaatlichen Rechtsordnung der VRP gelten. Mit anderen Worten kann die generelle Vermutung angenommen werden, daß die von Polen geschlossenen internationalen Verträge, die im völkerrechtlichen Sinne in Kraft getreten sind, ipso iure auch in der innerstaatlichen Rechtsordnung gelten. Das aber bedeutet, daß sowohl die Staatsorgane bzw. Verwaltungsorgane als auch die Gerichte die Pflicht haben, solche Verträge anzuwenden, natürliche und juristische Personen aber können aus ihnen Rechte und Pflichten ableiten und sich auf sie berufen.

Unabhängig davon muß man sich aber mit der Ansicht, die Skubiszewski schon früher formulierte, einverstanden erklären, daß es im Recht der VRP zweckmäßig wäre, eine Norm — am besten Verfassungsnorm — einzuführen, die die Frage der Gültigkeit und Anwendung internationaler Verträge in der innerstaatlichen Rechtsordnung regeln würde. In diesem Rahmen erscheint es auch als angebracht, eine Vorschrift einzuführen, wonach der Sejm diejenigen internationalen Verträge, die sich auf gesetzlich geregelte Fragen beziehen, bestätigen muß, um Differenzen zwischen der vertraglichen und der gesetzlichen Regelung zu vermeiden.[60]

59 K. Skubiszewski, in: Prawo międzynarodowe a prawo wewnętrzne w świetle doświadczeń państw socjalistycznych, a. a. O., S. 48.

60 K. Skubiszewski, Miejsce traktatów w parządku prawnym PRL, a. a. O., S. 91 sowie derselbe, Glosse zum Beschluß des Plenums der Zivilkammer des Obersten Gerichts vom 5. Oktober 1974, a. a. O., S. 265.

Резюме

Г. де Фиумель

Действие международно-правовых норм во внутригосударственном правопорядке

С теоретической и практической точки зрения важный вопрос о действии международно-правовых норм во внутригосударственном правопорядке является всё ещё спорным в науке международного права. По мнению большинства авторов международно-правовые нормы никогда не оказывают прямого воздействия на внутригосударственные правоотношения, так как в противном случае физические лица превратились бы в субъекты международного права и имело бы место несоблюдение принципа государственного суверенитета. Трудно согласиться с такой позицией. Современное международное право регулирует в возрастающей мере внутригосударственные отношения и отношения в рамках национальных правовых систем, как, например, отношения с иностранным элементом, отношения в области прав человека, а также в области международного трудового права. Возрастает и число случаев, когда положения международных договоров сформулированы таким образом, чтобы они имели возможность непосредственно регулировать соответственные внутригосударственные отношения. Для этого, однако, необходимо, чтобы эти нормы действовали во внутригосударственном правопорядке как его части.

Здесь возникает вопрос о правовых основах действия международно-правовых норм во внутригосударственном правопорядке. В этой связи необходимо упомянуть те случаи, когда международный договор предусматривает прямую обязательность его положений в национальных правовых системах государств-участников. В качестве примера можно указать на договор о непосредственном применении стандартов СЭВ с 21. 6. 1974 года. По нашему мнению, в принципе необоснованно разделять черезчур строго международно-правовые обязательства государства от его национальной правовой системы. Если государство принимает на себя международно-правовые обязательства, которые направлены на регулирование отношений в рамках внутригосударственного правопорядка, трудно представить себе, что в этом случае отсутствует воля признать соответствующие положения как ipso facto действующие в национальном правопорядке. Невозможно абстрактно понять государство и его деятельность. Вместо этого необходимо видеть его отдельные элементы, в частности, органы государства и их деятельность, на которые распространяет своё действие международное право.

Большинство занимающихся этой проблематикой советских авторов исходит из того, что международно-правовые нормы не могут действовать непосредственно в национальном правопорядке. Для этого необходим соответствующий внутригосударственный акт. В частности, однако, существуют довольно дифференцированные и в определённых пунктах различные мнения, прежде всего при толковании советской законодательной практики в этой области. По нашему мнению не нужно рассматривать эти законодательные акты как „акты трансформации", а просто как шаги, предпринимаемые для практической реализации соответствующих договорных положений.

В Конституции ГДР и существующих в ГДР мнений по этому вопросу также не имеется полного единодушия и полной ясности.

В ПНР нет чёткого государственно-правового регулирования этого вопроса. Мнения в научной литературе различны. Однако, кажется, что большинство авторов исходит из того, что международные договоры, обязательные для Польши, действуют proprio vigore в национальном правопорядке и имеют соответствующие правовые последствия.

Summary

H. de Fiumel
The Validity of Rules of International Law in the National Legal System

The theoretically and practically important question concerning the validity of norms of international law in national legal systems is still a controversial one in international law doctrine.

According to the prevailing opinion, rules of international law as such do not have direct validity with regard to national legal relationships, otherwise natural persons would become subjects of international law and the principle of State sovereignty wouldn't be properly respected. Such a position is difficult to agree with. Modern international law governs in an increasing measure internal legal relationships and relationships within the national legal system, e.g. legal relationships with a foreign element, relationships in the sphere of human rights or in the field of international labour law. An increasing number of international treaties contain provisions formulated in a way as to be able to govern directly national legal relationships. The legal premise for that is the validity of these international law rules within the national legal system.

At this point arises the question as to the legal basis of the validity of such rules in internal law. Reference should be made to cases in which an international treaty provides for direct application of its provisions in the national legal systems of member-States. The 1974 Convention concerning the direct application of CMEAs standards could be mentioned as an example. In our opinion it is not justified to separate too strictly international obligations of a State from its internal law system. Whenever a State accepts to be bound by certain rules of international law aimed at governing internal legal relationships, it is difficult to imagine that this State does not intend to recognize these rules as being ipso facto part and parcel of its national legal system. The State and its activities cannot only be understood in an abstract way but rather by an analysis of the activities of its different components, first of all its organs.

The majority of Soviet scholars dealing with this problem hold that rules of international law cannot possess direct validity within the national legal system and that such a validity requires a special internal legal act of State. There are, however, a number of deviating opinions mostly with regard to interpretation of Soviet legislative practice in this field. In our opinion it is not necessary to consider the related legislative acts as "transformation acts" but rather as steps towards the practical implementation of the respective treaty provisions.

The constitutional law and the opinions existing in the doctrine of the German Democratic Republic also seem not to be fully unanimous and clear.

The Polish constitutional law does not contain a clear regulation of this matter. The opinions in doctrine are divergent. Although it seems that the majority of authors hold that international treaties binding Poland are valid proprio vigore in the national legal system and have corresponding legal consequences.

B. Graefrath

Völkerrechtliche Verantwortlichkeit für internationale Verbrechen

1. Einleitung

Es ist 40 Jahre her, daß in den alliierten Erklärungen vom 5. Juni 1945 und im Potsdamer Abkommen vom 2. August 1945 zum ersten Mal in der Geschichte des Völkerrechts Rechtsfolgen für das schwerste internationale Verbrechen, die Aggression formuliert und in Nürnberg und Tokio internationale Gerichte eingesetzt wurden, um das Verbrechen gegen den Frieden zu ahnden. Mit der Charta der Vereinten Nationen wurde eine universelle internationale Organisation ins Leben gerufen, die durch die gleichberechtigte Zusammenarbeit aller Staaten Frieden und Sicherheit für alle gewährleisten sollte. Das Verbot der Gewaltanwendung wurde mit der Charta der Vereinten Nationen zu einem allgemein verbindlichen, grundlegenden Prinzip des Völkerrechts. Über die Artikel 53 und 107 wurden auch die von den Alliierten als Rechtsfolgen aus dem Aggressionsverbrechen gegenüber den ehemaligen Feindstaaten ergriffenen bzw. notwendig werdenden Maßnahmen in das Friedens- und Sicherheitskonzept der UN einbezogen.

Jedoch gelang es erst 30 Jahre später, vor gut 10 Jahren, in der Vollversammlung der Vereinten Nationen eine Aggressionsdefinition zu verabschieden, die ausdrücklich erklärt, daß „... ein Aggressionskrieg ein Verbrechen gegen den Weltfrieden (ist)", weil „... eine Aggression die ernsteste und gefährlichste Form unrechtmäßiger Gewaltanwendung ist"[1]. Es ist also offensichtlich, daß jedenfalls im Zusammenhang mit dem zweiten Weltkrieg eine grundlegende Veränderung in der völkerrechtlichen Verantwortlichkeit eingetreten ist. Sie wird durch die Verantwortlichkeit für die Aggression, für das Verbrechen gegen den Frieden gekennzeichnet.[2]

Die bald nach dem Krieg einsetzenden Versuche der Völkerrechtskommission der Vereinten Nationen, die Regeln der völkerrechtlichen Verantwortlichkeit zu kodifizieren, nahmen jedoch diese Entwicklung noch nicht zur Kenntnis. Sie mußten deshalb scheitern. Vor nunmehr 20 Jahren hat die Völkerrechtskommission einen neuen Anlauf genommen. Seither ist sie bemüht, einen umfassenden Entwurf von Regeln der völkerrechtlichen Verantwortlichkeit zu erarbeiten. Darin werden die unterschiedlichen Verletzungen des Völkerrechts von der verspäteten Erfüllung einer Verpflichtung aus einem Rechtshilfeabkommen bis hin zur Aggres-

1 Völkerrecht, Dokumente, Teil 3, Berlin 1980, S. 919ff.
2 Vgl. G. I. Tunkin, Das Völkerrecht der Gegenwart, Berlin 1953, S. 228.

sion einheitlich als Verletzungen völkerrechtlicher Verpflichtungen erfaßt. Gleichzeitig wird ihre unterschiedliche Bedeutung für die friedliche Zusammenarbeit der Völker betont, indem zwischen internationalen Verbrechen und internationalen Delikten unterschieden wird.[3]

Die Notwendigkeit für eine umfassende Kodifikation der völkerrechtlichen Verantwortlichkeit wird vor allem auch durch die Tatsache unterstrichen, daß allein die Kennzeichnung der Aggression als internationales Verbrechen nicht ausreicht, sie aus dem Leben der Völker zu verbannen. Dazu bedarf es offensichtlich noch großer und vielseitiger Anstrengungen. Das wurde erst jüngst durch die Aggression der USA gegen Grenada wieder deutlich. Zwar wurde sie weltweit verurteilt, jedoch führte das noch nicht zur Realisierung von Konsequenzen aus der völkerrechtlichen Verantwortlichkeit.

2. Zur Unterscheidung zwischen internationalen Verbrechen und internationalen Delikten

In der sozialistischen Völkerrechtswissenschaft, aber auch zunehmend von nichtsozialistischen Völkerrechtlern wird seit dem Ende des II. Weltkrieges zwischen schweren Verletzungen völkerrechtlicher Verpflichtungen, die den Frieden verletzen oder bedrohen und anderen Völkerrechtsverletzungen unterschieden.[4] 1976 hat auch die Völkerrechtskommission auf Vorschlag ihres damaligen Spezialberichterstatters R. Ago eine solche Unterscheidung in ihren Entwurf aufgenommen.[5] Dabei geht sie von einer einheitlichen Konzeption der völkerrechtlichen Verantwortlichkeit aus. Völkerrechtliche Verantwortlichkeit entsteht durch die Verletzung einer völkerrechtlichen Verpflichtung durch einen Staat. Jedoch gibt es unterschiedliche Kategorien von Völkerrechtsverletzungen, die unterschied-

3 Vgl. dazu B. Graefrath/E. Oeser/P. A. Steiniger, Völkerrechtliche Verantwortlichkeit der Staaten, Berlin 1977, S. 26ff., sowie Yearbook of the International Law Commission (zitiert als: YBILC) 1976, Bd. II (Teil Eins), S. 24f.

4 Vgl. D. B. Lewin, Die Verantwortlichkeit der Staaten im gegenwärtigen Völkerrecht, Potsdam-Babelsberg 1969; G. J. Tunkin, Das Völkerrecht der Gegenwart, a. a. O., S. 221ff.; derselbe, Teorija meždunarodnogo prava, Moskva 1970, S. 457ff.; P. M. Kuris, Meždunarodnye pravonarušenija i otvetsvennost gosudarstv, Vilnjus 1973, S. 28ff.; K. Nagy, Forms of legal relationship in International Responsibility, in: Questions of International Law, Bd. 2, Budapest 1981, S. 129ff.; V. David, Odpovědnost Statu za Mezinarodně Protivoprávni Chováni, Brno 1980, S. 45ff.; eine umfassende Übersicht gibt R. Ago in seinem 5. Bericht, vgl. YBILC 1976, Bd. II (Teil Eins), S. 48ff.; vgl. weiter Ch. Dominicé, Die internationalen Verbrechen und deren rechtliches Regime, in: Internationale Festschrift für Stephan Verosta zum 70. Geburtstag, Berlin (West) 1980, S. 227ff. (236f.).

5 Vgl. YBILC 1976, Bd. II (Teil Eins), S. 24f.; vgl. dazu N. A. Ušakov, Otvetstvennost gosudarstv za meždunarodnye prestuplenija i pravonarušenija, in: Meždunarodnoe pravo na službe mira i sotrudničestva gosudarstv, Moskva 1981, S. 59f.

liche Rechtsfolgen, unterschiedliche Verantwortlichkeitsregime hervorrufen. Es wird zwischen schweren Verletzungen besonders wichtiger internationaler Verpflichtungen, die die Grundlagen der friedlichen internationalen Zusammenarbeit aller Staaten betreffen und anderen Völkerrechtsverletzungen unterschieden. Dieses Herangehen an die Erfassung der völkerrechtlichen Verantwortlichkeit gestattet, bestimmte objektive Veränderungen in den internationalen Beziehungen zu erfassen, die mit der Oktoberrevolution ausgelöst wurden und besonders nach dem II. Weltkrieg ihren Niederschlag im Völkerrecht gefunden haben.

Dazu gehört insbesondere die Herausbildung von Normen, die für das friedliche Zusammenleben aller Völker auf der Grundlage der souveränen Gleichheit von entscheidender Bedeutung sind. Sie beruhen nicht nur — wie die meisten Normen des Völkerrechts — auf einem bilateralen Verhältnis, sondern auf Verpflichtungen, die jeder Staat gegenüber allen anderen hat. Sie sind erga omnes Verpflichtungen, und zwar solche, die zwingenden Charakter haben, von denen auch eine vertragliche Abweichung im gegenwärtigen Völkerrecht nicht mehr toleriert wird.

Diese Veränderung im gegenwärtigen Völkerrecht, als deren erster Ausdruck die Charta der Vereinten Nationen zu betrachten ist, hat inzwischen in der Prinzipiendeklaration, der „Deklaration über die Prinzipien des Völkerrechts betreffend die freundschaftlichen Beziehungen und die Zusammenarbeit zwischen den Staaten in Übereinstimmung mit der Charta der Vereinten Nationen[6] und in der Vertragsrechtskonvention[7] ihren Niederschlag gefunden. Sie beeinflußte auch die Bemühungen der Völkerrechtskommission, die allgemeinen Normen der völkerrechtlichen Verantwortlichkeit zu erfassen. Eine Kodifikation der völkerrechtlichen Verantwortlichkeit muß dem unterschiedlichen Charakter der verletzten völkerrechtlichen Verpflichtungen Rechnung tragen. Sie ist heute ohne eine Differenzierung zwischen besonders schweren und anderen Völkerrechtsverletzungen nicht mehr möglich.

Bereits die Charta der Vereinten Nationen baut auf einer solchen Unterscheidung auf. Auf der Grundlage des Gewaltverbots haben die Staaten eine am Kriterium der Friedensgefährdung orientierte Gruppe von Pflichtverletzungen ausgesondert. Zu deren Verhinderung und Abwehr wurde ein kollektives Sicherheitssystem institutionalisiert. Dem Sicherheitsrat wurden besondere Kompetenzen zur Anwendung bestimmter Zwangsmaßnahmen übertragen. Die Differenzierung der völkerrechtlichen Verantwortlichkeit, obgleich in der Praxis noch nicht immer durchsetzbar, steht keineswegs mehr nur auf dem Papier. Sie wird — wie gerade die Resolution der Vollversammlung zu Grenada[8] oder die Resolution des Sicherheitsrates gegen die Aggressionsakte Südafrikas[9] beweisen — von den Staaten

6 Vgl. Völkerrecht, Dokumente, Teil 3, a. a. O., S. 709ff.
7 Vgl. Völkerrecht, Dokumente, Teil 2, Berlin 1980, S. 638ff.
8 Vgl. Resolution 38/7 vom 2. November 1983.
9 Vgl. z. B. die Resolutionen 387 (1976); 428 (1978); 447 (1979); 454 (1979); 475 (1980); 545 (1983).

wo immer möglich benutzt, obgleich sie noch nicht in der Lage sind, jede Aggression zu verhindern oder alle Rechtsfolgen gegenüber jedem Aggressor durchzusetzen.

Im Ergebnis einer umfänglichen Analyse durch ihren Spezialberichterstatter Ago wurde von der Völkerrechtskommission als Kriterium für die Differenzierung im Art. 19 ihres Projektes zur völkerrechtlichen Verantwortlichkeit der Staaten angenommen, daß es sich bei den Völkerrechtsverletzungen, die als internationale Verbrechen bezeichnet werden, um eine ernsthafte Verletzung einer allgemein anerkannten völkerrechtlichen Verpflichtung handeln muß, die für den Schutz der grundlegenden Interessen der internationalen Gemeinschaft so wesentlich ist, daß ihre Verletzung von dieser Gemeinschaft als ganzes als ein internationales Verbrechen betrachtet wird. Das heißt praktisch, daß es sich um Verletzungen handeln muß, die sich gegen den Frieden und die internationale Sicherheit richten. Damit wurde bewußt an die in der Vertragsrechtskonvention entwickelte Definition für ius cogens Normen angeknüpft. Jedoch wird nicht jede Verletzung einer solchen Norm als Verbrechen betrachtet.[10] Es muß sich um besonders schwere Verletzungen der für die friedlichen internationalen Beziehungen grundlegenden ius cogens Normen handeln, die allgemein als internationale Verbrechen anerkannt worden sind. Diese abstrakte Umschreibung der internationalen Verbrechen, die ihre allgemeine Stellung im System des Völkerrechts bestimmt, wurde im Art. 19 Abs. 3 durch Beispiele ergänzt. Sie machen deutlich, an was für Verpflichtungen gedacht ist, und wirken einer mißbräuchlichen Ausweitung des Verbrechensbegriffes entgegen.

An erster Stelle stehen zu Recht die Verletzung der Friedenspflicht durch Aggression und die Verletzung des Selbstbestimmungsrechts der Völker durch Begründung oder gewaltsame Aufrechterhaltung eines Kolonialregimes. Sodann werden Verletzungen von Verpflichtungen zum Schutz des menschlichen Lebens genannt, wobei auf massenhafte Verletzungen wie Sklaverei, Genocid oder Apartheid verwiesen wird. Ferner werden besonders schwere Verletzungen des Umweltschutzes erwähnt.

10 Vgl. YBILC 1976, Bd. II (Teil Zwei), S. 118f.; vgl. dazu N. A. Užakov, YBILC 1976 Bd. I, S. 71, 73; derselbe, Osnovanija meždunarodnoj otvetstvennosti gosudarstv, Moskva 1983, S. 132f; R. Ago, YBILC 1976, Bd. I, S. 90; J. de Arechaga, International Law in the past third of a Century, in: Recueil des Cours de l'Académie de Droit International de la Haye (zitiert als: RdC), Bd. 159 (1978/I), S. 1ff. (S. 274); B. Graefrath/E. Oeser/P. A. Steiniger, Internationale Verbrechen — Internationale Delikte, in: Deutsche Außenpolitik, 3/1977, S. 90ff.; G. Gaja, Jus cogens beyond the Vienna Convention in: RdC, Bd. 182 (1981/III), S. 275ff. (S. 290); J. A. Rešetov, Borba s meždunarodnymi prestuplenijami protiv mira i bezopasnosti, Moskva 1983, S. 30ff. nimmt als gemeinsames Kriterium für alle internationalen Verbrechen an, daß sie sich immer gegen den Frieden und die internationale Sicherheit richten müssen. Nur dann werden z. B. auch Fälle wie Sklaverei, andere Menschenrechtsverletzungen sowie Umweltverletzungen zu internationalen Verbrechen im Sinne des Art. 19 (vgl. ebenda, S. 79f.; S. 129).

Die Differenzierung in unterschiedliche Kategorien von Völkerrechtsverletzungen ist inzwischen von der übergroßen Mehrheit der Staaten begrüßt und unterstützt worden.[11] Dabei gibt es natürlich noch unterschiedliche Auffassungen über einzelne Tatbestände oder Kriterien. So wurden Zweifel im Hinblick darauf angemeldet, daß mit dem Terminus „ernsthaft" (serious) subjektiven Einschätzungen Vorschub geleistet werden könne.[12] Auch wurde bezweifelt, ob es richtig sei, Verletzungen von Umweltschutzbestimmungen mit der Aggression auf eine Stufe zu stellen.[13]

Im Unterschied zu diesem konstruktiven Herangehen der meisten Staaten steht die Haltung einiger Länder, insbesondere der USA. Sie lehnen ausdrücklich jede Differenzierung ab und bestreiten, daß sie im geltenden Recht irgendeine Grundlage habe.[14] Damit wird deutlich, daß sie sich nicht nur gegen den Vorschlag der Völkerrechtskommission wenden, sondern im Grunde darauf abzielen, eine Entwicklung zurückzudrehen, die sich im Völkerrecht vollzogen hat. Es kann schlechterdings nicht mehr geleugnet werden, daß das geltende Völkerrecht unterschiedliche Kategorien von Rechtsverletzungen kennt.

Dazu braucht man lediglich die Verletzung eines Luftfahrtabkommens mit einer Verletzung des Gewaltverbotes durch eine Aggression zu vergleichen. Im ersten Fall handelt es sich um ein rein bilaterales Verantwortlichkeitsverhältnis, bei dem die Abwicklung der Rechtsfolgen völlig in der Verfügungsgewalt der Parteien bleibt. Sie können sogar die verletzte Verpflichtung oder das ganze Ab-

11 Vgl. z. B. Peru, A/C.6/31/SR.22, para. 18; Großbritannien, ebenda, SR.18, para. 35; Brasilien, ebenda, SR.14, para 17; Finnland, ebenda, SR.18, para. 67; Kenya, ebenda, SR.22, para. 26; Zypern, ebenda, SR.33, para. 14; Ukrain. SSR, ebenda, SR.18, para. 53; DDR, ebenda, SR.25, para. 32; vgl. auch die Stellungnahmen der UdSSR, Jugoslawiens, der Ukrain. SSR, in: A/CN.4/328 Add. 3 sowie der ČSSR und der Niederlande, in: A/CN.4/342/Add. 4.; vgl. weiter DDR, A/C.6/38/SR.36, para. 66; China, ebenda, SR37, para. 46; Irak, ebenda, SR.37, para. 59; Rumänien, ebenda, SR.40, para 41; Äthiopien, ebenda, SR.42, para. 11; ČSSR, ebenda, SR.44, para. 69; Marokko, ebenda, SR.45, para. 20; Ungarn, ebenda, SR.46, para. 8.

12 Vgl. YBILC 1976, Bd. I, S. 69 (Sir Francis Vallat); ebenda, S. 70 (Sahović); ebenda, S. 72 (Ushakov); ebenda, S. 82 (Bedjaoui); ebenda, S. 83 (Rossides); sowie Mexiko, A/C.6/31/SR.28, para. 26.

13 Vgl. YBILC 1976, Bd. I, S. 73 (Užakov); A/C.6/31/SR.17, para. 10 (USA); ebenda, SR.18, para. 38 (Großbritannien); ebenda, SR.18, para. 54 (Ukrain. SSR); ebenda, SR.21, para. 33 (Bulgarien); ebenda, SR.28, para. 28 (Mexiko); vgl. auch die Stellungnahme von Bulgarien, in: A/CN.4/342/Add. 1 und der BRD, in: A/CN.4/342/Add. 3.

14 Vgl. Mc. Kearney, in YBILC 1976, Bd. I, S. 77; USA, A/C.6/31/SR.17, para. 8; A/C.6/37/SR.52, para. 22; A/C.6/38/SR.41, para. 4; SR.47, para. 65; Frankreich, A/C.6/31/SR.26, para. 4; A/C.6/37/SR.38, para. 16; A/C.6/38/SR.41, para. 26; Neuseeland, A/C.6/31/SR.19, para. 19; Schweden YBILC 1981, Bd. II (Teil Eins) S. 79; A/C.6/37/SR.41, para. 12; Australien, A/C.6/31/SR.27, para. 15; A/C.6/37/SR.48, para. 9; A/C.6/38/SR.50, para. 42; Portugal, A/C.6/31/SR.23, para. 17; Griechenland, A/C.6/31/SR.23, para. 11; A/C.6/37/SR.40, para. 47.

kommen aufheben und dürfen jedenfalls keine bewaffnete Gewalt anwenden, um seine Einhaltung zu erzwingen. Zur Abwehr der Aggression dagegen ist die Anwendung bewaffneter Gewalt gestattet. Es gibt eine Zuständigkeit der Vereinten Nationen sowie aller Staaten, die Einstellung der Aggression zu verlangen und dazu gegebenenfalls auf Beschluß des Sicherheitsrates oder im Rahmen der kollektiven Verteidigung Zwangsmaßnahmen anzuwenden.[15] Auf keinen Fall haben die Parteien die Möglichkeit, die verletzte Norm, das Gewaltverbot, aufzuheben oder einzuschränken.

Allein dieses Beispiel zeigt, daß eine Negierung der Differenzierung in der völkerrechtlichen Verantwortlichkeit heute einfach im Widerspruch zum geltenden Recht steht. Bei der Diskussion über die Spezifik der unterschiedlichen Verantwortlichkeitsregime geht es im Grunde nicht mehr um die Frage, ob man differenzieren soll oder kann, sondern um die Bestimmung der Grenzwerte für eine solche Differenzierung und ihrer praktischen Bedeutung, d. h. welche Unterschiede sich hinsichtlich der Subjekte, der möglichen Rechtsfolgen und ihrer Anwendung ergeben. Die Mehrheit der Staaten drängt nachdrücklich darauf, daß endlich konkrete Artikelentwürfe über Rechtsfolgen entsprechend den unterschiedlichen Kategorien der Rechtsverletzungen ausgearbeitet werden. In Übereinstimmung damit haben sie auch entschieden einen Vorschlag[16] des derzeitigen Spezialberichterstatters zurückgewiesen[17], keine Rechtsfolgen für das schwerste internationale Verbrechen, die Aggression, in das Projekt aufzunehmen, weil es dazu Regelungen in der UN-Charta gebe.[18]

15 Auf die Tatsache, daß die UN Charta selbst im Kapitel VII ein besonderes Verantwortlichkeitsregime für bestimmte Völkerrechtsverletzungen enthält, hat schon Ago ausdrücklich hingewiesen, als er Art. 19 einführte (vgl. YBILC 1976, Bd. I, S. 58).

16 Vgl. W. Riphagen, A/CN.4/366/Add. 1, para. 19.

17 Vgl. A/38/10, S. 88 sowie z. B. DDR, A/C.6/38/SR.36, para. 66; China, ebenda, SR.37, para. 45; Irak, ebenda, SR.37, para. 59; Ägypten, ebenda, SR.39, para. 27; Philippinen, ebenda, SR.40, para. 33; Rumänien, ebenda, SR. 40, para. 41; UdSSR, ebenda, SR.43, para. 52f., Algerien, ebenda, SR.44, para. 7; ČSSR, ebenda, SR.44, para. 70; Ungarn, ebenda, SR.46, para. 10; Syrien, ebenda, SR. 46, para. 29; Argentinien, ebenda, SR.47, para. 9; Bulgarien, ebenda, SR.47, para. 35; Mongolische VR; ebenda, SR.48, para. 59; Belorussische SSR, ebenda, SR.48, para. 64; Ukrain. SSR, ebenda, SR. 50, para. 24.

18 Den genau entgegengesetzten Standpunkt hatte die Völkerrechtskommission schon 1976 eingenommen: „. . . in so far as certain provisions of the Charter are now an integral part of general international law on the subject with which the Commission is concerned, they will be logically and faithfully reflected in its work . . . The Commission is also convinced, that in codifying the general rules which recognize the existence of different types of internationally wrongful acts and which in pursuance of this recognition, provide for different regimes of international responsibility, it is no danger of encroaching on the Charter of the UN (YBILC 1976, Bd. II, (Teil Zwei), S. 117).

3. Keine strafrechtliche Verantwortlichkeit der Staaten

Die Bestimmung des Inhalts des Verantwortlichkeitsregimes für internationale Verbrechen wird dadurch erschwert, daß strafrechtliche Vorstellungen aus dem Landesrecht in die Diskussion eingeführt werden und das Begriffsbild stark beeinflussen. Das geschah bereits dadurch, daß häufig und auch im Arbeitsplan der Völkerrechtskommission bei den Rechtsfolgen zwischen Reparation und Sanktionen dergestalt unterschieden wurde, daß den Sanktionen Strafcharakter beigemessen wurde.[19] Es wird in gewissem Umfang dadurch begünstigt, daß die schweren Völkerrechtsverletzungen im Artikel 19 des Entwurfs der Völkerrechtskommission internationale Verbrechen genannt werden.

Diese Terminologie war vorgezeichnet. In vielen internationalen Dokumenten, angefangen mit dem Dekret über den Frieden 1917 über das Genfer Protokoll von 1924, die Prinzipiendeklaration von 1970 und die Aggressionsdefinition von 1974, ist der Aggressionskrieg als internationales Verbrechen bezeichnet worden. Die Völkerrechtskommission konnte an dieser Terminologie nicht vorbeigehen. Sie ist auch sehr geeignet, für jedermann verständlich auszudrücken, daß man es mit besonders schweren, für die internationale Gemeinschaft besonders gefährlichen Verletzungen zu tun hat, die notwendig andere Rechtsfolgen auslösen als die Verletzung „einfacher Verpflichtungen". Dabei mußte man in Kauf nehmen, daß diese Terminologie notwendig strafrechtliche Assoziationen weckt und entsprechende Mißdeutungen ermöglicht. Sie macht außerdem eine sorgfältige Abgrenzung von denjenigen Straftaten erforderlich, die im Strafrecht der einzelnen Länder und internationalen Abkommen aus unterschiedlichen Gründen und nach unterschiedlichen Kriterien als internationale Verbrechen bezeichnet werden.

Die Völkerrechtskommission war sich dieser Probleme wohl bewußt. Sie hat in ihrem Kommentar zum Art. 19 ausdrücklich darauf hingewiesen und vor Mißdeutungen gewarnt.[20] Sie machte unmißverständlich klar, daß es nicht darum ging und gehen konnte, eine Unterscheidung zwischen zivilrechtlicher und strafrechtlicher Verantwortlichkeit ins Völkerrecht einzuführen. Eine solche Terminologie wurde sorgfältig vermieden.[21] Es geht vielmehr um die Erfassung der Spezifik der völkerrechtlichen Verantwortlichkeit von Staaten, wie sie im gegenwärtigen Entwicklungsstadium des Völkerrechts besteht.[22]

19 Vgl. so vor allem R. Ago, YBILC 1970, Bd. II, S. 182 und YBILC 1979, Bd. II (Teil Eins), S. 39; die Völkerrechtskommission in: YBILC 1973, Bd. II, S. 175; YBILC, 1975 Bd. II, S. 56; YBILC 1979, Bd. II (Teil Zwei), S. 116; YBILC, 1980, Bd. II, (Teil Zwei), S. 53.

20 Vgl. YBILC 1976, Bd. II, S. 119; vgl. auch R. Ago, ebenda, Bd. I, S. 89.

21 Vgl. dazu G. J. Tunkin, YBILC 1963, Bd. II, S. 233; Ago, ebenda, S. 234; vgl. jedoch die strafrechtliche Terminologie bei Ago im Zusammenhang mit Sanktionen, YBILC 1976, Bd. I, S. 90f.

22 Vgl. so auch Ch. Cominicé, Die internationalen Verbrechen und deren rechtliches Regime, a. a. O., S. 243.

Da jedoch zwischen der Herausarbeitung unterschiedlicher Kategorien von Völkerrechtsverletzungen im Artikel 19 des Entwurfes und der Ausarbeitung der sich daraus ergebenden differenzierten Rechtsfolgen viele Jahre vergingen und in der Völkerrechtskommission dazu noch immer kein Entwurf vorliegt, ist viel Zeit und Raum für die Entwicklung und Ausbreitung von Mißverständnissen und Mißdeutungen gegeben worden. Sie laufen darauf hinaus, die Unterscheidung zwischen internationalen Verbrechen und internationalen Delikten eben doch als eine Unterscheidung zwischen strafrechtlicher und zivilrechtlicher Verantwortlichkeit zu verstehen.[23] Das führt bei einigen dazu, die Differenzierung strikt abzulehnen, während es andere motiviert, nunmehr auch strafrechtliche Konsequenzen bei den Rechtsfolgen zu fordern.[24]

Versuche, strafrechtliche Vorstellungen ins Völkerrecht zu übertragen, vernachlässigen in unzulänglicher Weise die Besonderheiten des Völkerrechts, die eine Analogie mit der Verantwortlichkeit im Landesrecht unmöglich machen.[25] Das gegenwärtige Völkerrecht beruht auf Vereinbarungen zwischen gleichberechtigten souveränen Staaten auch da, wo es zur Herausbildung zwingender Normen geführt hat. Es schließt die Unterordnung unter eine von den einzelnen Subjekten unabhängige oder verschiedene Zentralgewalt aus. Völkerrecht beruht auf der souveränen Gleichheit der Staaten, die die Subjekte des Rechtsbildungs- wie des Rechtsverwirklichungsprozesses sind, unbeschadet der Einbeziehung von ihnen gegründeter und von ihrer Mitwirkung abhängiger zwischenstaatlicher internationaler Organisationen.

Strafrechtliche Vorstellungen führen notwendig zu einer Konstruktion, die irgendeinem Staat, einer Staatengruppe oder Organisation die Macht und die Legitimation zuspricht, andere Staaten für bestimmte Rechtsverletzungen zu bestrafen, d. h. sich zum Richter über andere Staaten aufzuwerfen und andere als

23 Vgl. K. Marek, Criminalizing State Responsibility, in: Revue Belge de droit international, Bd. 14 (1978/79), S. 460ff.; P. M. Dupuy, Observations sur le crime international de l'État, in: Revue Générale de Droit International Public, Bd. 84 (1980, S. 449ff.; derselbe, Action public et crime international de l'État: à propos de l'article 19 du projèt de la Commission du droit international sur la responsabilité des Etats, in: Annuaire Français de Droit International (zitiert als: AFDI), Bd. 25 (1979), Paris 1979, S. 539ff.; M. Gounelle, Quelques Remarques sur la notion de „crime international" et sur l'évolution de la responsabilité internationale de l'État, in: Mélanges offert à Paul Reuter, Paris 1981, S. 315ff.; B. Schwebel, A/CN.4/SR.1601, S. 6f.; A/CN.4/SR.1666, S. 12; B. Reuter, A/CN.4/SR.1669, S. 8; SR.1684, S. 9; SR.1771, S. 7; SR.1772, S. 5. Neuseeland, A/C.6/31/SR.19, para. 19; vgl. auch die strafrechtliche Fragestellung zu internationalen Verbrechen bei Riphagen, A/CN.4/354/Add. 2, para. 122.

24 Vgl. z. B. Reuter, A/CN.4/SR.1773, S. 7; Flitan, ebenda, S. 8; Malek, ebenda, SR.1780, S. 7.

25 Vgl. dazu ausführlich der Vertreter der DDR im 6. Komitee der Vollversammlung, A/C.6/35/SR.49, para. 15 und A/C.6/38/SR.36, para. 67; vgl. weiter bereits ausführlich, G. I. Tunkin, Das Völkerrecht der Gegenwart, a. a. O., S. 313f.; derselbe, Teorija meždunarodnogo prava, a. a. O., S. 447f.; vgl. auch J. A. Rešetov, Borba s meždunarodnymi prestuplenijami protiv mira i bezopasnosti, a. a. O., S. 10f.

die nach allgemeinem Völkerrecht oder aufgrund spezieller Vereinbarung zur Durchsetzung einer völkerrechtlichen Verpflichtung möglichen Maßnahmen zu treffen. Eine solche Vorstellung aber verträgt sich nicht mit dem Grundsatz der souveränen Gleichheit und dem Vereinbarungscharakter des Völkerrechts.

Die Normen des Völkerrechts sind das Ergebnis von Vereinbarungen zwischen Staaten, politischen Organisationen der Völker, deren Klassencharakter von den jeweiligen Produktionsverhältnissen bestimmt wird. Unter den Bedingungen der Koexistenz von Staaten unterschiedlicher, ja entgegengesetzter gesellschaftlicher Systeme kann man sich zwar Vereinbarungen über den Inhalt besonders wichtiger Normen und deren gemeinsame Gewährleistung vorstellen, die einzeln oder mit Hilfe internationaler Organisationen durchgesetzt werden. Das liegt im Interesse aller. Aber man kann sich nicht vorstellen, daß gerade im Hinblick auf die Einhaltung besonders wichtiger Normen einigen Staaten über andere Strafgewalt übertragen wird oder daß Staaten zustimmen, sich der Strafgewalt einer ihrem gesellschaftlichen System entgegengesetzten Klassenorganisation zu unterwerfen.

Schließlich hat die Arbeiterklasse die Strafgewalt der Bourgeoisie im Lande nicht abgeschafft, um sich ihr international zu unterwerfen. Die Kolonialvölker haben die Kolonialherrschaft der imperialistischen Länder nicht abgeschüttelt, um sich der Strafhoheit dieser Länder auf einer anderen Ebene unterzuordnen. Niemand wird ernstlich annehmen, daß sich Länder wie die USA, Großbritannien oder Frankreich der Strafhoheit der Entwicklungsländer oder der sozialistischen Staaten oder einer von ihnen majorisierten internationalen Organisation unterwerfen.

Die Vereinbarung zwingender Normen und kollektiver Reaktionen gegen ihre Verletzung, um ihre Einhaltung zu gewährleisten und damit die friedliche Zusammenarbeit unterschiedlicher souveräner Staaten auf der Grundlage der Gleichberechtigung zu ermöglichen, kann nicht als eine Vereinbarung zur Schaffung einer einzelnen Staaten übergeordneten oder von der Vereinbarung losgelösten Strafgewalt verstanden werden. Die Versuche, die Differenzierung der völkerrechtlichen Verantwortlichkeit als eine Kriminalisierung der völkerrechtlichen Verantwortlichkeit auszugeben oder landesrechtliche Verantwortlichkeitskonzeptionen in das Völkerrecht zu übertragen, können den Kodifikationsprozeß nur aufhalten und eine mißbräuchliche Anwendung angeblicher Sanktionen begünstigen.

4. Das Verhältnis zwischen völkerrechtlicher Verantwortlichkeit der Staaten und dem Kodex über Verbrechen gegen den Frieden und die Sicherung der Menschheit

Die Übertragung strafrechtlicher Vorstellungen auf die völkerrechtliche Verantwortlichkeit der Staaten wird auch dadurch genährt, daß der Begriff des internationalen Verbrechens nach dem zweiten Weltkrieg naturgemäß mit den Prozessen von Nürnberg und Tokio verbunden wird. In diesen Prozessen ist die persönliche strafrechtliche Verantwortlichkeit für Verbrechen gegen den Frieden, Kriegsverbrechen und Verbrechen gegen die Menschlichkeit als eine Konsequenz aus der völkerrechtlichen Verantwortlichkeit für das Aggressionsverbrechen entwickelt und durchgesetzt worden. Bereits 1946 hat die Vollversammlung in ihrer Resolution 95 (I) „die vom Nürnberger Tribunal und vom Urteil dieses Tribunals anerkannten völkerrechtlichen Grundsätze" bekräftigt. Sie wurden 1950 von der Völkerrechtskommission als „Principles of International Law Recognized in the Charter of the Nürnberg Tribunal and in the Judgement of the Tribunal" formuliert[26] und haben einen bestimmenden Einfluß auf den 1954 vorgelegten Draft Code of Offences against the Peace and Security of Mankind[27] ausgeübt. Die Nürnberger Tatbestände wurden durch den Völkermord[28] und später das Apartheidverbrechen[29] erweitert, immer aber handelt es sich um die Bestrafung von Personen im Gefolge der völkerrechtlichen Verantwortlichkeit von Staaten[30].

Während die strafrechtliche Verantwortlichkeit für Verbrechen gegen den Frieden und die Sicherheit der Menschheit die UN seit ihrem Bestehen beschäftigt, ist die zugrunde liegende völkerrechtliche Verantwortlichkeit der Staaten für internationale Verbrechen von der Völkerrechtskommission erst in jüngster Zeit ausführlich behandelt worden. Da zwischenzeitlich die Arbeiten am Draft Code auf Betreiben der Westmächte wegen des Fehlens einer allgemein anerkannten Aggressionsdefinition ausgesetzt worden waren, treffen jetzt die Arbeiten am Projekt über völkerrechtliche Verantwortlichkeit der Staaten mit den Arbeiten am Kodex über Verbrechen gegen den Frieden und die Sicherheit der Menschheit zusammen.[31] Beide nehmen weitgehend auf gleiche Sachverhalte Bezug, gebrauchen ähnliche Termini. Es kann daher nicht verwundern, daß von einigen Staaten, aber auch von Mitgliedern der Völkerrechtskommission, gestützt auf den Begriff „internationale Verbrechen", auch eine strafrechtliche Verantwortlichkeit der Staaten angenommen bzw. ausdrücklich gefordert wird, daß der Kodex nicht nur die Bestrafung von Personen, sondern auch die Bestrafung von Staaten vorsehen soll.[32] Sie berufen sich darauf, daß einige der zweifellos zum Kodex gehörenden

26 Vgl. Text in: The Work of the International Law Commission, New York 1980, S. 116f.

27 Vgl. Text in: ebenda, S. 117f.

28 Vgl. Völkerrecht, Dokumente, Teil 1, Berlin 1980, S. 22ff.

29 Vgl. Völkerrecht, Dokumente, Teil w, a. a. O., S. 886ff.

30 Vgl. N. A. Užakov, Otvetstvennost za meždunarodnye prestuplenija i pravonarušenija, a. a. O., S. 66f.

31 Vgl. A/38/10, para. 26f.; den 1. Bericht von Thiam, A/CN.4/364 sowie die Dokumentation dazu, A/CN.4/368; A/CN.4/365.

32 Vgl. Sucharitkul, A/CN.4/SR.1756, S. 4; Borboza, ebenda, SR.1757, S. 7; Munoz, ebenda, SR1758, S. 17; Flitan, ebenda, SR.1759, S. 6; Balanda, ebenda, SR.1759, S. 9; Jagota, ebenda, SR.1760, S. 7; Evensen, ebenda, SR.1760, S. 13; Diaz Gonzalez, ebenda, SR.1761, S. 12. Vgl. auch die Stellungnahmen von Rumänien, A/C.6/38/SR.40, para. 40; Jamaica, ebenda,

Straftaten, wie das Verbrechen gegen den Frieden, eigentlich von Staaten begangen würden und daß man sich unter Strafen ja sehr wohl auch andere Mittel als Freiheitsentzug vorstellen könne. Nun ist es sicher richtig, daß der strafrechtliche Tatbestand und die völkerrechtliche Verantwortlichkeit an den gleichen Sachverhalt anknüpfen. Jedoch handelt es sich um sehr unterschiedliche Reaktionen. Es werden unterschiedliche Handlungen unterschiedlicher Subjekte in unterschiedlichen Rechtsordnungen nach unterschiedlichen Verfahren behandelt. Eine große Anzahl von Staaten und Mitgliedern der Völkerrechtskommission wandte sich deshalb entschieden gegen Versuche, die Staaten im Rahmen des Kodex neben den Individuen als Subjekte des Strafrechts zu behandeln.[33]

Einmal geht es um die völkerrechtliche Verantwortlichkeit von Staaten für die Verletzung völkerrechtlicher Verpflichtungen, das andere Mal um die persönliche strafrechtliche Verantwortlichkeit einzelner Menschen für eine strafbare Handlung.[34] Gerade weil diese unterschiedlichen Verantwortlichkeitssphären sprachlich und häufig auch in ihren Sachverhalten so dicht beieinander liegen, ist es wichtig, die Unterschiede und die Beziehungen zwischen der völkerrechtlichen Verantwortlichkeit und dem Kodex für Verbrechen gegen den Frieden und die Menschheit deutlicher herauszuarbeiten. Es muß vermieden werden, daß durch eine unzulässige Vermengung beider Gegenstände am Ende die Forderung nach einer Bestrafung des Staates im Rahmen des Kodex dazu führt, die Herausarbeitung eines Verantwortlichkeitsregimes für internationale Verbrechen im Rahmen der völkerrechtlichen Verantwortlichkeit aufzuhalten oder zeitweilig unmöglich zu machen. Das würde nur denen nützen, die sich prinzipiell gegen eine Differenzierung der völkerrechtlichen Verantwortlichkeit wenden.

Die Funktion der völkerrechtlichen Verantwortlichkeit ist objektiv bestimmt.

para. 70; Äthiopien ebenda, SR.42, para. 4; Syrien, ebenda, SR.46, para. 27; Nigeria, ebenda, SR.39, para. 33; Philippinen, ebenda, SR.40, para. 33; Kenya, ebenda, SR.45, para. 2; Marokko, ebenda, SR.45, para. 12; Venezuela, ebenda, SR.45, para. 46; Zaire, ebenda, 48, para. 72; Syrien, ebenda, SR 49, para 50; Zypern, ebenda, SR.50, para. 9.

33 Vgl. z. B. Rodrigues, A/CN.4/SR.1758, S. 10; Užakov, ebenda, S. 13; Riphagen, ebenda, SR.1759, S. 4; Quentin-Baxter, ebenda, S. 9; Ogiso, ebenda, SR.1760, S. 15; Yankov, ebenda, S. 18; McCaffrey, ebenda, SR.1761, S. 9; DDR, A/C.6/38/SR.36, para. 67; Griechenland, ebenda, SR.37, para. 66; Dänemark, ebenda, SR.40, para. 59; Frankreich, ebenda, SR.41, para. 26; Österreich, ebenda, SR.41, para. 41; Niederlande, ebenda, SR.48, para.45; Brasilien, ebenda, SR.49, para. 17; Beloruss. SSR, ebenda, SR.54, para. 24; Spanien, ebenda, SR.54, para. 34; BRD, ebenda, SR.39, para. 19; Finnland, ebenda, SR.40, para. 22; Italien, ebenda, SR. 43, para. 19; Portugal, ebenda, SR.44, para. 25; USA, ebenda, SR.47, 67; Australien, ebenda, SR.50, para. 53; Liberia, ebenda, SR.49, para. 41; Japan, ebenda, SR.50, para. 34.

34 Wir sehen hier davon ab, daß es durchaus möglich ist, auch eine strafrechtliche Verantwortlichkeit juristischer Personen anzunehmen, wie das in gewissem Umfang in Nürnberg geschah und auch in der Konvention gegen das Apartheidverbrechen vorgesehen ist, obgleich viele Strafrechtssysteme keine strafrechtliche Verantwortlichkeit juristischer Personen kennen. Jedoch kann die strafrechtliche Verantwortlichkeit juristischer Personen nicht mit der strafrechtlichen Verantwortlichkeit des Staates gleichgesetzt werden.

Es geht um die Beendigung der Rechtsverletzung, die Sicherung gegen eine Wiederholung und den Ersatz des Schadens. Im Mittelpunkt steht bei internationalen Verbrechen die Gewährleistung des verletzten Rechtsverhältnisses, da sein Inhalt durch zwingende Normen definiert ist. Dem dient auch die strafrechtliche Verantwortlichkeit von Personen, indem sie zur Sicherung gegen eine Fortsetzung oder Wiederholung der Völkerrechtsverletzung beiträgt. Jedoch kann die strafrechtliche Verantwortlichkeit von Personen nicht auf diese objektive Funktion reduziert werden. Sie hat daneben notwendig auf die Täterpersönlichkeit bezogene Aspekte. Einmal ausgelöst, hat sie eine durchaus selbständige Existenz und ist nicht etwa vom Fortbestehen der völkerrechtlichen Verantwortlichkeit des Staates abhängig.

Völkerrechtliche Verantwortlichkeit tritt im allgemeinen nur ein, wenn eine Verletzung völkerrechtlicher Verpflichtungen vorliegt, die dem Staat zuzurechnen ist. Im Normalfall heißt das, daß die Pflichtverletzung durch Handlungen der Organe des Staates verursacht worden ist, gleichgültig ob eine einzelne Person gehandelt und ob sie schuldhaft gehandelt hat. Demgegenüber tritt eine strafrechtliche Verantwortlichkeit im allgemeinen nur dann ein, wenn eine Person schuldhaft eine Handlung begangen hat, die nach dem Rechte des Staates, der in Übereinstimmung mit dem Völkerrecht die Strafhoheit ausübt, strafbar ist.

Eine Strafhoheit wird im allgemeinen aber dann nicht gegeben sein, wenn es sich bei den in Betracht kommenden Handlungen um fremde Hoheitsakte in fremdem Gebiet handelt, weil dann die Immunität des Staates zu respektieren ist, dem die zu bestrafende Person angehört. Eine Strafhoheit gegenüber Personen, die fremde Hoheitsakie ausüben, könnte nur dann bestehen, wenn im gegebenen Fall die auf der Souveränität beruhende Immunität des Staates aufgrund einer völkerrechtlichen Regel ausgeschlossen wird. Gerade das ist bei denjenigen Völkerrechtsverletzungen der Fall, die im Rahmen des Art. 19 internationale Verbrechen genannt werden.

Eine Aggression begründet die völkerrechtliche Verantwortlichkeit des Staates gegenüber allen anderen Staaten. Diejenigen Personen, die als Staatsorgane des Aggressorstaates gehandelt und die Aggression organisiert bzw. ausgelöst haben, sind zugleich strafrechtlich verantwortlich.[35] Die strafrechtliche Verantwortlichkeit tritt dadurch ein, daß das Verbrechen gegen den Frieden allgemein als strafbares Verbrechen anerkannt ist und der universellen Strafhoheit der Staaten die Souveränität des Aggressorstaates nicht entgegengehalten werden kann. Es wird eine Strafhoheit für alle anderen Staaten begründet, gleichgültig ob sie durch die

35 Vgl. dazu R. Ago, YBILC 1976, Bd. II (Teil Eins), S. 32; Kommentar zu Art. 19, ebenda (Teil Zwei), S. 102; vgl. J. A. Rešetov, Borba s meždunarodnymi prestuplenijami protiv mira i bezopasnosti, a.a.O., S. 61 unterscheidet zwar zwischen der völkerrechtlichen Verantwortlichkeit des Staates und der individuellen strafrechtlichen Verantwortlichkeit, hält sie aber nicht streng auseinander (ebenda, S. 72) und nimmt an, daß die strafende Funktion des Völkerrechts wächst (ebenda, S. 148).

Aggression unmittelbar betroffen waren oder nicht. Es entsteht eine Verpflichtung, solche Personen zu bestrafen oder auszuliefern. Das hat die Behandlung der Kriegsverbrecher nach dem II. Weltkrieg deutlich gemacht. Es ist auch in das Strafverfolgungssystem der schweren Verletzungen der Genfer Konventionen, der Völkermordkonvention und der Konvention zur Verfolgung und Bestrafung des Apartheidverbrechens sowie das Ergänzungsprotokoll (I) zu den Genfer Konventionen übernommen worden. Es tritt also, begründet durch die völkerrechtliche Verantwortlichkeit des Aggressorstaates oder des Staates, der für die Kriegsverbrechen, das Apartheidverbrechen etc. völkerrechtlich verantwortlich ist, eine Erweiterung der Strafhoheit aller anderen Staaten ein, weil es im geltenden Völkerrecht keine Respektierung verbrecherischer Hoheitsakte gibt.[36]

Aus dem gleichen Grund können sich solche Personen auch nicht auf die Immunität des Staates berufen, als dessen Organe sie tätig wurden. Ihre Handlung wird als staatliche Handlung, als Hoheitsakt des Staates nur im Hinblick auf die Begründung der völkerrechtlichen Verantwortlichkeit dieses Staates betrachtet. Im übrigen aber kann sich der Täter zu seiner Rechtfertigung nicht darauf berufen Er kann nicht geltend machen, keine persönliche Verantwortlichkeit zu tragen, weil er als Staatsorgan oder im Auftrag des Staates gehandelt hat. Er kann keine Immunität in Anspruch nehmen, sich nicht auf höheren Befehl berufen, auch nicht darauf, daß er in Übereinstimmung oder Ausführung des Landesrechts gehandelt hat.[37] Der Grundsatz der Respektierung fremder Souveränität gilt nicht in bezug auf Handlungen des Staates, die völkerrechtlich als internationale Verbrechen zu werten sind. Souveränität kann nicht zur Rechtfertigung der Anwendung völkerrechtswidriger Gewalt gegenüber anderen Staaten in Anspruch genommen werden.

Man kann geradezu sagen, daß die individuelle strafrechtliche Verantwortlichkeit für internationale Verbrechen wie das Verbrechen gegen den Frieden, Kriegsverbrechen, Apartheid und Völkermord voraussetzt, daß die völkerrechtliche Verantwortlichkeit für diese Verbrechen feststeht. Zwar ist es durchaus möglich, daß die strafrechtliche Verantwortlichkeit unabhängig und in Einzelfällen auch vor der völkerrechtlichen Verantwortlichkeit realisierbar ist, das ändert jedoch nichts daran, daß sie im Grunde eine spezifische Sanktion bei besonders schweren Völkerrechtsverletzungen ist. Es ist nicht denkbar, daß eine persönliche strafrechtliche Verantwortlichkeit für solche Verbrechen ausgesprochen wird, ohne daß die völkerrechtliche Verantwortlichkeit des Staates feststeht. Es besteht also ein

36 Vgl. B. Graefrath, Verantwortlichkeit für Kriegsverbrechen — Weiterentwicklung der Strafsanktionen der Genfer Konventionen, in: Neue Justiz, 2/1977, S. 42ff.

37 Vgl. Statut des Nürnberger Internationalen Militärtribunals, Art. VII; Konvention gegen Völkermord, Art. IV; Genfer Abkommen von 1949, I., Art. 51; II., Art. 52; III., Art. 131; IV., Art. 148; Konvention zur Bestrafung des Apartheidverbrechens, Art. III (vgl. auch II c/d); Principles of International Law recognized in the Charter of the Nürnberg Tribunal and in the Judgement of the Tribunal, Principle IV sowie Artikel 3 und 4 des Draft Code of Offences against the Peace and Security of Mankind.

gewisses Abhängigkeitsverhältnis, in dem die völkerrechtliche Verantwortlichkeit dominiert. Infolgedessen befreit auch die Bestrafung einzelner Personen wegen Verbrechens gegen den Frieden, Kriegsverbrechen oder Verbrechen gegen die Menschlichkeit den Staat nicht von seiner völkerrechtlichen Verantwortlichkeit.[38]

Die Besonderheit der hier in Betracht kommenden Fälle liegt in der Koppelung einer staatlichen Handlung mit der strafrechtlich vorwerfbaren Handlung einer Person. Nur wenn eine besondere Qualität der Völkerrechtsverletzung vorliegt, wenn es sich um ein internationales Verbrechen handelt, führt das — abgesehen von speziellen Verträgen — zu einer universellen Strafhoheit. Nicht jede völkerrechtswidrige Handlung berechtigt jeden Staat, sie als nichtig zu betrachten oder der handelnden Person die Immunität zu verweigern. Im Gegenteil, normalerweise hat die Völkerrechtswidrigkeit einer Handlung nicht ihre Nichtigkeit zur Folge. Diese Wirkung ist mit der Verletzung von ius cogens Normen verbunden. Man wird davon ausgehen können, daß sie immer eintritt, wenn es sich um internationale Verbrechen im Sinne des Artikels 19 handelt.[39] Sobald man den Gegenstand der völkerrechtlichen Verantwortlichkeit und der im Rahmen des Kodex zu behandelnden strafrechtlichen Verantwortlichkeit näher betrachtet, findet man, daß selbst da, wo beide von gleichartigen Sachverhalten ausgehen, gravierende Unterschiede im Gegenstand, den Subjekten und der Zielsetzung bestehen. Zwar lassen sich bestimmte Verbindungen zwischen der völkerrechtlichen Verantwortlichkeit der Staaten und der strafrechtlichen Verantwortlichkeit einzelner Personen feststellen, jedoch bleiben es selbständige Materien, die nicht miteinander vermischt werden dürfen.

Man kann zur Zeit auch nicht sagen, daß sich der Kodex auf die Fixierung einer internationalen strafrechtlichen Verantwortlichkeit derjenigen Personen beschränkt, die für Verbrechen verantwortlich sind, die im Rahmen der völkerrechtlichen Verantwortlichkeit als internationale Verbrechen bezeichnet werden. Es kann durchaus sein, daß selbst bei einer Begrenzung auf besonders schwere Verbrechen der Rahmen des Kodex breiter gezogen wird, als er durch die im Artikel 19 erfaßten Völkerrechtsverletzungen bestimmt ist. Nicht jede strafbare Handlung, die im Rahmen des Kodex als Verbrechen behandelt wird, muß ein internationales Verbrechen im Rahmen der völkerrechtlichen Verantwortlichkeit der Staaten sein. Wohl aber wird es zu den internationalen Verbrechen der Staaten korrespondierende Straftatbestände für die verantwortlichen Personen im Kodex geben.

38 Darauf weist R. Ago hin, YBILC 1976, Bd. I, S. 58. So ausdrücklich Art. 51 des I. Genfer Abkommens von 1949; II., 52; III., 131; IV., 148.

39 Anderer Auffassung F. A. Mann (The Consequences of an international wrong in international and municipal law, in: British Yearbook of International Law [zitiert als: BYBIL], Bd. 48 [1976/77], London 1978, S. 1), der den Gerichten des Forumstaates allgemein überlassen will, einen fremden Hoheitsakt, der völkerrechtliche Verpflichtungen verletzt, für nichtig zu erklären, was zweifellos zu weit geht.

Da im Rahmen des Kodex von strafrechtlicher Verantwortlichkeit die Rede ist, wird man hier die wesentlichen Kriterien und prozessualen Garantien der strafrechtlichen Verantwortlichkeit, die Lehre von der Schuld, den Teilnahmeformen, den Begehungsarten, den strafmildernden oder strafverschärfenden Umständen, kurz das allgemeine strafrechtliche Instrumentarium zu berücksichtigen haben. Das alles wird im Zusammenhang mit der völkerrechtlichen Verantwortlichkeit der Staaten nicht benötigt und spielt dort keine Rolle, auch bei den internationalen Verbrechen nicht.

5. Besonderheiten des Verantwortlichkeitsregimes bei internationalen Verbrechen

Nachdem weitgehend Übereinstimmung darüber besteht, daß man besonders schwere Völkerrechtsverletzungen, internationale Verbrechen, von internationalen Delikten unterscheiden muß, besteht die Aufgabe nunmehr darin, die Besonderheiten herauszuarbeiten, die sich hinsichtlich der Rechtsfolgen aus einer solchen Unterscheidung ergeben. Es wurde bereits im Zusammenhang mit dem Grund für die Differenzierung darauf verwiesen, daß es sich bei den internationalen Verbrechen im Unterschied zu den Delikten um solche Verletzungen völkerrechtlicher Verpflichtungen handelt, die, obgleich sie sich häufig unmittelbar nur gegen einen Staat richten, das friedliche Zusammenleben aller Staaten gefährden, alle Staaten in ihren Rechten verletzen. Sie berechtigen deshalb auch alle Staaten, die Einstellung der Rechtsverletzung zu verlangen. Insoweit haben bei internationalen Verbrechen alle Staaten einen Reparationsanspruch.[40] Daraus ergeben sich eine Reihe von Besonderheiten im Hinblick auf die Rechtsfolgen, deren Geltendmachung und Anwendung. Wir wollen auf einige dieser Besonderheiten hinweisen, ohne einen Anspruch auf Vollständigkeit zu erheben.

Da es sich bei den internationalen Verbrechen immer um die Verletzung einer für die ganze internationale Gemeinschaft wesentlichen Verpflichtung handelt, um eine Verpflichtung, die allen Staaten gegenüber besteht, entsteht aus der Rechtsverletzung auch ein Verantwortlichkeitsverhältnis gegenüber allen Staaten und nicht nur gegenüber dem Staat, der unmittelbar betroffen ist.[41] Das bedeutet

40 Vgl. dazu Ch. Dominicé, Die internationalen Verbrechen und deren rechtliches Regime, a. a. O., S. 237, 244; vgl. auch D. Schindler, Le principe de non-intervention dans les guerres civiles, in: Annuaire de l'Institut de droit international, Bd. 55 (1973), Bâle 1973, S. 481; so auch W. Riphagen (A/CN.4/366/Add. 1, para. 23), der allerdings annimmt, daß ein solches Recht alle Partner beliebiger multilateraler Verträge gegenüber einem Partnerstaat haben, der einem anderen gegenüber eine Verpflichtung aus dem Vertrag verletzt (vgl. A/CN.4/330, para. 40, 64, enger offenbar in: A/CN.4/366/Add. 1, para. 69/70).

41 Vgl. so schon G. I. Tunkin, Das Völkerrecht der Gegenwart, a.a.O., S. 235. Ein solch allgemeines Verantwortlichkeitsverhältnis entsteht auch bei Verletzungen von erga-omnes-Ver-

sicher nicht, daß jeder Staat gegenüber dem Rechtsverletzer beliebige Sanktionen anwenden kann. Zweifellos aber kann jeder Staat von dem Rechtsverletzer die Einstellung der Rechtsverletzung verlangen und das z. B. im Rahmen der UN auch geltend machen.[42]

Bei internationalen Verbrechen handelt es sich immer um die Verletzung so grundlegender Verpflichtungen, daß wir es mit einer internationalen Angelegenheit zu tun haben. Das bedeutet, daß es eine Zuständigkeit der UN gibt, solche Fälle zu behandeln und entsprechend der Charta Beschlüsse zu fassen.[43] Der Rechtsverletzer kann nicht den Einwand erheben, daß es sich um innere Angelegenheiten handelt. Nicht das Interventionsverbot entfällt,[44] sondern die Erörterung eines solchen Falles, und Maßnahmen zur Beendigung einer solchen Rechtsverletzung können keine Einmischung in die inneren Angelegenheiten sein, weil ein internationales Verbrechen eben notwendig eine internationale Angelegenheit ist. Im Grunde haben wir hier eine andere Erscheinungsform dafür, daß der Inhalt der souveränen Gleichheit sich auf den durch die Grundprinzipien des Völkerrechts abgesteckten Rahmen bezieht, daß für Handlungen, die internationale Verbrechen sind, keine Souveränität geltend gemacht werden kann.

Man wird annehmen müssen, daß die Zuständigkeit des Sicherheitsrates im Rahmen des Kapitels VII sich auf alle internationalen Verbrechen erstreckt. Die in Art. 39 umschriebenen Tatbestände, Friedensbedrohung, Friedensbruch und Aggressionsakt, die den Sicherheitsrat ermächtigen, Zwangsmaßnahmen nach Art. 41/42 oder provisorische Maßnahmen nach Art. 40 anzuordnen und die Mitgliedsstaaten zur Durchführung solcher Maßnahmen verpflichten, lassen genügend politische Entscheidungsfreiheit, um den Gesamtbereich der internationalen Verbrechen abzudecken. Das wird in der Formulierung des Art. 19 dadurch zum Ausdruck gebracht, daß es sich um eine ernsthafte Verletzung von Normen handeln muß, „die für den Schutz der grundlegenden Interessen der internationalen Gemeinschaft wesentlich" sind. Damit wird zweifellos ein Bezug zur Gefährdung

pflichtungen, die keine internationalen Verbrechen sind, jedoch können wir auf die Besonderheiten dieser Fälle, die im allgemeinen vertraglich besonders geregelt sind, hier nicht eingehen.

42 Aus der Fülle der Beispiele, in denen mit Hilfe der UN solche Forderungen geltend gemacht wurden, sei hier auf folgende verwiesen: Die Resolution 312 (1972) des Sicherheitsrates, in der die Beendigung der Kolonialherrschaft Portugals in Angola, Mozambique und Guinea (Bissau) gefordert wurde; in der Res. 479 (1980) wurden Iran und Irak aufgefordert, die Kampfhandlungen einzustellen; in der Res. 475 (1980) wurde Südafrika aufgefordert, die Überfälle gegen Angola einzustellen und künftig die Souveränität von Angola zu respektieren; in der Res. 498 (1981) wurde Isreal aufgerufen, seine militärischen Operationen gegen Libanon einzustellen und seine Truppen abzuziehen; in zahlreichen Resolutionen wurde die Beseitigung des Apartheidregimes in Südafrika verlangt, z. B. in Res. 473 (1980); es wurde die Beendigung der illegalen Besetzung Namibias verlangt (435 [1978]).

43 Vgl. so auch W. Riphagen, A/CN.4/366/Add. 1, para. 24.

44 Vgl. so die Formulierung bei W. Riphagen, A/CN.4/366/Add. 1, para. 25.

der friedlichen Zusammenarbeit der Völker hergestellt.[45] Natürlich schließt die Zuständigkeit des Sicherheitsrates nicht aus, daß ein direkt betroffener Staat sofort die notwendigen Abwehrmaßnahmen ergreift, jedoch darf er bewaffnete Gewalt außerhalb seines Territoriums nur zum Zwecke der Abwehr eines bewaffneten Angriffes einsetzen. Der Sicherheitsrat kann dagegen selbst bewaffnete Maßnahmen gegen einen drohenden Angriff sowie auch gegen andersartige Friedensverletzungen anwenden.

Die Aggression ragt aus den internationalen Verbrechen insofern heraus, als sie der einzige Fall ist, in dem es dem Opfer der Rechtsverletzung gestattet ist, militärische Gewalt zur Abwehr der Rechtsverletzung auch außerhalb des eigenen Gebietes einzusetzen und die Anwendung bewaffneter Gewalt im Rahmen der kollektiven Verteidigung auch für die nur mittelbar betroffenen Staaten zulässig ist. Das rechtfertigt, die Aggression im Kreis der internationalen Verbrechen besonders hervorzuheben und auf die Regelung in der UN-Charta zu verweisen.[46]

Vielleicht ist es nicht möglich, andere Sanktionen, die gegenüber dem Aggressor angewandt werden können, im Rahmen des Kodifikationsprojektes besonders zu nennen, wie z. B. die Aussetzung von Verträgen, die Beschlagnahme des Feindvermögens und ähnliches. Abzulehnen sind jedoch überholte Vorstellungen, daß es sich bei solchen Maßnahmen um Folgen des Kriegszustandes handelt,[47] die etwa wie die Regeln des humanitären Völkerrechts gleichermaßen für den Aggressor wie für das Opfer der Aggression gelten. Nachdem die Gewaltanwendung verboten, die Aggression das schwerste internationale Verbrechen ist, sind solche Maßnahmen des „Wirtschaftskrieges" nur als Sanktion gegenüber dem Aggressor gerechtfertigt, nicht aber als Teile der völkerrechtswidrigen Gewaltanwendung durch den Aggressor.

Im Unterschied zu internationalen Delikten, bei denen die Reparationspflicht häufig auf eine Schadensersatzpflicht reduziert wird und der Verletzte oder die Parteien gemeinsam die verletzte Verpflichtung aufheben oder abwandeln können, sind die Rechtsfolgen bei internationalen Verbrechen immer auf die Wiederherstellung der Rechtslage gerichtet. Das ist deshalb so, weil es sich um Verletzungen von Verpflichtungen handelt, die sich aus zwingenden Normen ergeben. Die Par-

45 Vgl. so auch Rešetov, Borba s meždunarodnymi prestuplenijami protiv mira i bezopasnosti, a. a. O., S. 43, 114, 119, 129; vgl. auch Sir Francis Vallat, YBILC 1976, Bd. I, S. 69; Užakov, ebenda, S. 71; Brasilien, A/C.6/31/SR.14, para. 18; daß der Sicherheitsrat praktisch eine Zuständigkeit für alle internationalen Verbrechen hat, wird auch von Riphagen in Betracht gezogen (vgl. para. 5 seines Kommentars zu Art. 6 in: A/CN.4/354, Add. 2, para. 141).

46 Vgl. dazu B. Graefrath/E. Oeser/P. A. Steiniger, Völkerrechtliche Verantwortlichkeit der Staaten, a. a. O., S. 120f. sowie dieselben, Internationale Verbrechen — Internationale Delikte, a. a. O., S. 96f. Darauf läuft im Ergebnis die Diskussion hinaus, die W. Riphagen mit seiner Forderung provoziert hat, die Aggression im Zusammenhang mit den Rechtsfolgen zu internationalen Verbrechen überhaupt nicht zu erwähnen (vgl. A/CN.4/366/Add. 1, para. 19; A/38/10, S. 88, paras. 122, 125). Vgl. weiter A/C.6/38/SR.36—SR.50.

47 Vgl. so W. Riphagen, A/CN.4/366/Add. 1, para. 18.

teien haben kein Dispositionsrecht über die verletzte Norm.[48] Die rechtliche Restitution kann daher weder ausgeschlossen noch durch die Vereinbarung einer anderen Norm ersetzt werden. Sie ist Hauptinhalt des Reparationsanspruches. Dem unmittelbar betroffenen Staat steht darüber hinaus natürlich für den verursachten Schaden auch ein Schadensersatzanspruch zu. Aber nicht der Schadensersatz, sondern die Wiederherstellung der Rechtslage ist das Charakteristische des Reparationsanspruches bei internationalen Verbrechen.

Das Recht, Einstellung der Rechtsverletzung und Wiederherstellung des verletzten Rechts zu verlangen, steht im Unterschied zu Delikten allen Staaten zu. Es kann — soweit nach Art. 36 eine Zuständigkeit des IGH besteht — auch im Wege der Klage vor dem IGH geltend gemacht werden. In diesen Fällen müßte nach dem Urteil des IGH im Barcelona Traction Fall in der Regel eine Aktivlegitimation aller Staaten gegeben sein.[49]

Die Kehrseite der Restitutionspflicht, die sich aus dem zwingenden Charakter der verletzten Norm ergibt, ist die Pflicht zur Nichtanerkennung von rechtlichen Vorteilen, die der Rechtsverletzer aus der Begehung eines internationalen Verbrechens zu ziehen sucht. Eine solche Pflicht wird in der Prinzipiendeklaration und der Aggressionsdefinition ausdrücklich hervorgehoben.[50] Sie ist im Rahmen der UN bei verschiedenen Gelegenheiten, so z. B. gegenüber dem Smith-Regime in Rhodesien[51] oder gegenüber Südafrika in bezug auf Akte, die mit der Fortdauer der illegalen Besetzung Namibias zusammenhängen[52] oder hinsichtlich der Gründung von Bantustan[53] sowie in bezug auf die von Israel okkupierten Gebiete[54] wiederholt festgestellt und prinzipiell vom IGH in seinem Namibia-Gutachten bestätigt worden.

Besonderheiten bei der Verantwortlichkeitsregelung für internationale Verbrechen entstehen, wenn der unmittelbar Betroffene eines internationalen Ver-

48 Vgl. in diesem Sinne die Nichtigkeitsfolgen im Art. 71 der Vertragsrechtskonvention, bei denen — wie es im Kommentar der Völkerrechtskommission heißt — es weniger um die Regelung eines bilateralen Verhältnisses geht, als um „... die Verpflichtung beider, ihre Position in Übereinstimmung mit der Regel des zwingenden Rechts zu bringen" (YBILC 1966, Bd. II, S. 266).

49 Vgl. I.C.J. Reports 1970, paras. 33/34.

50 Vgl. Prinzipiendeklaration, in: Völkerrecht, Dokumente, Teil 3, a. a. O., S. 711; Artikel 5 der Aggressionsdefinition, in: ebenda, S. 920; sie wird ausführlich von Riphagen behandelt (vgl. A/CN.4/330, para. 54f.).

51 Vgl. die Resolutionen des Sicherheitsrates 232 (1966), 253 (1968), 277 (1970).

52 Vgl. die Resolutionen des Sicherheitsrates 276 (1970), 283 (1970), 284 (1970), 301 (1971); vgl. insbesondere das Gutachten des IGH über die Rechtsfolgen, die sich für die Staaten aus der im Widerspruch zur Resolution 276 (1970) stehenden Fortsetzung der Anwesenheit Südafrikas in Namibia ergeben (vgl. I.C.J. Reports 1971, S. 16f.).

53 Vgl. die Resolutionen des Sicherheitsrates 402 (1976), 407 (1976), 417 (1977) sowie die Erklärung des Präsidenten, S/13549 vom 21. 9. 1979.

54 Vgl. die Resolutionen des Sicherheitsrates 242 (1977), 465 (1980), 476 (1980).

brechens nicht ein Staat, sondern ein Volk oder eine Bevölkerungsgruppe ist. In diesen Fällen steht der Reparationsanspruch dem betroffenen Volk zu. Da es in der Regel diesen Anspruch erst geltend machen kann, wenn, wie im Falle des Apartheidregimes, der Staat, der in erster Linie für das Verbrechen verantwortlich ist, nicht mehr existiert oder wenn, wie im Falle der Palästinenser, das Volk sein Recht auf einen eigenen Staat verwirklicht hat, entstehen eine Reihe von Besonderheiten für die Realisierung solcher Reparationsansprüche.[55]

Gerade in diesen Fällen wird der Rückgriff auf das, was man als Feindvermögen bezeichnet, im eigenen Land wie auch in anderen Ländern eine wichtige Rolle spielen. Ebenso wird gerade in diesen Fällen die Verantwortlichkeit von Staaten, die zur Fortdauer des Verbrechens beigetragen haben, interessant, weil deren Staatsbürger in den in Betracht kommenden Gebieten in der Regel über Vermögen verfügen, das zur Befriedigung solcher Reparationsansprüche geeignet ist.

Die Organisation der Vereinten Nationen hat verschiedentlich auf die Berechtigung solcher Reparationsansprüche der Kolonialvölker hingewiesen.[56] Es wäre durchaus denkbar, daß gerade in solchen Fällen auch eine obligatorische Feststellung der Reparationsansprüche durch den Sicherheitsrat erfolgt. Schon jetzt ist es allgemeine Praxis, daß der Sicherheitsrat in Aggressionsfällen die Reparationsansprüche der Aggressionsopfer ausdrücklich dem Grunde nach bestätigt. Gelegentlich gibt es sogar Hinweise auf den Umfang solcher Ansprüche.

Das Verantwortlichkeitsregime bei internationalen Verbrechen unterscheidet sich von dem internationaler Delikte auch im Hinblick auf die Anwendung der Rechtsfolgen. Bei internationalen Delikten muß man davon ausgehen, daß im allgemeinen, wenn es sich nicht um Sonderfälle wie z. B. den Schutz der Gebietshoheit handelt, vor der Anwendung von Sanktionen im engeren Sinne, d. h. einseitigen Zwangsmaßnahmen, jedenfalls ein Reparationsanspruch geltend gemacht werden muß. Bei internationalen Verbrechen dagegen ist die Anwendung von Sanktionen durch den unmittelbar Betroffenen nicht von der Geltendmachung eines Reparationsanspruches oder dem vergeblichen Versuch abhängig, friedliche Streitbeilegungsmittel anzuwenden. Der unmittelbar Betroffene kann im allgemeinen Sanktionen zur Abwehr von Verbrechen sofort anwenden.[57] Jedoch ist die Anwendung militärischer Gewalt außerhalb des eigenen Territoriums nur in

55 Vgl. dazu B. Graefrath, Verantwortlichkeit und Wiedergutmachung bei Apartheidverbrechen, in: DDR-Komitee für Menschenrechte, Schriften und Informationen, 3/1981, S. 30f.

56 Vgl. die Resolutionen der Vollversammlung 3175 (XXVIII), 3201 (S-VI), 3336 (XXIX), 3281 (XXIX), 33/182 A.

57 Vgl. dazu ausführlich B. Graefrath/E. Oeser/P. A. Steiniger, Völkerrechtliche Verantwortlichkeit der Staaten, a. a. O., S. 128f., 164f. und 201f.; V. A. Vasilenko, Meždunarodno-pravovye sankcii, Kiev 1982, S. 48; P. M. Kuris, Meždunarodnye pravonarušenija i otvetstvennost gosudarstv, Vilnjus 1973, S. 61, 163; E. I. Skakunov, Samooborona v meždunarodnom prave, Moskva 1973, S. 93, 138; Ch. Dominicé, Die internationalen Verbrechen und deren rechtliches Regime, a. a. O., S. 240f.

Ausübung des Rechts auf Selbstverteidigung gegen einen bewaffneten Angriff (Art. 51) statthaft. Damit heben sich die Rechtsfolgen im Falle der Aggression deutlich von denen anderer internationaler Verbrechen ab.[58]

Da bei internationalen Verbrechen nicht nur ein Verantwortlichkeitsverhältnis zwischen dem Rechtsverletzer und demjenigen Staat entsteht, der unmittelbar in seinen Rechten verletzt wurde, sondern zu allen Staaten, ergibt sich die Frage, in welchem Umfang sogenannte „Drittstaaten", besser Staaten, die nur mittelbar betroffen, aber eben auch in ihren Rechten verletzt sind, Rechtsfolgen geltend machen bzw. Sanktionen anwenden können, um die Beendigung der Rechtsverletzung oder eine Wiedergutmachung zu erzwingen.[59] Wir haben bereits darauf hingewiesen, daß bei internationalen Verbrechen für alle Staaten insoweit ein Reparationsanspruch entsteht, als sie die Beendigung der Rechtsverletzung verlangen und diesen Anspruch im Rahmen der UN auch geltend machen können, und zwar unabhängig davon, ob ihnen ein materieller Schaden entstanden ist. Außerdem besteht eine Pflicht zur Nichtanerkennung der durch das Verbrechen geschaffenen Rechtslage.

Zur Anwendung von Sanktionen sind „Drittstaaten" jedenfalls in zwei Fällen immer berechtigt. Einmal, wenn sie gemeinsam mit dem direkt Betroffenen Maßnahmen der kollektiven Verteidigung gegen einen bewaffneten Angriff anwenden. Es ist dies der einzige Fall, in dem selbständig auch militärische Maßnahmen angewandt werden dürfen. Dabei ist es gleichgültig, ob die kollektive Verteidigung ad hoc oder aufgrund vorheriger Vereinbarung erfolgt und ob sie in Form militärischer Maßnahmen oder in Form von Repressalien gegenüber dem Aggressor erfolgt. Zum Zweiten dann, wenn es sich um die Durchführung von Zwangsmaßnahmen handelt, die der Sicherheitsrat im Rahmen seiner Kompetenzen angeordnet hat.[60] Hier kann es sich um sehr unterschiedliche Maßnahmen handeln (Art.

58 Darauf weist auch W. Riphagen hin (A/CN.4/366/Add. 1, para. 29), zieht daraus aber nicht den Schluß, daß damit eine besondere Hervorhebung der Aggression gegenüber den anderen Verbrechen gerechtfertigt und notwendig ist, sondern meint, daß im Teil 2 kein Platz für die Aggression sei (vgl. ebenda, para. 19). Außerdem will er offenbar auch bei internationalen Verbrechen die Reaktionsmöglichkeiten des Verletzten von vorhergehenden Streitbeilegungsverfahren abhängig machen (vgl. A/CN.4/354/Add. 2, paras. 123, 133; A/CN.4/366/Add. 1, para. 28).

59 Vgl. zu dieser Frage ausführlich M. Akehurst (Reprisals by third States, in: BYBIL, Bd. 44 (1970), London 1971, S. 1f.), der zu dem Ergebnis kommt (S. 15), daß dritte Staaten in drei Fällen ein Recht haben, Repressalien anzuwenden; a) zur Durchsetzung eines Urteils, b) im Falle des Artikels 60 Abs. 2a der Vertragsrechtskonvention und c) bei Verletzungen des Gewaltverbots.

60 Das wird von W. Riphagen zwar gesehen, aber in dem von ihm vorgeschlagenen Artikel 6 ungenügend erfaßt. Vgl. A/CN.4/354/Add. 2, para. 141; A/CN.4/366/Add. 1, paras. 24, 27, 29. Daß eine Resolution der Vollversammlung allein keine ausreichende Legitimation zur Anwendung von Sanktionen durch „Drittstaaten" ist, dürfte unstreitig sein. Vgl. die Frage bei B. Schwebel, A/CN.4/SR.1601, S. 9, und W. Riphagen, A/CN.4/366/Add. 1, para. 27. Völlig unmöglich ist der Versuch, die Anwendung von Sanktionen unter Berufung auf einen Resolu-

41/42). Sie sind nicht auf die Abwehr eines bewaffneten Angriffes beschränkt, können sich praktisch auf die Unterbindung jeglichen internationalen Verbrechens beziehen.

Zu den Besonderheiten des Verantwortlichkeitsregimes bei internationalen Verbrechen gehört eben neben dem Art. 51 auch, daß es mit der UN-Charta eine völkerrechtliche Vereinbarung praktisch aller Staaten gibt, die den Sicherheitsrat bevollmächtigt, das Vorliegen eines internationalen Verbrechens festzustellen und Maßnahmen zu beschließen, die auf die Beendigung des Verbrechens gerichtet sind. Alle Mitgliedsstaaten haben sich verpflichtet (Art. 25 und 48), solche Maßnahmen durchzuführen. Diese Verpflichtung hat Vorrang gegenüber allen anderen Verpflichtungen aus internationalen Abkommen (Art. 103). Außerdem gibt es eine gegenseitige Beistandspflicht (Art. 49 und 2 Abs. 5) sowie eine Verpflichtung, dem Staat, gegen den Zwangsmaßnahmen angeordnet sind, keine Hilfe zu leisten (Art. 2 Abs. 5). Auch wenn dieses System zur Zeit nicht besonders effektiv ist, so existiert es und bringt den Unterschied zwischen internationalen Verbrechen und internationalen Delikten deutlich zum Ausdruck. Obgleich die Beispiele nicht sehr zahlreich sind, so sei doch auf die Sanktionsbeschlüsse des Sicherheitsrates gegen Rhodesien, das Apartheidregime in Südafrika und die illegale Besetzung Namibias hingewiesen.[61]

Schließlich gibt es eine Reihe vertraglicher Regelungen für die Anwendung insbesondere strafrechtlicher Sanktionen, die von allen Staaten angewandt werden können. Verwiesen sei auf die allgemeinen Tatbestände des Nürnberger Statuts sowie auf die Konvention über die Verhütung und Bekämpfung des Völkermordes, über die Bekämpfung und Bestrafung des Apartheidverbrechens sowie die Straf-

tionsentwurf zu rechtfertigen, der im Sicherheitsrat abgelehnt worden ist (vgl. so die Erklärung der EG-Außenminister zu Teheran vom 10. April 1980, in: Bulletin EC 4-1980, S. 20). J. Frowein versucht, dieses Vorgehen der EG ebenso wie die völkerrechtswidrigen Maßnahmen gegen Polen und die UdSSR „mit der Übernahme von Ersatzfunktionen für den weitgehenden Ausfall des UN-Systems durch die dezentralisierte Staatengemeinschaft" zu begründen. Vgl. J. Frowein, Die Verpflichtungen erga omnes im Völkerrecht und ihre Durchsetzung, in: Völkerrecht als Rechtsordnung, Festschrift für H. Mosler (Beiträge zum ausländischen öffentlichen Recht und Völkerrecht, Bd. 81), Berlin (West)/New York 1983, S. 341f. (S. 253f., 258). (Vgl. auch J. Enderlein, Die Sanktionen gegen Iran auf dem Gebiet des Kapitalverkehrs, in: Recht der Internationalen Wirtschaft, Bd. 26 (1980), S. 453f.). Es läßt sich jedoch kaum übersehen, daß es sich um eine politische Zweckkonstruktion zur Rechtfertigung amerikanischer Interventionspolitik handelt. Vorschläge, Gegenmaßnahmen bei Verbrechen von einer Kollektiventscheidung einer Staatengruppe (z. B. regional) abhängig zu machen, gibt es auch bei Riphagen (vgl. A/CN.4/354/Add. 2, para. 134).

61 So hat der IGH in seinem Namibia-Gutachten ausdrücklich festgestellt: „A binding determination made by a competent organ of the United Nations to the effect that a situation is illegal cannot remain without consequence. Once the Court is faced with such a situation, it would be failing in the discharge of its judicial functions if it did not declare that there is an obligation, especially upon Members of the United Nations, to bring that situation to an end" (I.C.J. Reports 1971, S. 54).

bestimmungen der Genfer Konventionen von 1949 und des Ergänzungsprotokolls (I).

Befürchtungen, daß die Unterscheidung zwischen internationalen Verbrechen und internationalen Delikten dazu führen werde, daß jeder Staat nach Belieben Sanktionen gegenüber anderen Staaten unter dem Vorwand anwenden kann, ein Verbrechen abzuwehren, erweisen sich als grundlos;[62] dazu sind die Verbrechen zu sorgfältig definiert. Ebenso unbegründet ist die Vorstellung, daß damit jeder Staat von jedem die Einhaltung völkerrechtlicher Verpflichtungen verlangen und sich zum Richter der internationalen Gemeinschaft aufschwingen könne, was dazu führen müsse, daß „unter dem Banner des Rechts Chaos und Gewalt zwischen den Staaten regieren" würde.[63] Tatsächlich gibt es solche Versuche. Die USA und die EG-Staaten haben bei verschiedenen Gelegenheiten in den letzten Jahren versucht, sich zum Richter über andere Staaten aufzuwerfen. Sie haben auch versucht, ihre völkerrechtswidrigen Maßnahmen gegen sozialistische Länder als Sanktionen in der Öffentlichkeit zu rechtfertigen.[64] Aber diese Aktionen einer imperialistischen Interventionspolitik haben nichts damit zu tun, daß im Rahmen der völkerrechtlichen Verantwortlichkeit zwischen internationalen Verbrechen und internationalen Delikten unterschieden wird. Im Gegenteil. Sie wurden gerade von Staaten angewandt, die diese Differenzierung nicht anerkennen wollen. Schließlich wird mit der Kodifikation von Regeln über die völkerrechtliche Verantwortlichkeit nachdrücklich unterstrichen, daß es im geltenden Völkerrecht für keinen Staat und auch nicht für eine Staatengruppe wie die EG eine Berechtigung gibt, Sanktionen anzuwenden, wenn sie nicht in ihren Rechten verletzt worden sind.

62 Auch darf man internationale Verbrechen im Sinne des Art. 19 nicht einfach mit der Verletzung von erga-omnes-Verpflichtungen gleichsetzen. Befürchtungen in dieser Hinsicht bei Kearney (YBILC 1971, Bd. I, S. 76) sind unbegründet. Es sollte jedoch nicht übersehen werden, daß z. B. Schwebel, der die Unterscheidung zwischen internationalen Verbrechen und internationalen Delikten entschieden ablehnt, gleichzeitig die Berechtigung zur Anwendung von Sanktionen durch „dritte Staaten" nicht auf Verbrechen beschränkt wissen will und auch nicht von einer kollektiven Entscheidung abhängig macht (A/CN.4/SR.1601., S. 9).

63 Vgl. so P. Weil, Towards Relative Normativity in International Law, in: American Journal of International Law, Bd. 77 (1983), S. 413ff. (S. 433).

64 Vgl. Reagens Erklärung vom 29. 12. 1981, in: Europa-Archiv, Bd. 37 (1982), S. D 163. Gegen diese Praxis und Versuche, sie zu rechtfertigen vgl. Ch. Leben, Le contre-mesure interétatique et les réactions à l'illicité dans la Société internationale, in: AFDI, Bd. 28 (1982), Paris 1983, S. 10f.

Резюме

Б. Грэфрат

Международно-правовая ответственность за международные преступления

Спустя сорок лет после Нюрнберга ООН занята кодификацией международно-правовой ответственности государств и уголовной ответственности индивидов за международные преступления. В рамках международно-правовой ответственности по праву проводится различие между „обычными" международными правонарушениями и международными преступлениями. Это обусловлено тем, что обеспечение мира во всём мире требует соблюдения всеми государствами определённых основополагающих норм. Уже в системе Устава ООН содержится особый режим ответственности за нарушения международного права, направленные против международного мира и безопасности в мире и нарушающие права всех государств.

В режиме ответственности за международные преступления обнаруживаются, по сравнению с ответственностью за правонарушения, некоторые особенности, затрагивающие вопрос о субъектах правоотношения ответственности, а также о правовых последствиях и их применении. Поскольку международное преступление всегда затрагивает права не только того государства, против которого оно непосредственно направлено, но и права всех государств, то все государства имеют право требовать возмещения. Оно направлено на пресечение правонарушения и восстановление нарушенного права. Кроме того, государства обязаны не признавать того правового положения, которое возникло в результате международного преступления. Организация Объединённых наций в любое время может обратиться к такой ситуации и принять надлежащие меры для пресечения правонарушения.

Непосредственно потерпевшее государство может в любое время принять ответные меры, необходимые для пресечения международного преступления. Однако, оно может применять военную силу за пределами своей территории только в соответствии со ст. 51 Устава ООН. Другие государства могут в рамках коллективной самообороны принять ответные меры, включая применение военной силы против агрессора с целью оказания помощи подвергнувшемуся агрессии государству.

В случае других международных преступлений те государства, которые не были затронуты непосредственно, могут применить ответные меры только в соответствии с решениями Совета Безопасности ООН или на основ особых международных соглашений. Одной такой мерой является, к примеру, возможность судить и карать лиц, виновных в совершении преступлений против мира, военных преступлений, а также геноцид и апартеид. Если Совет Безопасности ООН принял решение о применении принудительных мер для пресечения международного преступления, то все государства обязаны сотрудничать для осуществления этих мер.

Особенности режима ответственности за международные преступления состоят главным образом в его чёткой ориентированности на восстановление правового положения, нарушенного международным преступлением, а также в предоставлении, в разном объёме, непосредственно потерпевшему государству и другим государствам особых прав для достижения этой цели, в случае необходимости — права применения принудительных мер.

Понятие международного преступления обозначает особо тяжкие нарушения международного права, затрагивающие права всех государств. Оно не должно служить „криминализированию" международно-правовой ответственности. Санкции, применяемые против государства, совершившего международное преступление, служат также принудительному восстановлению нарушенных прав, а не покаранию этого государства.

Уголовная ответственность отдельных лиц за международные преступления может выступать в качестве правового последствия в рамках международно-правовой ответственности, но как индивидуальную уголовную ответственность её следует чётко различать от международно-правовой ответственности государств. Работа по составлению Проекта Кодекса преступлений против мира и безопасности человечества является попыткой кодификации международных норм и правил об уголовной ответственности отдельных лиц за те преступления, которые часто предполагают международно-правовую ответственность государства за международные преступления. Однако, такие лица не могут ссылаться ни на суверенитет государства, как орган или по заданию которого они совершили преступные действия, ни пользоваться иммунитетом.

Уголовное покарание лица, совершившего международное преступление в качестве органа государства, не освобождает этого государства от его международно-правовой ответственности за это-же деяние.

Summary

B. Graefrath

State Responsibility for International Crimes

Fourty years after Nuremberg the UN proceeds with the codification of the international responsibility of States and the criminal responsibility of individuals for international crimes. Within the framework of State responsibility a justified distinction is being drawn between international delicts and international crimes. This differentiation is based upon the fact that the maintenance of peace requires the observance of some fundamental rules by all States. The system of the UN-Charter contains already a special responsibility regime for breaches of international law that are directed against international peace and security and encroach upon the rights of all States.

The responsibility regime of international crimes, compared with that of international delicts, shows some specific features regarding the subjects of the new legal relationship, the nature of the legal consequences as well as their implementation. Since an international crime always infringes the rights of all States and not only those of the State directly affected by the breach, a right to claim reparation arises for all States. This claim is aimed at stopping the internationally wrongful act and restoring the legal situation. All States are furthermore under the obligation not to recognize the legal situation that has arisen from an international crime. The UN is empowered to consider such a situation at any time and adopt measures suitable to put an end to the international wrong.

The State directly affected by the international crime may at any time apply the necessary counter-measures in order to repel the internationally wrongful act. Military force can be used by that State outside its own territory only in accordance with Art. 51. Within the framework of collective self-defense other States may take counter-measures, including armed force, against the aggressor in order to help the victim repulse the aggression.

In the case of international crimes other than aggression States which are not directly affected may adopt counter-measures only following a Security Council resolution on this subject, or in accordance with special international agreements. Among such counter-measures is e.g. the possibility to try and punish individuals guilty of crimes against peace, war crimes as well as genocide and apartheid. When the Security Council decides enforcement measures against an international crime all States are under an obligation to act jointly in carrying out such measures.

The peculiar features of the responsibility regime in the case of international crimes consist basically in the strict orientation towards restoring the legal situation breached by the international crime and in the special rights to enforce it, that are conferred to a different extent to the directly affected State and all other States.

The notion of international crimes describes serious internationally wrongful acts affecting all States. It doesn't lead to a criminalisation of State responsibility. The sanctions adopted against a State which has committed an international crime are (also) aimed at enforcing the restoration of the legal situation and not at punishing that State.

The criminal responsibility of individuals for international crimes may be a legal consequence within the framework of State responsibility although as individual criminal responsibility it should be clearly differentiated from State responsibility. The work on the Draft Code of Offences against the Peace and Security of Mankind is an attempt to codify international rules on criminal responsibility of individuals for crimes that often presuppose the responsibility under international law of the State for an international crime. Nevertheless such persons can neither invoke the sovereignty of the State as organs of, or on behalf of which they have acted, nor enjoy immunity. The punishment of a person that committed an international crime acting as organ of a State does not free that State from its responsibility under international law for the same act.

G. Herczegh

Die neuere Entwicklung des humanitären Völkerrechts

1. Hauptergebnisse der Genfer Diplomatischen Konferenz 1974—1977

Es ist kaum zu bestreiten, daß die beiden Zusatzprotokolle vom Jahre 1977 zu den Genfer Abkommen von 1949 bzw. zu deren gemeinsamen Artikel 3 eine wesentliche Fortentwicklung des humanitären Völkerrechts — oder wie es kurz genannt wird: des Genfer Rechts — bedeuten. Der Prozeß der Ratifizierung der Protokolle geht zwar sehr langsam vor sich,[1] doch kann dieser Umstand die Ergebnisse der Diplomatischen Konferenz von 1974—1977 nicht in Frage stellen; sie werden früher oder später zur Geltung kommen, zumal sie die Interessen der gesamten Menschheit zum Ausdruck bringen und dem gesellschaftlichen Fortschritt dienen.

Worin bestehen diese Ergebnisse?

Darin, daß diese Protokolle den Schutz des Genfer Rechts auf weitere Arten bewaffneter Konflikte, auf einen weiteren Kreis der Opfer und auf bislang nicht geschützte Kategorien der für ein menschenwürdigeres Leben erforderlichen Güter ausgedehnt haben. Von bescheidenen Ansätzen ausgehend (so beschränkte sich das Abkommen von 1864 auf die Verbesserung des Loses der Verwundeten und Kranken der Streitkräfte im Felde), stellte das Genfer Recht die Verletzten, Kranken und Schiffbrüchigen, die Kriegsgefangenen sowie die Zivilbevölkerung der besetzten Gebiete Schritt für Schritt unter seinen Schutz, wobei es dem Haager Recht immer mehr Gebiete abgewann. Eine ähnliche Entwicklung zeichnet sich auch im Ergebnis der Diplomatischen Konferenz ab, nur geht deren Ausmaß über die Schritte der vorangegangenen Konventionen hinaus.

„Im Grunde handelt es sich nicht nur um eine Ergänzung der Genfer Abkommen. Ihr Aktionsfeld wird wesentlich erweitert. Gleichzeitig werden fundamentale Regeln des Völkerrechts, die in den Haager Abkommen ihren Niederschlag gefunden hatten, bekräftigt und weiterentwickelt.“[2] Aus diesem Grunde halten immer mehr Völkerrechtler die traditionelle Unterscheidung zwischen dem Genfer und dem Haager Recht für veraltet und überholt.[3] Wenn man dies so deuten

1 Nach einem Bericht vom Februar 1984 wurde das I. Zusatzprotokoll bisher von 38, das II. Zusatzprotokoll von 31 Staaten ratifiziert.

2 B. Graefrath, Zum Anwendungsbereich der Ergänzungsprotokolle zu den Genfer Abkommen vom 12. August 1949, in: Staat und Recht, 2/1980, S. 134.

3 Vgl. S. E. Nahlik, Droit dit „de Genève“ et droit dit „de la Haye“: Unicité ou dualité?, in: Annuaire français de droit international, Bd. 24 (1978), S. 9—25; derselbe, The Role of the 1977 Geneva Protocols in the Progress of the Law of Armed Conflicts, in: European Seminar

kann, daß das Genfer Recht die wichtigsten Vorschriften des Haager Rechtes integriert und sie mit Inhalten gefüllt hat, die dem neuen Völkerrecht adäquat sind, so ist diese Fortentwicklung unbedingt zu begrüßen. Untersucht man das Zustandekommen der Genfer Abkommen, so läßt sich immerhin feststellen, daß sich die beiden Zusatzprotokolle von 1977 organisch in den Entwicklungsprozeß des humanitären Völkerrechts einfügen und zugleich einen Schritt zur Verwirklichung der in einem neuen Sinn gedeuteten Universalität bedeuten. Die Staaten der Dritten Welt haben sich zwar auch bis dahin in großer Zahl den Genfer Konventionen angeschlossen, die zu den am weitesten anerkannten Abkommen der Welt gehören und mit Recht als quasi universal angesehen werden, aber erst auf der Genfer Diplomatischen Konferenz von 1974—1977 konnten diese Staaten, deren Völker zum größten Teil auch noch 1949 unter dem Kolonialjoch lebten, bei der Herausarbeitung der Bestimmungen des neuen Genfer Rechts eine wichtige Rolle spielen. Gerade hierdurch wurde es möglich, daß die Formulierung dieser Vorschriften unter Berücksichtigung der Probleme jener Staaten und der Eigenarten der in ihnen entstandenen bewaffneten Konflikte erfolgte.

Es ist bestimmt nicht möglich, auf alle neuen Bestimmungen der beiden Zusatzprotokolle zu verweisen, noch weniger bietet sich die Möglichkeit zu ihrer Analyse im Rahmen dieses Beitrages. Ich möchte nachstehend nur die grundlegendsten Vorschriften hervorheben, in der Hoffnung, daß deren Auswahl nicht nur einen individuellen Standpunkt widerspiegelt, sondern vielmehr mit der mehrheitlichen Meinung der fortschrittlichen Juristen übereinstimmt. Es erscheint jedoch bei weitem nicht überflüssig, die Ergebnisse der Diplomatischen Konferenz herauszustellen, zumal diese gegen den hartnäckigen Widerstand zahlreicher Delegationen erkämpft werden mußten, die rückschrittliche Auffassungen vertraten. Auch begegnet man seitdem verschiedenen Ansichten, wonach den Protokollen nur eine geringe Bedeutung zukomme, ihre Bestimmungen nur schwer anwendbar oder schlechthin unanwendbar seien. Zugleich streben die Vertreter dieser Ansichten eine restriktive Auslegung der Bestimmungen an.

Von den Ergebnissen der Diplomatischen Konferenz seien folgende hervorgehoben:

1. Nach dem I. Zusatzprotokoll haben bewaffnete Konflikte gegen Kolonialherrschaft, ausländische Okkupation oder rassistische Regimes einen internationalen Charakter. Demgemäß ist auf deren Verhältnisse nunmehr das Genfer Recht in seiner Gesamtheit anzuwenden.

2. Den Guerilla-Kämpfern wird dadurch, daß ihnen der Kombattanten-Status zuerkannt wird, ein wirksamerer Schutz als bisher gewährt.

on Humanitarian Law, Jagellonean University, Krakow 1979, S. 24. Vgl. ferner I. P. Blitschenko, Die Definierung des humanitären Völkerrechts, in: Festschrift für Friedrich Berber, München 1973, S. 78—85.

3. Geregelt wurde der Schutz der Zivilbevölkerung sowie der zivilen Objekte vor Gefahren, die sich aus Kampfhandlungen ergeben.

4. Das II. Zusatzprotokoll erweiterte im Vergleich zum gemeinsamen Artikel 3 der Genfer Abkommen von 1949 erheblich den Schutz der Opfer bestimmter bewaffneter Konflikte nichtinternationalen Charakters.

2. Befreiungskämpfe der Völker als internationale bewaffnete Konflikte

Was den genannten ersten Punkt anlangt, besagt Artikel 1 des Zusatzprotokolls zur Festlegung des Anwendungsbereiches, daß das Protokoll bei Vorliegen der im gemeinsamen Artikel 2 der Genfer Abkommen von 1949 festgelegten Voraussetzungen anzuwenden ist. Nach Artikel 2 der genannten Abkommen finden diese sowohl im Kriegsfall wie auch in jedem anderen bewaffneten Konflikt zwischen zwei oder mehr Vertragsparteien Anwendung.

Der Begriff des internationalen bewaffneten Konflikts wurde aber bedeutend ausgedehnt. Absatz 4 des Artikels 1 des I. Zusatzprotokolls besagt: „Zu den im vorstehenden Absatz genannten Situationen gehören auch bewaffnete Konflikte, in denen Völker in Ausübung ihres in der Charta der Vereinten Nationen sowie in der Deklaration über die Prinzipien des Völkerrechts betreffend die freundschaftlichen Beziehungen und die Zusammenarbeit zwischen den Staaten in Übereinstimmung mit der Charta der Vereinten Nationen verankerten Selbstbestimmungsrechts gegen Kolonialherrschaft, ausländische Okkupation und rassistische Regimes kämpfen."

Der Standpunkt, wonach bewaffnete Konflikte gegen Kolonialherrschaft, ausländische Okkupation und rassistische Regimes auch in dem Falle einen internationalen Charakter haben, wenn einer der Gegner über keine ausgebaute Staatsorganisation verfügt, wurde erstmalig natürlich nicht auf der Genfer Diplomatischen Konferenz dargelegt. Mehrere frühere Stellungnahmen der UNO-Vollversammlung spiegeln bereits diese Auffassung wider.[4] Die sich daraus ergebenden Konsequenzen wurden immerhin im angeführten Artikel 1 des I. Zusatzprotokolls gezogen, indem der Geltungsbereich der dem Schutz der Opfer internationaler bewaffneter Konflikte dienenden Bestimmungen des humanitären Völkerrechts auf den oben genannten Typ der bewaffneten Konflikte ausgedehnt wurde. Es war schließlich allgemein bekannt, daß die Kolonialmächte und die rassistischen Systeme den bewaffneten Widerstand der von ihnen unterjochten Völker als Aufruhr (Revolte), d. h. als inneren, nichtinternationalen Konflikt betrachteten, auf den nur ein Mindestmaß von Schutzvorschriften, wie sie im gemeinsamen Artikel 3

4 Vgl. die Resolutionen der Vollversammlung der UNO 2383 (XXIII), 2395 (XXIII), 2396 (XXIII), 2506 (XXIV), 2547 (XXIV), 2508 (XXIV), 3103 (XXVIII), sowie den Beschluß Nr. 237 des UNO-Sicherheitsrates.

der Genfer Abkommen enthalten sind, Anwendung finden. Diese Ausdehnung des Anwendungsbereiches ist zweifellos auch dann noch ein bedeutender Meilenstein in der Entwicklung des humanitären Völkerrechts, wenn sie erst zu einem Zeitpunkt vorgenommen werden konnte, als das Kolonialsystem bereits zusammengebrochen war und auf der Weltkarte nur noch vereinzelt Kolonien anzutreffen waren. Es existieren jedoch Länder unter ausländischer Okkupation sowie rassistische Systeme, wo die unterdrückte Bevölkerung um die Geltendmachung ihres Selbstbestimmungsrechts kämpft und sich die Anwendung der zum Schutz der Opfer bewaffneter Konflikte erlassenen völkerrechtlichen Bestimmungen als notwendig erweist.

Nachdem sich die Plenarsitzung der Konferenz für die Annahme des angeführten Artikels 1 entschieden hatte, würdigten die Delegierten der sozialistischen Länder und der Staaten der Dritten Welt in großer Zahl die Bedeutung dieses Beschlusses; die Vertreter einiger kapitalistischer Staaten dagegen, die sich bei der Abstimmung der Stimme enthielten, sparten nicht mit kritischen Bemerkungen, wobei sie zur Sprache brachten, daß die Formulierung des Textes ungenau sei, die Vorschrift den Begriff des bewaffneten Konfliktes nicht kläre, ihre Bedeutung örtlich und zeitlich beschränkt sei usw. Der Delegierte Israels begründete seine Gegenstimme damit, daß im Absatz 4 Motive des Konfliktes erscheinen, was aber im Widerspruch zum Geist des humanitären Rechts stehe.[5]

Diese Einwände bzw. Gegenargumente sind immerhin eine Mahnung dafür, daß man aus den zahlenmäßigen Ergebnissen der Abstimmung[6] nicht allzu optimistische Schlüsse ziehen darf, sondern darauf vorbereitet sein muß, daß man für die Anwendung der Bestimmungen des I. Zusatzprotokolls in den noch unter Kolonialherrschaft, fremder Unterdrückung oder der Verwaltung rassistischer Regimes stehenden Gebieten, soweit sich dies als notwendig erweist, auch künftig große Anstrengungen machen muß.

3. Regelungen für den Guerillakampf

Es läßt sich ein enger Zusammenhang feststellen zwischen den Kämpfen gegen Kolonialherrschaft, ausländische Okkupation, rassistische Regimes sowie um die Durchsetzung des Selbstbestimmungsrechtes der Völker einerseits und dem sog. Guerillaproblem, d. h. dem völkerrechtlichen Schutz der Guerillakämpfer, andererseits. Beim Guerillakrieg handelt es sich um eine eigenartige Kriegführung, die

5 Vgl. CDDH/SR.36, para. 59ff., in: Official Record of the Diplomatic Conference on the Reaffirmation and Development of International Humanitarian Law Applicable in Armed Conflicts, Geneva (1974—1977) (zitiert als: Official Records), Bd. VI, S. 41ff.

6 Artikel 1 des I. Zusatzprotokolls wurde mit 87 Ja-Stimmen gegen eine Nein-Stimme (Israel) bei 11 Stimmenthaltungen angenommen (vgl. ebenda, para. 58, S. 41).

sich vorwiegend, aber nicht ausschließlich, in Gebieten entwickelte, die noch unter Kolonialherrschaft, ausländischer Okkupation und der Herrschaft rassistischer Regimes stehen bzw. standen. Als völlig neu kann man diese Art der Kriegführung nicht bezeichnen, zumal auch gegen die Streitmacht Napoleons oder Hitlers in zahlreichen Ländern ein Guerilla- oder Partisanenkrieg geführt wurde. Professor Nahlik stellte grundsätzlich fest, daß „... existing rules implied some balance of forces between the parties to the conflict. But resistance movements intervened" — und wir können hinzufügen: zusammen mit ihnen auch die Guerillakriegführung — „when that balance was upset out of all proportion to the benefit of one of the parties"[7].

Während der Guerillakampf in den europäischen Kriegen eine sekundäre oder höchstens eine begleitende Kriegführungsart war, kam ihm in den Kämpfen der Kolonialvölker eine zwar nicht ausschließliche, jedoch entscheidende Rolle zu.

Für das Genfer Recht, das auf den Schutz der Opfer des Krieges abgestellt ist, ergab sich die Aufgabe, für in die Gewalt der Gegenpartei geratene Guerillakämpfer einen Schutz zu gewährleisten, wie er Kriegsgefangenen zusteht. Das war aber von der Zuerkennung des Kriegsgefangenenstatus abhängig, was wiederum — wie sich bei den Verhandlungen der Diplomatischen Konferenz herausstellte — in engem Zusammenhang mit der Kombattantenfrage steht. Dabei geht es im Grunde um nichts anderes, als um die Bestimmung der Rechtsstellung der in die Hände des Gegners gefallenen Kombattanten. Auf Grund des Kombattantenstatus sind bestimmte Personen berechtigt, sich an Kampfhandlungen zu beteiligen, sie dürfen also die Soldaten des Gegners töten, verletzen, gefangennehmen, die militärischen Objekte des Gegners vernichten oder sich ihrer bemächtigen. Denjenigen, die für die Befreiung ihres Landes, gegen Kolonialherrschaft, ausländische Okkupation oder rassistische Regimes kämpfen, steht dieses Recht offensichtlich auch in dem Fall zu, wenn sie nicht immer und nicht in jeder Hinsicht den traditionellen Kriterien des Haager Abkommens entsprechen, die damals ohne Berücksichtigung der besonderen Verhältnisse der Guerilla-Kriegführung formuliert wurden.[8] Es galt also den Kreis der Kombattanten so zu bestimmen, daß dieser unbestritten auch die

7 CDDH/SR.44, para. 28„ in: Official Records, Bd. VI, S. 124. „Characteristic of such (neo-colonial, G. H.) wars was the great inequality between the armaments of the two sides ...", sagte der Delegierte Vietnams (CDDH/III/SR.33, para. 37, in: Official Records, Bd. XIV, S. 324).

8 Die bekannten Haager Kriterien lauten wie folgt:
— An der Spitze der Kämpfer muß ein Kommandeur stehen, der für seine Untergebenen verantwortlich ist;
— sie müssen ein bleibendes, aus der Ferne erkennbares Abzeichen tragen (Uniform, Armbinde oder dgl.);
— sie müssen die Waffen offen tragen;
— sie müssen bei ihren Kampfhandlungen die Gesetze und Gebräuche des Krieges beachten.

Guerillakämpfer (Partisanen) umschließt. Artikel 43 des I. Zusatzprotokolls, der den Titel „Streitkräfte" trägt, enthält folgende Definition der Kombattanten:

„(1) Die Streitkräfte einer am Konflikt beteiligten Partei bestehen aus der Gesamtheit aller organisierten bewaffneten Verbände, Gruppen und Einheiten, die einer Führung unterstehen, die gegenüber dieser Partei für das Verhalten ihrer Untergebenen verantwortlich ist; dies gilt auch dann, wenn diese Partei durch eine von der Gegenpartei nicht anerkannte Regierung oder Behörde vertreten wird. Für diese Streitkräfte muß ein internes Disziplinarsystem gelten, das unter anderem für die Einhaltung der in bewaffneten Konflikten anwendbaren Regeln des Völkerrechts zu sorgen hat.

(2) Die Mitglieder der Streitkräfte einer am Konflikt beteiligten Partei (mit Ausnahme des Sanitäts- und Seelsorgepersonals, für das Art. 33 des III. Abkommens gilt) sind Kombattanten, d. h. sie sind berechtigt, sich unmittelbar an Kampfhandlungen zu beteiligen."

Mit dieser umfassenden Begriffsbestimmung hat sich auch das eigentliche Rechtsproblem verändert; es galt nunmehr, anstatt der Erlangung des Kombattantenstatus den Verlust dieses Status zu regeln, d. h. festzulegen, wegen welcher Handlungen oder Unterlassungen der Kombattantenstatus und der damit verbundene Schutz, der dem Kombattanten bei Gefangennahme durch die Gegenpartei gewährt wird, verlorengeht. In diesem Fall kann nämlich die in die Hände einer Gegenpartei fallende Person den Kriegsgefangenenstatus für sich nicht beanspruchen.

Die letztere Frage rankt sich wiederum um das Problem der Unterscheidung von der Zivilbevölkerung, das — wie mehrere Autoren betonen — der Schlüssel für den Schutz der Zivilbevölkerung ist. Zwischen denjenigen, die die Unterscheidungspflicht verabsolutieren und den Vertretern des anderen Standpunktes, wonach eine Unterscheidung praktisch unmöglich ist, entwickelte sich eine lang andauernde, ziemlich heftige Debatte.

Es lag auf der Hand, daß die Pflicht der Guerillakämpfer, sich von Zivilpersonen zu unterscheiden, nicht ständig, also ohne zeitliche Begrenzung bestehen kann, sondern nur für die Zeitdauer der Teilnahme an militärischen Kampfhandlungen. Der Kompromiß zwischen den entgegengesetzten Standpunkten zeigte sich einerseits in der Bestimmung (und zugleich Begrenzung) der Zeitdauer, in der die Guerillakämpfer ihre Eigenschaft als Kombattanten durch Unterscheidung von der Zivilbevölkerung erkennen lassen müssen; andererseits — und darin lag die zweite Möglichkeit einer Vereinbarung — in der Milderung der Folgen, die sich an die Unterlassung der erkennbaren Unterscheidung von Zivilpersonen knüpfen. Die Bestimmungen des Artikels 44 bekräftigen, nach dem Bericht der Arbeitsgruppe, den Grundsatz der Unterscheidungspflicht, doch verweist ihre Formulierung darauf, daß bei gewissen Typen von bewaffneten Konflikten — hierzu sind insbesondere die nationalen Befreiungskriege und die in besetzten Gebieten geführten Kämpfe zu zählen — der Fall eintreten kann, daß sich ein Kombattant von der

Zivilbevölkerung nicht zu unterscheiden vermag, wenn er auf die Chance eines Erfolges seiner Kampfhandlung nicht verzichten will. In derartigen Fällen behält er seine Rechtsstellung als Kombattant, sofern er seine Waffen bei jeder militärischen Kampfhandlung offen trägt, sowie während eines Aufmarsches, welcher einem Angriff vorausgeht, so lange offen trägt, wie er für den Gegner sichtbar ist.[9]

Der folgende Abschnitt des angenommenen Artikels begründet einen besonderen, jedoch im Verhältnis zum Kriegsgefangenenstatus gleichwertigen Status für diejenigen Personen, die zum Zeitpunkt ihrer Gefangennahme durch die Gegenpartei den in Absatz 3 Satz 2 angeführten minimalen Erfordernissen hinsichtlich der Unterscheidung von der Zivilbevölkerung nicht entsprechen. Diese Personen gelten nicht als Kriegsgefangene, genießen aber in verfahrens- und materiellrechtlicher Hinsicht einen Schutz, der dem gleichzusetzen ist, der im III. Genfer Abkommen von 1949 und im Zusatzprotokoll den Kriegsgefangenen gewährt wird.

Artikel 44, dessen voller Wortlaut wegen seines Umfanges hier nicht wiedergegeben werden kann, stellt einen Kompromiß zwischen zwei völlig entgegengesetzten Standpunkten dar, woraus sich auch seine komplizierte und weitschweifige Formulierung erklären läßt. Unbestritten ist, daß bei seiner Abfassung den Voraussetzungen und Verhältnissen der Guerillakriegführung Rechnung getragen, die Pflicht zur Unterscheidung von der Zivilbevölkerung auf ein Mindestmaß — auf einen unerläßlichen Zeitabschnitt — begrenzt und auch denjenigen Guerillakämpfern ein gewisser Schutz gewährt wurde, die die Voraussetzungen für eine Unterscheidung von der Zivilbevölkerung nicht erfüllen. Es muß auch eingeräumt werden, daß die Kompliziertheit der Formulierung und die Probleme, die sich bei der Auslegung einiger Elemente der Vorschrift ergeben, deren Anwendung gegebenenfalls sehr erschweren können. Eine einfachere, eindeutige Abfassung scheiterte jedoch am Bestehen entgegengesetzter Interessen und Bestrebungen.

4. Wesentliche Bekräftigung und Weiterentwicklung des Schutzes der Zivilbevölkerung

Während bei der Erarbeitung der Vorschriften über den Schutz der Guerillakämpfer sich die Aufgabe stellte, die Unterscheidung von der Zivilbevölkerung zeitlich zu begrenzen, war — ganz im Gegenteil — für den Schutz der Zivilbevölkerung die Bekräftigung dieses Prinzips, und zwar räumlich wie auch zeitlich, anzustreben. Dies mag als Widerspruch erscheinen, doch bedeuten die bewaffneten Konflikte

9 Vgl. CDDH/236/Rev. 1, para. 83ff., in: Official Records, Bd. XV (Teil Zwei), S. 401ff.

schon selbst einen Widerspruch, wobei es zumeist unmöglich ist, die auftauchenden Fragen einheitlich, durch Berücksichtigung eines einzigen Gesichtspunktes zu lösen. Tatsache ist, daß die Zivilbevölkerung eines stärkeren Schutzes bedurfte, zumal der Anteil der Zivilopfer in den bewaffneten Konflikten unseres Jahrhunderts stetig zugenommen hat. Die auf dem Gebiet der völkerrechtlichen Regelung in Erscheinung tretende „Erosion“ erwies sich gerade in dieser Hinsicht am gefährlichsten. So haben die Theoretiker des „totalen Krieges“, um die Zerstörung der Produktionskapazität des Gegners zu begründen, die Zivilbevölkerung in ihrer Gesamtheit als militärisches Ziel aufgefaßt, was sowohl im zweiten Weltkrieg als auch in den Kriegen in Korea und Vietnam katastrophale Folgen hatte. Es erwies sich, daß die Bestimmungen des IV. Genfer Abkommens von 1949 der Zivilbevölkerung der besetzten Gebiete einen entsprechenden Schutz vor der Willkür der Besatzungsmacht gewähren, sie jedoch vor Gefahren, die sich für sie aus den Feindseligkeiten ergeben, nicht schützen. Der Zivilbevölkerung mußte also während der Kriegsoperationen ein stärkerer Schutz gewährt werden, dies war aber nur auf die Weise möglich, daß auf der Diplomatischen Konferenz der traditionelle Grundsatz über die Unterscheidung von zivilen und militärischen, von unerlaubten Zielen, der die Vorschriften des in den Haager Konventionen verankerten Kriegsrechtes durchdringt, bekräftigt wird.

Dementsprechend besagt Artikel 48 des I. Zusatzprotokolls: „Um die Schonung und den Schutz der Zivilbevölkerung und ziviler Objekte zu gewährleisten, unterscheiden die am Konflikt beteiligten Parteien jederzeit zwischen der Zivilbevölkerung und Kombattanten sowie zwischen zivilen Objekten und militärischen Zielen und richten ihre Operationen dementsprechend nur gegen militärische Ziele.“

Als Zivilperson ist derjenige anzusehen, der nicht zu einem Kampfverband der in Artikel 4 Buchst. A Ziff. 1, 2, 3 und 6 der III. Genfer Konvention und in Artikel 43 des I. Zusatzprotokolls genannten bewaffneten Streitkräfte gehört. Im Zweifelsfall ist eine Person als Zivilperson zu betrachten. Artikel 51 Absatz 2 hält demgemäß fest, daß „(w)eder die Zivilbevölkerung als solche noch einzelne Zivilpersonen ... das Ziel von Angriffen sein (dürfen). Verboten sind Akte der Gewalt oder deren Androhung mit dem hauptsächlichen Ziel, Schrecken unter der Zivilbevölkerung zu verbreiten. „Verboten sind weiterhin unterschiedslose Angriffe,“ ... a) die nicht gegen ein bestimmtes militärisches Ziel gerichtet sind; b) solche, bei denen Kampfmethoden oder Kampfmittel angewendet werden, die nicht gegen ein bestimmtes militärisches Ziel gerichtet werden können; oder c) solche, deren Wirkung nicht entsprechend den Vorschriften dieses Protokolls begrenzt werden können ...“ Gemäß Absatz 6 sind Vergeltungsangriffe gegen die Zivilbevölkerung oder Zivilpersonen verboten.

Die in bewaffneten Konflikten anzuwendenden Rechtsnormen sind in der Regel dadurch gekennzeichnet, daß sie auf dem Wege eines Kompromisses zustandekommen, wobei Gesichtspunkte der Humanität und der militärischen

Notwendigkeit miteinander abgestimmt werden. Die Tatsache, daß die gesamte Zivilbevölkerung unter den Schutz des Genfer Rechts gestellt wurde, war zweifellos Ausdruck des humanitären Aspekts. Andererseits kam auch der militärische Gesichtspunkt zu seinem Recht, und zwar dadurch, daß die Vorschrift zum Schutz der Zivilbevölkerung im I. Zusatzprotokoll in einem gewissen Grade relativiert wurde. Dem in Artikel 51 Absatz 5b formulierten Prinzip der Verhältnismäßigkeit kommt diese Funktion zu. Zwar dürfen weder die Zivilbevölkerung noch einzelne Zivilpersonen Ziele von militärischen Angriffen sein, doch können bei Angriffen gegen militärische Ziele, bei deren teilweisen oder völligen Vernichtung, die sich in der Nähe aufhaltenden Zivilpersonen und deren Güter ebenso Verluste bzw. Schäden erleiden. Welches Ausmaß kann ein solcher Verlust bzw. Schaden haben, und inwieweit kann er begrenzt werden? Artikel 51 Absatz 5b bezeichnet einen Angriff als unterschiedslos — also als verboten —, von dem zu erwarten ist, daß er als Nebenfolge „... zum Verlust des Lebens von Zivilpersonen, zur Verwundung von Zivilpersonen, zur Beschädigung von zivilen Objekten oder zu mehreren solchen Folgen führen wird, die in keinem Verhältnis zum erwarteten konkreten und unmittelbaren militärischen Vorteil stehen würde".

Selbst bei konsequenter Einhaltung des Prinzips der Unterscheidung kann es vorkommen, daß im Zuge von militärischen Operationen Zivilpersonen Verluste erleiden und am Eigentum der Zivilbevölkerung mehr oder weniger beträchtlicher Schaden entsteht. Je bedeutsamer ein militärisches Objekt ist, desto größere Kräfte werden zu seiner Bekämpfung aufgewendet, folglich können auch die zufälligen Verluste und Schäden der Zivilbevölkerung größere Ausmaße annehmen. Es fragt sich aber, ob es angebracht ist, von dieser Tatsache ausgehend als Korrektiv des Prinzips der Unterscheidung eine Regel oder schlechthin ein Prinzip zu schaffen. Es geschah aber etwas Ähnliches, und es ist kein Zufall, daß bei der Abfassung des I. Zusatzprotokolls die heftigste Diskussion um das Prinzip der Verhältnismäßigkeit (und nicht um das der Unterscheidung) ging. Die Gegner des Prinzips der Verhältnismäßigkeit wendeten ein, daß dieser Grundsatz die Vorschriften zum Schutz der Zivilbevölkerung in gefährlichem Maße abschwächen, deren praktische Bedeutung untergraben würde. Deshalb beantragten sie die Streichung des angeführten Absatz 5b. Andere behaupteten, daß das Prinzip der Verhältnismäßigkeit zu den wenigen Pfeilern der Bestimmung gehört, auf denen der wirkliche Schutz der Zivilpersonen in einem bewaffneten Konflikt ruhen würde; aus diesem Grunde sprachen sie sich für die unbedingte Beibehaltung der Vorschrift aus; einige schlugen bei Beibehaltung des Prinzips eine andere Formulierung vor.

Dem Problem der Verhältnismäßigkeit begegnet man auch in anderen Bereichen des Völkerrechts, so auch in Verbindung mit den Repressalien, deren Rechtmäßigkeit unter anderem davon abhängt, ob sie im Verhältnis stehen zur Schwere der Rechtsverletzung, auf deren Vergeltung sie gerichtet sind: „It is generally held that a reprisal will be justified as long as it is not manifestly disproportinate to the wrong retailiated against", stellte F. Kalshoven fest, doch fügte er hinzu, „such a vague standard is easily abused".[10]

Voraussetzung für die Anwendung des Prinzips der Verhältnismäßigkeit ist, daß das, was man in ein Verhältnis zueinander stellen möchte, miteinander vergleichbar ist, also zumindest gleiche Merkmale, kommensurable Werte hat. Mit anderen Worten: Zum Vergleich bedarf es eines „gemeinsamen Nenners", der als Maßstab sowohl für das eine als auch für das andere geeignet ist. Ein derartiger gemeinsamer Nenner zwischen einem militärischen Vorteil, sollte dieser noch so konkret und unmittelbar sein, und den Verlusten und Schäden der Zivilbevölkerung gibt es aber nicht, mithin ist eigentlich auch ihr Vergleich nicht durchführbar.[11]

Der Begriff des militärischen Vorteils ist auch ansonsten sehr problematisch. Im Zusammenhang mit der Frage, was als „militärisches Ziel" anzusehen ist, wurde von mehreren Autoren darauf verwiesen, daß in diesem Begriff solche unbestimmten Elemente enthalten sind wie „militärisches Interesse" oder „militärischer Vorteil" und die Erklärung eines Objektes zum militärischen Ziel, die — worauf nachstehend noch eingegangen wird — von der subjektiven Beurteilung der interessierten Partei, d. h. des Angreifers, abhängig ist. Diejenigen, denen die Planung und Vorbereitung eines Angriffes obliegt, werden militärische Aspekte vor Augen haben und stets dazu neigen, die militärischen Vorteile, im Vergleich zu den Verlusten und Schäden der Zivilbevölkerung, zu überschätzen. Artikel 51 Absatz 5b in seiner gegenwärtigen Formulierung könnte so gekennzeichnet werden, daß durch ihn „das Lamm beim Wolf verpfändet wird"; denn als Folge dieser Regelung müßte die Zivilbevölkerung in einem bewaffneten Konflikt gegebenenfalls einen hohen Preis bezahlen.

Die Neubestätigung des Schutzes der Zivilbevölkerung durch das I. Zusatzprotokoll darf jedoch nicht aufgrund dieser problematischen Vorschrift beurteilt werden. Es unterliegt keinem Zweifel, daß dieser Schutz durch das Protokoll erheblich ausgedehnt und weiterentwickelt wurde, doch scheint es so, daß die Ausweitung des Schutzes unter den Verhältnissen unseres Zeitalters und aus den Schwierigkeiten der völkerrechtlichen Rechtsetzung resultierend — zumindest in gewisser Hinsicht — notwendigerweise mit dessen Relativierung einhergeht.

10 F. Kalshoven, The Law of Warfare, Leyden 1973, S. 111.

11 „If a compromise is sought in a standard of proportionality", meinte R. R. Baxter, „that civilian casualities and damage to their property cannot be out of proportion to the military advantage to be gained the problem . . . of comparing the incomparable once more arises" (R. R. Baxter, Criteria of the Prohibition of Weapons in International Law, in: Festschrift für Ulrich Scheuner, Berlin (West) 1973, S. 46).

5. Allgemeiner und besonderer Schutz ziviler Objekte

Der Schutz der Opfer bewaffneter Konflikte beschränkte sich niemals ausschließlich auf Personen, so sehr auch der Mensch im Mittelpunkt des Interesses des humanitären Rechtes stand und nach wie vor steht. Bereits das Genfer Abkommen von 1864 enthielt Bestimmungen über den Schutz von Lazaretten, Feldambulanzen und Sanitätsfahrzeugen; die Kriegsgefangenen-Konvention befaßte sich mit der Unterbringung, Kleidung und Verpflegung von Kriegsgefangenen, während das IV. Genfer Abkommen von 1949 die Zerstörung von zivilen Objekten in besetzten Gebieten, soweit dies durch militärische Notwendigkeit nicht begründet ist, verbot. Dadurch aber, daß das I. Zusatzprotokoll von 1977 die gesamte Zivilbevölkerung der Konfliktparteien unter seinen Schutz stellte, mußte und konnte der Schutz auf weitere bedeutsame Kategorien der zivilen Güter ausgeweitet werden, vor allem auf die zum Überleben notwendigen Objekte. Der Schutz der Menschen ist nämlich nicht denkbar ohne Wohnhäuser, die ihrer Unterbringung dienen und ohne die Güter, die zu ihrer Lebenserhaltung unentbehrlich sind. Das Protokoll schützt weiterhin Objekte, die gefährliche Kräfte enthalten (Dämme, Deiche und Kernkraftwerke), sowie — im Ergebnis der Verhandlungen der Genfer Konferenz — auch die natürliche Umwelt, die Kulturgüter und die Kultstätten. Man kann feststellen, daß für die Zeitdauer eines bewaffneten Konflikts eigentlich sämtliche materiellen Güter, mit Ausnahme der militärischen Objekte, unter einem gewissen Schutz des Genfer Rechts stehen.

Bei der Formulierung der Normen dieses Schutzes wurde die Konferenz vor die Aufgabe gestellt, eine Definition der militärischen Objekte und der zivilen Güter zu erarbeiten. Wie wurde die Genfer Konferenz dieser Aufgabe gerecht?

Der Anschauungsweise des humanitären Völkerrechts hätte es besser entsprochen, wenn man den Kreis jener zivilen Güter bestimmt hätte, die in den Schutz des Genfer Rechts einbezogen werden sollen. Da sich dies aber als sehr schwierig herausstellte, wählte das IKRK die Lösung, die militärischen Ziele genau, die zivilen Objekte hingegen elastisch zu definieren und die beiden Bestimmungen miteinander zu verbinden. Die Definition der militärischen Ziele umfaßt folgende Merkmale, die zur gleichen Zeit vorhanden sein müssen: die Leistung eines objektiven Beitrags solcher Objekte zu militärischen Aktionen aufgrund ihrer Beschaffenheit, ihres Standortes, ihrer Zweckbestimmung oder ihrer Verwendung; konkreter militärischer Vorteil unter den zur Zeit gegebenen Umständen aus deren gänzlicher oder teilweisen Zerstörung. Inbesitznahme oder Neutralisierung (Art. 52, Abs. 2 Satz 2 des I. Zusatzprotokolls).

Eine Definition der zivilen Objekte ist im Entwurf nicht enthalten, da diese sich aus der Bestimmung der militärischen Ziele ergibt; eine beispielhafte Anführung findet sich allerdings in Artikel 51 Abs. 3. Die Definition der militärischen Ziele ist jedoch bei weitem nicht unproblematisch. Bereits ein Bericht von der Sitzungsperiode des Institut de Droit International in Edinburgh stellte fest, daß die dort ausgearbeitete und durch das IKRK als Grundlage angenommene Bestimmung den Kreis der militärischen Ziele einengt (zumal die darin aufgezählten Objekte als militärische Ziele gelten), zugleich aber Merkmale verwendet, die noch unklarer sind als die Begriffe „militärisches Interesse" oder „militärischer Vorteil". Einer Kritik der Definition begegnet man auch in den Ausführungen von Mirimanoff-Chilikine, der feststellt: „Somit hängt die Einschätzung des militärischen Charakters (eines Objekts, G. H.) ... von der subjektiven Beurteilung der interessierten Partei, nämlich des Angreifers ab."[12]

Es gelang auch auf der Diplomatischen Konferenz nicht, die subjektiven Elemente der Definition auszuschließen. Der Begriff des militärischen Vorteils ist nicht unabhängig von verschiedenen strategischen Überlegungen, die schnellen Veränderungen unterliegen. Im Bericht der mit der Redaktion der Texte beauftragten Arbeitsgruppe des III. Komitees ist zu lesen, daß die Diskussionen nicht um den Begriff des militärischen Vorteils gingen — die Erarbeitung einer Begriffsbestimmung wurde gar nicht versucht —, sondern um Fragen der Beurteilung des militärischen Vorteils. Zu den vorgeschlagenen und durch die Arbeitsgruppe abgelehnten Ausdrücken gehörten solche wie „unterscheidbar", „wesentlich", „unmittelbar", „deutlich", „offensichtlich", „spezifisch" usw., und der Rapporteur gab aufrichtig zu, ihm selbst seien die Motive nicht bekannt, die die Arbeitsgruppe schließlich zur Annahme des Ausdruckes „bestimmt" veranlaßten.[13] Dies deutet darauf hin, daß man sich auf der Konferenz des Unbestimmtheitsfaktors bewußt war, der dem Begriff des militärischen Vorteils innewohnt, und bestrebt war, die Wirkung dieses Faktors nach Möglichkeit einzuschränken, wenn schon dessen Ausschaltung nicht in Betracht kam.

Sieht man nunmehr von den Schwierigkeiten ab, die in Verbindung mit der Definition der militärischen Ziele auftreten, so kann getrost festgestellt werden, daß Artikel 52 des I. Zusatzprotokolls den Schutz auf einen großen Kreis der zivilen Objekte ausgeweitet hat und auch über die vom IKRK ausgearbeiteten und den Verhandlungen zugrunde liegenden Vorschläge hinausgegangen ist (so z. B. hinsichtlich des Schutzes der Kultstätten und Kulturdenkmäler, der natürlichen Umwelt,[14] sowie auch darin, daß es die Anwendung von Repressalien in bezug auf zivile Güter verbietet). Hierzu sei bemerkt, daß im Entwurf des IKRK der Sonderschutz — der das Verbot von Repressalien einschließt — lediglich für die zum Über-

12 J. Mirimanoff-Chilikine, Protection de la population et des personnes civiles contre les dangers résultant des opérations militaires, in: Revue Belge de Droit International, Bd. VII (1971/2), S. 651. Vgl. auch G. Droz/J. Salmon/D. Vignes, La cinquante-quatrième session de l'Institut de droit international, in: Revue Belge de Droit International, Bd. VI (1970/2), S. 751.

13 Vgl. CDDH/215/Rev. 1, paras. 97, 98, in: Official Records, Bd. XV (Teil Zwei), S. 285.

14 Vgl. G. Mencer, Der Schutz der natürlichen Umwelt im Lichte der Konferenzen von Stockholm und Helsinki und einiger neuer Kodifikationsentwürfe, in: Jogtudományi Közlöny, 6/1977, S. 336—442 (ungarisch).

leben der Zivilbevölkerung notwendigen Güter sowie für gefährliche Objekte vorgeschlagen worden war.

Der Kreis der zivilen Güter, auf den das I. Zusatzprotokoll den Schutz erstreckt, ist also ziemlich groß, aber gerade dieser Umstand erklärt, daß dieser Schutz im Vergleich zu dem im Entwurf des IKRK vorgeschlagenen *absoluten* Schutz nur relativ ist, d. h. bei Vorhandensein bzw. Eintreten bestimmter Umstände aufgehoben wird. Was z. B. die zum Überleben der Bevölkerung unentbehrlichen Güter anbelangt, wird deren Schutz aufgehoben, wenn diese Güter ausschließlich zur Versorgung der gegnerischen Streitkräfte und zur unmittelbaren Unterstützung militärischer Operationen benutzt werden. Aber selbst in diesen Fällen darf man die Zivilbevölkerung nicht ohne Lebensmittel und Trinkwasser lassen, sie zur Hungersnot verurteilen oder zum Verlassen ihrer Wohnsitze nötigen. Eine allgemeine Ausnahme findet sich in Artikel 54 Abs. 5, der besagt: „In Anerkennung der lebensnotwendigen Erfordernisse jeder Konfliktpartei bei der Verteidigung ihres Territoriums gegen eine Invasion kann eine Konfliktpartei im Falle zwingender militärischer Notwendigkeit in dem unter ihrer Kontrolle befindlichen eigenen Gebiet von den in Absatz 2 enthaltenen Verboten abweichen." Dies bedeutet aber eine — wenngleich aus verständlichen Gründen vorgenommene — Relativierung des Schutzes.

Der durch die Diplomatische Konferenz angenommene Text der einzelnen Artikel des Zusatzprotokolls ist in der Regel länger als der Text der entsprechenden Artikel im Entwurf des IKRK, aber dies tritt vielleicht in keinem anderen Fall so auffallend in Erscheinung wie bei Artikel 56 über den Schutz bestimmter gefährlicher Objekte. Der Text dieses Artikels ist ausführlicher und zweifellos auch genauer, soweit in ihm auch die Stellung der dem Schutz dieser Objekte dienenden militärischen Anlagen festgelegt ist. Der weitläufige Text kann jedoch nicht vergessen lassen, daß hier das im Entwurf des IKRK enthaltene absolute Verbot gleichfalls relativiert wurde, indem gemäß Abs. 2 der Schutz aufgehoben werden kann, wenn das gefährliche Objekt nicht seiner Zweckbestimmung entsprechend, sondern regelmäßig zur bedeutsamen und unmittelbaren Unterstützung von militärischen Operationen verwendet wird und als einzige Möglichkeit zur Einstellung dieser Unterstützung ein Angriff in Frage kommt.

Gewiß könnte man mehrere Argumente für die Notwendigkeit des absoluten Schutzes anführen, doch ist es sehr zweifelhaft, ob Vorschriften solchen Inhalts gegebenenfalls in einem bewaffneten Konflikt zur Geltung kämen. Die Relativierung des Schutzes war der Preis dafür, daß der Bereich der geschützten Güter erweitert werden konnte.

6. Das II. Zusatzprotokoll — Ergebnis eines Kompromisses

Eine ähnliche Tendenz zeigte sich bei der Erarbeitung derjenigen Vorschriften des II. Zusatzprotokolls, durch die der gemeinsame Artikel 3 der Genfer Abkommen von 1949 ergänzt wird.

Der erwähnte Artikel betrifft die bewaffneten Konflikte ohne internationalen Charakter, sein Anwendungsbereich erstreckt sich also ohne Einschränkung auf alle anderen bewaffneten Konflikte. Dem Anliegen auf Ausweitung und Ergänzung des gemeinsamen Artikel 3 wirkten jedoch andere Bestrebungen entgegen, die auf eine Einengung des Anwendungsbereiches des II. Zusatzprotokolls gerichtet waren. Die Vertreter dieser Bestrebungen, die dann ihren Standpunkt auf der Diplomatischen Konferenz durchsetzen konnten, traten dafür ein, daß als Voraussetzung der Anwendung des Protokolls in bewaffneten Konflikten den Streitkräften der Vertragspartei „organisierte bewaffnete Gruppen" gegenüberstehen müssen, die „einer für sie verantwortlichen Führung unterstehen"; interne Unruhen, örtlich begrenzte und sporadische Ausschreitungen seien aus dem Anwendungsbereich des Protokolls auszuschließen.

Es erwies sich immerhin als notwendig, auf Vorschlag des IKRK eine Vorschrift in den Text einzufügen, die bestimmt, daß durch die Ergänzung des gemeinsamen Artikels 3 der Genfer Abkommen von 1949 die Voraussetzungen der Anwendung dieses Artikels nicht verändert werden. Der Anwendungsbereich des II. Zusatzprotokolls, das im Vergleich zum gemeinsamen Artikel 3 zweifellos einen wirksameren und detaillierten Schutz auf höherer Ebene gewährleistet, wird in Artikel 1 so festgelegt, daß als Voraussetzung dafür nicht nur die Unterstellung der organisierten bewaffneten Gruppen unter eine für sie verantwortliche Führung gilt, sondern auch ein solches Maß an Kontrolle über einen Teil des Territoriums der Vertragspartei, daß diese Gruppen „. . . in der Lage sind, anhaltende und koordinierte militärische Operationen durchzuführen und das Protokoll anzuwenden."

Trotz der Restriktion des Anwendungsbereiches erschien das Schicksal des II. Zusatzprotokolls auch noch in der vierten Session der Diplomatischen Konferenz zweifelhaft. In den Verhandlungen der Komitees verlief zwar die Abfassung der einzelnen Artikel reibungslos, doch blieb die Zahl der Delegierten, die gegen das Protokoll waren, unverändert und auch die Intensität ihres Widerstandes verminderte sich nicht.

Am 31. Mai 1977 unterbreitete der Leiter der pakistanischen Delegation eine verkürzte Fassung des Entwurfs des II. Zusatzprotokolls, an deren Ausarbeitung auch die Experten des IKRK aktiv mitwirkten; sie galt als Kompromißlösung zur Überbrückung der Gegensätze, die zwischen den Anhängern und Gegnern der völkerrechtlichen Regelung interner bewaffneter Konflikte bestanden.[15]

In dem pakistanischen Vorschlag fehlte Artikel 3 des Entwurfs des IKRK, wonach „. . . die Anwendung des Protokolls weder die Rechtstellung der Konfliktparteien noch die Rechtstellung der Gebiete, über die diese Konfliktparteien Herrschaft ausgeübt haben, berührt". Im Vorschlag fehlte auch Artikel 5 des

15 Vgl. CDDH/427, in: Official Records, Bd. IV, S. 1ff. Vgl. auch CDDH/SR.49, paras. 10—12, in: Official Records, Bd. VII, S. 61.

Entwurfs, der folgenden Wortlaut hatte: „Die aus dem vorliegenden Protokoll resultierenden Rechte und Pflichten beziehen sich gleicherweise auf alle Konfliktparteien.“ Der Vorschlag schloß aus dem Entwurf sorgfältig alle jene Vorschriften aus, die eine Folgerung auf irgendwelche Gleichberechtigung der Konfliktparteien — der Regierungseinheiten oder der Aufständischen — erlaubten und verwendete an keiner einzigen Stelle den Ausdruck „Konfliktparteien“. Es entfielen auch jene Vorschriften, die man nach traditionellem Wortgebrauch als kriegsrechtlich bezeichnen könnte, so z. B. die Bestimmungen über den Schutz des kampfunfähigen Gegners, über das Repressalienverbot — und zwar mit Bezugnahme darauf, daß Repressalien eine typisch völkerrechtliche Maßnahme darstellen, deren Anwendung in internen Verhältnissen des Staates unangebracht sei. Es fehlten im Vorschlag auch die beschränkenden Bestimmungen in bezug auf die Kampfmethoden und -mittel sowie das Perfidieverbot und das Verbot der Verweigerung der Begnadigung.

Während der Entwurf des IKRK zum II. Zusatzprotokoll und eine ganze Reihe der durch die Komitees der Diplomatischen Konferenz erarbeiteten Artikel als eine verkürzte Fassung des I. Zusatzprotokolls anzusehen war, galt der pakistanische Vorschlag zur Veränderung des II. Zusatzprotokolls als eine umfangreichere Bearbeitung der im gemeinsamen Artikel 3 des Genfer Abkommens enthaltenen „Miniatur“-Konvention, auch wenn dieser Vorschlag an mehreren Stellen den Wendungen des I. Zusatzprotokolls folgt. So ist z. B. die Tatsache, daß in den Vorschlag mehrere Bestimmungen zum Kinderschutz aufgenommen wurden, als ein Widerklang der analogen Vorschriften im IV. Genfer Abkommen von 1949 zu betrachten. Es kann festgestellt werden, daß das II. Zusatzprotokoll nicht über den Rahmen der Konzeption vom Jahre 1949 hinausgeht.

7. Schlußbetrachtung

Aus der Genfer Diplomatischen Konferenz von 1974—1977 und den von ihr erarbeiteten zwei Zusatzprotokollen kann man für die Kodifikation und Fortentwicklung des Völkerrechts mehrere Lehren ziehen. Die Konferenz trat in einer verhältnismäßig günstigen politischen Atmosphäre zusammen; es gelang daher trotz der erwähnten Schwierigkeiten und Hindernisse eine in mehrerer Hinsicht fortschrittliche, zukunftsweisende Regelung zu schaffen und den Anwendungsbereich des humanitären Völkerrechts, den Kreis der geschützten Personen und Güter auszudehnen. Die Lösung dieser Aufgaben beanspruchte allerdings nicht wenig Zeit und Energie, was sich daraus ergibt, daß das humanitäre Völkerrecht einerseits den Anspruch auf Universalität stellt, andererseits nicht allgemeine Grundsätze beinhaltet, sondern detaillierte, oft bis ins kleinste gehende Bestimmungen. Es handelt sich dabei um Errungenschaften in der völkerrechtlichen Rechtsentwicklung, die unter allen Umständen aufrechterhalten werden müssen.

Die Ratifizierung der Zusatzprotokolle wird voraussichtlich noch Jahre in Anspruch nehmen, außerdem kann man heute noch nicht genau vorhersagen, wie viele Staaten sich diesen Vereinbarungen anschließen werden. Gewiß wird aber das Ergebnis der Ratifikationen die Auffassung der zur internationalen Gemeinschaft gehörenden Staaten über den Schutz der menschlichen Werte in bewaffneten Konflikten und über die Bedingungen dieses Schutzes getreu widerspiegeln. Der internationalen Staatengemeinschaft gehören heute viel mehr Staaten an als vor 60 oder selbst vor 30 Jahren, zudem ist diese Gemeinschaft in der Welt von heute viel differenzierter. Diese Veränderungen prägen auch die Normen des humanitären Völkerrechts, und zwar derart, daß diese auf die Lösung von bewaffneten Konflikten unterschiedlichen Charakters und von spezifischen Situationen unter Berücksichtigung der in solchen Konflikten und Situationen auftretenden Bedürfnisse gerichtet sind. Diese Tatsache wirft natürlich zahlreiche Auslegungsprobleme auf, die die beteiligten Staaten unter Berücksichtigung der Ziele der Zusatzprotokolle, in deren Geist, gutgläubig zu lösen haben.

Es kann weiterhin festgestellt werden, daß die Ausweitung des Kreises der geschützten Personen und Güter mit einer Relativierung des Schutzes verbunden ist, und zwar deshalb, weil zwischen den humanitären Gesichtspunkten und den sogenannten militärischen Erfordernissen stets eine Spannung, ein Interessengegensatz besteht. Solange der Schutz für einen engeren Kreis galt und kleinere, voneinander gut abgrenzbare Gruppen betraf, war auch die Formulierung der Bestimmungen eindeutiger. Die von der Diplomatischen Konferenz 1974—1977 erarbeiteten Vorschriften enthalten viel mehr Ausnahmen, suspendierende Bedingungen, bei deren Vorliegen der Schutz in der gegebenen Situation — zumindest vorübergehend — aufgehoben oder eingeschränkt wird. Dadurch, daß die gesamte Zivilbevölkerung der kriegführenden Parteien und ihre Güter unter den Schutz des Genfer Rechts gestellt wurden, verminderte sich die Bestimmtheit des Schutzes; an ihre Stelle treten in gewissen Situationen in ihren Details nicht genau bestimmbare, auf Abwägungen beruhende Entscheidungen, die — unvermeidlich — aus der Kollision von humanitären Gesichtspunkten und militärischen Erfordernissen resultieren.

Es steht fest, daß die Gefahren, die sich aus bewaffneten Konflikten für die ganze Menschheit und für den Einzelnen ergeben, auch bei sorgfältigster Regelung und der umsichtigsten Beachtung der humanitären Aspekte nicht abgewendet werden können. Studiert man die Zusatzprotokolle aus der Sicht, gegen welche Gefahren sie einen Schutz zu gewähren und welche Verluste, Beschädigungen sie zu vermindern versuchen, und zieht man in Betracht, daß sie durch ihre Festlegungen die Aufmerksamkeit auf die mit bewaffneten Konflikten verbundenen Gefahren lenken, so kann man die beiden Protokolle als ein Mittel der Propaganda gegen den Krieg im besten Sinne des Wortes auffassen, was bei der Bewertung ihrer Vorschriften nicht zu unterschätzen ist.

Резюме

Г. Герцег

Новое в международном гуманитарном праве

Дополнительные протоколы 1977 года к Женевским конвенциям 1949 года и их общая статья 3 представляют собой значительное развитие международного гуманитарного права. Автор обратил особое внимание на следующие из их важнейших результатов:

Протокол 1 постановляет, что вооруженные конфликты, в ходе которых нации и народы ведут борьбу против колониального господства, захвата чужих территорий и за осуществление их права на самоопределение, имеют международный характер и тем самым распространяет действие „Женевского права“ на эти конфликты; признаёт за борцами освободительных движений статус комбатантов и тем самым усиливает их защиту в случае пленения; наконец, Протокол повышает защиту мирного населения и гражданских объектов от опасностей, вытекающих из военных действий. Дополнительный Протокол II расширяет в значительной мере по сравнению со статьёй 3 Женевских конвенций 1949 года, защиту жертв конфликтов, не имеющих международный характер. Однако, это расширение сделало защиту несколько относительной. Это находит своё выражение в том, что защита отпадает при наличии определённых обстоятельств и предпосылок. Обязанность добросовестного толкования соответствующих положений в духе „Женевского права“ возлагает большую ответственность на всех, их применяющих.

В заключении автор подчёркивает, что Дополнительные Протоколы, обращая внимание на опасности вооружённых конфликтов, являются примером антивоенной пропаганды в лучшем смысле этого слова.

Summary

G. Herczegh

New Developments in International Humanitarian Law

The Protocol Additional to the Geneva Conventions of 1949 and Article 3 common to the said Conventions constitute an important development of international humanitarian law. From their most important results the author points out the following: Protocol I by stating that the armed conflicts in which peoples are fighting against colonial domination and alien occupation and against racist regimes are of an international character, extends the scope of application of the Geneva law to such conflicts; it recognizes the combatants-status of the guerilla-fighters and secures for them an enlarged protection in the case when they fall into the power of the adversary; it enlarges the protection of the civilian population and the objects of a civilian character against the dangers resulting from hostilities; Protocol II developes in a considerable manner the protection accorded before to the victims of non-international armed conflicts by Article 3 common to the Geneva Conventions of 1949. One consequence of the broadening of the categories of protected persons and objects was the relativation of this protection, which in certain situations and under some conditions ceases or is limited. The interpretation in the spirit of the Geneva law and in good faith of the relevant Articles heightens the responsibility of those who have to apply them. Finally, according to the author the Additional Protocols by enumerating the dangers inherent in all armed conflicts, constitute a very effective propaganda for the cause of peace in the noblest sense of the word.

H. Kröger

Die Bedeutung des Potsdamer Abkommens für die Entwicklung des Völkerrechts und die Friedenssicherung in Europa

Vor 40 Jahren wurde am 2. August 1945 durch die Repräsentanten der UdSSR, der USA und Großbritanniens das Protokoll über die von ihnen auf der Berliner Konferenz getroffenen Vereinbarungen unterzeichnet, dessen Hauptinhalt in der meist als Potsdamer Abkommen bezeichneten „Mitteilung über die Dreimächtekonferenz von Berlin" veröffentlicht wurde.[1] Diesen Abmachungen trat am 7. August 1945 Frankreich mit einer Reihe von Vorbehalten bei.[2]

Im Potsdamer Abkommen zogen die Hauptmächte der Antihitlerkoalition die Schlußfolgerungen aus ihrem gemeinsamen siegreichen Kampf gegen die faschistischen Aggressoren im Zweiten Weltkrieg. Sie legten dabei einmal Maßnahmen fest, die sofort gegen die Aggressorstaaten ergriffen oder eingeleitet werden sollten, um diese für die von ihnen bei der Vorbereitung und im Verlauf des Krieges begangenen Völkerrechtsverletzungen zur Verantwortung zu ziehen und künftige Friedensbedrohungen durch sie auszuschließen. Sie trafen zum anderen Vereinbarungen, die darüber hinaus der dauernden Friedenssicherung, besonders in Europa, dienen sollten. Das Potsdamer Abkommen öffnete so nicht nur dem deutschen Volk den Weg, nach Erfüllung seiner Verpflichtungen wieder eine gleichberechtigte internationale Stellung einzunehmen, es bot zugleich allen Völkern Europas die Chance, zu einer stabilen Friedensordnung zu gelangen. Seine große historische Bedeutung unter diesen beiden Aspekten ist in der Vergangenheit vor allem in den sozialistischen Staaten vielfach in offiziellen Erklärungen und Publikationen gewürdigt worden.[3]

1 Vgl. Das Potsdamer Abkommen — Dokumentensammlung, Berlin 1979, S. 215ff., 233ff.

2 Vgl. Schreiben des Außenministers der Provisorischen Regierung der Französischen Republik an die Botschafter der UdSSR, der USA und Großbritanniens vom 7. 8. 1945, in: Europa-Archiv, Bd. 9 (1954), S. 6745f.

3 Vgl. u. a. Erklärung des Blocks der antifaschistisch-demokratischen Parteien zu den Beschlüssen der Potsdamer Konferenz vom 12. 8. 1945, in: Dokumente aus den Jahren 1945—1949. Um ein antifaschistisch-demokratisches Deutschland, Berlin 1968, S. 119f.; Rede W. Piecks auf der gemeinsamen Sitzung der Provisorischen Volkskammer und der Provisorischen Länderkammer am 11. 10. 1949, in: Dokumente zur Außenpolitik der Regierung der DDR, Bd. I, Berlin 1954, S. 17; Erklärung des Ministerrates der DDR zum 25. Jahrestag des Potsdamer Abkommens, in: Dokumente zur Außenpolitik der DDR, Bd. XVIII. 2. Halbbd., Berlin 1972, S. 664ff.; G. Kegel, Ein Vierteljahrhundert danach. Das Potsdamer Abkommen und was aus ihm geworden ist, Berlin 1970; V. Issraeljan, Die Antihitlerkoalition, Die diplomatische Zusammenarbeit zwischen der UdSSR, den USA und England während des Zweiten Weltkrieges

Solche weit in die Zukunft reichenden Wirkungen konnten vom Potsdamer Abkommen insbesondere deshalb ausgehen, weil sowohl seine konkreten Regelungen über die Nachkriegsbehandlung des deutschen Volkes und der ehemaligen Verbündeten Hitlerdeutschlands wie auch seine grundlegenden Orientierungen für die Schaffung einer festen Friedensordnung in Europa auf neuen völkerrechtlichen Grundsätzen beruhten, die in den Vereinbarungen der Antihitlerkoalition im Verlauf ihres antifaschistischen Kampfes[4] fortschreitend herausgearbeitet worden waren und in der UN-Charta vom 26. Juni 1945 allgemeine Anerkennung gefunden hatten. Diese Rechtsprinzipien waren Ausdruck der bitteren Erfahrungen der Staaten und Völker in der Zeit der faschistischen Bedrohung ihrer Existenz und ihres schweren Abwehrkampfes gegen die Aggressorstaaten sowie ihrer festen Entschlossenheit, trotz der Unterschiede in ihren Gesellschafts- und Staatsordnungen, in ihren Interessen und politischen Zielen im Wege eines für sie alle akzeptablen Ausgleichs zu vereinbarten Grundsätzen für ihr gemeinsames Handeln bei der Gestaltung des kommenden Friedens zu gelangen. Gerade hierauf gründeten sich die Hoffnungen und Erwartungen der Völker sowohl der Siegerstaaten des Zweiten Weltkriegs als auch der in ihm besiegten Länder, daß aus ihren Leiden und Opfern eine neue internationale Ordnung des gesicherten Friedens und der fruchtbaren Zusammenarbeit aller Völker und Staaten erwachsen würde.

Heute, 40 Jahre nach dem Potsdamer Abkommen, sehen wir uns der Tatsache gegenüber, daß die USA und andere NATO-Staaten in praktisch allen Bereichen der zwischenstaatlichen Beziehungen zu einer offenen Konfrontationspolitik gegen die UdSSR und die übrigen Staaten der sozialistischen Gemeinschaft übergegangen sind, daß von diesen Kräften eine neue Runde des Wettrüstens eingeleitet wurde, in der immer furchtbarere Waffen entwickelt und immer umfassendere Räume der Erde und sogar des Weltalls als Felder möglicher militärischer Auseinandersetzungen in Betracht gezogen werden. Breiteste Kreise der Öffentlichkeit teilen daher in unseren Tagen die auch in zahlreichen Dokumenten der UNO Ausdruck findende Einschätzung der Prager Politischen Deklaration der Teilnehmerstaaten des Warschauer Vertrages vom 5. Januar 1983, daß insgesamt „... die Lage immer komplizierter (wird) und die internationalen Spannungen (an-)wachsen ...“, daß die „... Gefahr eines Krieges, vor allem eines Kernwaffenkrieges, (zu-)nimmt“[5].

Angesichts dieser Situation stellt sich nicht nur unter allgemeinem historischem Aspekt, sondern auch unter dem spezifischen Gesichtspunkt des Völkerrechts die Frage, wie aus der Sicht von heute die Wirkungen des Potsdamer Abkommens

1941—1945, Moskau 1975: W. N. Wyssozki, Unternehmen Terminal. Zum 30. Jahrestag des Potsdamer Abkommens, Berlin 1975; K.-H. Schöneburg, Errichtung des Arbeiter-und-Bauern-Staates der DDR 1945—1949, Berlin 1983, S. 9ff.

4 Vgl. Das Potsdamer Abkommen — Dokumentensammlung, a. a. O., S. 21ff.

5 Neues Deutschland vom 7. Januar 1983, S. 1.

zu beurteilen sind und ob sich aus seinen Grundsätzen noch Maßstäbe und Orientierungen für die Gestaltung zwischenstaatlicher Beziehungen ergeben. Dabei geht es vor allem darum, festzustellen, welchen effektiven Beitrag die grundlegenden Bestimmungen des Potsdamer Abkommens zur Entwicklung des Völkerrechts unserer Zeit geleistet haben und welche rechtliche Bedeutung ihnen auch in der Gegenwart noch zukommt, insbesondere im Hinblick auf die Lösung der dringenden Aufgabe, die Sicherheit in Europa zu erhöhen und zu stabilisieren.

1. Das Potsdamer Abkommen als Bestandteil des Völkerrechts der Gegenwart

Die Bestimmung des Platzes des Potsdamer Abkommens in der Entwicklung des Völkerrechts der Gegenwart und seiner Bedeutung für dessen Durchsetzung und weitere Ausgestaltung setzt eine — wenn auch knappe — Stellungnahme zu drei Fragen voraus, die in der Vergangenheit des öfteren von Autoren aus imperialistischen Ländern, insbesondere aus der BRD, zum Gegenstand politischer und rechtlicher Diskussionen gemacht worden sind und auch heute noch gelegentlich aufgeworfen werden. Es handelt sich bei ihnen um die Frage des Rechtscharakters des Potsdamer Abkommens, um die nach dem Kreis der aus ihm verpflichteten Staaten und um die nach seiner zeitlichen Geltung.

So sind von Völkerrechtlern, aber auch in offiziellen Äußerungen früherer Regierungen der BRD wiederholt Auffassungen vertreten worden, die den völkerrechtlichen Vertragscharakter des Potsdamer Abkommens ganz oder wenigstens zum Teil verneinten, um ihm damit völkerrechtliche Wirkungen abzusprechen und es möglichst aus dem geltenden Völkerrecht überhaupt auszuschließen. Derartige Ansichten wurden von einigen darauf gestützt, daß das gemeinhin als Potsdamer Abkommen bezeichnete Dokument lediglich als eine „Mitteilung" über die Dreimächtekonferenz von Berlin veröffentlicht worden sei, daß es nur eine „Information" über die ihrer Rechtsnatur nach sehr unterschiedlichen Ergebnisse dieser Konferenz (von gegenseitigen Verpflichtungen bis zu unverbindlichen Absichtserklärungen) darstelle, daher „in sich keine geschlossene Einheit"[6] bilde und folglich auch rechtlich nicht einheitlich beurteilt werden könne. Andere vertraten die Meinung, das Potsdamer Abkommen sei „... nur ein Regierungsabkommen, kein völkerrechtlicher Vertrag im vollen Sinne des Wortes . . .", ein „executiv agreement" bzw. ein „Verwaltungsabkommen".[7]

Alle derartigen Auffassungen beachten einmal nicht, daß es neben der im „Amtsblatt des Kontrollrats in Deutschland" veröffentlichten „Mitteilung über die

6 Vgl. F. A. von der Heydte, Artikel: Potsdamer Abkommen von 1945, in: K. Strupp/H.-J. Schlochauer, Wörterbuch des Völkerrechts, 2. Bd., Berlin (West) 1961, S. 786ff.

7 E. Kaufmann vor dem Bundesverfassungsericht am 7. 12. 1984, in: KPD-Prozeß, Dokumentarwerk, 1. Bd., Karlsruhe 1955, S. 230.

Dreimächtekonferenz von Berlin" ein „Protokoll" dieser Konferenz[8] gibt, das ebenfalls von den Staats- bzw. Regierungschefs der UdSSR, der USA und Großbritanniens unterzeichnet ist und alle in der „Mitteilung" enthaltenen Vereinbarungen sowie einige weitere beinhaltet. Sie tragen zum anderen nicht der Tatsache Rechnung, daß es für den Charakter eines internationalen Dokuments als völkerrechtlicher Vertrag nicht auf seine Bezeichnung ankommt, sondern allein darauf, daß es sich um eine von bevollmächtigten Vertretern von Staaten unterzeichnete Vereinbarung von gegenseitigen, rechtlich verbindlichen Verpflichtungen handelt, die durchaus unterschiedlicher Natur sein können (z. B. Muß- oder Sollverpflichtungen, Verpflichtungen zu konkretem Handeln, zur „Prüfung" bestimmter Fragen, zu späteren Verhandlungen oder Verhaltensweisen usw.). Angesichts dieser Rechtslage, die durch die Wiener Konvention über das Recht der Verträge vom 23. Mai 1969 eindeutig bestätigt worden ist (vgl. Art. 2, 7, 11, 12, 24),[9] kann es keine Zweifel an dem Charakter des Potsdamer Abkommens als völkerrechtlicher Vertrag geben.

Hinsichtlich der Normadressaten des Potsdamer Abkommens gab es — ebenfalls vor allem in der BRD — Versuche, seine völkerrechtlichen Verpflichtungswirkungen ausschließlich auf seine Unterzeichnerstaaten (und — im Rahmen der Beitrittserklärung Frankreichs — auf dieses) zu beschränken. Für alle anderen Staaten, insbesondere auch für Deutschland bzw. seine Nachfolgestaaten, sollte es jedoch eine „res inter alios acta", d. h. nicht rechtlich verbindlich sein.[10]

Diese Behauptungen laufen im Grunde darauf hinaus, das Potsdamer Abkommen durch die Negierung seiner Verpflichtungswirkung für die Aggressorstaaten bzw. deren Rechtsnachfolger seines Hauptsinnes zu berauben. Sie verkennen außerdem, daß die Mächte der Antihitlerkoalition durchaus berechtigt waren, nach dem seit langem anerkannten Grundsatz der Verantwortlichkeit der Staaten für Völkerrechtsverletzungen den Agressoren des Zweiten Weltkriegs für ihre Verbrechen bei der Vorbereitung und Führung des Krieges Sanktionen aufzuerlegen. Von dieser Rechtslage gingen auch die Krimdeklaration (vgl. Ziff. II und III) und die UN-Charta (Art. 107) aus, und sie ist später mehrfach bestätigt worden, so insbesondere in der Aggressionsdefinition der UNO[11] und in dem Entwurf einer Konvention über die Staatenverantwortlichkeit[12]. Überdies ist hinsichtlich des ehemaligen Deutschen Reiches und seiner Nachfolgestaaten darauf hinzu-

8 Vgl. Potsdamer Abkommen — Dokumentensammlung, a. a. O., S. 233ff.

9 Vgl. so auch A. Klafkowski „Aktualne znaczenie Umowy Poczdamskiej, in: Sprawy Miedzynorodowe 6/1970, S. 5ff.

10 Vgl. F. A. von der Heydte, Potsdamer Abkommen von 1945, a. a. O., S. 788; E. Kaufmann vor dem Bundesverfassungsgericht am 7. 12. 1954, a. a. O., S. 233f.

11 UN-Resolution Nr. 3314 (XXIX) vom 14. 12. 1974, in: Völkerrecht, Dokumente, Teil 3, Berlin 1980, S. 919ff.

12 Vgl. Yearbook of the International Law Commission, 1980, Bd. II (Teil Zwei), S. 26ff.

weisen, daß Deutschland sich in der Kapitulationsurkunde vom 8. Mai 1945[13] allen weiteren „allgemeinen Kapitulationsbestimmungen", die durch die Siegermächte erlassen werden, unterworfen hatte und daß die Hauptmächte der Antihitlerkoalition beim Abschluß des Potsdamer Abkommens zugleich in Ausübung der von ihnen übernommenen „obersten Regierungsgewalt in Deutschland"[14] handelten. Soweit aber dabei Drittstaaten, einschließlich der früheren Aggressorstaaten, und ihren Rechtsnachfolgern bestimmte Rechte gewährleistet wurden, kann es nach den schon immer anerkannten Grundsätzen über Verträge zugunsten Dritter überhaupt keine Zweifel an der Rechtsverbindlichkeit solcher Bestimmungen geben.[15]

Was schließlich die Geltungsdauer des Potsdamer Abkommens anlangt, so ist es unzweifelhaft als Ganzes ein zeitlich unbegrenzter Vertrag, da es weder eine zeitliche Begrenzung enthält noch eine Kündigung vorsieht.[16] Dem steht nicht entgegen, daß einzelne seiner Bestimmungen in einem begrenzten Zeitraum durchzuführen waren, wie z. B. die ausdrücklich für die „Anfangsperiode der Kontrolle Deutschlands" festgelegten Maßnahmen (Ziff. III). Eine Reihe konkreter Regelungen des Potsdamer Abkommens sind unzweifelhaft auch durch ihre Realisierung sachlich gegenstandslos geworden (z. B. Ziff. IV, V, XIII), ohne daß damit die Geltung der ihnen zugrunde liegenden Rechtsgrundsätze in Frage gestellt wird. Keinesfalls aber können die im Potsdamer Abkommen getroffenen grundlegenden Vereinbarungen seiner Unterzeichnerstaaten, in denen diese ihre langfristigen Zielsetzungen für die Gestaltung der Nachkriegsordnung bestimmten und auf denen die vielfältigen Einzelregelungen beruhten, einer zeitlichen Begrenzung ihrer Geltung unterliegen. Das schließen weithin schon ihre Formulierungen eindeutig aus, wenn in ihnen z. B. von einer „dauerhaften" Friedenssicherung, von der „Ausrottung" des deutschen Militarismus und Nazismus, von der Verhinderung seines Wiederauflebens „für immer", von der „endgültigen" demokratischen Umgestaltung des deutschen politischen Lebens gesprochen wird.

Völlig unvereinbar mit einer zeitlichen Geltungsbeschränkung sind auf Grund ihres Inhalts und Zwecks auch solche Festlegungen wie die über die internationale Stellung des deutschen Volkes und der ehemaligen Verbündeten Hitlerdeutschlands nach ihrer Abkehr von Faschismus und Aggressionsbestrebungen, über die territorialen Veränderungen in Europa und über die Verantwortlichkeit für Verbrechen gegen den Frieden und Kriegsverbrechen. Und erst recht muß das für die im Potsdamer Abkommen zum Ausdruck und zur Anwendung gelangten neuen Völkerrechtsprinzipien gelten, die in der Antihitlerkoalition entwickelt worden

13 Vgl. Potsdamer Abkommen — Dokumentensammlung, a. a. O., S. 31f.
14 Vgl. Ebenda, S. 33f.
15 Vgl. so im Hinblick auf Polen auch A. Klafkowski, a. a. O., S. 5ff.; vgl. weiter Wiener Konvention über das Recht der Verträge vom 29. 5. 1969, Art. 36.
16 Vgl. Wiener Konvention über das Recht der Verträge, Art. 54, 56.

sind. Die Annahme einer nur begrenzten zeitlichen Geltung dieser und ähnlicher Vereinbarungen würde nicht allein in direktem Widerspruch zum gesamten Sinn des Potsdamer Abkommens stehen, sondern einer Negierung der historischen Bedeutung des Sieges der Antihitlerkoalition im Zweiten Weltkrieg und einer Mißachtung der in ihm gebrachten Opfer gleichkommen.

Das Potsdamer Abkommen ist daher als völkerrechtlicher Vertrag zwischen den Hauptmächten der Antihitlerkoalition, in dem entscheidende politische und rechtliche Grundsätze für die Nachkriegsordnung vereinbart wurden und dessen prinzipielle Festlegungen nicht nur für seine Unterzeichnerstaaten zeitlich unbegrenzte Geltung haben, ein wesentlicher Bestandteil des Völkerrechts unserer Zeit.

Seine Bedeutung für die Entwicklung des Völkerrechts wird noch dadurch unterstrichen, daß es ja nicht einen isolierten Rechtsakt darstellt, sondern in untrennbarem Konnex mit den übrigen Vereinbarungen der Antihitlerkoalition steht, auf denen es aufbaut und deren Grundsätze es zusammenfaßt und weiter ausgestaltet. Es muß daher auch immer in seinem Kontext mit der Gesamtheit der Völkerrechtsakte verstanden werden, die die Staaten der Antihitlerkoalition im Verlauf und Ergebnis ihres antifaschistischen Befreiungskampfes vornahmen, angefangen von den ersten bilateralen Abkommen der UdSSR mit Großbritannien und den USA von 1941 und 1942[17], über ihre weiteren zweiseitigen Beistandsverträge mit kapitalistischen Staaten aus den Jahren 1943 und 1944[18], die Erklärung der Konferenz von Teheran im Dezember 1943 und die Krimdeklaration[19] bis hin zur UN-Charta, den Statuten der Internationalen Militärgerichtshöfe von Nürnberg und Tokio[20] und den Friedensverträgen mit den früheren Verbündeten Hitlerdeutschlands von 1947[21].

2. Die Bedeutung des Potsdamer Abkommens für die Entwicklung grundlegender Prinzipien des Völkerrechts der Gegenwart, ihre Durchsetzung und weitere Ausgestaltung

Die Bedeutung, die das Potsdamer Abkommen für die Entwicklung des Völkerrechts der Gegenwart hatte und die ihm noch heute für die Durchsetzung seiner Normen und deren weiteren Ausbau zukommt, zeigt sich besonders in dem Beitrag, den es im Gesamtrahmen der Vereinbarungen der Antihitlerkoalition zur Ausprägung von Rechtsgrundsätzen leistete, die in der UN-Charta als allgemein verbindliche Regeln für die Gestaltung zwischenstaatlicher Beziehungen aner-

17 Vgl. Handbuch der Verträge 1871—1964, Berlin 1968, S. 318, 321ff., 323ff.
18 Vgl. ebenda, S. 332f., 334f.
19 Vgl. ebenda, S. 331f., 335ff.
20 Vgl. Völkerrecht, Dokumente, Teil 1, Berlin 1980, S. 146ff.
21 Vgl. ebenda, S. 158ff.; Handbuch der Verträge 1871—1964, a. a. O., S. 411ff.

kannt und später in der sog. Prinzipiendeklaration der XXV. UN-Vollversammlung zu den „Grundprinzipien des Völkerrechts" erklärt wurden.[22] Das gilt vor allem hinsichtlich der Umsetzung des Prinzips der friedlichen Koexistenz von Staaten mit unterschiedlichen Gesellschaftsordnungen in verbindliche völkerrechtliche Verpflichtungen, der Ausgestaltung des völkerrechtlichen Instrumentariums zur Verhinderung von Gewaltanwendungen in den internationalen Beziehungen, der rechtlichen Normierung des Selbstbestimmungsrechts der Völker und der Statuierung der Pflicht der Staaten zur Gewährleistung fundamentaler Menschenrechte. Diese Wirkungen des Potsdamer Abkommens förderten die Herausbildung von völkerrechtlichen Grundlagen für friedliche zwischenstaatliche Beziehungen, deren strikte Beachtung und volle Nutzung gerade unter den gegenwärtigen Bedingungen entscheidende Voraussetzungen für eine Verbesserung der internationalen Lage und die Erhaltung und Festigung des Friedens bilden.

2.1. Die Bedeutung des Potsdamer Abkommens für die Anerkennung des Prinzips der friedlichen Koexistenz als Grundlage für die rechtliche Regelung der Beziehungen zwischen Staaten mit unterschiedlichen Gesellschaftsordnungen

Die wohl weittragendste Beeinflussung der Gesamtentwicklung des Völkerrechts durch das Potsdamer Abkommen besteht darin, daß es sehr wesentlichen Anteil daran hat, daß das Prinzip der friedlichen Koexistenz von Staaten mit unterschiedlichen Gesellschaftsordnungen zur Grundlage eines ganzen Komplexes von völkerrechtlichen Grundsatzregelungen für die zwischenstaatlichen Beziehungen gemacht und damit in konkrete Völkerrechtsnormen umgesetzt wurde. Gewiß hat die von W. I. Lenin für die Politik des ersten sozialistischen Staates gegenüber kapitalistischen Ländern entwickelte Konzeption der friedlichen Koexistenz[23] schon sehr früh in einzelnen bilateralen Abkommen zwischen der RSFSR bzw. der UdSSR und kapitalistischen Staaten einen bestimmten völkerrechtlichen Ausdruck gefunden.[24] Aber erst in den Vereinbarungen der Antihitlerkoalition gingen die Hauptkräfte der beiden Weltsysteme multilateral rechtsverbindliche

22 Deklaration über die Prinzipien des Völkerrechts betreffend die freundschaftlichen Beziehungen zwischen den Staaten in Übereinstimmung mit der Charta der Vereinten Nationen (UN-Revolution Nr. 2625 (XXV) vom 24. 10. 1970), in: Völkerrecht, Dokumente, Teil 3, a. a. O., S. 709ff.

23 Vgl. zur Herausbildung, zur Entwicklung und zum Inhalt dieses Prinzips aus neuerer Zeit insbesondere W. N. Jegorow, Friedliche Koexistenz und revolutionärer Prozeß, Berlin 1972; J. Krassin, Die Theorie der sozialistischen Revolution, Berlin 1980, S. 260ff.

24 Vgl. z. B. die Verträge der RSFSR mit Persien vom 26. 2. 1921, mit Afghanistan vom 28. 2. 1921, mit der Türkei vom 16. 3. 1921 und mit dem Deutschen Reich vom 16. 4. 1922 (Rapallo-Vertrag).

Verpflichtungen ein, ungeachtet ihrer unterschiedlichen sozialen und politischen Strukturen eine breite Zusammenarbeit zu entwickeln, um den Frieden wiederherzustellen und zu sichern. Das deutete sich bereits in der „Deklaration der Vereinten Nationen“ vom 1. Januar 1942[25], die von 26 Staaten unterzeichnet wurde und der nachträglich 21 weitere Staaten beitraten, sowie in der Erklärung der Konferenz von Teheran an und trat in der Krimdeklaration deutlich in Erscheinung. In ihr werden die „Gleichschaltung der Politik der drei Mächte und ihr gemeinsames Vorgehen bei der Lösung der politischen und wirtschaftlichen Probleme des befreiten Europa auf demokratischer Grundlage . . .“ sowie ihre „Zusammenarbeit mit anderen friedliebenden Nationen“ als entscheidende Bedingungen für „. . . eine auf Recht und Gesetz gegründete Weltordnung . . ., die dem Frieden, der Sicherheit, der Freiheit und dem allgemeinen Wohl der gesamten Menschheit geweiht ist“[26], charakterisiert und vereinbart. Diese Bestimmungen der Krimdeklaration widerlegen nicht nur die auch jüngst wiederholten Behauptungen westlicher Kreise, daß in ihr Absprachen über die Teilung Europas in zwei „Machtbereiche“ bzw. „Einflußsphären“, eine Festschreibung der Trennlinie zwischen Sozialismus und Kapitalismus in Europa erfolgt seien,[27] sie beweisen vielmehr genau das Gegenteil. Die Krimdeklaration war nicht auf Teilung Europas in zwei gegeneinander gerichtete politische und militärische Blöcke gerichtet, sondern vielmehr auf die Zusammenarbeit der Staaten, unabhängig von ihren Gesellschaftsordnungen, zur Gewährleistung ihrer gemeinsamen Sicherheit.

Die Durchsetzung dieses Grundsatzes wurde dann in Art. 1 der UN-Charta zu einer Zielsetzung der Organisation der Vereinten Nationen und zu einer bindenden Verpflichtung ihrer Mitgliedsstaaten erklärt und in voller Übereinstimmung damit im Potsdamer Abkommen als grundlegendes Prinzip für die Gestaltung der Nachkriegsordnung statuiert. In diesem Sinne bekräftigten seine Unterzeichnerstaaten, daß die Berliner Konferenz „. . . das Band zwischen den drei Regierungen fester geknüpft und den Rahmen ihrer Zusammenarbeit und Verständigung erweitert hat . . .“, daß sie die Konferenz mit der verstärkten Überzeugung verlassen, „. . . daß ihre Regierungen und Völker, zusammen mit anderen Vereinten Nationen, die Schaffung eines gerechten und dauerhaften Friedens sichern werden“ (Ziff. I). Und auf dieser Grundlage vereinbarten sie „. . . eine gemeinsame Politik zur möglichst baldigen Schaffung der Bedingungen für einen dauerhaften Frieden . . .“ (Ziff. X).

Es ist bekannt, daß sich die westlichen Partner des Potsdamer Abkommens bereits kurze Zeit nach seiner Unterzeichnung von diesen Verpflichtungen zur Zusammenarbeit, mit der UdSSR lossagten und zur Politik des Kalten Krieges

25 Vgl. Handbuch der Verträge 1871—1964, a. a. O., S. 320f.
26 Potsdamer Abkommen — Dokumentensammlung, a. a. O., S. 24f.
27 Vgl. so z. B. Stern (Hamburg) vom 14. Januar 1982; Der Spiegel (Hamburg) vom 11. Januar 1982.

übergingen.[28] Sie und andere unter ihrem Einfluß stehende Staaten verstießen nicht nur gegen zahlreiche Einzelbestimmungen des Potsdamer Abkommens, insbesondere auch gegen die über die Nachkriegsgestaltung Deutschlands, sie negierten vielmehr grundsätzlich die Vereinbarungen über die Zusammenarbeit mit der UdSSR und den übrigen jetzt entstehenden sozialistischen Staaten.

Dennoch konnten sie nicht verhindern, daß das Prinzip der friedlichen Koexistenz vor allem dank der unbeirrbaren Friedenspolitik der sozialistischen Länder und ihrer Unterstützung durch andere staatliche und gesellschaftliche Friedenskräfte immer breitere internationale Anerkennung fand und zunehmend die Entwicklung des allgemein verbindlichen Völkerrechts bestimmte. Angesichts des veränderten Kräfteverhältnisses in der Welt sahen sich die imperialistischen Mächte seit Ende der 60er Jahre sogar veranlaßt, selbst am Zustandekommen vielfältiger internationaler Vereinbarungen mitzuwirken, die das Prinzip der friedlichen Koexistenz von Staaten mit unterschiedlichen Gesellschaftsordnungen bekräftigten und aus ihm konkrete völkerrechtliche Verpflichtungen ableiteten. Als Beispiele seien hier nur genannt die Prinzipiendeklaration der XXV. UN-Vollversammlung, das europäische Vertragswerk der Jahre 1970 bis 1973, die Schlußakte der Konferenz über Sicherheit und Zusammenarbeit in Europa (KSZE) vom 1. August 1975[29] und das Abschließende Dokument des Madrider Nachfolgetreffens der KSZE-Staaten vom 9. September 1983[30].

Das alles beweist die lebendigen Wirkungen und die unveränderte Verbindlichkeit der in der Antihitlerkoalition entwickelten und immer wieder bestätigten völkerrechtlichen Pflicht der Staaten zur Zusammenarbeit, unabhängig von Unterschieden in ihren Gesellschaftsordnungen, als einer entscheidenden Grundlage der Friedenssicherung. Die allseitige Erfüllung dieser Verpflichtung ist gerade auch heute eine Grundbedingung für die Wiederbelebung und Weiterführung des Entspannungsprozesses und damit für die Erhaltung und Festigung des Friedens. Das verlangt nicht nur den Abbau der von den Hauptkräften des Imperialismus in den letzten Jahren betriebenen Konfrontationspolitik gegen die Staaten der sozialistischen Gemeinschaft in allen ihren Erscheinungsformen, sondern die generelle Wiederaufnahme und den weiteren Ausbau der Zusammenarbeit zwischen den Staaten der beiden Weltsysteme in sämtlichen Bereichen unter gegenseitiger Respektierung der jeweiligen sozialen und politischen Strukturen, des Selbstbestimmungsrechts der Völker und der souveränen Gleichheit der Staaten. Das schließt ein, daß sich vor allem diejenigen imperialistischen Staaten, die einst zu den Hauptmächten der Antihitlerkoalition gehörten, wieder auf die besondere Ver-

28 Vgl. Rede W. Churchills vom 5. 3. 1946 in Fulton (USA), in: Handbuch der Verträge 1871 bis 1964, a. a. O., S. 394ff.

29 Vgl. Völkerrecht. Dokumente, Teil 3, a. a. O., S. 702ff., 715ff., 754ff., 812ff., 820ff., 891ff., 948ff.

30 Vgl. Neues Deutschland vom 10./11. September 1983, S. 9ff.

antwortung besinnen, die sie im Potsdamer Abkommen und anderen Vereinbarungen aus jener Zeit gemeinsam mit der UdSSR dafür übernommen haben, durch ihre Zusammenarbeit den Völkern einen dauerhaften Frieden zu sichern.

Die Sowjetunion und die anderen Staaten der sozialistischen Gemeinschaft sind sich dieser Verpflichtungen stets bewußt gewesen und haben ihre Politik immer an ihnen orientiert. Es entspricht dieser Haltung und stellt sie erneut unter Beweis, wenn sie in der Prager Deklaration vom 5. Januar 1983 von der Feststellung ausgehend, daß „. . . die einzig vernünftige Grundlage der Beziehungen zwischen Staaten unterschiedlicher Gesellschaftsordnung . . .“ die friedliche Koexistenz ist. Sie leiten daraus in voller Übereinstimmung mit den allgemein anerkannten Völkerrechtsgrundsätzen der friedlichen Koexistenz die Forderung ab, die zwischenstaatlichen Beziehungen auf „die Achtung der nationalen Unabhängigkeit und Souveränität, der Unverletzlichkeit der Grenzen, der Nichteinmischung in die inneren Angelegenheiten, der Nichtanwendung oder -androhung von Gewalt, der Gleichberechtigung und des Rechts der Völker, über ihr Schicksal selbst zu entscheiden, . . .“ zu gründen, weil nur so heute „. . . die gefährliche Phase in den internationalen Beziehungen zu überwinden . . .“ und „. . . zu einer breiten internationalen Zusammenarbeit im Namen der Erhaltung der Zivilisation und des Lebens auf der Erde . . .“ zu gelangen ist.[31]

2.2 Die Bedeutung des Potsdamer Abkommens für die Herausbildung des völkerrechtlichen Gewaltverbots und seine Weiterentwicklung

Im Rahmen der Gesamtzielsetzung der Antihitlerkoalition, nach dem Zweiten Weltkrieg einen auf der friedlichen Koexistenz von Staaten mit unterschiedlichen Gesellschaftsordnungen beruhenden festen Frieden zu schaffen, mußte es ihre primäre Aufgabe sein, künftige Friedensbrüche zu verhindern. Dabei stand naturgemäß zunächst die Verhütung irgendwelcher neuer Aggressionsakte seitens der für den Zweiten Weltkrieg verantwortlichen Kräfte, insbesondere des deutschen Imperialismus, im Vordergrund. Aber die Dokumente der Antihitlerkoalition lassen deutlich erkennen, daß es ihren Teilnehmerstaaten darüberhinaus darum ging, einen „sichere(n) und dauerhafte(n) Frieden“ zu erreichen, der „. . . Gewähr dafür bietet, daß alle Menschen in allen Ländern ihr Leben frei von Not und Furcht verbringen können“,[32] „. . . die künftigen Generationen vor der Geißel des Krieges zu bewahren . . .“[33] Die Maßnahmen gegen die Aggressoren des Zweiten Weltkriegs sollten die ersten und damals vordringlichsten Schritte zur Errichtung einer solchen Weltordnung sein.

31 Neues Deutschland vom 7. Januar 1983, S. 1.
32 Potsdamer Abkommen — Dokumentensammlung, a. a. O., S. 28.
33 UN-Charta, Präambel.

Diese Zielstellung schloß die Notwendigkeit ein, auch das völkerrechtliche Instrumentarium zur Kriegsverhütung weiterzuentwickeln, nachdem sich die mangelnde Wirksamkeit der bisherigen Regelungen erwiesen hatte, die sich auf eine bloße „Verurteilung“ des Krieges als eines Mittels zur Konfliktslösung und eine abstrakte „Verzichts“-Erklärung auf ihn ohne jede Garantie für deren Einhaltung im Briand-Kellogg-Pakt von 1928[34] beschränkten.

Es ist das historische Verdienst der Antihitlerkoalition, in Erkenntnis dieser Schwäche des bis dahin geltenden Völkerrechts unter dem entscheidenden Einfluß der Sowjetunion eine Entwicklung eingeleitet zu haben, die entsprechend den seit der Mitte des 19. Jahrhunderts erhobenen Forderungen der revolutionären Arbeiterklasse, dem vor allem nach dem Ersten Weltkrieg immer stärker bekundeten Friedenswillen der Völker und in Weiterführung vielfacher Initiativen des Sowjetstaates seit 1917 zu einer eindeutigen völkerrechtlichen Kriminalisierung der Aggression und zu einem umfassenden Verbot der Gewaltanwendung und -androhung in den internationalen Beziehungen führte.

Die Herausbildung dieses Rechtsprinzips, das für die gesamte Völkerrechtsordnung von wesentlicher Bedeutung war und sie qualitativ veränderte, vollzog sich schrittweise in den Vereinbarungen der Antihitlerkoalition[35] und fand ihre allgemein verbindliche Normierung in dem Gewaltverbot der UN-Charta (Art. 2 Ziff. 4). In diesem Prozeß nahm das Potsdamer Abkommen einen wichtigen Platz ein, indem es in seinen — konkret auf Hitlerdeutschland bezogenen — Bestimmungen solche neuen grundsätzlichen Rechtsauffassungen zum Ausdruck brachte wie die Charakterisierung des Aggressionskrieges als völkerrechtliches Verbrechen (vgl. Ziff. III), die völkerrechtliche Verantwortlichkeit sowohl von Staaten als auch von Individuen für Verbrechen gegen den Frieden, Kriegsverbrechen und Verbrechen gegen die Menschlichkeit (vgl. Ziff. III A 5, Ziff. VII) und die Wiedergutmachungspflicht von Aggressoren für die von ihnen anderen Staaten und Völkern zugefügten Schäden und Leiden (vgl. Ziff. IV). Damit erfolgte eine klare Aufgabe der bis zum Zweiten Weltkrieg das Völkerrecht beherrschenden Doktrinen vom „Recht“ der Staaten zur Kriegführung nach eigenem Ermessen (jus ad bellum), von der außerrechtlichen, rein moralischen Natur der Frage nach der „Berechtigung“ zur Kriegführung, vom Charakter der Forderungen nach Kriegsentschädigungen als reiner Machtausübung des Siegers, für die es keine rechtlichen Maßstäbe gebe u. dergl. mehr.[36]

34 Vgl. Handbuch der Verträge 1871—1964, a. a. O., S. 253f.

35 Vgl. insbesondere Art. III Abs. 2 des Vertrages zwischen der UdSSR und Großbritannien vom 26. 5. 1942; Ziff. 1, 4, 6 der Vier-Mächte-Erklärung von Moskau vom 1. 11. 1943; Art. 3 des Vertrages zwischen der UdSSR und Frankreich vom 10. 12. 1944; Ziff. 3 der Krimdeklaration, sämtlich in: Handbuch der Verträge 1871—1964, a. a. O., S. 322, 328, 335, 337.

36 Vgl. hierzu statt vieler F. von Liszt/M. Fleischmann, Das Völkerrecht, Berlin 1925, S. 445ff., 559ff.

Dieser grundlegende Wandel in der Haltung des Völkerrechts zu Gewalt und Krieg fand dann vor allem in den Statuten der Internationalen Militärgerichtshöfe von Nürnberg und Tokio, in der Prinzipiendeklaration der XXV. UN-Vollversammlung und in der Aggressionsdefinition der XXIX. UN-Vollversammlung vom 14. Dezember 1974[37] seine Bestätigung und weitere Ausgestaltung.

Gewiß hat das völkerrechtliche Gewaltverbot auch bis heute noch nicht vermocht, imperialistische Gewaltakte gegen andere Staaten und Völker unmöglich zu machen, wie die jüngste Vergangenheit wieder gezeigt hat. Dennoch entspricht es nicht den Tatsachen, wenn gerade von solchen Kräften behauptet wird, völkerrechtliche Regelungen hätten sich generell als kaum geeignet erwiesen, Aggressionen zu verhindern, und ihr weiterer Ausbau sei daher auch wenig sinnvoll.[38] Die Verfechter dieser Meinung sind schon deshalb unglaubwürdig, weil sie sich zu ihrer Begründung auf die zahlreichen gewaltsamen Auseinandersetzungen der letzten Jahre berufen, die sie aber durchweg selbst direkt oder indirekt herbeigeführt haben[39], d. h., sie wollen mit ihren eigenen Rechtsbrüchen die Unwirksamkeit des Rechts beweisen. Ihr Widerstand gegen weitere rechtliche Schritte zur Erhöhung der Effektivität des Gewaltverbots zeigt vielmehr, daß sie in diesem Rechtsprinzip durchaus ein Hindernis für die Verwirklichung aggressiver Absichten sehen, das sie eben deshalb nicht verstärkt Wissen möchten. Und schließlich ist unbestreitbar, daß sich das völkerrechtliche Gewaltverbot längst als eine wichtige Rechtsgrundlage und ein bedeutender Mobilisierungsfaktor für den Friedenskampf erwiesen hat. Es ist tief in das Rechtsbewußtsein der Völker eingegangen und gibt ihren Aktionen gegen aggressive Kräfte immer wieder Auftrieb.

Zugleich kann nicht übersehen werden, daß es noch großer Anstrengungen und eines sicher langwierigen Ringens bedürfen wird, um das Ziel eines dauerhaften Friedens zu erreichen. Dabei kommt auch weiterhin dem Ausbau und der Verstärkung der Wirksamkeit des aus den gemeinsamen Beschlüssen der Hauptmächte der Antihitlerkoalition entstandenen völkerrechtlichen Gewaltverbots große Bedeutung zu. Die Staaten der sozialistischen Gemeinschaft handeln im Sinne und in Erfüllung dieser Beschlüsse, wenn sie immer wieder Initiativen zur Präzisierung und Effektivierung des Gewaltverbots entwickeln.

Gegenwärtig findet dieses beharrliche Streben der Staaten der sozialistischen Gemeinschaft nach einer Verwirklichung der Ziele, die die Antihitlerkoalition mit

37 Vgl. Fußn. 20, 22, 11.

38 Vgl. hierzu insbesondere die Stellungnahmen der USA und Großbritanniens im Spezialkomitee der UNO zur Erhöhung der Wirksamkeit des Prinzips der Nichtanwendung von Gewalt in den internationalen Beziehungen in: UN-Doc. A/33/41, A/34/41, A/35/41, A/36/41, A/37/41, A/38/41.

39 Bereits für die Zeit vom 1. 1. 1946 bis zum 31. 12. 1975 gab das Brooking-Institut in Washington die Zahl von 215 Gewaltanwendungen oder -androhungen allein durch die USA an (Washington Post vom 4. Januar 1977), die seither durch die Interventionsakte in Mittelamerika, der Karibik, dem Nahen Osten und der Golfregion noch bedeutend gestiegen ist.

der Herausbildung des Gewaltverbots erreichen wollte, seinen Niederschlag vor allem in dem von der UdSSR der UNO vorgelegten und dort die Unterstützung der Mehrheit der Mitgliedstaaten findenden Entwurf eines „Weltvertrages über die Nichtanwendung von Gewalt in den internationalen Beziehungen"[40] und in dem Vorschlag der Warschauer Vertragsstaaten, zwischen ihnen und den Mitgliedstaaten der NATO einen „Vertrag über den gegenseitigen Verzicht auf Anwendung militärischer Gewalt und über die Aufrechterhaltung friedlicher Beziehungen"[41] abzuschließen, mit dem frühere Initiativen für Nichtangriffsabkommen zwischen der Warschauer Vertragsorganisation und der NATO[42] unter Berücksichtigung der gegenwärtigen Bedingungen und Erfordernisse wieder aufgenommen werden. In beiden Vertragsangeboten wird das Gewaltverbot der UN-Charta sowohl durch konkrete gegenseitige Verpflichtungen der Teilnehmerstaaten zu seiner strikten Einhaltung bekräftigt als auch im Hinblick auf die Entwicklung der Kriegstechnik präzisiert und durch Bestimmungen zur Sicherung seiner allgemeinen Achtung ergänzt.

Die Staaten der sozialistischen Gemeinschaft stellen mit diesen Vorschlägen nicht nur erneut ihre Treue zu den grundlegenden Vereinbarungen der Antihitlerkoalition unter Beweis. Sie können aus ihnen auch den Rechtsanspruch ableiten, von den westlichen Partnern dieser Abkommen, die heute maßgeblich die Politik der NATO bestimmen, ebenfalls eine Erfüllung ihrer damals übernommenen und nach wie vor bestehenden Verpflichtungen zu fordern und dementsprechend eine konstruktive Haltung zu den Bemühungen um eine Erhöhung der Wirksamkeit des Gewaltverbots einzunehmen.

2.3. Die Bedeutung des Potsdamer Abkommens für die Anerkennung des Selbstbestimmungsrechts der Völker und grundlegender Menschenrechte als wesentlicher Elemente der Friedenssicherung

Schon in Vereinbarungen der Antihitlerkoalition vor dem Potsdamer Abkommen[43] hatte sich gezeigt, daß ihre Unterzeichnerstaaten das Selbstbestimmungsrecht der Völker keineswegs mehr als ein lediglich politisches Postulat betrachteten, wie das bis zum Zweiten Weltkrieg in der Völkerrechtstheorie und -praxis der

40 Vgl. A/34/41.

41 Neues Deutschland vom 7. Januar 1983, S. 2.

42 Vgl. die Organisation des Warschauer Vertrages, Dokumente und Materialien 1955—1980, Berlin 1980, S. 44ff., 71ff.

43 Vgl. Präambeln der Verträge zwischen der UdSSR und Großbritannien vom 26. 5. 1942 und den USA vom 11. 6. 1942, Ziff. 4 der Vier-Mächte-Erklärung von Moskau vom 1. 11. 1943; Erklärung der Konferenz von Teheran vom 1. 12. 1943, sämtlich in: Handbuch der Verträge 1871—1964, a. a. O., S. 321f., 324, 327, 331.

bürgerlichen Staaten durchgängig geschah.[44] Indem sie vielmehr seine Achtung zum Gegenstand gegenseitiger vertraglicher Verpflichtungen machten, verliehen sie ihm völkerrechtlichen Charakter. So wurden in der Krimdeklaration unter Bezugsnahme auf „. . . das Recht aller Völker, sich die Regierungsform, unter der sie leben werden, selbst zu wählen . . .“, konkrete Maßnahmen zur Verwirklichung dieses Grundsatzes vereinbart (Ziff. V). In Weiterführung dieser Entwicklung erklärte die UN-Charta die Herstellung und Pflege „. . . freundschaftliche(r) Beziehungen zwischen den Nationen . . ., die auf der Achtung des Grundsatzes der Gleichberechtigung und des Selbstbestimmungsrechts der Völker beruhen“, zu einem der Ziele der UNO und folglich zu einer Rechtspflicht ihrer Mitgliedstaaten (Art. 1 Ziff. 2; vgl. auch Art. 4 Ziff. 1, Art. 6). Damit war die vom Sowjetstaat bereits 1917 als ein fundamentales Prinzip sozialistischer Politik proklamierte Achtung des Selbstbestimmungsrechts der Völker[45] als allgemein verbindliche Norm des Völkerrechts anerkannt.[46] Das fand seine Bestätigung dann in der Prinzipiendeklaration der UNO und in den beiden Menschenrechtskonventionen vom 19. Dezember 1966.[47]

Das Potsdamer Abkommen ging nicht nur in seinen Festlegungen über Österreich, Polen und die mit den ehemaligen Verbündeten Hitlerdeutschlands abzuschließenden Friedensverträge (vgl. Ziff. VIII—X) von der Anerkennung des Selbstbestimmungsrechts der Völker aus, sondern es ließ sich auch von ihm leiten, wenn es dem deutschen Volk nach einer „demokratischen und friedlichen“ Neugestaltung seines Lebens den Wiedereintritt in den Kreis der „freien und friedlichen Völker der Welt“ gewährleistete (Ziff. III). Es brachte damit zum Ausdruck, daß es in der Verwirklichung des Selbstbestimmungsrechts eine wesentliche Grundlage der von ihm angestrebten dauernden Friedenssicherung sah und — ebenso wie die UN-Charta — ein Instrument zur „Festigung des Weltfriedens“ (Art. 1 Ziff. 2).

Diese Funktion und diese Wirkungen konnten die Vereinbarungen der Anti-

44 Vgl. statt Vieler H. Armbruster, Artikel: Selbstbestimmungsrecht, in: K. Strupp/H.-J. Schlochauer, Wörterbuch des Völkerrechts, 3. Bd., Berlin (West) 1962, S. 250ff.; F. Berber, Lehrbuch des Völkerrechts, Erster Band. Allgemeines Friedensrecht, München 1975, S. 174ff.

45 Vgl. insbesondere Dekret über den Frieden vom 26. 10. 1917, in: W. I. Lenin, Werke, Bd. 26, Berlin 1961, S. 239ff.; Deklaration der Rechte der Völker Rußlands vom 2. 11. 1917, in: Die Vereinten Nationen und ihre Spezialorganisationen, Dokumente, Bd. 1, Berlin 1974, S. 70ff.

46 Vgl. hierzu R. Arzinger, Das Selbstbestimmungsrecht im allgemeinen Völkerrecht der Gegenwart, Berlin 1966, S. 78ff.; P. A. Steiniger, Oktoberrevolution und Völkerrecht, Eine populärwissenschaftliche Studie, Berlin 1967; S. 72ff.; H. Klenner, Marxismus und Menschenrechte. Studien zur Rechtsphilosophie (Schriften zur Philosophie und ihrer Geschichte, 31), Berlin 1982, S. 176.

47 Internationale Konvention über zivile und politische Rechte und Internationale Konvention über wirtschaftliche, soziale und kulturelle Rechte, beide vom 19. 12. 1966, in: Völkerrecht, Dokumente, Teil 2, Berlin 1980, S. 552ff., 568ff.

hitlerkoalition dem Selbstbestimmungsrecht der Völker beimessen, weil sie es stets als ein Recht *aller* Völker verstanden, das als Recht jedes einzelnen Volkes das gleiche Recht jedes anderen Volkes in sich einschließt und in eben diesem Sinne die „freie“ Entscheidung der Völker über ihren gesellschaftlichen und politischen Status gewährleistet.[48] Deshalb war es keine Verletzung des Selbstbestimmungsrechts dieser Völker, sondern gerade ein Akt seiner Durchsetzung, wenn im Potsdamer Abkommen das deutsche Volk zur Beseitigung aller Erscheinungsformen des Nazismus und Militarismus und ihrer Wurzeln verpflichtet wurde und die Friedensverträge mit den früheren Verbündeten Hitlerdeutschlands bestimmte Auflagen hinsichtlich der inneren Ordnung dieser Staaten enthielten. Es wäre ein Widerspruch in sich, aus dem Selbstbestimmungsrecht aller Völker ein Recht einzelner Völker abzuleiten, ein Regime zu errichten, das das Selbstbestimmungsrecht sowohl des eigenen wie anderer Völker prinzipiell negiert. Der Anerkennung und Verwirklichung des Selbstbestimmungsrechts der Völker und der Pflicht der Staaten zu seiner Achtung ist daher das Recht und die Pflicht sämtlicher Völker und Staaten immanent, faschistische, rassistische, kolonialistische und ähnlich geartete, das friedliche Zusammenleben der Völker gefährdende Regime nicht zu schaffen, nicht zu dulden, nicht zu unterstützen und für ihre Beseitigung einzutreten.[49]

Diesem Inhalt des Selbstbestimmungsrechts trug die Sowjetunion gegenüber dem deutschen Volk Rechnung, indem sie nach 1945 in ihrer Besatzungszone gewährleistete, daß die antifaschistischen Kräfte sich frei entfalten und eine gesellschaftliche Ordnung errichten konnten, in der die Grundlagen für den Übergang zur sozialistischen Entwicklung und die Bildung des ersten deutschen Staates entstanden, der aus seinem Klassenwesen heraus eine konsequente Friedenspolitik betreibt. Im Gegensatz hierzu wurde durch direkte Eingriffe der westlichen Besatzungsmächte in die Willensbildung und Willensbetätigung der Bevölkerung ihrer Zonen, die genau so wie die in der sowjetischen Zone nach 1945 einen antifaschistischen und antiimperialistischen Weg einschlagen wollte, die Entwicklung eingeleitet, in deren Verlauf die BRD zum ökonomisch und militärisch potentesten imperialistischen Staat Europas wurde.

Das Verständnis des Selbstbestimmungsrechts der Völker, wie es in den Vereinbarungen der Antihitlerkoalition Ausdruck und Anwendung fand, ist seither in zahlreichen Resolutionen der UNO sowohl grundsätzlich als auch im Hinblick auf konkrete Situationen immer wieder bestätigt worden[50] und bestimmt heute das Rechtsbewußtsein der Völker und der übergroßen Mehrheit aller Staaten.

48 Vgl. R. Arzinger, Das Selbstbestimmungsrecht im allgemeinen Völkerrecht der Gegenwart, a. a. O., S. 234ff., 315; P. A. Steiniger, Oktoberrevolution und Völkerrecht, a. a. O., S. 72ff.

49 Vgl. R. Arzinger, Das Selbstbestimmungsrecht im allgemeinen Völkerrecht der Gegenwart, a. a. O., S. 215ff.

50 Vgl. hierzu u. a. Deklaration über die Gewährung der Unabhängigkeit an die kolonialen Länder und Völker (UN-Res. Nr. 1514 (XV)) vom 14. 12. 1960; Deklaration über die Festi-

Dieser Inhalt des Selbstbestimmungsrechts der Völker tritt auch in bestimmten Seiten der Wechselbeziehungen zwischen ihm und der völkerrechtlichen Pflicht der Staaten zur Förderung der allgemeinen Achtung der Menschenrechte[51] in Erscheinung, wie sie in der UN-Charta (vgl. Art. 1 Ziff. 2, Art. 55) und den Menschenrechtskonventionen von 1966 (Art. 1) normiert worden ist. Derartige Wechselwirkungen zeigen sich besonders deutlich bei den Menschenrechten, die im Individualbereich Rechte gewähren oder Verbote aussprechen, die auf das jeweilige Volk als Ganzes bezogen Elemente seines Selbstbestimmungsrechts sind. So sind z. B. die Menschenrechtsbestimmungen, die sich gegen Diskriminierungen aus nationalen, rassischen, religiösen und anderen Gründen, gegen die Verbreitung von Haßgefühlen gegen andere Völker und Kriegspropaganda richten, von den gleichen Motiven und Zielen geprägt, die auch im Inhalt des Selbstbestimmungsrechts zum Ausdruck kommen. Dadurch wirken aber diese Bestimmungen, wenn sie befolgt werden, als wesentliche Instrumente zur Sicherung des Selbstbestimmungsrechts sowohl des eigenen wie anderer Völker und damit zur Herstellung friedlicher Beziehungen zwischen Völkern und Staaten, unabhängig von Unterschieden in ihren sozialen und politischen Systemen.

Diese Zusammenhänge sind erst jüngst wieder in der auf Initiative der DDR von der 37. UN-Vollversammlung ohne Abstimmung angenommenen Resolution über „künftige Maßnahmen gegen nazistische, faschistische und neofaschistische Aktivitäten und alle anderen auf rassischer Intoleranz, Haß und Terror beruhenden Formen totalitärer Ideologien und Praktiken"[52] nachdrücklich unterstrichen worden. In ihr wurde betont, daß die allseitige Anerkennung und Verwirklichung des Selbstbestimmungsrechts der Völker und die eng damit verbundene Gewährleistung elementarer Menschenrechte wichtige Faktoren für die Erhaltung und Festigung des Friedens sind.

Das zeigt sich auch darin, daß gegenwärtig gerade von den vielfältigen Mißachtungen des Selbstbestimmungsrechts der Völker durch imperialistische Kräfte ernste Konfliktsgefahren ausgehen. Beispiele hierfür bieten unter anderem die Propagierung einer antikommunistischen Kreuzzugsideologie, besonders durch die USA, die Versuche auch anderer NATO-Staaten, sich in innere Angelegenheiten sozialistischer und sonstiger progressiver Staaten einzumischen, um deren Gesellschaftsordnung zu untergraben, die weltweite Interventionspolitik der USA sowie die Manipulierungen der Menschenrechtsfragen zur Diskreditierung

gung der internationalen Sicherheit (UN-Res. Nr. 2734 (XXV)) vom 16. 12. 1970; Deklaration über die Vorbereitung der Völker auf ein Leben in Frieden (UN-Res. Nr. 33/73) vom 15. 12. 1978; Deklaration über die Unzulässigkeit der Intervention und der Einmischung in die inneren Angelegenheiten von Staaten (UN-Res. Nr. 36/103) vom 9. 12. 1981.

51 Vgl. hierzu im einzelnen R. Arzinger, Das Selbstbestimmungsrecht im allgemeinen Völkerrecht der Gegenwart, a. a. O., S. 211ff.; H. Klenner, Marxismus und Menschenrechte, a. a. O., S. 159ff.

52 UN-Doc. A/RES/37/179.

des realen Sozialismus. In der gleichen Richtung wirken auch die Unterstützung, die diese Kreise faschistischen und rassistischen Regimen in verschiedenen Teilen der Welt angedeihen lassen, und die Duldung neofaschistischer Aktivitäten in einer Reihe westlicher Länder.

Derartige Haltungen stehen in schroffem Widerspruch zu den Orientierungen, die die Hauptmächte der Antihitlerkoalition auf Grund ihrer Erfahrungen in der Zeit des Zweiten Weltkrieges für ihre künftige gemeinsame Politik verbindlich vereinbart hatten. Die Erfüllung dieser Verpflichtungen auch durch die imperialistischen Staaten würde heute in hohem Maße zum Abbau internationaler Spannungen und zur Beseitigung von Konfliktsgefahren beitragen.

Hiervon lassen sich die Staaten der sozialistischen Gemeinschaft leiten, wenn sie in ihrer Prager Deklaration vom 5. Januar 1983 eine der Grundbedingungen für die Festigung des Friedens und der internationalen Sicherheit in der allgemeinen Achtung des souveränen Rechtes jedes Volkes sehen, „. . . frei, ohne jede Einmischung von außen, zu entscheiden, wie es leben und welche Gesellschaftsordnung es errichten will", und wenn sie sich entschieden dagegen wenden, daß die „. . . reaktionären und imperialistischen Kreise . . . ihr Spiel mit der Frage der Menschenrechte (treiben) . . .", um dadurch „. . . die Politik der Konfrontation und des Wettrüstens zu rechtfertigen . . ."[53] Sie handeln damit im Sinne der Lehren des antifaschistischen Befreiungskampfes.

3. Die Bedeutung des Potsdamer Abkommens für die Schaffung politischer und rechtlicher Grundlagen der europäischen Sicherheit

Mit dem Potsdamer Abkommen begann eine neue geschichtliche Etappe in den Bestrebungen, auf dem europäischen Kontinent, von dem zwei Weltkriege ausgegangen sind und der am meisten unter ihnen gelitten hat, zu einer stabilen Gewährleistung der internationalen Sicherheit zu gelangen. Denn in ihm legten die Hauptmächte der Antihitlerkoalition vereinbarte Grundsätze für die „Schaffung der Bedingungen für einen dauerhaften Frieden . . . in Europa" fest.

Dabei knüpften sie nicht nur an frühere Abmachungen[54] an, sondern auch an Vorschläge, die die UdSSR seit Beginn der Naziherrschaft in Deutschland bis unmittelbar vor Ausbruch des Zweiten Weltkrieges unterbreitet hatte,[55] um den Aggressionsabsichten des Hitlerregimes entgegenzuwirken, die aber an der Haltung

53 Neues Deutschland vom 7. Januar 1983, S. 2.

54 Vgl. insbesondere Deklaration der Vereinten Nationen vom 1. 1. 1942; Moskauer Deklarationen vom 1. 11. 1943; Erklärung der Konferenz von Teheran vom 1. 12. 1943; Krimdeklaration 11. 2. 1945 (a. a. O.).

55 Vgl. hierzu u. a. Autorenkollektiv, Sowjetische Außenpolitik und europäische Sicherheit, Berlin 1973, S. 36ff.; Geschichte der sowjetischen Außenpolitik 1917—1966, I. Teil, Berlin 1969, S. 345ff.

der Westmächte, besonders ihrer verhängnisvollen „Beschwichtigungspolitik" gegenüber Hitlerdeutschland gescheitert waren. Sie gingen zugleich von den von ihnen entwickelten neuen Völkerrechtsprinzipien aus, wie dem Gewaltverbot, dem Selbstbestimmungsrecht der Völker und der Pflicht der Staaten zur Zusammenarbeit, unabhängig von Unterschieden in ihrer sozialen und politischen Struktur.

Auf diesen Grundlagen wurde im Potsdamer Abkommen eine Konzeption der europäischen Sicherheit vereinbart, die auf folgenden Hauptelementen beruhte:

- Verpflichtung und Berechtigung aller europäischen Staaten, unabhängig von ihrer Gesellschaftsordnung, zur friedlichen Zusammenarbeit und gemeinsamen Friedenssicherung bei besonderer Verantwortung der Hauptmächte der Antihitlerkoalition hierfür;
- kollektive Verhinderung und Abwehr künftiger Aggressionen und völkerrechtliche Verantwortlichkeit der an solchen Verbrechen beteiligten Staaten und Individuen;
- Achtung des Selbstbestimmungsrechts der Völker und Verhinderung des Wiederentstehens von Ideologien und Praktiken, die auf seine prinzipielle Mißachtung und die systematische Verletzung fundamentaler Menschenrechte gerichtet sind;
- Achtung der souveränen Rechte der Staaten und ihrer territorialen Integrität im Rahmen der nach dem Zweiten Weltkrieg entstandenen europäischen Grenzen;
- Schaffung von institutionellen Formen der kollektiven Friedenssicherung.

Die bei einer allseitigen Befolgung dieser Grundsätze ohne Zweifel gegebene Chance, Europa zu einer stabilen Friedenszone und damit zu einem gewichtigen Faktor der Festigung des Weltfriedens zu machen, wurde vertan, als sich die imperialistischen Staaten der Antihitlerkoalition von diesen vereinbarten Prinzipien lösten und zu einer in direktem Gegensatz zu ihnen stehenden Politik übergingen. Durch die Entfesselung des Kalten Krieges gegen die UdSSR, durch die Bildung der NATO und die Einbeziehung der wiederbewaffneten BRD in sie, durch die Schaffung eines westeuropäischen Wirtschaftsblocks und die dadurch notwendigerweise ausgelösten politischen, wirtschaftlichen und militärischen Gegenmaßnahmen der sozialistischen Staaten Europas wurde aus Zusammenarbeit Konfrontation. Durch die Nichterfüllung wesentlicher Forderungen des Potsdamer Abkommens in den westlichen Besatzungszonen Deutschlands kam es dort zur Erhaltung und zum Ausbau der Machtpositionen des Imperialismus und zur Entstehung neuer antisozialistischer und revanchistischer Strömungen, zur Gründung zweier deutscher Staaten mit unterschiedlichen Gesellschaftsordnungen, zur Spaltung Berlins und zur Herausbildung einer mitten durch Europa verlaufenden Frontlinie zwischen zwei gegeneinander gerichteten Bündnissen statt zu einem kollektiven Sicherheitssystem.

Die Sowjetunion und die anderen Staaten der sozialistischen Gemeinschaft waren von Beginn dieser verhängnisvollen Entwicklung an unablässig bemüht, sie aufzuhalten und die in Potsdam vereinbarten Grundsätze und Ziele zu verwirklichen. So gingen die von der UdSSR vorgelegten „Hauptprinzipien eines gesamteuropäischen Vertrages über die kollektive Sicherheit in Europa" vom 10. Februar 1954[56] und die Deklaration der Moskauer Konferenz europäischer Länder vom 2. Dezember 1954[57] deutlich von der Sicherheitskonzeption des Potsdamer Abkommens aus, um auch unter den vor allem durch die Bildung der NATO erschwerten Bedingungen noch einmal den Versuch zu unternehmen, die Spaltung Europas in zwei Militärblöcke zu verhindern. Auch nachdem diese Bemühungen infolge der Haltung der NATO-Staaten ergebnislos geblieben waren und die sozialistischen Staaten dadurch gezwungen wurden, zum Schutz ihrer Sicherheit am 14. Mai 1955 den Warschauer Vertrag abzuschließen, setzten sie konsequent die Anstrengungen fort, ein gesamteuropäisches Sicherheitssystem zu schaffen, mit dessen Wirksamwerden der Warschauer Vertrag automatisch wieder außer Kraft treten sollte (vgl. Art. 11).[58] Das geschah insbesondere in den sowjetischen Entwürfen für einen „gesamteuropäischen Vertrag über kollektive Sicherheit in Europa" vom 20. Juli 1955 und für „Grundprinzipien eines Vertrages zwischen den in Europa bestehenden Staatengruppierungen" vom 21. Juli 1955[59] sowie für einen „Vertrag über Freundschaft und Zusammenarbeit zwischen den europäischen Staaten" vom 15. Juli 1958[60]. Von den gleichen Zielen und grundsätzlichen Erwägungen ließen sich die Teilnehmerstaaten des Warschauer Vertrages bei ihren vielfachen gemeinsamen Initiativen in dieser Richtung leiten. Hiervon zeugen besonders die Vorschläge für Nichtangriffsverträge zwischen ihnen und den NATO-Mitgliedern von 1958 und 1963[61] und die Bukarester Deklaration vom 5. Juli 1966[62], mit der das Ringen der Warschauer Vertragsstaaten um die Durchführung einer Konferenz über Sicherheit und Zusammenarbeit in Europa (KSZE) eingeleitet wurde.

Es war vor allem ein Ergebnis dieser Aktivitäten der Staaten der sozialistischen Gemeinschaft und ihrer verständigungs- und kompromißbereiten Politik, daß die KSZE zustandekam und in ihrer Schlußakte vom 1. August 1975[63] Prinzipien für die Beziehungen ihrer Teilnehmerstaaten zueinander vereinbarte, die weit-

56 Vgl. Sicherheit und friedliche Zusammenarbeit in Europa, Dokumente 1954—1967, Berlin 1968, S. 67ff.
57 Vgl. ebenda, S. 72ff.
58 Vgl. Die Organisation des Warschauer Vertrages, Dokumente und Materialien 1955—1980, a. a. O., S. 17ff.
59 Vgl. Sicherheit und friedliche Zusammenarbeit in Europa, Dokumente 1954—1967, a. a. O., S. 95ff., 100f.
60 Vgl. ebenda, S. 189ff.
61 Vgl. Die Organisation des Warschauer Vertrages, Dokumente und Materialien 1955—1980, a. a. O., S. 44ff., 71ff.
62 Vgl. ebenda, S. 79ff.
63 Vgl. Völkerrecht, Dokumente, Teil 3, a. a. O., S. 948ff.

gehend den Vorschlägen der Warschauer Vertragsstaaten entsprachen.[64] Ihr Kerngehalt stellte eine Anwendung der wesentlichsten Orientierungen des Potsdamer Abkommens auf die gegebenen Bedingungen dar und bestätigte die Feststellung der Bukarester Deklaration, daß das Potsdamer Abkommen „ein umfassendes zukunftsweisendes Programm zur Festigung des Friedens" verkündet habe.[65]

Von dieser wiederholt bekräftigten Einschätzung des Potsdamer Abkommens gerade unter dem Aspekt der Bedeutung seiner prinzipiellen Festlegungen für die Gewährleistung der europäischen Sicherheit[66] gehen die Staaten der sozialistischen Gemeinschaft auch bei ihren gegenwärtigen intensiven Bemühungen aus, den Gefahren für den Frieden in Europa entgegenzuwirken, die durch die Abkehr der USA und anderer NATO-Staaten von dem in der Schlußakte der KSZE vereinbarten Kurs der Entspannung und Entwicklung friedlicher Beziehungen in Europa und ihren Übergang zu einer verschärften Konfrontationspolitik gegenüber den sozialistischen Staaten entstanden sind. Dabei sind heute angesichts der erhöhten Gefahr militärischer Konflikte infolge der von der NATO ausgelösten neuen Runde des Wettrüstens, insbesondere auf nuklearem Gebiet, und ihrer von den USA inspirierten abenteuerlichen Militärdoktrinen die Abwendung dieser Bedrohung der Völker Europas und die Eindämmung der Rüstungen die vordringlichsten Aufgaben.

Auf ihre Lösung sind daher die Friedensinitiativen der Staaten der sozialistischen Gemeinschaft seit Ende der 70er Jahre in erster Linie gerichtet. Sie nehmen infolgedessen vor allem jene Grundsätze der Vereinbarungen der Antihitlerkoalition zum Ausgangspunkt, die künftigen Aggressionen vorbeugen sollten. Das zeigt sich mit besonderer Deutlichkeit in den Vorschlägen für multilaterale Gewaltverzichtsabkommen, zu denen neben den bereits in anderem Zusammenhang erwähnten Projekten eines Weltvertrages über die Nichtanwendung von Gewalt und eines entsprechenden Vertrages zwischen den Staaten des Warschauer Vertrages und der NATO[67] die Anregungen von 1976 und 1979 gehören, zwischen den Teilnehmerstaaten der KSZE Abkommen über den Verzicht auf den Ersteinsatz nuklearer und konventioneller Waffen abzuschließen.[68] In diesem Zusammenhang

64 Vgl. insbesondere Die Organisation des Warschauer Vertrages, Dokumente und Materialien 1955—1980, a. a. O., S. 135ff.

65 Ebenda, S. 80.

66 Vgl. Erklärung des Ministerrats der DDR zum 25. Jahrestag des Potsdamer Abkommens vom 30. 7. 1970, in: Dokumente zur Außenpolitik der DDR, Bd. XVIII, 2. Halbbd., Berlin 1972, S. 664ff.; Botschaft des Vorsitzenden des Ministerrats der UdSSR anläßlich des 25. Jahrestages des Potsdamer Abkommens an den Präsidenten der USA, den Premierminister von Großbritannien und den französischen Staatspräsidenten vom 1. 8. 1970, in: Neues Deutschland vom 2. August 1970, S. 1; Aufruf zum 30. Jahrestag der Befreiung vom Hitlerfaschismus, in: Neues Deutschland vom 22. Januar 1975, S. 1f.

67 Vgl. oben unter 2.2.

68 Vgl. Die Organisation des Warschauer Vertrages, Dokumente und Materialien 1955—1980, a. a. O., S. 186f., 218f.

ist ferner die nach wie vor bestehende Bereitschaft der Warschauer Vertragsstaaten hervorzuheben, sowohl ihr Bündnis als auch die NATO, beginnend mit ihren militärischen Organisationen, aufzulösen und mit diesem Ziel Verhandlungen mit der NATO aufzunehmen.[69]

Diese und die sonstigen vielfältigen Vorschläge der Staaten der sozialistischen Gemeinschaft zur Entspannung der militärischen Lage sind jedoch in aller Regel in umfassende Konzeptionen zur Festigung der europäischen Sicherheit eingegliedert. Das jüngste Beispiel hierfür bietet die Prager Deklaration vom 5. Januar 1983, die in ihrem Abschnitt III einen ganzen Katalog von militärischen, politischen, wirtschaftlichen und sonstigen Maßnahmen enthält, die der dort getroffenen prinzipiellen Feststellung Rechnung tragen, daß in Europa „. . . nur eine Politik der friedlichen Koexistenz lebensfähig (ist)“,[70] und deren Verwirklichung unter den heutigen Bedingungen einen bedeutenden Schritt zur dauerhaften Friedenssicherung in Europa darstellen würde.

Es war vor allem ein Ergebnis dieser kontinuierlichen Politik der Staaten der sozialistischen Gemeinschaft, daß es in jahrelangen harten Auseinandersetzungen mit entspannungsfeindlichen Kräften gelang, in dem „Abschließenden Dokument“ des Madrider Treffens der KSZE-Teilnehmerstaaten vom September 1983 eine eindeutige Bestätigung der Prinzipien der Schlußakte von Helsinki und die gemeinsame Verpflichtung aller vertretenen Staaten zu erreichen, „mit allen Mitteln, sowohl rechtlich als auch praktisch, ihre höhere Wirksamkeit zu fördern.“[71]

Sowohl die grundsätzlichen Richtungen wie die wesentlichen inhaltlichen Elemente aller dieser von den Staaten der sozialistischen Gemeinschaft in den letzten Jahren unternommenen Schritte zur Festigung der europäischen Sicherheit sind unverkennbar von ihrem Willen gekennzeichnet, heute wie stets an den Grundorientierungen der Antihitlerkoalition für die Schaffung einer stabilen Friedensordnung in Europa festzuhalten. Diese Staaten haben daher nicht nur den politisch-moralischen, sondern auch den rechtlichen Anspruch, daß alle anderen Staaten, für die die Vereinbarungen der Antihitlerkoalition, insbesondere das Potsdamer Abkommen, verbindlich waren, ein gleiches Verhalten an den Tag legen. Sie haben auch auf diese politischen und rechtlichen Grundlagen ihrer Vorschläge und Forderungen immer wieder hingewiesen.[72] So unterstrichen sie z. B. in ihrer Warschauer Deklaration vom 16. Mai 1980, „... daß es im gemeinsamen Interesse aller Staaten und Völker liegt, von den im Ergebnis des großen Sieges über die faschistischen Aggressoren im Zweiten Weltkrieg und der Nachkriegsentwicklung

69 Vgl. Prager Deklaration vom 5. 1. 1983, in: Neues Deutschland vom 7. Januar 1983, S. 2.
70 Ebenda, S. 2.
71 Neues Deutschland vom 10./11. September 1983, S. 9.
72 Vgl. Die Organisation des Warschauer Vertrages, Dokumente und Materialien 1955—1980, a. a. O., S. 165, 174.

in Europa entstandenen territorialen und politischen Realitäten auszugehen und zur Stärkung der internationalen Rechtsordnung auf der Grundlage der Grundsätze und Ziele der UN-Charta beizutragen".[73]

Diese ungeminderte Bedeutung der grundlegenden Orientierungen des Potsdamer Abkommens und anderer Vereinbarungen der Antihitlerkoalition für die Friedenssicherung in Europa wird dadurch bewiesen, daß ihre Beachtung durch alle beteiligten Staaten heute zur Lösung der vordringlichsten Aufgaben bei der Schaffung der Voraussetzungen für eine gefestigte Sicherheit in Europa und die Öffnung des Weges zu einem stabilen europäischen Sicherheitssystem führen würde: Zum Abbau des politischen und militärischen Konfrontationskurses der NATO und der Beseitigung der nuklearen Bedrohung sozialistischer Staaten durch USA-Raketen auf dem Territorium der BRD und anderer westeuropäischer Länder, zur vorbehaltlosen Anerkennung und Respektierung der territorialen und politischen Realitäten in Europa, auch durch die BRD gegenüber der DDR, zur Verhinderung jedes Wiedererstehens faschistischer und revanchistischer Bestrebungen und zur Unterbindung antisozialistischer Hetzkampagnen in westeuropäischen Ländern sowie zur Entwicklung einer fruchtbaren Zusammenarbeit zwischen den europäischen Staaten, unabhängig von ihrer Gesellschaftsordnung, bei strikter Achtung des Selbstbestimmungsrechts der Völker und der souveränen Gleichheit der Staaten.

Der 40. Jahrestag des Sieges über die faschistischen Aggressoren im Zweiten Weltkrieg und des Potsdamer Abkommens mahnen die Völker Europas, sich auf die bitteren Erfahrungen zu besinnen, die unser Kontinent und die Welt machen mußten, um erst durch sie zu den Erkenntnissen und gemeinsamen Schlußfolgerungen über die Voraussetzungen eines gesicherten Friedens zu gelangen, die im Potsdamer Abkommen und anderen Dokumenten der Antihitlerkoalition ihren Ausdruck gefunden haben.

Heute sind die Sicherheit und das friedliche Leben der Völker Europas wieder gefährdet. Und auch heute weisen — bei aller Unterschiedlichkeit der weltpolitischen Lage — die vor 40 Jahren vereinbarten prinzipiellen Orientierungen für die Verhinderung künftiger Friedensbedrohungen und die Beseitigung ihrer Ursachen die grundsätzliche Richtung zu einer dauerhaften Gewährleistung des Friedens. Ihre wesentlichen Elemente sind mit gutem Grund in den Bestand des allgemein verbindlichen Völkerrechts unserer Zeit eingegangen.

Die strikte Achtung und Anwendung dieser Normen für das friedliche Zusammenleben der Staaten und Völker gibt uns die reale Möglichkeit, den Frieden zu retten und zu sichern, bevor er noch einmal — und diesmal mit unvorstellbaren Folgen — gebrochen werden kann.

Es ist die historische Verantwortung der Gegenwart, die Lehren, die im Potsdamer Abkommen und den anderen Vereinbarungen der Antihitlerkoalition rechts-

73 Ebenda, S. 247.

verbindlich formuliert worden sind, für die Lösung der brennenden Aufgaben von heute zu nutzen. Die Kräfte und Voraussetzungen hierfür sind vorhanden. Vierzig Jahre haben die Völker auf die Erfüllung der Hoffnungen gewartet, die sie an die Beschlüsse von 1945 geknüpft haben. Es ist spät, aber nicht zu spät, ihnen endlich gerecht zu werden.

Резюме

Г. Крэгер

Значение Потсдамского соглашения для развития международного права и обеспечения мира в Европе

Автор исходит из постановлений участников антигитлеровской коалиции об основных предпосылках сохранения мира и о дальнейшем сотрудничестве для достижения этой цели, содержашихся в Потсдамском соглашении. Он сравнивает эту программу Потсдамского соглашения с ситуацией 40 лет после его подписания и ставит, исходя их этого, вопрос о значении Потсдамского соглашения для развития международного права в предшествующий период и для актуальных задач сохранения и укрепления мира во всем мире и, в частности, в Европе.

При этом он полемизирует с попытками империалистических кругов поставить под сомнение международно-правовой характер Потсдамского соглашения, ограничить как обязательный характер его постановлений лишь на государства, подписавшие его, так и действие его постановлений во времени.

Далее, автор показывает то влияние, которое Потсдамское соглашение оказало в общем в рамках соглашений антигитлеровской коалиции на формирование новых принципов международного права, в частности, принципа обязанности государств мирно сотрудничать, независимо от различий в их социальных и политических системах, принципа запрета применения силы или угрозы силой в международных отношениях, принципа самоопределения народов и обязанности государств способствовать осуществлению прав человека. В этой связи автор документирует постоянные усилия стран социалистического содружества, направленных на выполнение их обязательств в рамках антигитлеровской коалиции и на дальнейшее развитие и выполнение международного права согласно указанному в этих соглашениях направлению.

Одновременно от показывает отступление империалистических государств от этих принципов и то, как они вместо предусмотренного в Постдамском соглашении сотрудничества с СССР по обеспечению мира во всём мире стали проводить политику конфронтации в отношении социалистических государств.

Тем самым они пошли по пути создания опасностей новых конфликтов.

Эти противоположные подходы и их последствия особенно явно проявляются в вопросе о концепции обеспечения безопасности в Европе, развитой в Потсдамском соглашении.

Автор показывает как государства социалистического содружества и на сегодня, в рамках их инициатив по укреплению безопасности в Европе, опираются на уроки совместной антифашистской борьбы стран антигитлеровской коалиции и на основные положения Потсдамского соглашения, обязательная правовая сила которых и их политическая значимость не уменьшились, несмотря на изменение международных условий за прошедшее время.

Summary

H. Kröger

Importance of the Potsdam Agreement for Development of International Law and Strengthening Peace in Europe

The author concentrates on the agreements of the main Powers of the Anti-Hitler Coalition, which were summed up in the Potsdam Agreement and dealed with the fundamental conditions for the future peace and their cooperation for the achievement of this goal. He compares this program with the situation that has arisen fourty years after Potsdam and assesses from this point of view the importance of the Agreement for the development of international law since Potsdam and for today's tasks of safeguarding and strengthening international peace, especially in Europe.

The author rejects first of all the attempts of imperialist circles to deny the legal character of the Potsdam Agreement, to limit its binding force to the signatory States and to set temporal limits to the legal force of its provisions.

He further analyses the impact of the Potsdam Agreement, within the general framework of the agreements of the Anti-Hitler-Coalition, on the formation of new principles of international law, in particular of the principle of the prohibition of threat or use of force in international relations, the obligation of peaceful cooperation among States regardless of their different social and political systems, the right of peoples to self-determination and the obligation of States to promote human rights. He demonstrates in this connection that the States of the socialist community always have and still apply their efforts in accordance with the obligations arising from the Anti-Hitler Coalition to develop and enforce international law along the lines set forth in those agreements, while the imperialist Powers gave up these principles and instead of the cooperation with the Soviet Union for safeguarding peace, which the Potsdam Agreement provided for, embarked on a policy of confrontation with the socialist States, thus conjuring up the threat of new conflicts.

This different attitude towards the fundamental guidelines of the Potsdam Agreement and the consequences thereof become particularly outspoken in view of the concept of European security developed at the Potsdam conference. It is being shown that the States of the socialist community in their present initiatives for strengthening peace and security in Europe are also guided by the lessons of the common antifascist struggle of the States of the Anti-Hitler Coalition and by the fundamental goals of the Potsdam Agreement, which have not lost in the course of time and under changing circumstances their binding legal force and political vitality.

И. И. Лукашук/Г. К. Дмитриева

Международное право в международной нормативной системе

Характерной чертой фукционирования современного международного права является углубляющееся взаимодействие с другими подсистемами международной нормативной системы. Без учета этого взаимодействия не могут быть правильно оценены возможности международного права, не может быть изучен механизм его действия.

Международная нормативная система

Перед человечеством с беспрецедентной остротой встала задача обеспечения должного функционирования системы международных отношений. Без этого не могут быть решены как общечеловеческие глобальные проблемы, так и многие жизненно важные национальные задачи. В международных отношениях в конечном счете решаются судьбы человечества.

Необходимым условием нормального функционирования системы международных отношений, установления и поддержания мирового порядка является повышение уровня управления международными отношениями. Управление в данном случае понимается как целенаправленное воздействие на международные отношения, осуществляемое совместными усилиями государств.[1]

Одной из характерных черт современного управления международными отношениями является то, что в его основе лежит международная нормативная система. Отсутствие надгосударственной власти определяет особую роль в регулировании международных отношений норм, создаваемых соглашением государств.

Под международной нормативной системой понимается призванная регулировать международные отношения система создаваемых соглашением государств политических, правовых, моральных и других норм, основанная на общих целях и принципах.

Сложность и многообразие объекта регулирования, т.е. международных отношений, определяют сложность и многообразие нормативных средств.

1 См. I. I. Lukashuk, International Legal Regulation — New Directions in International Law, Frankfurt/New York 1982.

В этом проявляется один из законов социального управления, закон необходимого разнообразия, согласно которому степень разнообразия системы управления должна соответствовать степени разнообразия объекта управления. При решении сложных, многоаспектных международных проблем государства все более широко используют различные виды международных норм в их взаимодействии.

Большое значение для понимания всех этих вопросов имеет советская инициатива по созданию своеобразного кодекса поведения ядерных держав, выдвинутая К. У. Черненко в речи перед избирателями 2 марта 1984 года. К. У. Черненко подчеркнул объективную необходимость существования соответствующих норм, заявив, что жизненные интересы человечества, ответственность перед нынешними и грядущими поколениями требуют, чтобы отношения между ядерными державами подчинялись определенным нормам.

Советская инициатива по существу предусматривает конкретизацию основных принципов международного права с учетом специфики отношений между ядерными державами в целях устранения угрозы ядерной войны. Для этого предлагается принять нормы как политические, так и правовые, которые к тому же выражают важнейшие требования морали. Предлагаемые нормы должны по взаимному согласию ядерных держав обрести присущий им обязательный характер. „Мы готовы, — сказал К. У. Черненко, — в любое время договориться с другими державами о совместном признании норм такого рода и придании им обязательного характера.“[2]

История свидетельствует, что межгосударственные отношения никогда не обходились без нормативного регулирования. Уже отношения между рабовладельческими государствами регулировались международными нормами. Это были нормы политические, религиозные, включая религиозную мораль, обычаи. Все они были тесно переплетены. Международные договоры скреплялись религиозной клятвой и обеспечивались политическими средствами. Их обязательная сила носила политический и религиозно-моральный характер. Целесообразность правового регулирования осознается значительно позже. Лишь в позднее средневековье появляются труды, обосновывающие необходимость правового регулирования международных отношений. Еще позже ссылки на международное право появляются в практике государств.

Образование мирового рынка, развитие международных отношений обусловили довольно активное действие правовых и иных норм. Однако единая нормативная система не сложилась из-за отсутствия соответствующих социальных предпосылок и таких системообразующих факторов, как общие

2 К. У. Черненко, Народы и партия едины. Москва, 1984, с. 29.

цели и принципы. Становление международной нормативной системы начинается в эпоху, открытую Великой Октябрьской социалистической революцией. В историческом Декрете о мире были изложены основы принципиально нового мирового порядка и соответствующей нормативной системы, в основу которых легла ленинская концепция справедливого, демократического мира.[3] Принципиально расходясь с существовавшей в ту пору международной системой, ленинская концепция воплощала исторически и социально оправданные нормы международной жизни, которые выражали прямое действие объективных закономерностей исторического развития. В результате ленинская концепция справедливого, демократического мира как системы международных отношений, основанной на принципах мирного сосуществования государств, оказала огромное влияние на формирование и развитие международной нормативной системы.

Среди основных вех становления международной нормативной системы должен быть особо отмечен Устав ООН. Как известно, он был подготовлен в ходе активного сотрудничества держав антигитлеровской коалиции и принят в результате победы демократических сил во второй мировой войне. Устав сформулировал и закрепил основные цели и принципы международной нормативной системы. Тем самым был сделан решающий шаг в создании универсальной нормативной системы.[4]

Все виды норм, образующих международную нормативную систему, определяют границы дозволенного поведения субъектов, тем самым устанавливают рамки их самостоятельной активности и взаимодействия. В результате достигается определенный порядок в международных отношениях, в чем и состоит первая, элементарная функция международной нормативной системы.

Нормы не только закрепляют сложившуюся систему международных отношений и помогают ей нормально функционировать, но также содействуют формированию и развитию новых отношений и одновременно вытеснению, ликвидации нежелательных отношений. В этом заключается вторая, активно-созидательная функция международной нормативной системы. Нормативная система побуждает государства к активному поведению во имя достижения общих целей, направляет его, обеспечивая соответствие деятельности государств их общим интересам.

Таким образом, образующие международную нормативную систему нормы выполняют общие основные функции. Но достигается это при помощи присущего каждому виду норм механизму действия.

3 См. Г. К. Дмитриева, Ленинская идея справедливого, демократического мира. — Вестник Киевского университета. Международные отношения и международное право. 1978, Вып. 6.

4 См. И. И. Лукашук, Международната нормативна система. — Международни отношения. София, 1982, кн. 4.

Все виды норм имеют свою санкцию в широком смысле этого слова. Под санкцией в данном случае понимается отрицательная реакция ситемы международных отношений на отклоняющееся от нормы поведение субъекта. Международные нормы тесно взаимодействуют в процессе как своего формирования, так и действия. Так, к соблюдению норм международного права побуждают не только юридические, но также политические, моральные и другие стимулы. Нередко морально-политические последствия правонарушения играют главную роль в обеспечении уважения правовых норм.

Сегодня юристы все чаще приходят к выводу о том, что в международных отношениях действуют не только международноправовые, но и иные нормы, которые к тому же весьма многообразны.[5] В большинстве случаев различают политические и правовые нормы, а также нормы, занимающие промежуточное положение между правом, политикой и моралью.[6] М. Эйкхерст пишет, что „международное общество государств располагает нормами поведения, которые не входят в состав международного права“. К ним он относит правила международной вежливости; некоторые идеалы, которые рассматриваются желательными, но не всегда практически осуществимыми, например, права человека и самоопределение народов. К таким нормам он относит также следующее положение: „В соответствии с доктриной сфер влияния более крупная держава проводит политику защиты меньших государств в своей сфере влияния от внешних нападений“.[7]

Приведенные положения служат иллюстрацией того, несколько мало разработан еще вопрос о неправовых международных нормах. Так, уважение прав человека и самоопределение народов являются общепризнанными принципами международного права, а не только желательными идеалами. Созданная империалистическими державами доктрина сфер влияния едва ли может рассчитывать на сколько-нибудь широкое признание в качестве даже политической нормы.

В международной практике можно найти немало высказываний в пользу целесообразности и необходимости использовать менее формализованные и более гибкие средства регулирования, чем право.[8]

5 См. S. Benn/R. Peters, Social Principles and the Democratic State. London 1971, p. 364; M. Rotter, Die Abgrenzung zwischen völkerrechtlichem Vertrag und außerrechtlicher zwischenstaatlicher Abmachung. Internationale Festschrift für Alfred Verdross zum 80. Geburtstag, München/Salzburg 1971, S. 415ff.

6 См. W. Wengler, Die Abgrenzung zwischen völkerrechtlichen und nichtvölkerrechtlichen Normen im internationalen Verkehr. — Legal Essays. A Tribute to Frede Castberg on the Occasion of his 70th Birthday, Halden 1963.

7 M. Akehurst, A Modern Introduction to International Law, London 1978, p. 11.

8 См. Hague Conference on Private International Law, Final Act, The Hague 1980, D/4; R. Baxter, International Law in „her infinite variety“. International and Comparative Law Quarterly 1980, vol. 29, No. 4, p. 549—566.

Несмотря на то, что многообразие международных норм привлекает к себе растущее внимание, пока еще проблема взаимодействия правовых и неправовых международных норм практически не исследована, а вопрос о системе многообразных международных норм даже не поднимался. Поскольку международные нормы изучаются в основном юристами, постольку неправовые нормы в большинстве случаев рассматриваются лишь как некий несовершенный придаток права. Показательно в этом смысле высказывание видного польского юриста С. Нахлика, который о неправовых международных нормах пишет: „Это только периферия права, однако знание их существенно облегчает международные связи, а также играет положительную роль при применении права.“[9]

Нет сомнения в том, что неправовые нормы играют существенную роль в осуществлении международного права. Но этим их функции не ограничиваются. Они выполняют самостоятельно большой объем регулирующей активности и занимают в международной нормативной системе вполне самостоятельное, а не только вспомогательное по отношению к праву положение.

Но в данном случае нас интересует прежде всего значение неправовых норм для функционирования международного права, которое представляет собой сложный, многоплановый, динамический процесс, в котором переплетаются и взаимодействуют многочисленные явления политического, экономического, морального, идеологического характера. Без такого взаимодействия сегодня функционирование международного права немыслимо. Однако многие аспекты этого взаимодействия еще мало изучены. Одним из наиболее важным из них как в практическом, так и в теоретическом плане является аспект взаимодействия международного права с иными элементами международной нормативной системы.

Вообще, неразработанность общей теории международных норм, позволяющей более или менее точно судить об их природе и функциях, порождает довольно противоречивые суждения, что не может не сказываться отрицательно и на их регулирующем действии.

Цели и принципы нормативной системы

Ядро международной нормативной системы образуют ее основные цели и принципы. Они служат главным системообразующим фактором, превращая отдельные нормы и их комплексы в целостную систему. Для того, чтобы цели и принципы могли выполнять свои функции они наделены высшей политической, юридической и моральной силой. Все иные международные

9 S. Nahlik, Wstęp do nauki prawa międzinarodowego, Warszawa 1967, S. 23—24.

нормы должны им соответствовать. Особое положение целей и принципов в нормативной системе обусловлено их функциями.[10]

Главная задача международной нормативной системы состоит в содействии созданию и поддержанию благоприятных международных условий для развития внутренней и международной жизни государств. Поскольку необходимым условием решения главной задачи является мирное сосуществование государств с различным социальным строем, постольку эта идея пронизывает основные цели и принципы. В результате международная нормативная система может быть охарактеризована как система мирного сосуществования.

Система международных отношений характеризуется наличием жизненно важных для всех стран глобальных проблем, решение которых и представляет собой содержание основных целей международной нормативной системы. К ним относятся: поддержание международного мира и безопасности; развитие дружественных отношений на базе основных принципов; осуществление сотрудничества в разрешении международных проблем экономического, социального, культурного и гуманитарного характера.[11] Эти основные цели закреплены в Уставе ООН и в многочисленных других международных актах.

Основными принципами являются запрет угрозы силой или ее применение; мирное разрешение споров; суверенное равенство; невмешательство; уважение прав человека и основных свобод; равноправие и самоопределение народов; сотрудничество; добросовестное выполнение принятых на себя обязательств.

Цель представляет собой желаемое состояние в будущем, идеальный образ ожидаемого результата. Этим определяется ее организующая и направляющая роль. Цель — ориентир деятельности субъектов. В этом заключено ее регулирующее действие. Если субъекты определили цели своего сотрудничества, то они обязаны направить усилия на их достижение. Характер этой обязанности зависит от природы международного акта, устанавливающего цели.

Заметим, что в западной доктрине и практике весьма ощутимо проявляется тенденция к принижению нормативного значения целей. Отрицается юридически обязательная сила даже целей, закрепленных в международном договоре. При этом ссылаются на абстрактный, недостаточно четкий характер

10 См. А. М. Купчишин, Е. Т. Рулько, Характерные черты и система принципов современного международного права. Киев, 1979; С. Осыка, Целеполагание в системе международно-правового регулирования. — Вестник Киевского университета. Международные отношения и международное право. 1979, № 8.

11 См. П. Радойнов, Правотворческите функции на международните организации. София, 1975, с. 26.

обязательств, вытекающих из целей, на расхождения между государствами относительно целей и т. п.[12]

Аналогичной позиции придерживается и практика западных держав.[13] Так, Ялтинское соглашение 1945 года было опубликовано госдепартаментом США в серии „Исполнительные соглашения" [№ 498], а также в издании „Вступившие в силу договоры США" [1963 г.]. Однако в 1956 г. госдепартамент заявил правительству Японии, что „Соединенные Штаты рассматривают так называемое Ялтинское соглашение лишь как заявление об общих целях глав участвующих правительств и . . . как не имеющее какого-либо юридического значения для перехода территорий".[14]

Советская наука международного права придерживается позиции, согласно которой закрепленная в договоре цель имеет нормативный характер, порождает права и обязанности для участников.[15] Эта позиция имеет довольно прочную опору в международном праве. Известно, что Венская конвенция о праве договоров обязывает государства воздерживаться от действий, которые лишили бы договор цели даже до вступления его в силу.[16] Договор должен толковаться в свете его целей.

Государства регулярно подтверждают свою верность целям Устава ООН.[17] В договорах подчеркивается, что к ним могут присоединиться государства, разделяющие их цели.[18] Во многих договорах содержатся поста-

12 См. особое мнение судьи Танако по делу о Юго-Западной Африке. South West Africa, Second Phase, Judgement, I.C.J. Reports 1966, p. 279—280; J. White, The Impact of European Community Law on International Law — International Law: Teaching and Practice, London 1982, p. 91.

13 См. Заключение юридического советника госдепартамента от 12 марта 1976 г. — Congressional Review of International Agreements, Washington 1976, p. 242.

14 American Journal of International Law, 1977, Vol. 71, No. 2, p. 298.

15 См. И. И. Лукашук, Структура и форма международных договоров. Саратов, 1960, с. 92; Г. И. Курдюков, Государства в системе международно-правового регулирования. Казань, 1979, с. 34 сл.; Н. Н. Ульянова, Общие многосторонние договоры в современных международных отношениях. Киев, 1981, с. 134.

16 Генеральная Ассамблея ООН не раз выражала надежду на то, что даже те государства, которые не смогли проголосовать за принятие определённой конвенции, тем не менее будут воздерживаться от действий, противоречащих её основным целям. См.: Резолюции, принятые Генеральной Ассамблеей на двадцать четвёртой сессии. Нью-Йорк, 1970, с. 74.

17 См., например, Совместную декларацию НРБ — ФРГ. — Работническо дело, 5. V. 1979.

18 См., например, ст. XI многосторонней Конвенции о передаче и использовании данных дистанционного зондирования земли из космоса 1978 г. — Сборник действующих договоров, соглашений и конвенций, заключенных СССР с иностранными государствами. Вып. XXXV. М., ИМО, 1981, с. 437.

новления, обязывающие стороны принять меры, необходимые для осуществления поставленных договором целей.[19] Государства протестуют против действий, противоречащих целям договора.[20]

Характерной чертой международной нормативной системы наших дней является рост роли общих целей в ее функционировании. В условиях растущего динамизма исторического развития регулирование при помощи установления целей сотрудничества дает возможность обеспечить стабильное воздействие на международные отношения в течение продолжительного времени, облегчает адаптацию конкретных норм к происходящим переменам в соответствии с поставленными целями. Во взаимоотношениях стран социалистического содружества широкое распространение получил программно-целевой метод регулирования сотрудничества.

Основные принципы представляют собой императивные нормы, выражающие главное содержание и характерные черты международной нормативной системы. Кроме принципов-норм в этой системе существуют и принципы-идеи, например, гуманизм, демократизм. Некоторые принципы занимают как бы промежуточное положение между принципами-нормами и принципами-идеями, например, принцип сотрудничества и принцип справедливости. Принципы-идеи должны приниматься во внимание субъектами в качестве рукиводящих начал при создании и осуществлении международных норм.

Основные принципы охраняют главные ценности глобальной международной системы; отражают основные идейные начала функционирования международной нормативной системы. Они играют первостепенную роль в обеспечении взаимодействия различных видов международных норм в единой системе.

Жизнь требует, чтобы международные отношения были охвачены нормативным регулированием со значительной полнотой. Сделать это путем создания обширного комплекса детальных норм не представляется возможным. Поэтому во многих сферах международного сотрудничества принципы выполняют роль общего и авангардного регулирования.

Рассматриваемые принципы квалифицируются как принципы международного права, например, в Декларации о принципах международного права, касающихся дружественных отношений и сотрудничества государств в соответствии с Уставом ООН, 1970 года. В многочисленных иных международных актах они именуются принципами международных отношений. Здесь нет противоречия, т. к. они являются не только правовыми, но также

19 См. ст. III Конвенции между СССР и США об охране перелётных птиц и среды их обитания 1976 г. — Собрание постановлений правительства СССР, 1979, № 1, с. 15.

20 См. Советский меморандум, вручённый президиуму ИКАО 28 мая 1981 года. — Правда, 1981, 29 мая.

политическими и моральными принципами. Они представляют собой политическую, правовую и моральную основу международной нормативной системы в целом. Все они направлены на охрану устоев международной системы, ее основных ценностей.

Взаимодействие правовых и политических норм

Международная нормативная система, регулирующая властные отношения между суверенными государствами, представляет собой в первую очередь явление политическое. Это не может не сказываться и на положении, занимаемом в ней политическими нормами. Значение правовых норм в этой системе определяется в значительной мере тем, что они служат одним из основных средств осуществления политики, одним из главных методов нормативного регулирования политических отношений.

Международная нормативная система характеризуется ростом роли политических норм и их взаимодействия с нормами правовыми. В результате увеличивается значение взаимодействия с политическими нормами для функционирования международного права.

Международная политическая норма представляет собой политически обязательное правило поведения в межгосударственных отношениях, осуществляемое и обеспечиваемое политическими средствами.

Из политически обязательной силы такого рода норм вытекает политическая ответственность за из соблюдение. Санкция за нарушение таких норм состоит в негативной реакции другой стороны или сторон. В большинстве случаев она проявляется в отстранении или ограничении нарушителя в пользовании благами, вытекающими из этой нормы или системы норм, в которую она входит. Могут предприниматься и иные меры политического воздействия на нарушителя в порядке реторсии, т. е. они не должны выходить за рамки мер, дозволяемых международным правом.

Важнейшие политические нормы и, прежде всего принципы, имеют под собой прочную объективную основу, порождаются потребностями функционирования международной системы. Значение этого момента подчеркивается и в практике государств. Министр иностранных дел СССР А. А. Громыко, говоря о принципе равенства и одинаковой безопасности, заявил: „Можно сказать, сама жизнь привела к принципу равенства. Это не результат просто какой-то канцелярской работы.“[21]

Поэтому политические нормы всегда имели существенное значение. Показательно, что уже мыслители древности уделяли большое внимание полити-

21 Правда, 1983, 3 апреля.

ческим правилам осуществления межгосударственных связей.[22] Причина роста роли политических норм в современных международных отношениях объясняется тем, что они защищают все более важные интересы. Чем более важные интересы государств связаны с нормальным функционированием системы международных отношений, тем выше значение действующих в ней политических норм.

Рост роли международных политических норм и их взаимодействия с международным правом привлекает к ним внимание науки.[23] Вместе с тем нельзя не согласиться с мнением Г. И. Тункина, считающего, что вопрос о политических нормах нуждается в дальнейшем исследовании.[24] В практике, правда далеко не всегда, проводится граница между юридическими и политическими актами и соответствующими обязательствами. Так, в Совместном коммюнике СССР—ФРГ говорится: „Стороны будут и впредь руководствоваться заключенными договорами и политическими документами при формировании своих отношений в практических областях.“[25] Иногда политический характер акта подчеркивается в его наименовании, например, Политический документ о принципах добрососедского и дружественного сотрудничества между СССР и Турецкой Республикой от 23 июня 1978 г. В международных актах иногда указывается и механизм осуществления и контроля за выполнением политических норм. Так, в Итоговом документе мадридской встречи европейских государств от 6 сентября 1983 года говорится: „Меры укрепления доверия и безопасности будут существенными в военном отношении и политически обязательными и будут обеспечиваться адэкватными формами проверки . . .“[16]

Особенно велика роль политических норм при определении главных направлений сотрудничества. Поэтому основными видами политических норм являются те, что закрепляют цели, задачи, принципы сотрудничества. В качестве примера можно указать на такой принцип, как принцип разрядки.

22 См., например, труд древнеиндийского мыслителя Каутильи, относимый к VI—III векам до нашей эры; Kautily's Arthaśastra. Mysore 1967.

23 См. И. И. Lукашук, Международные политические нормы в условиях разрядки напряжённости. — Советское государство и право, 1976, № 8; Х. Георгиев, Правно и политическо регулиране на международните отношенияв условията на разведряването. — Международни отношения, 1980, кн. I: J. Gilas, Międzinarodowe normy polityszne. — Przegląd stosunkow międzinarodowych, 1978, nr. 3; J. Busutil, The Bonn Declaration on International Terrorism — a Nonbinding Agreement on Aircraft Hijacking. — International and Comparative Law Quarterly, 1983, Vol. 31, Part 3; Terz, P., Der Normenbildungsprozeß in den internationalen Beziehungen und speziell im Völkerrecht. — Sozialistisches Recht und juristischer Überbau, Leipzig 1982.

24 Г. И. Тункин, Право и сила в международной системе. Москва, 1983, с. 73.

25 Правда, 1980, 2 июля.

26 Правда, 1983, 19 сентября.

Крупным комплексом политических целей и принципов являются принципы движения неприсоединения.

Политические нормы существуют в ясно выраженной форме совместных заявлений, коммюнике, актов международных конференций и организаций, либо в форме неписанных норм, сложившихся в практике государств. Среди последних отметим так называемые „правила игры", призванные обеспечить элементарное взаимодействие государств, и потому нередко именуемых „элементарными нормами международных отношений".[27]

Форма существования политических норм зависит в немалой мере от состояния отношений, которые они призваны регулировать. В годы „холодной войны" политические нормы, регулировавшие отношения двух мировых систем, были в значительной мере неписанными. С наступлением разрядки многие из них обрели более надежную письменную форму. Примером могут служить Основы взаимоотношений между СССР и США 1972 года и связанные с ними другие акты, в которых были закреплены следующие политические нормы: предотвращать ситуации, способные вызвать опасное обострение взаимоотношений участников; избегать военных конфронтаций и предотвращать возникновение ядерной войны; проявлять сдержанность в своих взаимоотношениях; не допускать попыток получения односторонних преимуществ за счет другой стороны; принцип ненанесения ущерба безопасности какой-либо из сторон и недопущения военных преимуществ.

Тесная связь международных политических и правовых норм определяется близостью этих явлений по самой своей природе. Право само по себе явление политическое.[28] По существу все международно-правовые акты носят не только юридический, но и политический характер, а порождаемые ими отношения являются одновременно и политическими и правовыми. А разве редки случай, когда политическое значение договора гораздо более существенно, чем правовое?

Несмотря на все это не только теоретически, но и практически важно четко разграничивать политические и правовые нормы. Между тем в западной доктрине международного права получила распространение тенденция к пересмотру самого понятия международного права, расширив его за счет включения неюридических норм.[29] Право „деформализуется", растворяется в политике. Отождествление права и политики наносит ущерб и тому и

27 См.: И. И. Лукашук, Элементарные нормы взаимоотношений социалистических и капиталистических государств. — Вестник Киевского университета. Международные отношения и международное право. Вып. 10, 1980.

28 См. К. Маркс, Ф. Энгельс, Соч., т. 37, с. 420.

29 См. M. Kaplan, N. Katzenbach, The Political Foundations of International Law, New York 1967, p. 73—74; The Effectiveness of International Decisions, New York 1971, p. 370—371; R. Geiger, Die völkerrechtliche Beschränkung der Vertragsschlußfähigkeit von Staaten, Berlin (West) 1979, S. 265ff.

другому. Первое лишается специфически юридических средств воздействия на действительность, а политика утрачивает такое мощное средство своего осуществления, как право.

Международно-правовые нормы способны обладать разным уровнем политического содержания. От этого в немалой мере зависит характер их взаимодействия политическими нормами, а также механизм их функционирования. Так, содержащиеся в политических договорах, например, о союзе, нормы общего характера по механизму своего действия очень близки к политическим нормам. Однако политический характер международно-правового договора не может давать никаких оснований для отрицания его юридически обязательной силы. Существует презумпция, согласно которой все записанное в международном договоре обладает юридически обязательной силой, пока иное не будет с очевидностью доказано.

Понятие международного договора или соглашения как международно-правового акта прочно утвердилось в международной практике. И такое положение должно быть сохранено во имя международной законности. Между тем в западной доктрине получили распространение взгляды, сторонники которых стремятся доказать существование юридически не обязательных международных политических соглашений. Так, известный американский юрист Р. Бакстер в заключении, представленном комитету по международным отношениям палаты представителей конгресса США, пишет: „Многие страны, включая Соединенные Штаты, заключают соглашения, которые определяются как ‚политические‘, в том смысле, что они отражают согласованные заявления о политике, но не предназначены создавать юридические права и обязанности. Это соглашения, которые отбрасываются, когда та или другая из сторон изменяет свою позицию или находит, что она не в состоянии выполнять ‚обязательства‘, созданные соглашением.“[30]

Никто не станет оспаривать согласительную природу международных политических актов. Но это не дает оснований квалифицировать их как „международные соглашения“, поскольку под последними, как уже говорилось, принято понимать лишь международно-правовые акты. Это положение подтверждается и в заключении госдепартамента США от 12 марта 1976 года, в котором говорится: „Документы, предназначенные для того, чтобы обладать политической и моральной силой, но не быть юридически обязательными, не являются международными соглашениями.“[31]

Политические нормы реализуются в рамках международно-правовых предписаний, а нередко и при помощи этих предписаний. Когда необходимо

30 Congressional Review of International Agreements, p. 262.
31 Ibid., p. 240.

четкое и стабильное регулирование, государства предпочитают международно-правовые нормы.[32]

Следовательно, политические и правовые нормы должны не противопоставляться друг другу, а взаимодействовать, взаимно дополнять друг друга. Опыт свидетельствует, что снижение необходимого уровня международно-правового регулирования влечет за собой падение эффективности международной нормативной системы в целом.

При определенных условиях международные политические нормы могут приобретать доминирующую роль в регулировании внешних связей государства. Так, для Югославии, проводящей политику неприсоединения и воздерживающейся от заключения политических договоров, политические декларации стали основными средствами нормативного регулирования международных политических связей страны. Вместе с тем в экономической сфере, где необходимо более четкое регулирование, общие положения деклараций оказались недостаточно эффективными.[33]

Политические нормы способны играть важную роль в формировании норм правовых. Особенно показательна в этом отношении роль политических принципов, отражающих закономерности развития международных отношений. Так, Советское правительство неоднократно подчеркивало, что любые соглашения в области ограничения вооружений должны быть основаны на принципе равенства и одинаковой безопасности. Обоснованность такого подхода признают и некоторые видные западные юристы.[34]

Роль политических норм в процессе формирования правовых норм можно продемонстрировать опытом подготовки второго советско-американского соглашения об ограничении стратегических вооружений. Как известно, во время советско-американской встречи на высшем уровне во Владивостоке была достигнута договоренность по основным параметрам соглашения ОСВ-2. Стороны обменялись официальными документами, закрепивими эту договоренность. После этого была начата работа по юридическому оформлению соглашения.[35]

Отказ США ратифицировать соглашение ОСВ-2 воспрепятствовал приобретению им юридической силы. Тем не менее, чтобы не свести на нет достигнутое стороны обменялись устными заявлениями о том, что они в общем будут придерживаться положений соглашения. В дальнейшем американская сторона не делала секрета из того, что она будет придерживаться соглашения до тех пор, пока ее обязательства по соглашению не придут в противоречие с политикой США по наращиванию стратегических

32 См. H. Kröger/H. Wünsche, Friedliche Koexistenz und Völkerrecht, Berlin 1975, S. 42.
33 См. Внутренняя и внешняя политика Югославии. Белград, 1979, с. 86—88.
34 См. H. Blix, Sovereignty, Aggression and Neutrality, Uppsala 1970, p. 13.
35 См. Пресс-конференция А. А. Громыко. — Правда, 1977, 1 апреля.

вооружений.[36] В противовес этому Советское правительство не раз указывало на необходимость строго придерживаться принятых на себя обязательств.[37]

Примером несколько иного рода является судьба соглашения ОСВ-1, после прекращения действия которого стороны заявили, что они будут придерживаться его положений и в дальнейшем. В данном случае место прекративших действие правовых норм заняли нормы политические.

Для понимания соотношения международных политических и правовых норм представляет интерес Предложение государств-участников Варшавского договора государствам-членам НАТО по вопросу освобождении Европы от химического оружия, принятое в январе 1984 года. В Предложении говорится, что договоренность об освобождении Европы от химического оружия могла бы быть облечена или в форму документа, имеющего обязательную юридическую силу, договора, конвенции, либо соответствующего многостороннего заявления [декларации] или же нескольких односторонних заявлений. При этом было указано, что „для формы договоренности, разумеется, имело бы значение ее содержание. Политическое заявление [декларация] позволяло бы обойти некоторые сложные вопросы технического характера."[38]

В данном случае очевидно имелось в виду, что разработка детальных постановлений обусловила бы необходимость облечь их в правовую форму договора. Для закрепления общих принципиальных положений была бы предпочтительней более оперативная форма политической декларации. К этому добавим, что в качестве общего правила форма политической декларации дает возможность в кратчайший срок вводить в действие согласованные принципы и нормы, поскольку такого рода акты не нуждаются в последующей ратификации.

Приведенные, а также многочисленные другие факты свидетельствуют о том, что в практике государств все более четко проводится различие между правовыми и политическими нормами, между правововыми и политическим обязательствами.[39] Правительства все более активно используют во взаимодействии политические и правовые нормы для урегулирования сложных международных проблем, которые в противном случае остались бы вне нормативного регулирования.

36 См. Пресс-конференция А. А. Громыко в Бонне. — Правда, 1983, 20 января.

37 См. Ответы министра обороны СССР, маршала Д. Ф. Устинова на вопросы корреспондента ТАСС. — Правда, 1982, 7 декабря.

38 Правда, 1984, 11 января.

39 См. Памятная записка Посольства СССР в Вашингтоне государственному департаменту США. — Известия, 1984, 30 января.

Взаимодействие международного права и морали

Несмотря на все сложности и противоречия современной международной жизни в ней возрастает значение морали и справедливости, которым принадлежит существенная роль в обеспечении общечеловеческих ценностей. Указанный процесс объясняется, прежде всего, двумя основными факторами. Во-первых, жизненно важные для всего человечества блага — мир и сотрудничество — могут быть обеспечены только на справедливой, высоконравственной основе. Во-вторых, впервые в истории созрели силы, способные обеспечить утверждение нравственных начал в международных отношениях. Главное место среди них принадлежит социализму. В написанном К. Марксом Учредительном манифесте международного товарищеества рабочих перед рабочим классом была поставлена „задача добиваться того, чтобы простые законы нравственности и справедливости, которыми должны руководствоваться в своих взаимоотношениях частные лица, стали высшими законами и в отношениях между народами."[40] Осуществление этой задачи стало одной из целей внешней политики социалистических государств. Основное содержание социалистической программы преобразования международной системы было выражено в ленинской концепции справедливого, демократического мира. Сформулированные в ней политические и нравственные принципы новой системы международных отношений послужили серьезным средством ее преобразования.

Под международной моралью понимается совокупность принципов и норм, отражающих ценности международного сообщества и регулирующих межгосударственные отношения при помощи нравственного механизма. Жизненная необходимость защиты общих интересов определяет рост роли морали в международных отношениях. В международных отношениях действует сложная система нравственных принципов и норм, которые регулируют отношения между государствами с различным общественно-политическим строем. Они отвечают общечеловеческим [для современного этапа общественного развития] представлениям о должном в отношениях между государствами и по своему характеру являются общедемократическими.

Мораль имеет много общего с международным правом и, вместе с тем, они существенно отличаются друг от друга. Поэтому изучение их взаимодействия необходимо для понимания функционирования самого международного права. Не случайно доктрина международного права всегда уделяла этому вопросу немалое внимание.

Многие общие черты в задачах и характере действия морали и права в международных отношениях послужили одной из причин того, что немалое число буржуазных авторов рассматривают международное право как пози-

40 К. Маркс, Ф. Энгельс, Соч., т. 16 с. 11.

тивную мораль, или же считают, что международная мораль наделяет право обязательной силой. Л. Браун пишет: „Международное право является совокупностью принципов и норм, воплощающих общие и частные обязательства, которые обязывают в силу честности.“[41]

Юриспруденция социалистических стран подчеркивает связь и взаимодействие международного права и морали, исходя из того, что мораль является одним из необходимых условий успешного функционирования права.[42] Право и мораль не подменяют друг друга, а все более тесно взаимодействую, укрепляя позиции друг друга, и таким путем содействуют решению задач, выдвигаемых международной жизнью. Углубляющееся взаимодействие международного права с моралью является характерной чертой современной международной нормативной системы и закономерной тенденцией ее развития. Важнейшее проявление этого процесса состоит в том, что основные положения международной морали находят более полное отражение в принципах международного права, в результате чего последние обрели и высшую нравственную силу.

Тесная связь основных принципов международного права с моралью широко отмечается в международно-правовой доктрине.[43] Социалистическая наука с полным основанием считает, что главные принципы современного международного права воплощают основные требования международной морали. Л. А. Алексидзе, основательно исследовавший эту проблему, сделал вывод о том, что „закрепленные в общепризнанных принципах и нормах международного права нравственные императивы составляют моральную основу современного общего международного права“.[44]

Многие западные юристы также подчеркивают тесную связь основных принципов международного права с моралью, но весьма существенно расходятся в трактовке этой связи.[45] Немалое число их придерживается крайней точки зрения, провозглашающей примат морали над правом с

41 L. Broun, Public International Law, London 1970, p. 274.

42 См. Г. И. Тункин, Право и сила в международной системе. с. 76 и сл. И. Генов, Към въпроса за основата на юридическата сила на международното право. — Международни отношения, 1981, № 2, с. 35.

43 Практически все авторы, исследующие принципы международного права, останавливаются на роли морали в их формировании, определении содержания и действий. См. Л. А. Алексидзе, Некоторые вопросы теории международного права. Тбилиси, 1982, с. 169—197; Л. Н. Шестаков, Императивные нормы в системе современного международного права. — Москва, 1981, с. 69—79. Этим вопросам уделяют внимание и авторы, исследующие отдельные принципы международного права. См. Д. Б. Левин, Принцип мирного разрешения международных споров. Москва, 1977, с. 102—112; О. И. Тиунов, Приницип соблюдения международных обязательств. — Москва, 1979, с. 54—68.

44 Л. А. Алексидзе, Цит. работа, с. 191, 193.

45 См. Ch. Vissher, Positivisme et „jus cogens“. Revue generale de droit international public, 1971, p. 9; M. Takeshi, Jus Cogens in public international Law. Hitotsubashi Journal of Law

соответствующими юридическими последствиями. Так, член Международного Суда Ф. Амун полагает, что мораль должна господствовать над правом.[46]

Нравственные начала обретают юридическую силу лишь в той мере, в какой они воплощены в принципах международного права. Взаимодействие не должно привести к их отождествлению. Современное международное право — право мирного сосуществования, расценивающее войну как преступление против человечества, запрещающее угрозу силой или ее применение, обладает довольно высоким нравственным уровнем. Это в той или иной форме констатируется и западными авторами. Так, Р. Холсти, пишет, что новое международное право „отражает современные нравственные ценности".[47] Таким образом, коренные преобразования в международном праве, в его содержании и системе происходили в процессе взаимодействия с моралью.

Взаимодействие международного права и морали в процессе регулирования может иметь различный характер. В одном случае они регулируют одни и те же отношения, при этом воздействуют на них при помощи собственных механизмов. В другом случае такое воздействие осуществляется либо международным правом через мораль [когда норма права обязывает применять нормы морали, отсылает к ним], либо моралью через международное право [когда содержание норм морали отражается в нормах международного права]. Наконец, в третьем случае право регулирует одни отношения, а мораль — другие, так как существуют отношения, которые могут регулироваться только правом [например, отношения в области транспорта, связи], и отношения, которые могут регулироваться только моралью [например, отношения, связанные с уровнем оказания помощи государству, пострадавшему от стихийного бедствия].

При этом неправильно было бы утверждать, что правовые нормы являются более сильными, чем моральные. В одних случаях действие правовых норм оказывается более эффективным, в других — моральных.[48]

Действие норм морали отличается всеохватывающим характером, оно распространяется на все виды международных отношений, в то время, как право охватывает более или менее ограниченную сферу. Оно может по той или иной причине не регулировать даже такие отношения, которые нуждаются в правовом регулировании. В качестве общего правила правовые

and Politics, 1968, No. 6, p. 22—23; Ch. Vissher, Stages in the Codification of International Law. The Hague 1930 — Geneva 1958 — Vienna 1969. Transnational Law in a Changing Society. Essays in Honor of Philip C. Jessup. New York/London 1972, p. 29.

46 North Sea Continental Shelf Cases, I.C.J. Judgements, 1969, p. 137.

47 R. J. Halsti, International Politics. A Framework for Analysis, Englewood Cliffs, New Jersey 1977, p. 41.

48 См. Г. И. Тункин, Теория международного права. Москва, 1970, с. 202.

нормы отличаются от норм морали детальной регламентацией поведения субъектов. Правовое регулирование применяется в случаях, когда необходимо точное определение модели поведения, соответствующих прав и обязанностей, а также последствий в случае их нарушения.

Взаимодействие международного права и морали характеризует весь процесс правового регулирования, от предварительных стадий до самых отдаленных последствий. В процессе создания и осуществления норм международного права государства учитывают широкий круг факторов морального порядка, включая нравственные идеи, принципы, нормы, а также соответствующий моральный климат. Этот факт в той или иной мере признается и западными учеными. М. Каплан и Н. Катценбах проходят к заключению: „Таким образом, во всех правовых системах существует прямая связь между предписывающими нормами и преобладающей этикой и моралью; весь политико-правовой процесс пронизывает постоянное взаимодействие „должного" и „сущего".[49]

Мораль в своем прогрессивном развитии несколько опережает универсальное международное право и постепенно подтягивает его до своего уровня. Например, многие новые прогрессивные положения сначала закрепляются в резолюциях Генеральной Ассамблеи ООН, имеющих морально-политическую силу, и лишь в дальнейшем облекаются в форму международно-правовых актов. Именно так обстояло дело с Декларацией о ликвидации дискриминации с отношении женщин 1967 г. и принятой в 1979 г. соответствующей конвенцией.

Мораль служит важным средством воздействия на развитие международного права со стороны мировой общественности, широких народных масс. Нравственные представления о добре и зле, справедливом и несправедливом являются первичной и наиболее стойкой основой взглядов человека, при помощи которых он оценивает политику и право. Этим определяется серьезное значение учета нравственных факторов при формировании политики и права.[50]

Отмечая роль морали в международном правотворческом процессе, необходимо вместе с тем подчеркнуть, что мораль не является формальным источником международного права. Для обретения юридической силы она должна найти отражение в правовых нормах. В настоящее время в системе международных отношений сложился постоянно действующий механизм, облегчающий воздействие прогрессивных норм морали на международную политику и право. Центральное место в этом механизме занимает Гене-

49 M. A. Kaplan/N. B. Katzenbach, The Political Foundations of International Law, New York 1967, p. 18.

50 См. Ю. А. Агешин, Политика, право, мораль. Москва, 1982, с. 47.

ральная Ассамблея ООН как наиболее представительный и потому обладающий большим морально-политическим авторитетом орган.

Взаимодействие права и морали имеет важное значение и на правоосуществительной стадии. Не только международно-правовые цели и содержание норм, но и методы их реализации не могут быть аморальными. Как мораль, так и международное право считают недопустимым злоупотребление правом, состоящем в осуществлении правовых норм аморальными средствами. Едва ли можно представить себе, чтобы прочный правопорядок в международных отношениях был возможен при низком нравственном уровне поведения государств.

Рост роли морали в международных отношениях и усиление ее взаимодействия с международным правом находит отражение и в практике Международного Суда. Особый интерес представляет решение по делу о континентальном шельфе Северного моря 1969 г., в котором говорится: „Какими бы юридическими доводами ни руководствовался суд, его решения по самому своему смыслу должны быть правосудными и потому справедливыми. Тем не менее, когда речь идет о суде отправляющем правосудие или провозглашающем право, то имеется в виду, что решение находит свое объективное оправдание в соображениях, находящихся в самых нормах, а не вне их, и здесь именно норма права призывает применять справедливые принципы".[51]

Из приведенного решения можно сделать два вывода. Во-первых, международное право, которое обязывает применять справедливые принципы, тесно связано с моралью. Во-вторых, суд может применять нормы морали только в тех пределах, в каких они отражены в нормах международного права. Подчинение норм международного права нормам морали способно породить злоупотребления, ослабить международный правопорядок. Доказательством служат многочисленные факты злоупотребления моралью со стороны США, использующих ссылки на мораль для оправдания своих посягательств на законные права и интересы других государств. В Заявлении ТАСС от 18 февраля 1983 г. подчеркивается, что „. . . проповедями о своей ‚моральной исключительности', американская администрация как бы оправдывает свои претензии на вседозволенность".[52] Как правильно подчеркивает Г. И. Тункин, „нарушение международного права есть одновременно и нарушение принципов международной морали, и потому оно не может быть морально оправдано . . ."[53]

Таким образом, одним из условий повышения эффективности международного права является усиление влияния морали на международные

51 North Sea Continental Shelf, Judgement, I.C.J. Reports, 1969, p. 49.
52 Правда, 1983, 18 февраля.
53 Г. И. Тункин, Право и сила в международной системе. с. 82.

отношения и международное право. Соответствие международно-правовых норм представлениям о нравственном, справедливом придает им дополнительную силу и авторитет. Чем выше нравственный авторитет международного права, тем больше сила его воздействия на народы и государства, тем эффективней функционирует механизм международно-правового регулирования.

С нравственными нормами связаны *нормы международной вежливости* [comitas gentium], под которыми понимаются правила вежливости, доброжелательности, удобства, применяемые на основе взаимности и не обладающие юридической силой.[54] Несоблюдение норм вежливости является недружественным актом и может вызвать ответную реакцию в виде реторсии. Практике хорошо известны многочисленные протесты против нарушения правил вежливости. В литературе не раз отмечалось, что международная вежливость является бесспорным регулятором межгосударственных отношений.[55]

Считается, что основными сферами действия норм международной вежливости являются дипломатический церемониал и протокол. С другой стороны, некоторые юристы распространяют сферу действия этих норм и на важные политические отношения.[56] Действительно нормы вежливости все более активно взаимодействуют с политическими нормами, но не подменяют их. Вместе с тем было бы неправильно ограничивать сферу действия международной вежливости дипломатическим протоколом. Нормы вежливости иногда оказываюся способными регулировать чрезвычайно сложные отношения, не поддающиеся иным видам нормативного регулирования.

Свидетельством возможностей норм вежливости является их роль в регулировании взаимодействия национальных правовых систем. В процессе международных связей правовая система одной страны признает за физическими и юридическими лицами права, приобретенные ими на основе правовой системы другой страны. Национальные правовые системы допускают

54 См. В. М. Корецкий, Очерки англо-американской доктрины и практики международного частного права. Москва, 1948, с. 3—18; Д. Б. Левин, Дипломатический иммунитет. Москва, 1949, с. 210 и сл.; М. Геновски, Основи на международното право. София, 1966, с. 30—31; I. Münch, Völkerrecht in programmierter Form, Berlin (West) 1971, p. 32—33.

55 См. Č. Čepelka/V. David, Uvod do mezinárodniho práva, Brno 1978, p. 99.

56 См. Я. Броунли, Международное право. Кн. I, Москва, 1977, с. 62 Государственный секретарь США С. Венс заявил, что ООН является воплощением международной вежливости, которая регулирует и такие важнейшие проблемы, как энергитическая проблема./ The Department of State Bulletin, 1979, No. 2032, p. 3/Такого рода высказывания направлены на подмену нормами вежливости более важных международных норм, включая правовые, при регулировании межгосударственных связей большого значения.

применение иностранного права. Такое положение необходимо и целесообразно. Не уважающее иностранных законов государство неизбежно столкнется с ответными мерами других стран.

В связи с этим в науке международного частного права на протяжении многих веков ведется спор относительно того, какие международные нормы обязывают уважать иностранное право. Большинство юристов полагает, что соответствующие вопросы регулируются международной вежливостью как наиболее гибкими и наименее обязательными нормами. Сторонники более устойчивого регулирования указывают на международную мораль. И, наконец, некоторые полагают, что здесь действуют нормы международного права.[57]

На наш взгляд в международном праве есть немало норм, регулирующих взаимодействие национальных правовых систем. Для обоснования юридической обязанности уважать иностранное право можно сослаться на принцип суверенного равенства, обязывающий уважать право каждого государства устанавливать свои законы, на принцип уважения прав человека, обязывающий государства уважать эти права в своих взаимных отношениях, наконец, на принцип сотрудничества. Однако эти правовые принципы создают лишь общую нормативную основу, что же касается более конкретных вопросов, то на них международное право не дает ответа. Поэтому такого рода вопросы в немалой мере регулируются моралью. Тем не менее и право, и мораль пока не в состоянии обеспечить в рассматриваемой области сколько-нибудь надежное регулирование конкретных вопросов. Поэтому здесь открывается простор для функционирования норм вежливости, что подчеркивается как доктриной, так и судебной практикой.[58]

Чаще стали использоваться в этих целях и международно-правовые нормы договорного характера. При этом договоры нередко устанавливают, что при решении таких вопросов необходимо руководствовать как принципами международного права, так и предписаниями вежливости.[59]

Нормы международной вежливости стремятся применить и к регулированию новых деликатных проблем, связанных с функционированием меж-

57 См. А. А. Рубанов, Проблема теоретических основ международного взаимодействия национальных правовых систем в юридической доктрине — Советский ежегодник международного права, 1982, Москва, 1983.

58 См. D. Greig, International Law, London 1976, p. 64, а также решение Федерального апелляционного суда Канады по делу A.-G. Canada v. Fallbridge Holdings Limited and Central Cartage Company (1979). International and Comparative Law Quarterly, 1984, Vol. 33, Part 1, p. 76.

59 Так, для урегулирования вопросов, связанных с экстерриториальным действием антитрестовского законодательства США, в 1982 году было заключено американо-австралийское соглашение. Стороны обязались избегать возможных конфликтов между их соответствующими законами и „с уважением относиться к суверенитету друг друга

дународного права. Одной из таких проблем является увеличение числа участников многосторонних международных договоров. Авторы подготовленного в рамках ЮНИТАР исследования по этому вопросу, констатировав отсутствие юридической обязанности ратифицировать договор, пишут о существовании основанных на международной вежливости ожиданий, которые государство должно оправдать, прежде чем оно откажется от ратификации.[60] Х. Бокор-Сеге пишет: „По нашему мнению, добросовестность и международная вежливость также требуют от государства, чтобы решение вопроса об участии в договоре [многостороннем] не затягивалось необоснованно.“[61] Нормам вежливости принадлежит существенная роль в качестве своеобразного „смазочного материала“ в функционировании сложной международной нормативной системы.

Взаимодействие международного права с иными международными нормами

Среди иных международных норм особый интерес представляют те из них, которые именуются *международной практикой*. Ссылки на международную практику постоянно встречаются в актах государств и международных организаций, в трудах Комиссии международного права ООН. В большинстве случаев под практикой понимается то, что довольно часто именют *обыкновением* [usage]. Обыкновение можно определить как международную норму, формирующюся непосредственно в международных отношениях в результате устойчивой практики государств и не обладающей юридически обязательной силой.

Известно немало трудов, в которых рассматривается понятие международной практики и способы ее формирования. Однако в подавляющем большинстве случаев практика рассматривается не как самостоятельный вид норм, а как элемент формирования норм обычного права.[62] Между тем в дипломатической деятельности государств практика довольно часто рассматривается как самостоятельный вид нормативного регулирования, существующий наряду с международным правом. Так, в Совместном со-

и к соображениям вежливости“. — Press Release by the Attorney-General, Washington 1982, No. 44/82.

Отметим, что договор, специально посвящённый регулированию взаимодействия национальных правовых систем в определённой области, обязывает стороны руководствоваться также правилами вежливости, так как без такого взаимодействия регулирование не будет достаточным.

60 См. O. Schachter/M. Nawaz/J. Fried, Toward Wider Acceptance of UN Treaties, New York 1971, p. 12.

61 H. Bokorné-Szegö, Az ENSZ szexpe a nemzetközi jogalkotásban, Budapest 1976, p. 147. o.

62 См. M. Akehurst, Custom as a Source of International Law, British Yearbook of International Law, 1974—75, Oxford 1977, p. 1—11.

ветско-греческом коммюнике, опубликованном 5 октября 1979 года, говориться: „... Спорные вопросы морского права должны решаться мирными средствами, на основе общепризнанных принципов международного права, международной практики ...“[63]

Под „практикой“ обычно понимают устойчивую модель поведения, которая находит выражение в деятельности субъектов и их представителей, в провозглашенной ими политике, в их договорах и законах, в дипломатической переписке, а также в реакции других субъектов.[64]

Государства довольно часто обосновывают свои притязания ссылками на „международную практику“, „устанавившуюся практику“ и т.п. Нередки случаи протестов против нарушения сложившейся практики. Иными словами, за практикой или обыкновением признается определенная обязывающая сила. Этот момент отмечается и некоторыми юристами. Так, в одном из докладов Р. Бакстера Комиссии международного права говорится, что даже неофициальные общие правила „должны отражать согласованную практику государств и в этом отношении они не могут, несмотря на любые оговорки, быть полностью лишены юридического значения“.[65] И они действительно не лишены юридического значения как основа для формирования обычных норм. Что же касается их обязывающей силы, то она ни в коей мере не является юридической. Едва ли можно предположить такое явление, как частично или неполностью юридически обязательные нормы.

Обыкновение обладает своей собственной обязывающей силой, в результате принятия его государствами как правила удобства и целесообразности, от которого нельзя отступать без достаточных оснований. Но при всех условиях нарушение обыкновения не влечет за собой юридической ответственности, что, разумеется, не исключает применения мер реторсии. Именно как призанное правило целесообразности обыкновение регулирует международные отношения, облегчает взаимодействие государств, снимая в определенной мере бремя согласования и принятия множества конкретных решений, заменяя их устойчивыми стандартами.

Нормы обыкновения активно взаимодействуют с международным правом на всех стадиях его функционирования. Они прокладывают путь новым нормам международного права, прежде всего, обычным, которые образуются в результате признания за сложившимся в практике правилом юридической силы (opinio juris). Сложившаяся практика учитывается и в договорах, в том числе и кодификационных. В своей работе Комиссия международного

63 Правда, 1979, 5 октября.
64 См., например, J. Merils, Anatomy of International Law, London 1976, p. 2.
65 Р. Бакстер, Предварительный доклад по вопросу о международной ответственности за вредные последствия действий, не запрещённых международным правом. — Док. ООН A/4/334, 24 июня 1980, с. 5.

права очень часто обосновывает необходимость создания правовых норм тем, что они закрепляют сложившуюся практику.[66]

Велика роль сложившихся в практике норм и в процессе осуществления международного права.[67] Прежде всего это касается уточнения, конкретизации правовых норм. При этом обыкновение оказывает как непосредственное регулирующее действие, так и опосредствованное, через нормы права.

От практики следует отличать *традиции*, на которые довольно часто ссылаются в дипломатических актах.[68] Под традицией обычно понимается сложившаяся в результате длительной практики устойчивая модель поведения крупномасштабного характера. Традиции, как правило, представляют собой нормы более широкого плана, чем обыкновение. Само функционирование международного права носит традиционный характер. Как в национальном, так и в международном праве существуют особые правовые традиции.

Исключительно важная роль в международной нормативной системе принадлежит *рекомендательным нормам*. Основным источником рекомендательных норм служат резолюции международных организаций и органов. В зависимости от характера органа и содержания резолюции устанавливаемые ею нормы могут иметь разную силу и влияние на международное право. Сегодня трудно представить функционирование международного права без взаимодействия с рекомендательными нормами. Последние содействуют созданию благоприятной морально-политической атмосферы для действия правовых норм; подготавливают почву для создания новых правовых норм; содействуют формированию новых и отмене устаревших правовых норм; служат средством осуществления правовых норм.

Рост роли рекомендательных норм и их взаимодействия с правовыми нормами послужил основанием для некоторых юристов включить их в международное право.[69] Однако международное право может состоять только из юридически обязательных норм. Рекомендательные нормы не

66 См. K. Wolfke, Rozwój i kodyfikacja prawa międzynordowego, Wrocław 1972, S. 51—54.

67 Д. Б. Левин пишет: „В международном праве грань между правовой нормой и теми юридическими актами; которые осуществляются дипломатией в порядке применения этой нормы, гораздо менее отчётлива и влияние практики применения правовой нормы на её реальное, социально-политическое содержание сказывается несомненно сильнее". — Д. Б. Левин, Международное право, внешняя политики и дипломатия. Москва, 1981, с. 95.

68 См. Советско-турецкое коммюнике. — Правда, 1978, 26 июня; Совместное коммюнике Народной Республики Болгарии и Народной Революционной Республики Гвинеи. — Работническо дело, 1983, 17 април.

69 См. М. Бартош, Разнородные правовые источники в современном международном праве. -- Международная политика. Белград, 1974, № 575 с. 20; Г. В. Игнатенко, Заключительный акт общеевропейского совещания в Хельсинки. — Правоведение, 1976, № 3, с. 97.

могут быть даже частично юридически обязательными [если вообще такое явление можно себе представить] и относиться к правовым явлениям.

В заключение отметим, что многие виды неправовых международных норм отличаются друг от друга не столько по обязательной силе, сколько по своему месту в нормативной системе, задачам и функциям. Выполняемые ими функции настолько существенны, что, не вдаваясь в природу их обязательной силы, государства в общем предпочитают придерживаться их предписаний. При всех условиях эти нормы так или иначе связаны с международным правом, опираются на него и действуют в его рамках.

Не все виды международных норм нам удалось рассмотреть, например, нормы организационные, технические, стандарты. Во взаимоотношениях немалого числа стран существенное значение имеют религиозные нормы. Отнюдь не исключена возможность появления и новых видов норм. Но в целом, развитие международной нормативной системы носит межвидовой характер. Оно происходит не столько путем создания новых видов норм, сколько путем изменения взаимодействия существующих видов.

Содержание международных норм и механизм их действия и взаимодействия определяются потребностями международной системы. Они об"ективно обусловлены. Однако в результате действия суб"ективных факторов отражение об"ективных потребностей в нормах далеко не всегда носит адэкватный характер. Международная нормативная система функционирует в условиях острой политической борьбы. Несмотря на это жизненные потребности государств и человечества в целом определяют необходимость дальнейшего упрочения международной нормативной системы, способной обеспечить взаимодействие государств во имя мира и безопасности народов, развитие широкого международного сотрудничества.

Resümee

I. I. Lukaschuk/G. K. Dmitrieva

Das Völkerrecht im internationalen Normensystem

Ein Hauptkennzeichen für die Regelung internationaler Beziehungen ist die Existenz eines internationalen Normensystems, das dieser Regelung zugrunde liegt. Aus dem Fehlen einer überstaatlichen Autorität resultiert die besondere Bedeutung der durch Übereinkunft der Staaten geschaffenen Normen für die Regelung der internationalen Beziehungen. Das internationale Normensystem umfaßt ein System politischer, rechtlicher, moralischer und anderer Normen, die von den Staaten vereinbart wurden und der Regelung internationaler Beziehungen auf der Basis gemeinsamer Ziele und Prinzipien dienen. Die Komplexität und Vielgestaltigkeit des Regelungsgegenstandes — der internationalen Beziehungen — hat die Vielgestaltigkeit der normativen Mittel zur Folge. Die das System bildenden Normen erfüllen einheitliche Funktionen, aber mit Hilfe spezifischer Wirkungsmechanismen in Abhängigkeit von dem betreffenden Normtyp.

Den Kern des Normensystems bilden seine grundlegenden Ziele und Prinzipien. Sie stellen die hauptsächlichen systembildenden Faktoren dar, die die einzelnen Normen und Normenkomplexe in ein einheitliches System integrieren. Damit die Ziele und Prinzipien ihre Funktion erfüllen können, sind sie mit höchster politischer, rechtlicher und moralischer Kraft ausgestattet. Das internationale Normensystem wird durch die wachsende Rolle seiner politischen Normen und ihre Wechselwirkung mit Rechtsnormen charakterisiert. Eine internationale politische Norm ist eine politisch verbindliche Regel, die mit politischen Mitteln durchgesetzt und gewährleistet wird. Die enge Verknüpfung zwischen politischen und rechtlichen Normen ergibt sich aus ihrer Ähnlichkeit. Recht ist ein politisches Phänomen. Völkerrechtliche Akte haben nicht nur einen juristischen, sondern auch einen politischen Charakter. Die Staaten setzen aktiv politische und rechtliche Normen, sowohl einzeln als auch kombiniert, zur Regelung komplizierter internationaler Probleme ein, die ansonsten ohne normative Regelung geblieben wären.

Im internationalen Normensystem wächst die Bedeutung internationaler Moralnormen. Der gesamte Prozeß der völkerrechtlichen Regelung steht in Wechselwirkung mit der Moral. Die Moral als solche ist keine Quelle des Rechts. Damit sie Rechtskraft erhält, ist es erforderlich, ihre Vorschriften in Normen des Völkerrechts aufzunehmen. Die Moral und das Völkerrecht verbieten den Mißbrauch völkerrechtlicher Normen, d. h. ihre Verwirklichung mit unmoralischen Mitteln.

Eine wichtige Rolle im Normensystem kommt der internationalen Höflichkeit (Courtoisie) zu, worunter man Regeln der Höflichkeit, des Wohlwollens und der Gefälligkeit versteht. Die Nichtbeachtung von Normen der Höflichkeit wird als unfreundlicher Akt betrachtet.

Einen wichtigen Platz im Normensystem nimmt die internationale Praxis oder der internationale Brauch ein, worunter man Normen versteht, die sich in den internationalen Beziehungen direkt aus einer dauernd geübten Praxis ergeben und rechtlich nicht verbindlich sind. Diese Normen befinden sich in Wechselwirkung mit Rechtsnormen und gehen häufig der Bildung neuer Rechtsnormen, insbesondere des Gewohnheitsrechts, voraus. Die Praxis ist von erheblicher Bedeutung für die Konkretisierung von Rechtsnormen.

Im Funktionsmechanismus des Völkerrechts wächst die Rolle von Normen mit Empfehlungscharakter, als deren Hauptquelle Resolutionen internationaler Organe und Organisationen dienen. Heute ist es schwer, sich ein funktionierendes Völkerrecht ohne Normen mit Empfehlungscharakter vorzustellen.

Völkerrecht wirkt auch mit weiteren Normarten zusammen, die zum internationalen Normensystem gehören: Organisationsnormen, technische Normen, Standards u. a. Diese Arten nichtrechtlicher Normen unterscheiden sich nicht so sehr nach ihrer Verbindlichkeit als vielmehr nach ihrem Platz im Normensystem, ihren Zielstellungen und Funktionen. In jedem Fall sind diese Normen auf die eine oder andere Weise mit dem Völkerrecht verbunden, auf das sie sich gründen und in dessen Rahmen sie wirken.

Summary

I. I. Lukashuk/G. K. Dmitrieva

International Law in the International Normative System

One of the characteristic features of the regulation of international relations is the international normative system, which it is based on. The lack of supranational power determines the special role of norms, created by an agreement of States in the regulation of international relations. The international normative system represents a system of political, legal, moral and other rules agreed upon by States and aimed at governing international relations on the basis of common goals and principles. The complex and multi-faceted nature of the object of regulation, i.e. international relations, determines the great variety of normative means. The norms forming the system fulfill common functions, but they realize them through a specific mechanism for each type of norms.

The basic goals and principles constitute the fundament of the normative system. Their main role as system-building factors consists in shaping different norms and complexes of norms into an integrated system. In order to be able to perform their functions the goals and principles are vested with the highest political, legal and moral force.

The international normative system is characterized by the growing role of its political norms and by their interaction with legal rules. An international political norm is a politically binding rule of behaviour in international relations which is implemented and enforced by political means. The high level of interaction between political and legal norms is determined by their similarity. Law is a political phenomenon. International legal instruments bear not only a juridical but also a political character. States use actively political and legal norms separately as well as combined for the regulation of complex international problems, which would otherwise be left beyond the scope of normative regulation.

The importance of moral norms in the international normative system is growing. The whole process of international legal regulation is characterized by its interaction with moral. Moral as such is not a source of law. Its prescriptions have to be embodied into rules of international law in order to obtain legal force. International law and moral prohibit the abuse of international legal norms, i.e. their implementation by immoral means.

An important role in the normative system is played by the rules of international courtesy which are rules of politeness, benevolence and commodity. The inobservance of such norms represents an unfriendly act.

International practice or usage is another important element of the international normative system. These norms grow directly out of international relations as a result of constant practice and do not possess binding force. They interact with legal rules and are often the first stage in the formation of new rules of law, especially of customary law. They are taken into consideration in the process of codification of international law and play an important role in the concretisation of legal rules.

Norms with recommendatory character play an increasing role in the functioning of international law. Their main source are resolutions of international bodies and organizations. The normal functioning of international law today is almost unthinkable without an interaction with recommendatory norms.

International law is also interrelated with other types of norms within the normative system: organizational norms, technical standards etc. These types of non-legal norms differ rather in their place, goals and functions in the normative system, than in their binding force. Under all circumstances these norms are connected with international law in a certain way, are based on it and function within its framework.

E. Oeser

Verhandlungen im Völkerrecht

Selten hat es in den internationalen Beziehungen so intensive Auseinandersetzungen der Staaten über die Grundformen ihres Verkehrs miteinander gegeben, wie in unseren Tagen. Es geht um die Minderung der Kriegsgefahr, die Eindämmung des Wettrüstens, die Zurückdrängung des militärischen Faktors und der von ihm ausgehenden Gefahren[1] um die Festigung der friedlichen, gleichberechtigten internationalen Zusammenarbeit. In dieser Auseinandersetzung nehmen Verhandlungen einen überragenden Platz ein. Das drückt sich ganz allgemein in solchen Losungen der weltweiten Friedensbewegung aus, wie: „Verhandeln ist besser als Schießen!", oder: „Die Waffen dürfen nicht den Dialog ersetzen." In diesem Sinne forderte auch der Generalsekretär der UNO dazu auf, die UNO zu einem Forum der Verhandlungen und der Verständigung zu machen, in großem Stil eine „Präventivdiplomatie" zu entwickeln.[2]

Im Gegensatz zur Theorie und Praxis imperialistischer Staaten sind die sozialistischen Länder der Auffassung, daß kein internationales Problem durch Gewaltanwendung gelöst werden kann, daß alle Fragen durch friedliche Mittel auf dem Verhandlungswege geregelt werden können.[3]

Nachdem die US-Regierung bis 1983 alle wesentlichen Verhandlungsmechanismen mit der UdSSR über ihre bilateralen Beziehungen und insbesondere auch im Bereich der Abrüstung zum Erliegen gebracht und mit der Stationierung ihrer Pershing II und Cruise Missiles in Westeuropa vollendete Tatsachen der Bedro-

1 G. Arbatov, sowjetisches Mitglied der Palme-Kommission, kommentiert die Feststellung dieser Kommission, wonach die Hauptbedrohung für den Weltfrieden vom Wettrüsten ausgeht, mit den Worten: „Man kann freilich sagen, daß das Wettrüsten ein Ergebnis schlechter politischer Beziehungen ist. Heute ist es aber ein Generator des Mißtrauens und des Verdachts ... ein Ansporn für abenteuerliche Handlungsweisen und deswegen auch der Hauptfaktor, der die politischen Beziehungen beeinträchtigt" (Sicherheit statt Angst, in: Wissenschaft in der UdSSR, 1/1983, S. 3).

2 Vgl. Rede auf dem Gipfel der Nichtpaktgebundenen Staaten (März 1983), in: neue Perspektiven (Journal des Weltfriedensrates), 4/1983, S. 4.

3 Vgl. statt Vieler: Bericht des Zentralkomitees der Sozialistischen Einheitspartei Deutschlands an den X. Parteitag der SED, Berlin 1981, S. 26; Politische Deklaration der Teilnehmerstaaten des Warschauer Vertrages, Prag, 5. 1. 1983, in: Neues Deutschland (zitiert als: ND) vom 7. Januar 1983, S. 1f.; K. Hager, Gesetzmäßigkeiten unserer Epoche — Triebkräfte und Werk des Sozialismus, Rede auf der Gesellschaftswissenschaftlichen Konferenz des ZK der SED am 15. und 16. Dezember 1983 in Berlin, Berlin 1983, S. 6ff.

hung gegenüber den sozialistischen Ländern Europas geschaffen hat, macht sie neuerdings in bezug auf strategische Waffen wieder Verhandlungsangebote an die sowjetische Seite.[4]

Das veranlaßte die Sowjetunion ihrerseits — bei Aufrechterhaltung ihrer prinzipiellen Bereitschaft, jede beliebige, gemeinsam interessierende Frage auf dem Verhandlungswege zu regeln — doch folgendes hervorzuheben:

„Die Verhandlungen weiterzuführen, nachdem die USA mit der Stationierung ihrer nuklearen Raketenwaffen begonnen haben, das heißt unter Bedingungen, da sie lediglich als Deckmantel für die NATO-Pläne der Aufstockung von Rüstungen dienten, würde bedeuten, zum Betrug der Völker zu verhelfen."[5]

D. h. Verhandlungen sind nicht um jeden Preis erstrebenswert. Sie sind u. U. auch reaktionär nutzbar.[6]

Das wirft die Frage auf, ob es den Staaten völlig frei steht, mit anderen in Verhandlungen einzutreten, sich während eines Verhandlungsprozesses beliebig zu verhalten, oder ob es im Gegenteil Normen gibt, vielleicht sogar eine Pflicht, zu verhandeln mit jedem Völkerrechtssubjekt, das das wünscht. Hier gehen die Meinungen in der Literatur weit auseinander. Angefangen bei Auffassungen über eine generelle Verhandlungspflicht, über die Meinung, daß es auf Teilgebieten der internationalen Beziehungen Verhandlungspflichten gebe bis hin zu der Position, daß Verhandlungen etwas Politisches seien, das höchstens für die Beteiligten durch Verträge Rechtscharakter annehmen könne, kann man ein breites Spektrum an Darlegungen finden. M. E. ist es nötig, hier zu unterscheiden zwischen Verhandlungen im Zusammenhang mit der Streitbeilegung und Verhandlungen auf anderen Gebieten der internationalen Beziehungen. Obgleich es Gemeinsamkeiten gibt, ergeben sich aus der Rechtslage auch Unterschiede. Darauf soll im vorliegenden Artikel aufmerksam gemacht werden.

1. Was versteht man im Völkerrecht unter Verhandlungen?

In der Völkerrechtsliteratur und Staatenpraxis ist allgemein anerkannt, daß Verhandlungen ein Mittel zur friedlichen Streitbeilegung sind. Dennoch wird zu Recht davon gesprochen, daß generell die Einigung der Staaten durch Verhandlungen in der Völkerrechtslehre stiefmütterlich behandelt wird.[7]

4 Vgl. TASS zu der angeblichen US-Verhandlungsbereitschaft, in: ND vom 8. Februar 1984, S. 5.

5 A. Gromyko, in: ND vom 5. Januar 1984, S. 3. Vgl. ähnlich O. Fischer, Friedenssicherung — oberstes Gesetz des Handelns der DDR, Rede auf dem Madrider Treffen, in: ND vom 8. September 1983, S. 5; J. Andropow, in: ND vom 25. Januar 1984, S. 3.

6 L. N. Anisimov, Meždunarodno-pravovye sredstva razrešenija mežgosudarstvennych sporov (konfliktov), Leningrad, 1975, S. 52.

7 Vgl. H. Neuhold, Internationale Konflikte — verbotene und erlaubte Mittel ihrer Austragung. Versuche einer transdisziplinären Betrachtung der Grundsätze des Gewalt- und Interventions-

1.1. Verhandlungen als Mittel zur friedlichen Streitbeilegung zwischen Staaten

Als Mittel zur friedlichen Streitbeilegung zwischen Staaten sind Verhandlungen seit alters her bekannt. Sie galten als Alternative zur militärischen Austragung von Konflikten der streitenden Staaten. Bis in die Gegenwart haben sie diesbezüglich nichts an Attraktivität eingebüßt. Das zeigt sich sowohl an den vertraglichen Festlegungen, wie in der zunehmenden Verweisung der Staaten auf den Verhandlungsweg durch Organe internationaler Organisationen oder durch internationale Gerichte als auch in der Literatur. Im Unterschied zu früheren Zeiten sind Verhandlungen aber heute Bestandteil eines völkerrechtlichen Grundprinzips, das die Staaten verpflichtet, ihre Streitfälle „mit friedlichen Mitteln auf solche Weise (zu regeln), daß der Weltfriede, die internationale Sicherheit und die Gerechtigkeit nicht gefährdet werden."[8] Wenn die Staaten, gestützt auf dieses Prinzip verhandeln, so müssen sie den Streit nicht wirklich und in allen seinen Aspekten lösen, begraben, sondern sie müssen ihn regeln, und zwar so, daß Friede, Gerechtigkeit[9] etc. nicht beeinträchtigt werden.

Von den Verfahren, die in der Staatenpraxis dazu entwickelt wurden, wenden die Staaten häufig die Methode der direkten Verhandlungen mit dem Streitgegner an, oder sie legen zumindest fest, daß Regelungsversuche durch Verhandlungen der Anwendung anderer Verfahren vorgehen. Verhandlungen haben sich unstreitig für die Beilegung jeder Kategorie von internationalen Konflikten als nützlich erwiesen.

Deshalb verpflichtet Art. 33 der UN-Charta die Parteien eines Streitfalles, „. . . dessen Fortdauer die Aufrechterhaltung des Weltfriedens und der internationalen Sicherheit gefährden könnte, . . . dessen Lösung vor allem durch Verhandlungen . . ., Vermittlung . . . oder durch andere friedliche Mittel eigener Wahl anzustreben".[10]

In dem amerikanischen Vertrag über friedliche Streitschlichtung (Bogota-Pakt) vom 30. 4. 1948 ist ein Vorrang der Verhandlungen vor anderen Verfahren vereinbart. Es heißt dort, daß das in ihm festgelegte System für die friedliche Streitbeilegung erst dann zur Anwendung kommt, wenn sich herausgestellt hat, daß der Streit „. . . nicht durch Verhandlungen auf normalem diplomatischen Wege gelöst werden kann" (Art. II).[11]

verbots sowie der friedlichen Streitbeilegung im Lichte der UN-Prinzipiendeklaration 1970 und der modernen Sozialwissenschaften, Wien, New York 1977, S. 358.

8 UN-Charta (Art. 2 Abs. 3), in: Völkerrecht, Dokumente, Teil 1, Berlin 1980, S. 106.

9 Zum Problem der Gerechtigkeit vgl. T. Gebrehana, Duty to Negotiate, Uppsala 1978; K. Heuer, Über Gerechtigkeit des sozialistischen Rechts und der Rechtsanwendung, in: Neue Justiz zitiert als: (NJ), 9/1983, S. 349f.

10 Völkerrecht, Dokumente, Teil 1, a. a. O., S. 111.

11 United Nations Treaty Series, Bd. 119, S. 50.

Um schließlich ein neueres Beispiel zu nennen, an dessen Schaffung alle Staaten der Welt beteiligt waren, sei auf die Seerechtskonvention verwiesen, in der für jeden Streitfall der über die Auslegung oder Anwendung von Bestimmungen dieser Konvention entstehen könnte, vorgesehen ist, daß „. . . die Streitparteien unverzüglich in einen Meinungsaustausch über seine Lösung durch Verhandlungen oder andere friedliche Mittel eintreten“[12] sollen (Art. 282).

Im Rahmen der UNO kann häufig beobachtet werden, daß der Sicherheitsrat oder die Vollversammlung Staaten auffordern, ihren Streit durch Verhandlungen zu regeln und zwar sowohl vor als auch nach dem Ausbruch militärischer Auseinandersetzungen.[13]

Auch in internationalen Gerichtsentscheidungen wird zunehmend auf die Bedeutung der direkten Verhandlungen zwischen streitenden Staaten hingewiesen. Die wohl bedeutendste Äußerung in dieser Richtung — die gleichzeitig Verhaltensanforderungen an die Staaten enthält, die sich zu Verhandlungen verpflichtet haben, stellt das Urteil des IGH im Streit über den Nordsea-Continentalshelf von 1969 dar.[14]

Das alles zeigt, daß Verhandlungen als grundlegendes Verfahren zur Streitregelung zwischen Staaten anerkannt sind, weitverbreitet benutzt werden und zwar in den verschiedensten Situationen und für die unterschiedlichsten konkreten Fälle. Das Typische der Verhandlungen als Mittel der Streitbeilegung ist ihr bilateraler Charakter. Immer sind zwei Seiten (Staaten, Partner) klar erkennbar, die den weiteren Ablauf ihrer Beziehungen zueinander bestimmen.

In der Völkerrechtsliteratur sind gestützt auf die Staatenpraxis Verhandlungen, neben anderen Verfahren, wie Vermittlungen, Schlichtung, Gerichtsbarkeit als Streitregelungsverfahren uneingeschränkt anerkannt. Gleichzeitig werden die Vor- und Nachteile herausgestellt und wird im übrigen darauf hingewiesen, daß kaum allgemeine Normen existieren,[15] die die Modalitäten der Verhandlungs-

12 Nach: A/CONF. 62/122 vom 7. 10. 1982.

13 Vgl. z. B. die Resolutionen zum Falkland-Fall zwischen Argentinien und Großbritannien: Res. 2025 (XX) vom 4. 1. 1966; ebenso die Res. 3160 (XXVIII) vom 29. 1. 1974; sowie die Res. 502 des Sicherheitsrates vom 3. 4. 1982. Zur Aufforderung des Sicherheitsrates an Griechenland/Türkei, ihren Streitfall über die Abgrenzung von Shelf-Gebieten in der Ägäis durch Verhandlungen zu lösen, vgl. P. Terz, Zu völkerrechtlichen Hauptproblemen des Ägäis-Konfliktes zwischen Griechenland und der Türkei, in: Deutsche Außenpolitik (zitiert als: DAP), 11/1978, S. 113ff.

14 Vgl. I.C.J. Reports 1969, insbes. paras. 85, 86; siehe auch unten Anmerkung 99.

15 Vgl. z. B. I. I. Lukašuk, Ob objazatelstvach iz soglašenii o peregovorach, in: Sovetskij ežegodnik meždunarodnogo prava 1962, Moskva 1964, S. 114ff. Es kommt aber vor, daß Staaten für konkrete Verhandlungen Prinzipien festlegen, vgl. z. B. die Prinzipien für Abrüstungsverhandlungen zwischen der UdSSR und den USA, in: Völkerrecht, Dokumente, Teil 2, Berlin 1980, S. 496ff. (Sorin-McCloy-Abkommen); ähnlich in: Völkerrecht, Dokumente, Teil 3, Berlin 1980, S. 1079f. (Gemeinsame Erklärung vom 18. 6. 1979).

prozedur enthalten, daß diese vielmehr ad hoc durch die Parteien festgelegt werden.

Zu den Vorteilen[16] wird die Tatsache gezählt, daß die Staaten, ihre Streitpositionen direkt klären, sich über die Bedeutung des Falles für ihre bilateralen Beziehungen klar werden, damit den Grad für eine Kompromißlösung festlegen, sich eventuell zur Lösung von Teilfragen auf ein anderes Verfahren einigen. Es wird ferner herausgestellt, daß Verhandlungen ein einfaches, billiges und vertrauliches Mittel der Streitbeilegung darstellen. Das alles ist besonders günstig für die Klärung streitiger Positionen in den Beziehungen zwischen Staaten verschiedener sozialer Systeme.

Obgleich die überwältigende Mehrheit aller internationalen Streitigkeiten auf dem Verhandlungswege geregelt wird, gibt es Fälle, in denen die beteiligten Staaten auf diesem Wege keine Lösung finden.[17] Dann kann der Streit lange anhalten, eskalieren, eventuell den Charakter einer Friedensgefährdung annehmen. Es kann auch sein, daß bei der Entscheidung eines Streitfalles Eile geboten ist, der Verhandlungsweg eventuell als zu langwierig erscheint, weil in der Zwischenzeit eine Seite unvertretbare ökonomische Vorteile aus der ungeklärten Situation zieht.[18] Bei delikaten Kompromißformeln in Verträgen, besonders bei multilateralen Abkommen, die neues Recht schaffen, mag den Beteiligten auch daran gelegen sein, daß der Kompromiß nicht im Wege einseitiger Auslegungen zerstört wird (z. B. das Konzept der ökonomischen Zone in der neuen Seerechtskonvention).[19] In solchen Fällen vereinbaren die Staaten häufig die Beteiligung Dritter an ihrem Verhandlungsprozeß, um eine Blockierung, Verzögerung etc. der Entscheidung auszuschließen. Der Status der Dritten kann dann von einem unverbindlichen Berater (etwa als Schlichter) bis zu einem Entscheidungsorgan (Sicherheitsrat der Vereinten Nationen, internationales Gericht) reichen.

16 Vgl. Völkerrecht, Lehrbuch, Teil 2, Berlin 1982, S. 172f.; D. B. Levin, Das Prinzip der friedlichen Regelung internationaler Streitigkeiten, Berlin 1980, S. 95; L. N. Anisimov, Meždunarodno-pravovye sredstva razešenija meždosudarstvennych sporov (konfliktov), a. a. O., V. Fyodorov, The UN Security Council and the Pacific Settlement of International Disputes, in: International Affairs (Moskau), 4/1982, S. 19ff.; J. Azud, The Peaceful Settlement of Disputes and the United Nations, Bratislava 1970.

17 Vgl. Dissenting Opinion des sowjetischen Richters Morosov im Case concerning US Diplomatic and Consular Staff in Teheran, Judgement of 24 May 1980, in: I.C.J. Reports 1980, S. 56 (paras 6—8).

18 Wenn z. B. ein Küstenstaat das Schiff eines anderen wegen angeblicher oder wirklicher Verletzung der Rechtsordnung in den Territorialgewässern an die Kette legt, vgl. dazu E. Oeser, Friedliche Streitbeilegung im Seerecht, in: Beiträge zum nationalen und internationalen Seerecht, Heft 6, Rostock 1982, S. 81ff.

19 Vgl. G. Jaenicke. Dispute Settlement under the Convention on the Law of the Sea, in: Zeitschrift für ausländisches öffentliches Recht und Völkerrecht (zitiert als: ZaöRV), Bd. 43 (1983), S. 813ff.; S. Rosenne, Settlement of Fisheries Disputes in the Exclusive Economic Zone, in: American Journal of International Law (zitiert als: AJIL), Bd. 73 (1979), S. 89ff.; Sh. Oda, Fisheries under the UNCLOS, in: AJIL, Bd. 77 (1983), S. 739ff.

Diese möglichen Begleiterscheinungen von Verhandlungen sind kein Grund diese prinzipiell als eine archaische Form der Streitbeilegung zu bezeichnen und die Beteiligung Dritter — insbesondere die Gerichtsbarkeit — prinzipiell über den Verhandlungsweg zu stellen, wie es die meisten bürgerlichen Völkerrechtler tun.[20]

Diese anderen Formen der friedlichen Streitbeilegung spielen in der Staatenpraxis ohnehin keine vergleichbare Rolle. Was die internationale Gerichtsbarkeit betrifft, so sind ihre Befürworter, wenn sie selbst Streitpartei sind, sehr zurückhaltend in der Anrufung internationaler Gerichte. Außerdem bringen aber solche Entscheidungen häufig nur die Regelung eines Teilaspekts aus einem Streitfall (z. B. die Klärung einer Rechtsfrage), und selbst da ist die Lösung oft nicht zufriedenstellend, so daß zunehmend Beklagte nicht vor Gericht erscheinen und z. B. Urteile des IGH nicht befolgt worden sind.[21] Im übrigen bedarf auch die Anrufung internationaler Gerichte und häufig auch die Realisierung ihrer Entscheidungen eines Verhandlungsprozesses der Beteiligten, so daß man vielleicht generell sagen kann, daß alle Verfahren der Streitbeilegung auf Verhandlungen der Beteiligten beruhen und ihrer bedürfen.[22]

Es gibt Versuche, Verhandlungen als Verfahren der Streitbeilegung zu definieren. Dabei werden verschiedene Elemente und Vorteile hervorgehoben, z. B. daß es sich um ein gemeinsames Unternehmen der Beteiligten handelt, das auf die Lösung ihres Streitfalles gerichtet ist, daß hier Konsens herrscht, und deshalb kaum eine Beeinträchtigung wesentlicher Interessen möglich ist,[23] daß die Ver-

20 Vgl. statt Vieler: H. Neuhold, Internationale Konflikte — verbotene und erlaubte Mittel ihrer Austragung, a. a. O., S. 359, 498ff. Er stellt allerdings selbst im Westen einen „Trend zur Streitbeilegung ohne Einschaltung der Gerichte" fest (ebenda, S. 549), besonders bei Interessenkonflikten in ökonomischen Fragen (vgl. ebenda, S. 549f.). Vgl. weiter F. Münch, Die schweizerische Initiative zu zweiseitigen Abmachungen über die friedliche Beilegung von Streitigkeiten, in: ZaöRV, Bd. 26 (1966), S. 705ff. (S. 708/709).

21 Ganz kraß wurde das am Case concerning the US Diplomatic and Consular Staff deutlich, in dem der Iran vor Gericht nicht erschien und auch das gegen ihn ergangene Urteil nicht akzeptierte (vgl. oben, Anmerkung 17). Vgl. auch H. Mosler, Nichtteilnahme einer Partei am Verfahren vor dem Internationalen Gerichtshof, in: Staatsrecht — Völkerrecht — Europarecht. Festschrift für H.-J. Schlochauer zum 75. Geburtstag, Berlin (West), New York 1981, S. 439ff.

22 Vgl. Seperate Opinion des Richters M. Lachs am Internationalen Gerichtshof im Streitfall USA/Teheran, I.C.J. Reports 1980, S. 49; Dissenting Opinion des sowjetischen Richters Morosov, ebenda, (para. 56). Verhandlungen der Parteien können immer stattfinden, auch während eines Gerichtsverfahrens, vgl. dazu u. a. T. Gebrehana, Duty to Negotiate, a. a. O., S. 50, 67.

23 F. Burlackij/A. Galkin, Sociologija, Politika, Meždunarodnye otnošenija, Moskva 1974, S. 50, 67; L. N. Anisimov, Meždunarodno-pravovye sredstva razrešenija mežgosudarstvennych sporov (konfliktov), a. a. O., S. 42; M. M. Klimenko, Mirnoe rešenie territorialnych sporov, Moskva 1982, S. 58ff.; V. S. Ivanenko, Peregovory v meždunarodnom prave, in: Pravovedenie, 3/1981, S. 100ff.; S. A. Malinin/V. S. Ivanenko, XXVI s'ezd KPSS i mesto peregovorov v sisteme pravovych sredstv obespečenija meždunarodnoj bezopasnosti, in: Vestnik LGU, 11/1981, S. 71ff.

handlungen durch kompetente Staatsorgane erfolgen müssen, daß sie schriftlich, mündlich, bi- oder multilateral sein und auch im Rahmen internationaler Konferenzen oder Organisationen stattfinden können, daß ohne Verhandlungen nicht einmal die Feststellung von Meinungsverschiedenheiten oder Interessenübereinstimmung und folglich nicht ihre Lösung möglich wäre, usw.[24] Das alles läßt sich m. E. im wesentlichen in zwei charakteristischen Elementen zusammenfassen: es müssen gemeinsame Interessen existieren und es müssen Streitpunkte vorliegen, (denn ohne gemeinsame Interessen sind Verhandlungen sinnlos und ohne Streitpunkte gibt es nichts, worüber man verhandeln kann).[25]

Die Staaten haben nicht definiert was sie unter Verhandlungen als Mittel der Streitbeilegung verstehen und es fragt sich, ob ein solches Unternehmen durch die Wissenschaft sinnvoll ist. Wichtiger scheint es zu sein, zu versuchen, einige Merkmale, Kriterien herauszustellen. Das genügt um zu prüfen, inwieweit sich Verhandlungen als Mittel der Streitbeilegung von Verhandlungen als Verfahren zur Zusammenarbeit der Staaten auf anderen Gebieten abheben, um dann weitergehende Untersuchungen über rechtliche Anforderungen, rechtliche Verpflichtungen im einen wie im anderen Falle anstellen zu können.

Gestützt auf die o.a. Staatenpraxis und Literatur kann man m.E. mindestens folgende Merkmale für Verhandlungen als Verfahren zur Streitregelung feststellen:

1. die beteiligten Staaten handeln gemeinsam, sie gehen aufeinander zu;
2. die Beteiligten haben einen erkennbaren Gegenstand: den konkreten Streitfall (der auf verschiedenen Gebieten der internationalen Beziehungen angesiedelt sein kann);
3. die Streitparteien haben ein gemeinsames Ziel; die Regelung des Falles im Rahmen des Völkerrechts;
4. Verhandlungen sind auf allen Ebenen und in allen Formen (schriftlich, mündlich, bilateral, multilateral etc.) möglich.

1.2. Verhandlungen als Mittel zur Zusammenarbeit der Staaten

Die friedliche Regelung internationaler Streitfälle ist ein Teil der internationalen Zusammenarbeit der Staaten. Insofern müssen Verhandlungen hier wie da Gemeinsamkeiten aufweisen (z. B. direktes, koordiniertes Vorgehen, Bemühen um Verständigung usw.). Die internationale Zusammenarbeit der Staaten beschränkt

24 Vgl. F. Münch, Zur schweizerischen Initiative für die friedliche Beilegung von Streitigkeiten in Helsinki und Montreux, 1973 und 1978, in: Festschrift für R. Bindschedler zum 65. Geburtstag, Bern 1980, S. 385ff. (S. 397).

25 Wie einmal zutreffend bemerkt wurde, vgl. H. Neuhold, Internationale Konflikte — verbotene und erlaubte Mittel ihrer Austragung, a. a. O., S. 503 und Fußnote 93.

sich aber nicht auf die Streitregelung, und diese ist nicht ihr Hauptgegenstand. Die Zusammenarbeit der Staaten ist viel breiter und im rechtlichen Sinne vor allem auf die Realisierung einer reibungslosen Kooperation zwischen den Beteiligten gerichtet. Nicht nur die Streitbeilegung, sondern auch die internationale Zusammenarbeit wird durch ein Grundprinzip des Völkerrechts geregelt. Dieses Rechtsprinzip erfaßt das Gebiet der internationalen Streitbeilegung nicht. Es verlangt von den Staaten eine internationale Zusammenarbeit, „. . . um internationale Probleme wirtschaftlicher, sozialer, kultureller und humanitärer Art zu lösen und die Achtung der Menschenrechte und Grundfreiheiten für alle ohne Unterschied von Rasse, Geschlecht, Sprache und Religion zu fördern und zu stärken."[26]

In der Prinzipiendeklaration der Vereinten Nationen, die diesen Grundsatz interpretiert, wird eine Pflicht zur Zusammenarbeit zwecks Förderung des Weltfriedens hinzugefügt.[27]

Indem das Prinzip der internationalen Zusammenarbeit die Streitregelung nicht einschließt und auch nicht darauf Bezug nimmt, ist deutlich, daß die Zusammenarbeit im Sinne des Völkerrechts nicht jede Art von Zusammenarbeit zwischen den Staaten erfaßt (z. B. auch nicht die Zusammenarbeit im Kriege),[28] sondern nur jenen Teil friedlicher Beziehungen zwischen den Staaten, in dem Bestehendes ohne Streit gefestigt und weiterentwickelt werden kann.

Aus diesem unterschiedlichen Gegenstand dieser Grundprinzipien des Völkerrechts ergeben sich bereits Besonderheiten, die die Verhandlungen im einen wie im anderen Gebiet verschieden bestimmen.

Im Unterschied zur Streitbeilegung sind bei der allgemeinen Zusammenarbeit ohne weitere Qualifizierung alle Staaten angesprochen. Bei der Streitbeilegung sind die Staaten immer konkret bekannt: die Streitparteien. Im Unterschied zur Streitbeilegung können hier alle völkerrechtlich möglichen Gebiete der internationalen Beziehungen Gegenstand der Zusammenarbeit von Staaten werden, bei der Streitbeilegung ist das Gebiet immer konkret: dasjenige, auf dem der Streit besteht. Für die Charakterisierung von Verhandlungen zur Gestaltung der internationalen Zusammenarbeit bedeutet das, daß sie nicht nur ein Mittel zur Regelung der Beziehungen sind, sondern ein notwendiges Bindeglied, durch das die Partner und die Gegenstände erst bestimmbar werden.

Wenn zwei oder mehr Staaten sich zusammengefunden haben, um über vereinbarte Gegenstände mit festgelegten Zielstellungen zu verhandeln, dann kann sich das auf beliebige Gebiete der Zusammenarbeit im Rahmen des Grundprinzips beziehen, darunter z. B. auch auf grundlegende Souveränitätsfragen.

26 Art. 1 Abs. 3 UN-Charta, in: Völkerrecht, Dokumente, Teil 1, a. a. O., S. 106.

27 Vgl. Völkerrecht, Dokumente, Teil 3, a. a. O., S. 712f.

28 Auch hier gibt es u. U. Verhandlungen zwischen den Kriegführenden, auf deren Besonderheiten im Rahmen dieses Artikels nicht eingegangen wird.

So wird in der Erklärung der UdSSR vom 25. 3. 1954 u. a. mitgeteilt, daß die UdSSR „. . . im Ergebnis von Verhandlungen . . . mit der Regierung der Deutschen Demokratischen Republik . . .“ mit der DDR die gleichen Beziehungen wie mit anderen souveränen Staaten aufnimmt.[29]

Durch Verhandlungen kann ein Kontrollsystem eingeführt oder modifiziert werden.[30]

Durch Verhandlungen kann auch die Zusammenarbeit auf dem Gebiet der Abrüstung organisiert werden. In der Präambel des Vertrages über das Verbot der Kernwaffenversuche vom 5. 8. 1963 teilen die Unterzeichner mit, daß sie die Verhandlungen fortsetzen in „. . . dem Bestreben, die Einstellung aller experimentellen Kernwaffenexplosionen für immer zu erreichen . . .“[31]

So können Fragen des Verkehrs[32] und überhaupt jede wichtige Frage[33] Gegenstand von Verhandlungen werden.

Im Unterschied zur Streitbeilegung, bei der der Verhandlungsprozeß grundsätzlich nur mit dem Terminus „Verhandlungen“ belegt wird (über Konsultationen wird noch zu sprechen sein), scheint das bei Verhandlungen als Mittel für die Zusammenarbeit der Staaten nicht so zu sein.

Einen der größten und erfolgreichsten Verhandlungsprozesse in diesem Jahrhundert stellte zweifellos die Zusammenarbeit der führenden Staaten der Antihitler-Koalition zur Regelung der Nachkriegsentwicklung dar (aus dem ja auch die Organisation der Vereinten Nationen hervorgegangen ist). Dieser Prozeß wird aber in der Krimdeklaration vom 11. 2. 1945 nicht als „Verhandlung“ bezeichnet, sondern als „Austausch von Informationen“, in dessen „Beratungen“ und in deren Gefolge die drei Mächte ihre Politik gleichschalten wollen, als „Zusammenkunft“, auf der der Entschluß bekräftigt wurde, einheitlich vorzugehen usw.[34]

Ähnlich verhält es sich mit der Mitteilung über die Dreimächtekonferenz von Berlin vom 2. 8. 1945, auf der das Potsdamer Abkommen angenommen wurde.[35]

In den Präambeln der vier Genfer Abkommen von 1949 wird einheitlich von einer „diplomatischen Konferenz“ gesprochen, auf der die entsprechenden Abkommen vereinbart wurden.[36] Wenn man davon ausgeht, daß solche Konferenzen Zusammenkünfte von bevollmächtigten Staatenvertretern sind, die außerdem zumeist ihre eigenen Verfahrensregeln für den Arbeitsprozeß vereinbaren (wie

29 Völkerrecht, Dokumente, Teil 2, a. a. O., S. 381.
30 Vgl. Brief des Außenministers der DDR an den Außenminister der UdSSR vom 20. 9. 1955, in: ebenda, S. 425.
31 Ebenda, S. 526.
32 Vgl. Verkehrsvertrag DDR/BRD vom 26. 5. 1972, in: Völkerrecht, Dokumente, Teil 3, S. 796ff.
33 Vgl. Vierseitiges Abkommen vom 3. 9. 1971, in: ebenda, S. 728ff.
34 Vgl. Völkerrecht, Dokumente, Teil 1, a. a. O., S. 91ff.
35 Vgl. ebenda, S. 133ff.
36 Vgl. ebenda, S. 231ff.

übrigens zwischenstaatliche internationale Organisationen auch), so können Konferenzen als Spezialgebiet von Verhandlungen betrachtet und aus den weiteren Untersuchungen ausgeklammert werden.[37]

Es handelt sich offenbar um eine spezielle Form von Verhandlungen, in die vielleicht auch solche Formen der diplomatischen Praxis einzuordnen sind, wie die Mitteilung, daß die Vier Mächte „. . . eine Reihe von Treffen durchführten . . ." auf denen sie vereinbarten, die Aufnahme beider deutscher Staaten in die UNO zu unterstützen.[38]

Heißt das aber, daß jeder Kontakt und jeder Verkehr zwischen Staaten, dessen Gegenstand die Regelung gemeinsam interessierender Fragen ist, als „Verhandlungen" anzusehen ist? Ist z. B. ein „Gespräch" zwischen zwei Staaten eine „Verhandlung"? Kürzlich wurde z. B. folgendes mitgeteilt: „Gespräche zwischen Delegationen Angolas, der USA und Südafrikas haben . . . begonnen." Dabei geht es „. . .um die Suche nach Lösungen der Probleme im südlichen Afrika, insbesondere der Namibia-Frage."[39] Einige Tage später teilte der Innenminister Angolas mit: „Eine gemischte angolanisch-südafrikanische Militärkommission zur Überwachung des Rückzugs der Truppen Pretorias von angolanischem Territorium wird in den nächsten Tagen ihre Tätigkeit aufnehmen."[40]

Offensichtlich handelt es sich hier ebenfalls um Verhandlungen, sogar mit einem Teilergebnis für die Lösung eines komplexen Problems, das aus der Abwicklung des Kolonialismus und grundlegender Rechtsverletzungen Südafrikas entstanden ist und sowohl die Abwicklung einer Aggression und ihrer Folgen als auch die Durchsetzung des Selbstbestimmungsrechts Namibias und der Souveränität Angolas und u. U. einige Streitfälle über Detailfragen enthält. Auf jeden Fall sind auf die Zukunft gerichtete Kontakte zur Vorbereitung und Durchsetzung der Zusammenarbeit zwischen beiden Staaten im Rahmen des Grundprinzips der friedlichen internationalen Zusammenarbeit entstanden. Auf dem Gebiet der Zusammenarbeit scheint der Begriff „Verhandlungen" ein Oberbegriff für Kontakte in diesem Sinne zu sein.

Eine Doppelstellung nehmen Konsultationen ein. Sie können sowohl ein Verfahren der friedlichen Streitbeilegung darstellen,[41] als auch eine Abart (Unter-

37 So bezeichnete es z. B. der mexikanische Delegierte als die Aufgabe der Genfer Abrüstungskonferenz, Abrüstungsmaßnahmen auszuhandeln, die in rechtsverbindlichen Verträgen niedergelegt werden können (vgl. Garcia Robles im Februar 1984 während der Konferenz, in: PR/DC/1194 vom 7. 2. 1984, S. 5).

38 Völkerrecht, Dokumente, Teil 3, a. a. O., S. 819.

39 ND vom 17. Februar 1984, S. 5.

40 ND vom 22. Februar 1984, S. 5; vgl. auch den Kommentar der angloamerikanischen Nachrichtenagentur ANGOP, ND vom 24. Februar 1984, S. 5.

41 Vgl. E. Oeser, Konsultationen — ein neues Verfahren der friedlichen Streitbeilegung zwischen europäischen Staaten, in: DAP 6/1979, S. 57ff.; Y. Rybakov/Y. Vylegzhanina, Settling Disputes, in: International Affairs (Moskau), 6/1979, S. 67ff. (S. 70).

art) von Verhandlungen für die Zusammenarbeit im Sinne des Grundprinzips.[42] Sie spielen gerade hier zunehmend die gleiche Rolle wie Verhandlungen, wenn man daran denkt, daß z. B. alle Absprachen zwischen der DDR und der UdSSR im Rahmen des Vierseitigen Abkommens als „Konsultationen" bezeichnet werden.[43]

Auch der Warschauer Vertrag der sozialistischen Länder enthält eine Verpflichtung zu Konsultationen für die Partner (vgl. Art. 3)[44] ebenso wie alle Freundschafts- und Beistandsverträge, die bilataral zwischen sozialistischen Staaten abgeschlossen wurden.[45]

Manchmal werden Konsultationen als ein den Verhandlungen vorgeschaltetes Verfahren vereinbart. So heißt es z. B. in einer Mitteilung über die Wiener Verhandlungen über die Reduzierung der Truppen und Rüstungen in Mitteleuropa: „Im Verlauf dieser Konsultationen wurde beschlossen, Verhandlungen über die gegenseitige Verminderung von Streitkräften und Rüstungen . . . zu führen."[46]

Manchmal werden die Begriffe „Verhandlungen" und „Konsultationen" synonym verwendet, z. B. im Abkommen zwischen WHO und Ägypten vom 25. 3. 1951, Punkt 37: „The present agreement may be raised . . . In this event the two parties shall consult each other concerning the modifications . . . to be made in its provisions. If the negotiations do not result in an understanding . . . the present agreement may be denounced."[47]

Dieser kurze Überblick über ausgewählte Beispiele einer umfangreichen Staatenpraxis zeigt, daß Verhandlungen von den Staaten in großem Umfange zur Gestaltung ihrer Zusammenarbeit im Rahmen des Grundprinzips genutzt werden, wobei die Bezeichnung „Verhandlung" als Oberbegriff für viele andere Bezeichnungen (Treffen, Beratung, Konsultation, Gespräche etc.) gelten kann.

Da sowohl die Staatenpraxis wie die Literatur[48] den Begriff „Verhandlungen"

42 E. Evgen'eva/E. T. Usenko, Institut konsultacij v sovremennom meždunarodnom prave, in: Sovetskoe gosudarstvo i pravo, 10/1980; S. A. Malinin/W. S. Ivanenko, XXVI s'ezd KPSS i mesto peregovorov v sisteme pravovych sredstv obespečenija meždunarodnoj bezopasnosti, a. a. O., S. 68ff.; L. N. Anisimov, Meždunarodno-pravovye sredstva razrešenija meždosudarstvennych sporov (konfliktov), a. a. O., S. 54.

43 Vgl. Völkerrecht, Dokumente, Teil 3, a. a. O., S. 728ff.; ähnlich die Prinzipien der Zusammenarbeit zwischen der UdSSR und Frankreich vom 30. 10. 1971, in: S. 754f.

44 Vgl. Völkerrecht, Dokumente, Teil 2, a. a. O., S. 405.

45 Vgl. z. B. die Verträge DDR/Sowjetunion vom 7. 10. 1975 und DDR/Ungarn v. 24. 3. 1977, in: Völkerrecht, Dokumente, Teil 3, S. 991ff. bzw. S. 1014ff.

46 Abschlußkommunique über Konsultationen zur Vorbereitung der Verhandlungen über die gegenseitige Verminderung der Streitkräfte und Rüstungen und damit zusammenhängende Maßnahmen in Mitteleuropa, vom 28. 6. 1973, in: ebenda, S. 880.

47 Zitiert aus Gutachten des IGH vom 20. 12. 1980 zur Interpretation des Abkommens zwischen der WHO und Ägypten, para. 34 (ungebunden).

48 Vgl. Slovar meždunarodnogo prava, Moskva 1982, S. 149; vgl. weiter Urteil des Schiedsgerichtshofes für das Abkommen über deutsche Auslandsschulden vom 26. 1. 1972 betreffend

für mindestens zwei unterschiedliche Bereiche der internationalen Beziehungen verwendet, ist die Aussage sicher richtig, daß es sich bei Verhandlungen um einen Verkehr zwischen zwei oder mehreren Staaten handelt, der zu dem Zweck aufgenommen wird, entweder eine Verständigung (für die Zukunft, E.O.) herbeizuführen oder einen Streit zu lösen.[49]

Man kann vielleicht noch hinzufügen, daß es sich immer um einen Prozeß handelt (einen Mechanismus), bei dem die direkt Beteiligten von verschiedenen Interessen ausgehend eine gemeinsame Position suchen, durch die ein „Interessenausgleich"[50] erstrebt wird.

Legt man die o.a. Kriterien für Verhandlungen als Mittel der Streitbeilegung zugrunde und an die übrigen Verhandlungen an, so zeigen sich sowohl Gemeinsamkeiten als auch Unterschiede, die m.E. für die völkerrechtliche Wertung Bedeutung haben. Für alle Verhandlungen gilt:

1. die Beteiligten (ver)handeln gemeinsam, gehen aufeinander zu;
2. Verhandlungen sind durch verschiedene Staatsorgane auf verschiedenen Ebenen in verschiedenen Formen möglich;
3. die Beteiligten haben insofern ein gemeinsames allgemeines Ziel, als es darum geht, eine Verständigung herbeizuführen, ansonsten aber gibt es Unterschiede: Das konkretere Ziel bei der Streitbeilegung besteht darin, durch Verständigung bestehende Belastungen, Reibungen, Streitigkeiten (Situationen) aus den bilateralen Beziehungen weitgehend auszuschalten und zu verhindern, daß davon Friedensgefahren ausgehen; bei den sonstigen Verhandlungen soll die konstruktive Zusammenarbeit für die Zukunft zwischen den Staaten im Rahmen der Grundprinzipien des Völkerrechts gefestigt und entwickelt werden.
4. Was den Gegenstand der Verhandlungen angeht, so finden ihn die Beteiligten entweder vor (Streitbeilegung) oder müssen ihn erst im Rahmen des Völkerrechts bestimmen.

Die Regelung der jeweiligen Gegenstände und damit die Erreichung des jeweiligen Verhandlungszieles ist immer Ausdruck dafür, daß die Beteiligten gemeinsame Anstrengungen unternommen haben, daß sich jede Seite um Einigung bemüht, u.U. einzelne Positionen im Gesamtinteresse beider Seiten zurückgenommen hat.

griechische Entschädigungsforderungen gegen die BRD wegen Neutralitätsverletzungen im ersten Weltkrieg, in: Archiv des Völkerrechts (zitiert als: ArchVR), Bd. 16 (1974/75), S. 339ff. Danach besteht im konkreten Fall kein Widerspruch zwischen den Begriffen „Verhandlung" und „weitere Besprechungen" (vgl. ebenda, S. 343, paras, 58, 59).

49 Vgl. L. Oppenheim/H. Lauterpacht, International Law, A Treatise, Bd. I, Eigth Ed., 1955, London usw., S. 867; ähnlich P. Terz, Wesen und Bedeutung des Pactum de negotiando und des Pactum de contrahendo im Völkerrecht, in: Jogtudományi, Közlöny, Hrsg. Ungarische Akademie der Wissenschaften, Budapest 4/1982, S. 320ff.

50 Vgl. Rede O. Fischer vor der 38. Vollversammlung der Vereinten Nationen, ND vom 4. Oktober 1983, S. 4.

Sind die Staaten aber völkerrechtlich verpflichtet, so erfolgreich zu verhandeln? Sind sie überhaupt verpflichtet zu verhandeln? Diese Fragen müssen m.E. für beide Grundarten von Verhandlungen verschieden beantwortet werden.

2. Gibt es eine völkerrechtliche Verhandlungspflicht der Staaten?

2.1. Verhandlungspflicht und allgemeines Völkerrecht

2.1.1. Verhandlungspflicht und Streitbeilegung

Verhandlungen sind — entgegen dem Vorschlag der ČSSR anläßlich der Kodifikation der Prinzipien des Völkerrechts[51] — nicht aus den anderen Mitteln der Streitbeilegung herausgehoben worden. Die ČSSR hatte z. B. vorgeschlagen: „Streitfragen zwischen den Staaten ... müssen mit friedlichen Mitteln, insbesondere durch direkte Verhandlungen gelöst werden ..."[52]

Durch die Ablehnung dieses und ähnlicher Vorschläge haben die Staaten betont, daß es den Parteien eines Streitfalles freisteht, Verhandlungen — genau wie jedes andere Mittel, z. B. die Schiedsgerichtsbarkeit — zu vereinbaren. Es besteht Freiheit in der Wahl der Streitbeilegungsmittel, so wie das in Art. 33 der UN-Charta und in der Prinzipiendeklaration niedergelegt wurde. Das ist die Rechtslage.

Dennoch gibt es m.E. im Zusammenhang mit der friedlichen Streitbeilegung aus dem Grundprinzip (Streitregelung) eine Verhandlungspflicht, die man im Unterschied zu Verhandlungen als Verfahren vielleicht als Einigungs-(Vereinbarungs-)pflicht bezeichnen könnte.

„Der Inhalt der Verpflichtung zur friedlichen Streitbeilegung besteht ... darin, daß die Streitparteien eine Vereinbarung miteinander zu treffen haben, ... wie diese Streitbeilegung erfolgen soll. Die Pflicht zur friedlichen Streitbeilegung und das Recht zur freien Wahl der Mittel sind durch diese Vereinbarungspflicht der Streitparteien miteinander verbunden. Die Pflicht ... ist das Kernstück der Verpflichtungen aus Artikel 2 Ziffer 3 der UNO-Charta ... um zu verhindern, daß die freie Wahl der Mittel ... in eine Freiheit zur Nichtwahl eines Streitbeilegungsmittels umfunktioniert ... wird."[53]

51 Vgl. Prinzipiendeklaration, oben, Fußnote 26a.

52 Nach: DAP 4/1963, S. 332; vgl. dazu E. Oeser, Das Prinzip der friedlichen Regelung internationaler Streitigkeiten, in: Die sieben Prinzipien der friedlichen Koexistenz. Eine Studie zum Kodifikationsvorhaben der Vereinten Nationen, Beilage zur DAP 9/1964, S. 19ff.; H. Neuhold, Internationale Konflikte — verbotene und erlaubte Mittel ihrer Austragung, a. a. O., S. 444ff.

53 Völkerrecht, Lehrbuch, Teil 2, Berlin 1973, S. 285 (Hervorhebg. weggelassen, E. O.); vgl. ähnlich Völkerrecht, Lehrbuch, Teil 2, Berlin 1982, S. 168.

Durch diese Einigungspflicht können die Staaten ihre Pflicht zur Friedenssicherung im Zusammenhang mit der Streitregelung erfüllen. Wegen ihrer Bedeutung haben die sozialistischen Teilnehmerstaaten des Expertentreffens im Rahmen der KSZE zur friedlichen Streitbeilegung in Montreux (1978) vorgeschlagen, eine Abmachung über eine Verpflichtung der Teilnehmerstaaten zu Konsultationen abzuschließen. Diese Konsultationspflicht sollte immer dann eintreten, wenn zwischen Teilnehmerstaaten der Schlußakte von Helsinki ein Streitfall entstanden sein sollte.[54] Eine solche Abmachung ist bisher im europäischen Rahmen nicht zustande gekommen. Es gibt aber bereits vertraglich vereinbarte Verpflichtungen ähnlichen Inhalts.

Schon Art. XI des Antarktis-Vertrages von 1959 enthält eine entsprechende Bestimmung. Danach regeln die Staaten ihre Streitigkeiten mit einem Verfahren eigener Wahl, falls das nicht gelingt, wollen sie gemeinsam den IGH um Entscheidung ersuchen, dann heißt es weiter: „. . . die Unmöglichkeit, ein Einvernehmen über eine derartige Anrufung des Gerichtshofes zu erzielen, entbindet jedoch die beteiligten Parteien keinesfalls von der Verpflichtung, die Beilegung der Streitigkeit weiterhin mit allen . . . friedlichen Mitteln anzustreben."[55]

Auch in der Prinzipiendeklaration ist m.E. ein Ansatz zur Herausarbeitung dieser — dem Prinzip der Streitbeilegung innewohnenden — Einigungspflicht erkennbar, wenn es dort heißt: „Die streitführenden Staaten haben die Pflicht, die Versuche zur Beilegung ihrer Streitigkeit mit anderen miteinander vereinbarten friedlichen Mitteln fortzusetzen, falls es ihnen nicht gelingt, eine Lösung durch eines der genannten friedlichen Mittel herbeizuführen."[56] Diese Interpretation des Prinzips der Streitbeilegung wiederholen die Staaten auch in der Manila-Deklaration.[57] Auf der gleichen Linie liegt m.E. die von allen Staaten vereinbarte Norm der Seerechtskonvention (Art. 283). In ihr wird — wie bereits dargelegt — die Einigungspflicht dadurch gestärkt, daß die beteiligten Staaten bei Vorliegen eines Streitfalles im Sinne der Seerechtskonvention unverzüglich über (die Art der) Streitbeilegung einen Meinungsaustausch durchführen sollen.[58]

Dem scheint auch das Schiedsgericht im Streitfalle USA/Frankreich über Dienstleistungen im Luftverkehr (1978) zu folgen, wenn es im Schiedsspruch z. B. heißt: „. . . the duty to negotiate may, in present times, take several forms and thus have a greater or lesser significance. There is the very general obligation to negotiate

54 Vgl. Text des Vorschlages in: DAP 6/1979, S. 143f.; Literatur dazu oben in Fußnoten 40, 41.
55 Völkerrecht, Dokumente, Teil 2, a. a. O., S. 472.
56 Völkerrecht, Dokumente, Teil 3, a. a. O., S. 712.
57 Vgl. Res. 37/10 der UN-Vollversammlung vom 15. 11. 1982, Annex; E. Oeser/S. Sager, Die Manila Deklaration über die friedliche Beilegung internationaler Streitigkeiten, in: horizont 4/1983, S. 29.
58 Vgl. A/CONF. 62/122, Art. 283; in Abs. 2 des Art. 283 wird die o. a. Stelle aus der Prinzipiendeklaration wiederholt.

which is set forth by Article 33 of the Charter of the United Nations and the content of which can be stated in some quite basic terms."[59]

In der Völkerrechtsliteratur wird diese Einigungspflicht zunehmend herausgearbeitet. P. J. de Waart[60] meint z. B., daß Verhandlungen bei der Streitbeilegung zwei Bedeutungen haben, eine breite, die er in der Verpflichtung der Staaten sieht, alles zu tun, um eine Lösung des Falles zu ermöglichen, wozu auch gehört, irgendein friedliches Streitbeilegungsverfahren frei zu vereinbaren, und eine enge — worunter er versteht, daß die beteiligten Staaten den Streit gemeinsam behandeln, um ihn zu lösen. Auch Sinclair hebt hervor, daß Verhandlungen zweierlei bedeuten können, einmal die Diskussion der Meinungsverschiedenheit zwecks Abgrenzung der Streitfrage, und die Einigung auf eine geeignete Methode der Beilegung, zum anderen einen Schritt zur Regelung des Konflikts selbst durch Konzessionen.[61]

In Bezug auf die friedliche Streitbeilegung kann man demnach — gestützt auf Staatenpraxis und Völkerrechtstheorie — aus dem gleichnamigen Prinzip des Völkerrechts — also aus allgemeinem Völkerrecht — eine Einigungspflicht (durch Verhandlungen) der Streitparteien herleiten. Diese Pflicht darf nicht mit einer Verhandlungspflicht verwechselt werden, durch die der Streit selbst beigelegt werden soll. Eine solche Pflicht gibt es — wegen der allgemeinen Vereinbarungsfreiheit der Staaten hinsichtlich der Streitbeilegungsmittel — z. Zt. nicht, wenn man m.E. auch eine Entwicklung in diese Richtung nicht übersehen kann.

Die aus dem Prinzip folgende Einigungspflicht bringt keine materielle Bindung für die Streitparteien, sondern nur eine formale, prozedurale. Ihr Inhalt besteht in der Förderung der konstruktiven Zusammenarbeit der Staaten für die Zwecke der Streitregelung. Sie zielt nicht unmittelbar auf die Lösung des Falles in einer bestimmten Weise, sondern auf die Schaffung der Voraussetzungen dafür, indem sie von den Beteiligten eine Einigung über das „Wie", über das anzuwendende Mittel verlangt. Die Adressaten einer solchen Pflicht stehen fest: die Streitparteien, der Gegenstand auf den sich die Pflicht bezieht, ist umrissen: der Streitfall.

Diese Pflicht — die übrigens oft im Zusammenhang mit Vereinbarungen über die Einlassung auf die internationale Gerichtsbarkeit ausgestaltet wird[62] — ist

59 Case concerning the Air Service Agreement of 27 March 1946 between the United States of America and France, Decision of 9 Dec. 1978, in: Reports of International Arbitral Awards (zitiert als: RIAA), Bd. XVIII, S. 444 (para. 87); ob aber diese grundsätzlich zu billigende Position aus Art. 33 der UN-Charta entwickelt werden kann (und sich nicht vielmehr aus der Norm des Art. 2 Abs. 3 der UN-Charta ergibt), kann m. E. wegen der Entscheidung anläßlich der Erarbeitung der Prinzipiendeklaration (zu Verhandlungen als Mittel der Streitbeilegung) fragwürdig sein. Die Entscheidung stützt sich aber mit dieser Begründung sowohl auf Äußerungen des IGH als auch auf solche eines anderen internationalen Schiedsgerichts.

60 P. de Waart, The Element of Negotiation in the Pacific Settlement of Disputes between States, Den Haag 1973.

61 Zitiert bei H. Neuhold, Internationale Konflikte — verbotene und erlaubte Mittel ihrer Austragung, a. a. O., S. 453, Fußnote 37.

62 Vgl. dazu unten, Pkt. 2.2.

erfüllt, wenn die streitenden Staaten in ein völkerrechtlich zulässiges Verfahren eintreten und sich um eine friedliche Regelung im Rahmen des Völkerrechts bemühen. Das impliziert, daß das Angebot zu solchen Verhandlungen nicht einseitig verworfen werden darf.

Diese Einigungspflicht ist ein ius-cogens-Element des Streitbeilegungsprinzips. Die Staaten haben rechtlich keine andere Möglichkeit, als die Verhandlungen zur Suche eines geeigneten, friedlichen Mittels fortzusetzen, bis eine Regelung gelingt. Das gilt in erster Linie für Streitigkeiten, deren Fortdauer geeignet ist, den internationalen Frieden und die internationale Sicherheit zu gefährden. Die Einigungspflicht aus dem Prinzip der friedlichen Streitbeilegung ist ein rechtliches Mittel zur Garantierung des Gewaltverbots.

2.1.2. Verhandlungspflicht und friedliche internationale Zusammenarbeit

Gibt es auf dem Gebiet der internationalen Zusammenarbeit eine analoge Einigungspflicht wie bei der Streitbeilegung? Es wird versucht — das unter Berufung auf das Prinzip der internationalen Zusammenarbeit zu begründen.

In der bisher umfassendsten Arbeit auf diesem Gebiet „Duty to negotiate" werden fünf Gründe dafür genannt:

a) das Auftauchen der jungen Staaten in den internationalen Beziehungen und die damit verbundene Notwendigkeit, das Völkerrecht universell zu machen;

b) die Notwendigkeit, die Rechtsnormen strukturell und substantiell so zu verändern, daß sie die Interessen der neuen Staaten berücksichtigen;

c) Völkerrecht ist Koordinationsrecht, beruht auf gegenseitiger Akzeptanz durch die Beteiligten;

d) in einer ideologisch geteilten Welt existiert kein davon unabhängiges Rechtskonzept;

e) da Konvergenz in der ökonomischen Ideologie unmöglich ist, können beide Seiten sich nur zu Koexistenz und Zusammenarbeit auf der Basis der Reziprozität bekennen.[63] Bereits an der Aufzählung dieser Gründe wird deutlich, daß — so berechtigt sie sein mögen — die Verhandlungspflicht eigentlich nicht juristisch gestützt wird. Auf S. 37/38 seines Werkes sagt der Autor dann auch, daß eine Verhandlungspflicht für die Staaten nicht so sehr aus dem Recht folgt, sondern aus der Notwendigkeit, das Recht im Interesse der Entwicklungsländer -- die neu in die internationale Arena eingetreten sind und das Völkerrecht vorgefunden haben, ohne eine Möglichkeit gehabt zu haben daran mitzuwirken — zu ändern.

Kann man aber dennoch aus der Formulierung des Prinzips in der Prinzipiendeklaration (oder in der UN-Charta selbst) in der von einer Pflicht zur Zusammenarbeit die Rede ist, eine Verhandlungspflicht für die Staaten herleiten?

63 Vgl. T. Gebrehana, Duty to Negotiate, a. a. O., S. 35, 36.

Im Zusammenhang mit der näheren Untersuchung des ius cogens-Charakters der Grundprinzipien des Völkerrechts, hat bereits Alexidze darauf aufmerksam gemacht,[64] daß nicht alle Grundprinzipien gleichermaßen ius cogens Charakter tragen, und daß auch nicht alle Teile (Elemente) der Grundprinzipien in gleichem Umfange ius cogens Charakter besitzen müssen. So gibt es unter den sieben Prinzipien der UN-Charta einige — dazu zählt er das Prinzip der Zusammenarbeit — die nur „teilimperativ" sind. Eine Verhandlungspflicht leitet er jedoch daraus nicht ab. G. Seidel fragt z. B.: „Welcher Bestandteil des Prinzips der friedlichen internationalen Zusammenarbeit ist ius cogens, mit der ihm innewohnenden Folge, daß im Widerspruch dazu vorgenommene Handlungen oder vereinbarte Völkerrechtsnormen nichtig sind?"[65] P. Terz stellt fest, daß die Spezifik des Prinzips der Zusammenarbeit darin besteht, daß seine Realisierung den Staaten nur möglich ist, wenn sie Verträge schließen.[66] Das heißt der Vertragsabschluß bzw. eine vorher eingegangene Verpflichtung, einen Vertrag zu schließen, ist ein unverzichtbares Bindeglied zwischen der Pflicht zur Zusammenarbeit und einer dem Vertragsabschluß vorhergehenden Verhandlungspflicht. Mehr gibt der Grundsatz der Zusammenarbeit juristisch nicht her, weil es nicht die Parteien, nicht den Gegenstand und auch nicht das Ergebnis der Verhandlungen bestimmt.

Auch wenn man sich vorstellt, daß die Pflicht zur Zusammenarbeit nicht anders als durch Verhandlungen realisiert werden kann, worin sollte dann der konkrete Inhalt einer solchen Verhandlungspflicht bestehen? Unklar ist auch, auf welche Gebiete sich die Verhandlungspflicht erstrecken würde (Verkehr, Handel, territoriale Fragen?). Sollte jeder Staat einen anderen zum Eintritt in Verhandlungen, worüber und mit welchem Ergebnis verpflichten können?

Bereits die Fragen zeigen, daß es im Völkerrecht keine allgemeinen Verhandlungspflichten zur Gestaltung der internationalen Zusammenarbeit geben kann — etwa wie bei der Streitbeilegung. Es gibt auch keine allgemein normierten Verfahren für die Zusammenarbeit der Staaten, die zu ihrer Disposition stehen, von denen sie aber eines oder mehrere wählen müßten.

Eine allgemeine Verhandlungspflicht zur Zusammenarbeit kann m.E. hauptsächlich deshalb nicht angenommen werden, weil sie der Souveränität der Staaten widerspräche. Danach haben alle Staaten „gleiche Rechte und Pflichten und sind ungeachtet wirtschaftlicher, sozialer, politischer und anderer Unterschiede gleichberechtigte Mitglieder der internationalen Gemeinschaft."[67] Welche Staaten mit

64 L. A. Aleksidze, Nekotorye voprosy teorii meždunarodnogo prava, Tbilissi 1982, S. 310ff.

65 G. Seidel, die Normen des Völkerrechts und des innerstaatlichen Rechts, in: Festschrift für R. Meister, Beiträge zur Souveränität, Jena 1984, S. 147.

66 Vgl. P. Terz, Wesen und Bedeutung des Pactum de negotiando und des Pactum de contrahendo im Völkerrecht, a. a. O.; H. Neuhold, Die Pflicht zur Zusammenarbeit der Staaten: Moralisches Postulat oder Völkerrechtsnorm?, in: Festschrift zum 90. Geburtstag von A. Verdross, Berlin (West) 1980, S. 575.

67 Prinzipiendeklaration, in: Völkerrecht, Dokumente, Teil 3, a. a. O., S. 714.

welchen anderen auf welchen Gebieten enger oder weniger eng zusammenarbeiten, ist das Ergebnis der souveränen Entscheidung jedes Einzelnen von ihnen im Rahmen des Völkerrechts.

Andernfalls müßte man annehmen, daß z. B. der Aggressor vom Opfer beliebige Verhandlungen verlangen, ihm also sein Recht auf Selbstverteidigung erschweren könnte, oder daß ein Staat von einem anderen Verhandlungen über die Abtretung von Teilen seines Staatengebietes verlangen kann, was im Weigerungsfalle ein Vorwand für Sanktionen sein könnte, etc.

Jedenfalls hat das z. B. Japan abgelehnt. Am 25. 5. 1972 stellte der japanische Außenminister folgende rhetorische Frage, um die Position seiner Regierung zu verdeutlichen: „Suppose some country claims that Kynshu is part of its territory; is there a necessity to start a negotiation with that country? No, surely not. A territory of Japan is a territory of Japan ..."[68]

Aus allgemeinem Völkerrecht wird also keine Verhandlungspflicht über grundlegende Souveränitätsfragen eines Staates anerkannt. Eine andere Frage ist es, wenn ein Staat das freiwillig festgelegt hat, z. B. die Bereitschaft Chinas zu Verhandlungen mit Großbritannien über Hongkong.[69]

Schließlich wird auch im ökonomischen Bereich niemand ernstlich eine allgemeine Verhandlungspflicht der Staaten z. B. über Kreditvergabe oder Investitionen annehmen. Die Regierung der DDR bekennt sich — trotz prinzipieller Bereitschaft zur Lösung internationaler Probleme auf dem Verhandlungswege — nicht schrankenlos zur Zusammenarbeit, sondern erklärt ihre „... Bereitschaft zur Zusammenarbeit überall dort, wo es die Lage erlaubt."[70]

Was die Lage erlaubt, bestimmt jeder Staat selbst kraft seiner Souveränität im Rahmen der Grundprinzipien des Völkerrechts, und soweit er nicht besondere Verpflichtungen eingegangen ist.

Offensichtlich kann also nicht aus der Tatsache, daß Verhandlungen das Hauptmittel zur Realisierung der internationalen Zusammenarbeit der Staaten sind, und daß im Grundprinzip der Zusammenarbeit von einer „Pflicht zur Zusammenarbeit" die Rede ist, kurzerhand geschlußfolgert werden, daß jeder Staat verpflichtet ist, mit jedem über beliebige Fragen zu verhandeln. Am Beispiel des Gewaltverbots wird das extrem klar. Würde ein Staat von einem anderen verlangen, mit ihm über die Modalitäten für einen Überfall auf einen anderen zu verhandeln, so würde das eine Aufforderung zur Mitwirkung an einem völkerrechtlichen Verbrechen bedeuten. Aus dem Zusammenhang des Grundprinzips der internationalen Zusammenarbeit mit anderen Grundprinzipien der UN-Charta

68 The Japanese Annual of Internal Law, Bd. 23 (1979/80), S. 83.

69 Vgl. horizont, 2/1984, S. 22; ähnlich Brief der KDVR an Regierung und Kongreß der USA, in dem die Schaffung von Voraussetzungen für die friedliche Regelung der Korea-Frage vorgeschlagen wird, ebenda, S. 25 (Dokumente, S. 1).

70 O. Fischer, Im Kampf für den Frieden, in: Einheit 11/12/1982, S. 1158.

ergibt sich, daß für bestimmte Gegenstände entweder keine Verhandlungspflicht besteht (wegen souveräner Entscheidungsfreiheit jedes Staates) oder keine rechtliche Möglichkeit dazu (wegen Verbot der Gewaltanwendung z. B.). Ohne spezielle Vereinbarung der beteiligten Staaten gibt es keine völkerrechtliche Verhandlungspflicht zur Realisierung der internationalen Zusammenarbeit.[71] Mit der Entscheidung über Verhandlungen erfolgt die Konkretisierung der Gegenstände über die verhandelt werden soll, und auch zumeist eine Fixierung des angestrebten Ergebnisses. Sowohl auf dem Gebiet der Streitbeilegung wie bei der übrigen internationalen Zusammenarbeit werden Verhandlungspflichten in großem Umfange vertraglich festgelegt. Verpflichten sie die Staaten zu einem bestimmten Erfolg, zu einem völkerrechtlichen Ergebnis?

2.2. Verhandlungspflicht aus Verträgen

2.2.1. Die friedliche Streitbeilegung

Wenn zwei Staaten ihren Streitfall im Wege von Verhandlungen regeln wollen, so müssen sie das vereinbaren. Das geschieht oft in Vertragsklauseln, aber auch in ad hoc Vereinbarungen. Diese Vereinbarungen können sehr verschiedene Verpflichtungen enthalten und werden deshalb häufig in pactum de negotiando und pactum de contrahendo unterschieden.[72]

Wenn außer der Einigung auf die Durchführung von Verhandlungen nichts Näheres festgelegt wird, so handelt es sich um ein pactum de negotiando, das bei der Streitbeilegung bereits durch das Grundprinzip selbst näher bestimmt ist. D. h. die Parteien sind verpflichtet, den Streit zu regeln (nicht unbedingt ihn restlos zu lösen). Es wird akzeptiert, daß das u.U. nicht im Verhandlungswege gelingt. In diesem Sinne sind sie — weil die Pflicht zur Regelung bestehen bleibt — verpflichtet, sich auf ein anderes Verfahren zu verständigen, also weiter zu verhandeln.

Eine analoge Verpflichtung findet sich auch als Vertragsklausel. Art. 41 der Konvention über Staatennachfolge in Verträge v. 23. 8. 1978 besagt z. B.: „Wenn

71 B. Graefrath spricht von Faktoren, die ausgehend vom Prinzip der internationalen Zusammenarbeit zu einer Verhandlungspflicht führen. Er nimmt offenbar neben der Vereinbarung der Staaten weitere „Faktoren" an, ohne diese allerdings zu nennen. Vgl. B. Graefrath, Die Verpflichtung der Staaten zu effektiven Abrüstungsverhandlungen, in: Festschrift für R. Meister, Beiträge zur Souveränität 1984, S. 103.

72 Vgl. U. Beyerlin, Pactum de contrahendo und pactum de negotiando im Völkerrecht?, in: ZaöRV, Bd. 36 (1976), S. 407ff. (S. 415, 417); P. Terz, Wesen und Bedeutung des Pactum de negotiando und des Pactum de contrahendo im Völkerrecht, a. a. O.; L. Marion, La notion de „pactum de contrahendo" dans la jurisprudence internationale, in: Revue Générale de Droit International Public, Bd. 78 (1974), S. 351ff.

ein Streit ... entsteht, versuchen sie (die Parteien, E. O.) ... diesen durch Konsultationen und Verhandlungen beizulegen."[73]

Die streitenden Staaten können aber auch weitergehende Pflichten auf sich nehmen, sie können z. B. festlegen, den Streit durch Verhandlungen zu beenden.[74] Solche Klauseln sind oft in ökonomischen Verträgen enthalten.[75]

Schließlich kann eine Vertragsklausel zur Streitbeilegung mehrere Verhandlungspflichten zum Inhalt haben und auf einen Vertragsabschluß gerichtet sein. Art. 18 der Konvention über den Schutz der Meeresumwelt des Ostseegebietes vom 22. 3. 1974 sieht z. B. vor: „... (2). Waren die betreffenden Parteien nicht in der Lage, ihre Streitigkeit auf dem Verhandlungsweg beizulegen ... (1. Verhandlungspflicht, E. O.), so werden derartige Streitigkeiten in gegenseitigem Einvernehmen einem Ad-hoc-Schiedsgericht ... vorgelegt."[76] Das impliziert weitere Verhandlungspflichten. Im Unterschied zur „ersten Verhandlungspflicht", die von den Staaten Anstrengungen verlangt, eine Lösung zu versuchen, muß — weil dieser Versuch gescheitert ist — ein Schiedsgericht gebildet werden. Das bedeutet, daß weiter zu verhandeln ist mit dem Ziel, einen Vertrag abzuschließen (2. Verhandlungspflicht); denn Schiedsgerichte werden immer durch Kompromiß-Vertrag gebildet, in dem gleichzeitig das vom Gericht anzuwendende Recht festgelegt, der Streit beschrieben wird etc.[77]

Um Aussagen über den Inhalt einer vertraglich vereinbarten Verhandlungspflicht bei der Streitbeilegung machen zu können, muß man die Vereinbarung, in der die Verhandlungspflicht niedergelegt ist, analysieren; denn der zu erzielende Erfolg (z. B. Vertrag oder weniger) wird durch die streitenden Staaten im Rahmen des Völkerrechts von Fall zu Fall anders bestimmt. Er kann einmal in der aus dem Grundprinzip folgenden Minimalpflicht zur Einigung über ein Streitbeilegungsmittel bestehen, ein anderes Mal in einer Verpflichtung, den ernsthaften Versuch zu machen, den Fall durch Verhandlungen zu regeln oder zu beenden und schließlich in der Pflicht, einen Vertrag abzuschließen.

73 Völkerrecht, Dokumente, Teil 3, a. a. O., S. 1057.

74 Vgl. Abkommen zwischen der Regierung der DDR und der Regierung der BRD über den Transitverkehr von zivilen Personen und Gütern zwischen der BRD und Berlin (West) vom 17. 12. 1971, Art. 19, in: ebenda, S. 762.

75 Beispiele dafür vgl. bei T. Gebrehana, Duty to Negotiate, a. a. O., S. 61ff.

76 Völkerrecht, Dokumente, Teil 3, a. a. O., S. 904.

77 Vgl. H. v. Mangoldt, Die Schiedsgerichtsbarkeit als Mittel internationaler Streitschlichtung, Heidelberg 1974; E. Oeser, Obligatorische Schiedsgerichtsbarkeit — keine allgemein annehmbare Methode der friedlichen Streitbeilegung für Europa, in: Staat und Recht, 10/1979, S. 921ff.; S. Sager, Die internationale Schiedsgerichtsbarkeit — ein effektives Mittel friedlicher Streitbeilegung?, in: Wissenschaftliche Zeitschrift der Humboldt-Universität zu Berlin, Ges.-Sprachw. Reihe 1/1981, S. 17ff.

2.2.2. Die internationale Zusammenarbeit

Da aus dem Prinzip der internationalen Zusammenarbeit keine Verhandlungspflichten für konkrete Staaten über konkrete Gegenstände folgen, ergeben sich diese nur aus Staatenvereinbarungen. Gegenstand, Ziel, Partner etc. können durch die Beteiligten verschieden bestimmt werden.[78]

Art. VI des Vertrages über die Nichtweiterverbreitung von Kernwaffen vom 1. 7. 1968 verlangt von jedem Vertragspartner „. . . (Verhandlungen) im Geist des guten Willens . . . über wirksame Maßnahmen zur Einstellung des nuklearen Wettrüstens in nächster Zukunft, zur nuklearen Abrüstung sowie über einen Vertrag zur allgemeinen und vollständigen Abrüstung . . . zu führen."[79] Der Inhalt dieser Bestimmung verlangt Verhandlungen u. a. über den Abschluß eines Vertrages, nicht den Abschluß des Vertrages selbst. Das ist ein pactum de negotiando, wonach sich die Staaten „auf Grundlage von Treu und Glauben um eine beiderseits befriedigende Kompromißlösung bemühen sollen, selbst wenn dies nur unter Aufgabe bislang unnachgiebig behaupteter Positionen möglich sein würde. Dies setzt die Bereitschaft voraus, zum Zwecke der Verhandlungen früher eingenommene Standpunkte aufzugeben und der anderen Seite ein Stück entgegenzukommen."[80]

Im Streitfall EURATOM/Großbritannien hat das Schiedsgericht eine in einem Konferenzprotokoll einstimmig angenommene Passage, worin die Beteiligten festgelegt hatten, daß die Frage der Privilegien und Immunitäten durch entsprechende Verträge oder Abkommen geregelt werden muß, ebenfalls als pactum de negotiando ausgelegt.[81] Natürlich können sich die Staaten auch verpflichten, im Ergebnis von Verhandlungen einen Vertrag abzuschließen. Das wäre ein pactum de contrahendo, also ein Vertrag, der sich von anderen Verträgen u. a. dadurch unterscheidet, daß es von den Beteiligten den Abschluß eines Vertrages verlangt, ohne dessen Inhalt näher zu bestimmen. Völkerrechtliche Rechte und Pflichten zu der entsprechenden Materie selbst ergeben sich nur aus dem abgeschlossenen Ergeb-

78 Vgl. ausführlich dazu z. B. B. P. Terz, Wesen und Bedeutung des Pactum de negotiando und des Pactum de contrahendo im Völkerrecht, a. a. O.

79 Völkerrecht, Dokumente, Teil 2, a. a. O., S. 610f.

80 Urteil des Schiedsgerichtshofes für das Abkommen über deutsche Auslandsschulden vom 26. Januar 1972, a. a. O., S. 344 (para. 62); vgl. weiter D. Rauschning, Report of the Committee on Legal Aspects of the Conservation of the Environment, in: The International Law Association, Report of the Fifty-Ninth Conference, Belgrade 1980, S. 20ff. („Even where a duty to negotiate exists, this does not include an obligation to come to agreements . . ."); L. N. Anisimov, Meždunarodno-pravovye sredstva razrešenija meždosudarstvennych sporov (konfliktov), a. a. O., S. 49; U. Beyerlin, Pactum de contrahendo und pactum de negotiando im Völkerrecht, a. a. O., S. 431.

81 Vgl. Case concerning the taxation liability of Euratom employees between the Commission of the European Atomic Energy Community (Euratom) and the United Kingdom Atomic Energy Authority, Decision of 25 Febr. 1967, in: RIAA, Bd. XVIII. S. 511.

nis(-vertrag). Typische Beispiele für pactum de contrahendo finden sich z. B. im Art. 7 des Grundlagenvertrages DDR/BRD v. 21. 12. 1972.[82]

Die Verpflichtung zu Verhandlungen über einen Vertrag verpflichtet die Staaten — wenn nichts weiteres fixiert ist — nicht zum Abschluß des Vertrages selbst,[83] aber zu Bemühungen, den Vertragsabschluß möglich zu machen, Bereitschaft zu Kompromissen zu zeigen, aufeinander zuzugehen etc.[84] Verhandlungspflichten werden häufig auf dem Gebiet der ökonomischen Zusammenarbeit[85] und der Abrüstung[86] eingegangen.

3. Anforderungen an das Verhalten der Staaten, wenn eine Verhandlungspflicht besteht

Da Verhandlungen das grundlegende und alltägliche Mittel für Kontakte und Zusammenarbeit der Staaten sind, und da sie normalerweise auf die Festigung und Ausweitung der Bereiche gerichtet sind, auf denen Kooperation möglich ist, darüber hinaus aber auch auf die Beseitigung von Hindernissen und Störungen in den gegenseitigen Beziehungen der Staaten im Interesse der Friedenssicherung, haben sich bestimmte Verhaltensregeln für den Umgang der Staaten miteinander herausgebildet, die den jeweils vereinbarten Grad an Erfolgen sichern. Staaten, die beschlossen haben, miteinander Verhandlungen zu führen, können daher im Interesse der gemeinsamen Sache verlangen, „(d)ie Verletzung der allgemein anerkannten Normen der Verhandlungsführung, (den) Unwillen, auf eine gegenseitig annehmbare Übereinkunft zu steuern . . .“ zu unterlassen.[87] Dazu sind die Staaten moralisch-politisch verpflichtet, und es ist schon eine Frage der Höflichkeit, sich so zu verhalten, daß die jeweils andere Seite und ihre Vorschläge ernst genommen werden, daß Erklärungen und Vorschläge seriös sind, offiziellen Charakter

82 Vgl. Völkerrecht, Dokumente, Teil 3, a. a. O., S. 821. Ein Pactum de contrahendo enthält auch Art. 6 des Abkommens zwischen der DDR und der VRP über die Markierung der Oder-Neiße-Grenze vom 6. 7. 1950. Vgl. Völkerrecht, Dokumente, Teil 2, a. a. O., S. 366; Vgl. weiter auch Art. II des Zusatzprotokolls zum Grundlagenvertrag (Völkerrecht, Dokumente, Teil 3, a. a. O., S. 822).

83 Zu ausführlichen Auseinandersetzungen mit anderen Auffassungen vgl. P. Terz, Wesen und Bedeutung des Pactum de negotiando und des Pactum de contrahendo im Völkerrecht, a. a. O.

84 Vgl. B. Buzan, Negotiating by Consensus: Development in Technique at the United Nations Conference on the Law of the Sea, in: AJIL, Bd. 75 (1981), S. 324ff.

85 Diese Fragen sollen hier nicht näher untersucht werden, Literatur und Beispiele dazu bei T. Gebrehana, Duty to Negotiate, a. a. O.

86 Vgl. z. B. Art. VII des Zeitweiligen Abkommens SU/USA über einige Maßnahmen auf dem Gebiet der Begrenzung der strategischen Offensivwaffen vom 26. 5. 1972, in: Dokumente zur Abrüstung 1917—1976, Berlin 1978, S. 368; Gemeinsames sowjetisch-amerikanisches Kommunique vom 30. 5. 1972, in: ebenda, S. 373.

87 Juri Andropow zu Fragen von Krieg und Frieden, in: ND vom 29. April 1983, S. 3.

tragen und nicht einfach unverbindlich als Beitrag „zur Unterhaltung“[88] der Verhandlungsrunde dienen.

Als solche Mindestanforderungen sieht z. B. T. Gebrehana[89], der sie als „ungeschriebene Normen“ bezeichnet, an: Reziprozität (z. B. mit der Formulierung gemeinsamer Interessen zu beginnen und diese im Prozeß der Zusammenarbeit ständig zu beachten), klare Formulierung der eigenen Position, damit die andere Seite sie ohne Tricks verstehen kann (man könnte auch sagen: Berechenbarkeit[90]); keine Einschaltung Dritter, die ein direktes, eigenes Interesse an dem Verhandlungsgegenstand haben, weil das die Verhandlungen der unmittelbar Beteiligten komplizieren könnte; die Bereitschaft aller Seiten, wenn nötig Konzessionen zu machen; zu unterscheiden zwischen dem Wünschenswerten und dem Erreichbaren, um nicht unnötig Zeit zu verlieren; Abwägen der Konsequenzen für den Fall, daß die Verhandlungen scheitern.

Obwohl solche einfachen Anforderungen an Verhandlungen nirgends allgemeinverbindlich für die Staaten aufgeschrieben und insofern wirklich „ungeschriebenes Recht“ sind, ergeben sie sich teilweise aus grundlegenden völkerrechtlichen Verhaltenspflichten, insbesondere aus den Grundprinzipien des Völkerrechts. Aus dem Grundsatz der souveränen Gleichheit der Staaten folgt z. B. die Pflicht zur Beachtung der Souveränität und Gleichberechtigung des jeweils anderen Verhandlungspartners, die Pflicht, ihm gegenüber kein Diktat anzuwenden, ihm kein Ultimatum zu stellen. Eine Verhandlungspflicht darf nicht dahin verstanden werden, „... daß jede Seite erklären darf, sie beharre auf ihrem bislang eingenommenen Standpunkt, und bestehe darauf, daß die Gegenpartei in vollem Umfang kapituliere. Eine solche Auffassung wäre mit dem Begriff der ‚Verhandlung‘ unvereinbar.“[91]

Die Verpflichtung aller Staaten, jede Androhung oder Anwendung von Gewalt gegenüber anderen Staaten zu unterlassen, gilt auch in einem konkreten Verhandlungsprozeß und schlägt sich z. B. in der Wiener Vertragsrechtskonvention konkret nieder in den Bestimmungen über die Nichtigkeit von Verträgen, die unter Zwangsanwendung zustandekommen.[92]

88 Vgl. Rede des sowjetischen Delegierten in der Genfer Abrüstungskonferenz im Februar 1984, an die Adresse der USA gerichtet, PR/DC/1184 vom 7. Februar 1984, S. 10.

89 T. Gebrehana, Duty to Negotiate, a. a. O., S. 71/72.

90 Eine Forderung, die z. B. E. Honecker immer wieder an seine Verhandlungspartner aus der BRD stellt.

91 Urteil des Schiedsgerichtshofes für das Abkommen über deutsche Auslandsschulden vom 26. 1. 1971, a. a. O., S. 344 (para. 62); vgl. auch D. B. Levin, Das Prinzip der friedlichen Regelung internationaler Streitigkeiten, a. a. O., S. 95.

92 Vgl. Art. 51—53 Wiener Konvention über das Recht der Verträge vom 23. 5. 1969, in: Völkerrecht, Dokumente, Teil 2, a. a. O., S. 649; vgl. auch (im Anhang zur Konvention) Deklaration über das Verbot von militärischem, politischem oder ökonomischem Zwang beim Abschluß von Verträgen, in: ebenda, S. 658.

Wenn diese und andere Grundprinzipien (z. B. auch das Interventionsverbot) in den Beziehungen zwischen den Staaten verletzt werden, besteht keine juristische Möglichkeit zu erfolgreichen Verhandlungen.

Neben den Grundprinzipien des Völkerrechts gibt es aus ihnen abgeleitete Prinzipien, z. B. im Zusammenhang mit der Ausarbeitung von Verträgen, oder mit der Realisierung der in ihnen enthaltenen Verpflichtungen den Grundsatz, nach Treu und Glauben zu handeln.[93] Auf dem Gebiet der Abrüstung erlangt eine große Bedeutung das Prinzip der Gleichheit und der gleichen Sicherheit.[94] Bei der Abgrenzung von Meeresgebieten gilt der Grundsatz der Gleichheit (equity).[95]

Besonders der Grundsatz, daß Verhandlungen nach Treu und Glauben zu führen sind, d. h. z. B. ehrlich, ohne Tricks, mit dem politischen Willen, die vereinbarten Ergebnisse zu erzielen (was manchmal auch als „ernsthafte Verhandlungen“[96] bezeichnet wird) und so zu verhandeln, daß die Situation nicht verschärft wird, ist auch in der internationalen Judikatur im Zusammenhang mit der Regelung von Streitfällen herausgestellt worden.

Im Schiedsurteil Frankreich/USA über Dienstleistungen im Luftverkehr (1978) heißt es: „It is tempting to assert that when Parties enter into negotiations they are under a general duty not to aggrevate the dispute: this general duty being a kind of emanation of the principle of good faith.“[97]

Gerade in Bezug auf die Streitbeilegung sind solche Anforderungen, die hier als Elemente des Grundsatzes von Treu und Glauben erfaßt werden, als generelle Pflichten, die sich bereits aus dem Grundprinzip der Streitbeilegung ergeben, normiert worden. Es handelt sich dabei um Elemente der Einigungspflicht, die aber m. E. auf jede Art von Verhandlungen mutatis mutandis angewendet werden können. In der Prinzipiendeklaration wird z. B. verlangt, daß die Staaten im Interesse der Erhaltung des Friedens „nach einer rechtzeitigen und gerechten Lösung“ suchen (also die entsprechenden Verhandlungen nicht ungebührlich verzögern)

93 Laut Präambel beruht die Wiener Konvention über das Recht der Verträge vom 23. 5. 1969 auf der „. . . Erkenntnis, daß die Prinzipien der freien Zustimmung und des guten Glaubens sowie das Prinzip ‚pacta sunt servanda‘ universell anerkannt sind . . .“ (ebenda, S. 638). Hinsichtlich der Verpflichtung, nach Treu und Glauben auf dem Gebiet der Abrüstung zu verhandeln, vgl. z. B. die Res. 37/78F vom 9. 12. 1982; dazu auch B. Graefrath, Die Verpflichtung der Staaten zu effektiven Abrüstungsverhandlungen, a. a. O., S. 107. In seiner Rede auf der 38. Vollversammlung der Vereinten Nationen entwickelte O. Fischer 4 Punkte für „Verhandlungen nach ‚Treu und Glauben‘ . . . auf dem komplizierten Feld der Rüstungsbegrenzung und der Abrüstung“ (ND vom 4. Oktober 1983, S. 4).

94 Vgl. E. Oeser, Das Prinzip der Gleichheit und der gleichen Sicherheit, in: NJ 10/1983, S. 390ff.

95 Vgl. S. Rosenne, Equitable Principles and the Compulsory Jurisdiction of International Tribunals, in: Festschrift für R. Bindschedler, a. a. O., S. 407ff. (mit weiterer Literatur); M. D. Blecher, Equitable Delimitation of Continental Shelf, in: AJIL, Bd. 73 (1979), S. 60ff.

96 Vgl. z. B. Rede der schwedischen Vertreterin in der Genfer Abrüstungskonferenz, PR/DC/1194 vom 7. 2. 1984, S. 6.

97 Case concerning the Air Service Agreement of 27 March 1946 between the USA and France, Decision of 9 Dec. 1978, a. a. O., S. 444 (para. 85).

sollen; sie — und auch dritte Staaten — werden aufgefordert, „von jeder Handlung abzusehen, die geeignet wäre, die Lage zu verschärfen . . .“, so daß die Aufrechterhaltung des Friedens gefährdet wäre; internationale Streitigkeiten sollen „. . . auf der Grundlage der souveränen Gleichheit beigelegt werden.“[98]

Diese aus den Grundprinzipien des Völkerrechts, besonders aus der Streitbeilegung sich ergebenden Anforderungen an das Verhalten der Staaten werden in der — ohne Gegenstimme 1982 angenommenen — Manila-Deklaration über die friedliche Streitbeilegung nicht nur bestätigt, sondern verstärkt. In Teil I Punkt 4 wird z. B. bekräftigt, daß die Staaten auch während eines Streites „. . . shall continue to observe in their mutual relations their obligations under the fundamental principles of international law . . . and rules of contemporary international law“. In Bezug auf Verhandlungen als Verfahren der Streitlösung wird direkt (unter Punkt 10) gesagt, daß die Staaten „(w)hen they choose to resort to direct negotiations, States should negotiate meaningfully, in order to arrive at an early settlement acceptable to the parties.“[99]

In der Literatur ist verschiedentlich versucht worden, den Terminus „meaningful“ näher zu bestimmen. Bei Neuhold z. B. bedeutet er, daß die Staaten eine friedliche Bereinigung eines Streitfalles einer gewaltsamen Austragung oder dem Offenlassen vorziehen.[100] Reuter versteht darunter, eine gegenseitig akzeptable Lösung durch Kompromisse zu suchen.[101] Das Wesentliche ist jedenfalls immer, die Suche nach einer gemeinsamen, friedlichen, für alle Seiten vorteilhaften Lösung der Streitfrage. Es ist in der Staatenpraxis und in der Literatur eine Tendenz erkennbar, solche im Recht begründete Anforderungen an die Verhandlungsführung der Staaten immer weiter auszuarbeiten, weil ein bestimmtes Wohlverhalten im Interesse der zu regelnden Sache geboten ist. Das drückt sich auch in der Suche nach immer neuen Termini aus, die den Verhandlungsprozeß beschreiben. Z. B. werden „effektive“ Verhandlungen, „ernsthafte“ Verhandlungen usw. verlangt. Solche Vorstellungen werden immer konkreter.

Es ist schwierig, solche Rechtspflichten mit völkerrechtlichen Mitteln durchzusetzen. Jedenfalls zeigt sich hier ein differenziertes Bild und es spielen viele Faktoren eine Rolle, wie die Exaktheit der Regelung, der Grad der Intensität der beteiligten Staaten, die Ausgewogenheit der Beziehungen u. a.

98 Völkerrecht, Dokumente, Teil 3, a. a. O., S. 712.

99 Res. 37/10 vom 15. 12. 1982, Annex. Diese Aussagen werden auf die Entscheidung des IGH im Falle North-Sea Continental Shelf vom 20. 2. 1969, in: I.C.J. Reports 1969, paras 85, 86, gestützt.

100 Vgl. H. Neuhold, Internationale Konflikte — verbotene und erlaubte Mittel ihrer Austragung, a. a. O., S. 498, Fußnote 81. Das Wort „gewaltsam“ ist hier nicht klar. In der Regel ist eine gewaltsame Streitbeilegung ohnehin völkerrechtlich verboten und schon von daher nicht „sinnvoll“, es sei denn, er meint die Anwendung von Sanktionen.

101 Vgl. Dissenting Opinion des Rechters Reuter im Case concerning the Air Service Agreement of 27 March 1946 between the USA and France, a. a. O., S. 451.

Wenn bei einer Seite der politische Wille zu konstruktiver Zusammenarbeit fehlt, dann kann er nicht — oder zumindest höchst selten — allein mit juristischen Mitteln erzwungen werden, selbst wenn klare rechtliche Verpflichtungen verletzt wurden, die u. U. die Anwendung von Sanktionen gegenüber dem Rechtsverletzer zulassen.

Die Verhandlungspflicht lebt — wie jede Rechtsnorm im Völkerrecht — von der Reziprozität der Rechte und Pflichten und deren Erfüllung. Aber gerade bei Verhandlungen, durch die ja erst bestimmte Verhaltensregeln für den konkreten Fall geschaffen werden sollen, ist das Bemühen aller Seiten, ihr guter Wille unersetzbar. Fehlt er auf einer Seite, so wäre ein Nachlassen des Verhandlungswillens auf der anderen Seite völkerrechtlich (als Antwort) gerechtfertigt. Was könnte das aber bewirken? Die Regelung des Verhandlungsgegenstandes erwiese sich (zumindest vorübergehend) als unmöglich. Das mag in vielen Bereichen der internationalen Beziehungen und oft für zwei Staaten nicht weiter bedeutsam sein, auf anderen aber doch. (Z. B. wenn es um die Fortsetzung der Entwicklung neuer Massenvernichtungswaffen geht.)

Bei der Streitbeilegung ist — wie dargelegt — das Bemühen um die Suche nach einer Regelung des Falles im Interesse der Friedenssicherung eine Rechtspflicht. Es hängt aber auch hier nicht nur von rechtlichen Faktoren, sondern sehr vom Grad der bilateralen Beziehungen und Interessen der streitenden Staaten ab, ob ein verhandlungsbereiter Staat durch die Anwendung von Sanktionen (z. B. durch Nichterfüllung eigener Rechtspflichten) den nichtverhandlungswilligen Staat dazu bringen kann, sich ebenfalls um eine zügige Regelung der Streitigkeit zu bemühen. Möglich ist es, wie die folgenden Fälle zeigen. Wenn sich zwei Staaten z. B. zur Streitbeilegung vor einem internationalen Gericht entschlossen haben, nachdem Verhandlungen nicht zum Erfolg geführt haben, dann würde mangelnde Verhandlungsbereitschaft des Staates, der das Gerichtsverfahren in Gang setzen will, ein Prozeßhindernis darstellen.[102] Die Zuständigkeit des Gerichts könnte nicht begründet und so ein Druck auf die Erfüllung der Verhandlungspflicht ausgeübt werden.

Auch die Anwendung von Sanktionen auf eine Rechtsverletzung kann verhandlungsfördernd wirken. Im Streitfall über Dienstleistungen im Luftverkehr USA/Frankreich hat z. B. das Tribunal die Ansicht vertreten, daß u. U. eine Seite berechtigt sein kann, zum Schutze ihrer Rechte und Interessen Gegenmaßnahmen gegen Aktionen der anderen Seite anzuwenden, während die Verhandlungen zwi-

102 Vgl. H. U. Granow, Konsultation, in: K. Strupp/H.-J. Schlochauer, Wörterbuch des Völkerrechts, Bd. 2, Berlin (West) 1961, S. 288f. Genau diesen Einwand machte Richter Morosov im Case concerning the US Diplomatic and Consular Staff . . ., Judgement, I.C.J. Reports 1980, S. 54 geltend.

schen beiden Seiten noch laufen.[103] Es ist demnach nicht unbedingt auszuschließen, daß zur Regelung ein und derselben Frage, gleichzeitig sowohl Verhandlungen realisiert als auch einseitige Handlungen zulasten der anderen Seite (Sanktionen) rechtmäßig sein können. Wie das Gericht zu Recht feststellte, kann dabei aber das Risiko einer Eskalation des Konflikts nicht übersehen werden, ein Ergebnis, das durch die Verhandlungen gerade vermieden werden sollte.

Dieser Effekt tritt z. B. oft bei Abrüstungsverhandlungen zwischen der UdSSR und den USA auf. Die Sowjetunion und die Warschauer Vertragsstaaten haben z. B. Gegenmaßnahmen gegen die Stationierung neuer USA-Raketen in Westeuropa ergriffen, um das bestehende militär-strategische Gleichgewicht zu erhalten, bei gleichzeitiger Aufrechterhaltung ihrer Verhandlungsbereitschaft auf der Grundlage gemeinsam vereinbarter Prinzipien für Abrüstungsverhandlungen.[104] Bei den Gegenmaßnahmen muß es sich selbstverständlich um solche handeln, die völkerrechtlich überhaupt zulässig sind und die im übrigen im Rahmen der Verhältnismäßigkeit liegen. Das war z. B. nicht der Fall in Bezug auf die militärische Intervention der USA im Iran während der Verhandlungen der Beteiligten und sogar während der Behandlung eines Teilaspekts des Problems vor dem IGH der UNO. Der IGH stellte daher in dem entsprechenden Urteil fest, daß damit die Verpflichtung verletzt wurde, alles zu unterlassen, „which might aggrevate the tension between the two countries."[105]

Auch wenn man sich darüber klar ist, daß die stärksten Impulse für die friedliche internationale Zusammenarbeit und die friedliche Streitbeilegung nicht vom Völkerrecht, sondern von dem politischen Willen der beteiligten Staaten ausgehen, so besteht doch kein Grund, die rechtlichen Möglichkeiten, die völkerrechtlichen Verhandlungspflichten bieten, gering zu schätzen. Einmal gibt es im Falle der Streitbeilegung eine Verpflichtung jedes Staates, durch Verhandlungen eine Einigung mit dem Streitgegner über die Regelung einer Sache im Interesse der Friedenssicherung zu betreiben. Zum anderen gibt es auf allen Gebieten der internationalen Beziehungen (einschließlich der Streitregelung) die Möglichkeit für die Staaten, Verhandlungspflichten zu übernehmen, um auf diesem Wege Hindernisse aus den gegenseitigen Beziehungen auszuräumen oder um eine kon-

103 Vgl. Case concerning the Air Service Agreement of 27 March 1946 between the USA and France, Decision of 9 Dec. 1978, S. 444f. (paras 90, 91, 95); vgl. weiter L. F. Damrosch, Retaliation or Arbitration — or Both? The 1978 United States — France Aviation Dispute, in: AJIL, Bd. 74 (1980), S. 785ff.

104 Zu den Gegenmaßnahmen vgl. Erklärung des Generalsekretärs des ZK der KPdSU und Vorsitzenden des Präsidiums des Obersten Sowjet der UdSSR, J. Andropow, ND vom 25. November 1983, S. 1. Zum Zusammenhang zwischen Abwehr imperialistischer Aktionen und Fortsetzung der Tätigkeit zur friedlichen Lösung von internationalen Problemen auf dem Verhandlungswege vgl. W. Sagladin, Friedensprogramme für die 80iger Jahre — Verwirklichung und Entwicklung, in: DAP 2/1983, S. 21ff. (S. 23).

105 Case concerning the US Diplomatic and Consular Staff in Teheran, Judgement of 24 May 1980, a. a. O., S. 45ff. (para 95) und dortige Bezugnahme auf andere Äußerungen des IGH.

struktive Zusammenarbeit für die Zukunft weiterzuentwickeln. Außerdem sind die Staaten, wenn sie sich auf Verhandlungen einlassen kraft Völkerrecht zu einem bestimmten konstruktiven Mindestverhalten verpflichtet, damit der vereinbarte Verhandlungserfolg eintreten kann. „Eine Verpflichtung, zu verhandeln, erfordert die Bereitschaft, mit der Gegenpartei zu reden, um sich mit ihr zu einigen ... Verhandlungen mit der Absicht ..., auf der Grundlage von Treu und Glauben ein für beide Seiten annehmbares Ergebnis anzustreben ...“[106]

Es ist aber unbestreitbar, daß bei einem generell vorherrschenden Klima der Entspannung, erfolgreicher verhandelt wird, schneller und umfangreicher gegenseitig vorteilhafte Regelungen erzielt werden als in Zeiten der Spannungen und der Konfrontation, wo sie kein Allheilmittel sein können.[107]

106 Urteil des Schiedsgerichtshofes für das Abkommen über deutsche Auslandsschulden vom 26. 1. 1972, a. a. O., S. 344 (para. 62).

107 F. Burlackij/A. Galkin, Sociologija, Politika, Meždunarodnye otnošenija, a. a. O., S. 304.

Резюме

Э. Эзер

Переговоры в международном праве

Учитывая выдающееся значение переговоров в международных отношениях, в настоящей работе исследуется вопрос о том, могут ли государства вести себя по своему усмотрению в процессе переговоров или, наоборот, существуют нормы — может быть даже обязанность — вести переговоры с каждым субъектом международного права, желающим этого.

Ответ на этот вопрос различен, в зависимости от того, идёт ли речь о переговорах в связи с мирным урегулированием споров, или же о переговорах в других областях международных отношений.

Мирное урегулирование споров является частью международного сотрудничества государств, однако, оно регулируется отдельным принципом международного права. Принцип международного сотрудничества не охватывает мирное урегулирование споров, а только ту часть международных отношений, где возможно упрочение и дальнейшее развитие существующих связей.

Несмотря на то, что переговоры в связи с мирным урегулированием споров и переговоры в области международного сотрудничества обладают некоторыми общими чертами, они различаются прежде всего в следующем: При мирном урегулировании споров стороны имеют дело с заранее определённым предметом переговоров (спор), в других же областях международного сотрудничества стороны должны ещё его определить. Мирное урегулирование споров направлено на устранение помех из области двусторонних отношений и прежде всего на предотвращение того, чтобы из них образовался очаг угрозы миру. В области остудничества цель состоит в том, чтобы развивать конструктивные отношения между государствами в рамках основных принципов международного права.

Этими различиями обсуловлены разные права и обязанности участвующих сторон. Если в области урегулирования споров налицо обязанность вести переговоры согласно общему международному праву (из соответствующего принципа), то невозможно вывести такую общую обязанность вести переговоры из принципа сотрудничества. Обязанности вести переговоры здесь должны быть заранее закреплены в договоре путём суверенного решения участвующих государств.

Обязанность вести переговоры является элементом jus cogens принципа мирного урегулирования споров. Она требует, чтобы государства искали путём переговоров способы мирного решения спора. Однако, это не обязывает стороны решать спор только путём переговоров (как средства мирного урегулирования).

Как в области мирного урегулирования споров, так и в других областях сотрудничества государства закрепляют обязательства о ведении переговоров договорным путём. Содержание таких обязательств может быть разным. Такие обязательства часто подразделяются, в зависмости от желаемого результата переговоров, на pactum de negotiando и pactum de contrahendo.

Поскольку переговоры — это основное и наиболее часто употребляемое средство для установления контактов и осуществления сотрудничества между государствами, то возникли определённые правила поведения и определённый минимум конструктивного подхода в отношениях между государствами в процессе переговоров. Эти требования вытекают из основных принципов международного права и других принципов, сформировавшихся в определённых областях международного сотрудничества (для договорного права — это, например, принцип добросовестного выполнения договорных обязательств, для переговоров по разоружению — принцип равенства и одинаковой безопасности, для разграничения морских пространств — принцип equity).

Обеспечение выполнения обязательств по ведению переговоров в случае их нарушения затрудняется тем обстоятельством, что путём переговоров должны быть сначала созданы определённые правила поведения для этого конкретного случая. Несмотря на это, применение санкций во время переговоров как правомерно так и в определённых случаях целесообразно.

Summary

E. Oeser

Negotiations in International Law

In view of the outstanding importance of negotiations in international relations it's being examined, whether States may behave at choice during a process of negotiations, or on the contrary there exist certain rules — possibly even an obligation — to negotiate with every subject of international law which desires to do so.

These questions should be answered in a different way depending on whether they deal with negotiations concerning the peaceful settlement of disputes or with negotiations in other spheres of international relations.

The peaceful settlement of disputes is a part of the international cooperation between States, however it is regulated by a separate principle of international law. The principle of international cooperation among States does not incorporate the peaceful settlement of disputes but only that part of peaceful relations among States in which existing relations can be strengthened and further developed without disputes.

Negotiations on peaceful settlement of disputes and negotiations in the field of international cooperation have common features but nevertheless they differ in the following points: In dispute settlement the parties face an already fixed subject matter of negotiations (the dispute) whereas in international cooperation they first have to determine it. The settlement of disputes is aimed at eliminating through negotiations tensions in their mutual relations and mainly at preventing that these tensions escalate to a threat of peace.

These distinctions lead to different rights and obligations for the parties. While in the field of dispute settlement there is an obligation to negotiate arising from general international law (based on the corresponding principle), no such general duty to negotiate can be deduced from the principle of cooperation. Obligations to negotiate here have to be stipulated by treaty and through a sovereign decision of the parties concerned.

The duty to negotiate is a jus cogens element of the principle of peaceful settlement of disputes. It requires that States find through negotiations a peaceful way of settling the dispute. It does not oblige the parties to solve the case through negotations (as a means of settlement) only.

Both in the field of international dispute settlement and of international cooperation States stipulate duties to negotiate through treaties. The contents of such obligations may be different. These obligations are often subdivided into pactum de contrahendo and pactum de negotiando, dependent on what result the negotiations are expected to bring.

Since negotiations represent a fundamental and most frequently used means for establishing contacts and developing cooperation among States, certain rules of conduct and minimum standards of constructive behaviour of States during a process of negotiations have emerged. These conduct requirements are based on the fundamental principles of international law and on other basic rules which have been developed in certain fields of international cooperation. (In the law of treaties — the principle of good faith, in arms control and disarmament talks — the principle of equality and equal security, for the delimitation of sea areas — the principle of equity.)

It is quite complicated to enforce legal duties to negotiate under international law in the case of their infringement. A particular reason for it lies in the necessity first to create through negotiations certain rules of conduct for that specific case. Nevertheless, the application of sanctions during a process of negotiations is legal and under certain circumstances reasonable.

W. Poeggel/R. Meißner/Ch. Poeggel

Zur Theorie der Staatennachfolge im Ergebnis der Kodifikationsarbeiten der Vereinten Nationen

1. Notwendigkeit der Kodifizierung der Staatennachfolge

In unserer Epoche des weltweiten Übergangs vieler Völker vom Kapitalismus zum Sozialismus und der Liquidierung des Kolonialsystems hat in der Völkerrechtstheorie und der Staatenpraxis die Staatennachfolge erheblich an Bedeutung gewonnen. Der größte Teil der heute existierenden Staaten ist nach 1945 im Ergebnis sozialer Revolutionen, insbesondere durch nationale Befreiungsrevolutionen, entstanden. Seitdem sind diese Länder als Nachfolgestaaten mit komplizierten territorialen, politischen und vor allem mit wirtschaftlichen Problemen auf internationaler Ebene sowie damit verbundener völkerrechtlicher Fragen konfrontiert.

In der Praxis und in der Völkerrechtstheorie sind die Rechtsfolgen einer Staatennachfolge sehr umstritten.[1] Die historische und soziale Verschiedenartigkeit von Ereignissen der Staatennachfolge und widersprüchliche Regelungen damit zusammenhängender völkerrechtlicher Aspekte haben dazu geführt, daß sich bisher nur wenige allgemein anerkannte Gewohnheitsrechtsnormen zur Staatennachfolge herausgebildet haben. Die mit einer Staatennachfolge verbundenen praktischen und theoretischen Schwierigkeiten haben daher in der bürgerlichen Theorie zu der bereits von Jellinek geäußerten Ansicht geführt: „Wenige Punkte des Völkerrechts dürften so wenig geklärt sein wie die Lehre von der Staatensukzession."[2] Diese Auffassung wurde auch in jüngster Zeit von einer Reihe bürgerlicher Völkerrechtler vertreten. Vor allem im Zusammenhang mit der Erarbeitung von Artikelentwürfen zur Staatennachfolge durch die International Law Commission (ILC) wurde 1963 auf der Tagung der Gesellschaft für Völkerrecht in der BRD dieses Projekt mit äußerster Skepsis beurteilt. Bindschedler (Schweiz) betrachtete

1 Vgl. hierzu aus sozialistischer Sicht u. a.: J. Kirsten, Einige Probleme der Staatennachfolge, Berlin 1962; N. V. Zacharova, Pravopreemstvo gosudarstv, Moskva 1973; W. Poeggel/R. Meißner/Ch. Poeggel, Staatennachfolge in Verträge, Berlin 1980; R. Szafarz, Succession of States in respect of Treaties in Contemporary International Law, Wroclaw 1982; M. M. Avakov, Pravopreemstvo osvobodivšichsja gosudarstv, Moskva 1983. Stellvertretend für bürgerliche Autoren seinen genannt: K. Marek, Identity and Continuity of States in Public International Law, Geneve 1968; D. P. O'Connell, The Law of State Succession, Cambridge 1956; derselbe, State Succession in Municipal and International Law, Cambridge 1967; F. Fiedler, Das Kontinuitätsproblem im Völkerrecht, Freiburg/München 1978; F. Berber, Lehrbuch des Völkerrechts. Erster Band. Allgemeines Friedensrecht, München 1975, S. 251 ff.

2 G. Jellinek, Allgemeine Staatslehre, Berlin 1905, S. 271, Anm. 2.

dieses Vorhaben „... als ein sehr unglückliches Vorgehen. Zur Kodifikation ist kaum ein Gebiet weniger geeignet als ausgerechnet die Staatensukzession ... Ich bin überzeugt, daß keine Konvention über die Staatensukzession, die je von der International Law Commission vorgelegt werden wird, ratifiziert wird."[3] Seidl-Hohenveldern prophezeite, „... daß die Arbeiten der Kommission wahrscheinlich zu keinem Erfolg führen werden."[4]

Obwohl sich diese Voraussagen als falsch erwiesen, behauptete dennoch der 1977 zum Präsidenten der Wiener Konferenz über Staatennachfolge in Verträge gewählte österreichische Völkerrechtler Zemanek in einem Interview bezüglich der Durchführung von Kodifikationen, daß diese Konferenz in Wien daher wahrscheinlich die letzte ihrer Art sein werde.[5]

Insgesamt gesehen dauert in der bürgerlichen Lehre die Zerstrittenheit über die Theorie der Staatennachfolge unvermindert an.[6]

Die theoretischen und praktischen Schwierigkeiten einer Kodifizierung der Staatennachfolge sind zweifellos beträchtlich. Dies gilt jedoch mehr oder weniger für alle Kodifikationsvorhaben, die im Rahmen der Vereinten Nationen zu bewältigen waren (z. B. das Seerecht) oder noch zu lösen sind (Staatenverantwortlichkeit, Immunität des Staates und seines Eigentums u. a.).

Die praktischen Bedürfnisse der Staatengemeinschaft als Ganzes, die besonders von Staaten unterschiedlicher gesellschaftlicher Systeme geprägt werden, erfordern es, im Interesse der friedlichen Koexistenz und der internationalen Rechtssicherheit gerade solche Materien zwischenstaatlicher Beziehungen zu kodifizieren, die zwar politisch und rechtlich sehr umstritten, aber von erheblicher Bedeutung für die Gestaltung der völkerrechtlichen Verhältnisse zahlreicher Staaten sind.

Wir haben seit 1945 weit über hundert Fälle verschiedenster Nachfolgeereignisse zu verzeichnen. Diese Vielfalt und Häufigkeit unterstreicht schon die politische und rechtliche Notwendigkeit, für diese komplizierten und widersprüchlichen Prozesse eine völkerrechtliche Normierung zu schaffen. Daher erachtete es die UNO auch mit Recht für dringlich, die ILC zu beauftragen, die Rechtsfolgen der Nachfolge von Staaten, Regierungen und internationalen Organisationen in ihr

3 In: Berichte der Deutschen Gesellschaft für Völkerrecht, Heft 5 (Verhandlungen der 8. Tagung der Deutschen Gesellschaft für Völkerrecht in Würzburg vom 28. bis 30. April 1963), Karlsruhe 1964, S. 112.

4 Ebenda, S. 113.

5 Die Presse, Wien, 12. April 1977, S. 2; ähnlich skeptisch auch: I. Seidl-Hohenveldern, Das Wiener Übereinkommen über Staatennachfolge in Vermögen, Archive und Schulden von Staaten, in: Österreichische Zeitschrift für Öffentliches Recht und Völkerrecht, Bd. 34 (1983), S. 173—197.

6 Vgl. hierzu: W. Fiedler, Die Konventionen zum Recht der Staatensukzession. Ein Beitrag der ILC zur Entwicklung eines „modern international law"?, in: German Yearbook of International Law, Bd. 24 (1981), Berlin (West) 1982, S. 9ff.

Arbeitsprogramm aufzunehmen und entsprechende Artikelentwürfe für die völkerrechtliche Kodifizierung der Nachfolge zu erarbeiten. Dabei sollte die Staatenpraxis der nationalbefreiten Staaten besonders beachtet werden.[7]

Im Unterschied zu anderen Kodifikationsarbeiten (z. B. Seerecht, Vertragsrecht) war hier von Anbeginn offenkundig, daß es auf diesem Gebiet vor allem um eine Weiterentwicklung des Völkerrechts gehen würde.

Nach entsprechenden Vorarbeiten[8] begann die ILC 1963 und ab 1967 intensiv, die Thematik zu untersuchen. Unter Ausklammerung der Nachfolge von Regierungen und internationalen Organisationen konzentrierte sie sich in ihrer Tätigkeit bis 1974[9] auf die Anfertigung von Artikelentwürfen zur „Staatennachfolge in Verträge" und danach zur „Staatennachfolge in andere Materien als Verträge"[10], wobei letzterer Entwurf 1981 die endgültige Bezeichnung „Staatennachfolge in Staatsvermögen, Staatsarchive und Staatsschulden" erhielt.[11]

Während zum erstgenannten Entwurf 1977/78 eine Staatenkonferenz stattfand, die am 23. August 1978 mit der Annahme der „*Wiener Konvention über Staatennachfolge in Verträge*"[12] endete, wurde im Frühjahr 1983 ebenfalls in Wien eine Konferenz zum Artikelentwurf über Staatennachfolge in andere Materien durchgeführt, die am 8. April 1983 die „*Wiener Konvention über die Staatennachfolge in das Staatsvermögen, die Staatsarchive und die Staatsschulden*" verabschiedete.[13] Beide Konventionen sollen jeweils nach Hinterlegung der 15. Ratifikations- oder Beitrittsurkunde inkrafttreten[14]; das ist bisher noch nicht erfolgt.[15]

2. Methodische Aspekte

Bisher waren Theorienbildung und -streit über Probleme der Staaten- und Regierungsnachfolge vor allem in der bürgerlichen Völkerrechtslehre durch die Tatsache geprägt, daß es bis auf wenige Ausnahmen keine allgemein anerkannte völkerrechtliche Fixierung von Typen der Staatennachfolge sowie für die einzel-

7 Vgl. Yearbook of the International Law Commission (zitiert als YBILC) 1963, Bd. I, S. 189 bis 194; ebenda, Bd. II, S. 260ff.

8 Vgl. ebenda, Bd. II, S. 260.

9 Vgl. YBILC, 1974, Bd. II (Teil 1), S. 1ff. und S. 174ff.

10 Vgl. YBILC, 1967, Bd. II, S. 368ff.

11 Vgl. YBILC, 1981, Bd. II (Teil 2), S. 17f.

12 Vgl. A/CONF. 80/31. Deutscher Text in: Völkerrecht, Dokumente, Teil 3, Berlin 1980, S. 1044f.

13 Vgl. A/CONF. 117/14. Entwurf des deutschen Textes in: W. Poeggel/R. Meißner/Ch. Poeggel, Staatennachfolge in Verträge, a. a. O., S. 164ff.

14 Vgl. Art. 49 (Konvention von 1978) und Art. 50 (Konvention von 1983).

15 Nach der Übersicht der UNO (Stand 1983) haben 19 Staaten die Konvention von 1978 unterzeichnet; 6 Staaten haben die Konvention bereits ratifiziert bzw. sind ihr beigetreten.

nen Materien keine allgemeingültigen Rechtsnormen gab. Dies erklärt teilweise die Vielfalt und die nahezu Unüberschaubarkeit der Literatur.

Auch die sozialistische Völkerrechtswissenschaft analysierte eingehend Probleme der Staatennachfolge. Während die bürgerliche Doktrin allein den bloßen Territorialwechsel als Staatennachfolge in den Vordergrund stellt und somit auch die Annexion bzw. die Einverleibung anderer Völker einschließt, ist das Herangehen der sozialistischen Theorie von prinzipiell anderen Aspekten geprägt. Sie ordnet das territoriale Element der Staatennachfolge in den Prozeß der Verwirklichung des Selbstbestimmungsrechts der Völker ein und widmet den im Ergebnis von sozialen Revolutionen entstandenen neuen Staaten besondere Aufmerksamkeit.

Die beiden Wiener Konventionen über die Staatennachfolge haben hinsichtlich des normativen Materials (Definitionen, Typologie, Materien der Nachfolge, Grundregeln etc.) für Theorienbildung und -streit zur Staatennachfolge sowohl für die bürgerliche als auch für die sozialistische Völkerrechtslehre eine qualitativ neue Lage geschaffen. Die theoretische Diskussion muß nun die Existenz beider Konventionen berücksichtigen und sich mit ihnen auseinandersetzen.

Der Streit vor allem zwischen der bürgerlichen und der sozialistischen Völkerrechtstheorie über das Wesen der Staatennachfolge wird sicherlich fortdauern, aber er muß nun unter Berücksichtigung der vorliegenden Konventionen geführt werden. Hierfür gibt es im wesentlichen drei grundsätzliche Methoden des Herangehens:

a) Die Konventionen werden als einziges Kriterium für die Richtigkeit bisheriger theoretischer Auffassungen betrachtet;

b) die Konventionen werden vom Standpunkt der eigenen theoretischen Positionen einer Kritik bzw. Wertung unterzogen;

c) ausgehend von den Konventionen wird dialektisch einerseits die eigene Theorie überprüft und andererseits eine Bewertung der Konventionen vorgenommen.

Nach unserer Auffassung ist die dritte Methode am besten geeignet, um zu exakten wissenschaftlichen Erkenntnissen bei der Analyse von Ereignissen der Staatennachfolge sowie ihren Rechtsfolgen zu gelangen. Dabei gehen wir von der Prämisse aus, daß es einen qualitativen Unterschied zwischen dem als System von Rechtsnormen bestehenden Völkerrecht einerseits und der Völkerrechtswissenschaft (wobei hier wiederum zwischen der sozialistischen und bürgerlichen zu unterscheiden ist) andererseits gibt. Zwischen Völkerrechtswissenschaft und Völkerrecht besteht aber ein dialektischer Zusammenhang als Verhältnis von Theorie und Praxis.

Der vorliegende Beitrag knüpft an unsere Monographie über „Staatennachfolge in Verträge“[16] an und führt unter Berücksichtigung der 1983 angenommenen Konvention einige Überlegungen weiter.

16 W. Poeggel/R. Meißner/Ch. Poeggel, Staatennachfolge in Verträge, a. a. O.

Nach der Annahme der Wiener Konvention über Staatennachfolge in Verträge (1978) sind bisher in der sozialistischen Völkerrechtsliteratur einige monographische Darstellungen erschienen.[17] Nach unserem Überblick liegen seitens der bürgerlichen Wissenschaft solche Arbeiten bisher noch nicht vor, aber dafür gibt es eine ganze Anzahl von größeren Abhandlungen und Artikeln.[18]

Die sozialistischen Theoretiker nehmen in ihren Arbeiten im wesentlichen eine positive Einschätzung der Staatennachfolgekonvention von 1978 vor, ohne allerdings bestehende Mängel und Probleme zu übersehen. Analysiert man dagegen die uns zur Verfügung stehende bürgerliche Literatur, so gewinnt man vorläufig den Eindruck, daß die Autoren in ihrer Gesamtbewertung der Konvention „hin- und hergerissen" sind zwischen entschiedener Ablehnung (z. B. O'Connell)[19] und einer Position des Abwartens.[20] Das korrespondiert mit den Haltungen, die die meisten imperialistischen Staaten auf den Konferenzen zur Annahme der Konventionen eingenommen haben.

Wenn man eine erste und unvollständige theoretische Analyse beider Staatennachfolgekonventionen aus der Sicht der sozialistischen Völkerrechtstheorie vornimmt, so sind vor allem folgende Aspekte und Probleme zu erörtern:
a) Das Verhältnis der Konventionen zum völkerrechtlichen Institut der Staatennachfolge; b) die Definition der Staatennachfolge, die Klassifizierung der Nachfolgetypen und ihre Abgrenzung zur Regierungsnachfolge; c) die Materien der Staatennachfolge und der sachliche Geltungsbereich der Konventionen; d) der Zeitfaktor bei der Anwendung der Konventionen.

Wir heben die genannten Gesichtspunkte als die u. E. grundlegenden der Kodifikation der Staatennachfolge hervor, obwohl wir uns durchaus bewußt sind, daß diese Problemliste durch weitere Fragestellungen noch zu ergänzen ist. Dazu bedarf es aber noch einer vertiefenden Analyse des gesamten Materials der Staatennachfolgekonferenzen und der ILC.

17 Vgl. hierzu die Angaben unter Anm. 1).

18 Vgl. W. Fiedler, Die Konventionen zum Recht der Staatensukzession, a. a. O., S. 9ff.; D. P. O'Connel, Reflections on the State Succession Convention, in: Zeitschrift für ausländisches öffentliches Recht und Völkerrecht, Bd. 39 (1979), S. 725ff.; H. D. Treviranus, Die Konvention der Vereinten Nationen über Staatensukzession bei Verträgen, in: ebenda, S. 259ff.; K. Zemanek, Die Wiener Konvention über die Staatennachfolge in Verträge, in: Festschrift zum 90. Geburtstag von Alfred Verdross, Berlin (West) 1980, S. 721ff.; P. Fischer/H. F. Köck, Allgemeines Völkerrecht. Ein Grundriß, Eisenstadt 1980, S. 73ff.; I. Seidl-Hohenveldern, Das Wiener Übereinkommen über Staatennachfolge in Vermögen, Archive und Schulden von Staaten, a. a. O., S. 173ff.

19 Vgl. D. P. O'Connell, Reflections on the State Succession Convention, a. a. O., S. 725ff.

20 Vgl. u. a.: W. Fiedler, Die Konventionen zum Recht der Staatensukzession, a. a. O., S. 9ff.; I. Seidl-Hohenveldern, Das Wiener Übereinkommen über Staatennachfolge in Vermögen, Archive und Schulden von Staaten, a. a. O., S. 173ff.; K. Zemanek, Die Wiener Konvention über die Staatennachfolge in Verträge, a. a. O., S. 721ff.

3. Staatennachfolge als Institut des Völkerrechts

Ein Problem, das auch nach dem Vorliegen der beiden Konventionen für den theoretischen Meinungsstreit noch offen ist, besteht darin, ob es sich bei der Staatennachfolge um ein einheitliches Institut des Völkerrechts handelt.

Die DDR war der einzige Staat, der in seiner schriftlichen Stellungnahme klar die Meinung vertreten hat, daß die Staatennachfolge eine „homogeneous institution of international law" ist und es deshalb wünschenswert ist, die Gesamtproblematik in einer Konvention zu regeln. Im Falle von zwei Konventionen sollten wenigstens einheitliche Prinzipien zugrunde gelegt werden.[21]

Diese Auffassung wurde vom 2. Spezialberichterstatter für die Staatennachfolge in Verträge, Vallat, in seinem 1. Bericht mit folgender Begründung abgelehnt:

"As the work of the Commission has developed, however, it has become clear that, while there are certain elements in common between the various aspects, *there are material differences that justify different treatment.* For example, the view that 'the task of codifying the law relating to succession of Staates in respect of treaties appears, in the light of State practice, *to be rather one of determining within the law of treaties the impact* of the occurrence of a "succession of States" *than vice versa,*' does not apply to other aspects such *as succession of States in respect of State property.* For purposes of codification of the law relating to those aspects the provisions of the Vienna Convention could not be taken 'as an essential framework'. The rules to be *codified are likely to be different from, rather than homogeneous with,* those to be codified in relation to succession of States in respect of treaties. Though *there are undoubtedly common elements* in the various aspects of *the law relating to succession of States,* there are such *divergencies that* the Commission could not safely proceed on the *basis of the theory that* '*succession of States is a homogeneous* institution of international law'."[22]

Immerhin mußte er aber einräumen:

"*On the other hand,* it should be noted that most of the comments approved expressly or by implication *some degree of parallelism between the two sets of draft articles and, in particular, so far as possible the use of common definitions and common basic principles.* In the view of the Special Rapporteur, the Commission should constantly bear *this objective in mind in completing the draft articles* on succession of States in respect of treaties, so far as it can do so without distorting or unnecessarily hindering its work."[23]

21 Vgl. Report of the International Law Commission on the work of its twenty-sixth session, General Assembly, Official Records: Twenty-ninth session, Supplement No. 10 (A/9610/Rev. 1), New York 1975, p. 152.

22 Vgl. YBILC, 1974, Bd. II (Teil 1), S. 21, para. 85.

23 Ebenda, para. 87. Im Bericht der ILC über die Arbeit auf ihrer 31. Tagung heißt es dann z. B.: „The Commission decided to include in the present draft articles the definition of ‚succession

Letzlich ist auch mit der Ausarbeitung von zwei getrennten Konventionen diese Frage nicht klar beantwortet. Es handelt sich dabei lediglich um eine pragmatische Entscheidung, die vor allem daraus resultierte, daß die Arbeiten zur Staatennachfolge in Verträge schon weiter vorangeschritten waren und es sehr zweckmäßig erschien, erst einmal diesen Aspekt der Staatennachfolge zu regeln. In der ersten Phase der Ausarbeitung von Artikelentwürfen über die Staatennachfolge spielte auch noch bei einigen ILC-Mitgliedern die Überlegung eine Rolle, die Nachfolge in Verträge als eine Ergänzung der Wiener Vertragsrechtskonvention (WVK) von 1969 zu behandeln.[24] Es ist unbestritten, daß bei der Nachfolge in Verträge das Vertragsrecht eine wesentliche Rolle spielt, zumal dieses in Gestalt der WVK eine umfassende und klare Regelung gefunden hat. Dies darf aber nicht dazu führen, die Nachfolge in Verträge lediglich als Bestandteil des Vertragsrechts zu betrachten. Die Privilegierung des neuen unabhängigen Staates, wie sie insbesondere im Artikel 17 der Wiener Konvention von 1978 im Hinblick auf die Notifizierung der Nachfolge in einen in Kraft befindlichen multilateralen Vertrag zum Ausdruck kommt, läßt sich nicht mit der strikten Gleichberechtigung der Vertragspartner im Vertragsrecht erfassen, sondern resultiert aus der Spezifik und Zielsetzung der Staatennachfolge.

Die Spezifik des Komplexes Staatennachfolge wirkt determinierend und modifizierend bei den für die verschiedenen Materien geltenden unterschiedlichen Regeln. Auch die Tatsache, daß von der Entstehungsgeschichte dieses Kodifikationsprojektes her die Nachfolge in Verträge bei der Ausarbeitung des Vertragsrechts gemäß Artikel 73 der WVK ausdrücklich ausgeklammert wurde, ist nicht nur ein Argument für den vertragsrechtlichen Charakter der Problematik, sondern auch das Eingeständnis, daß die Staatennachfolge eine eigene Spezifik hat, die den vertragsrechtlichen Rahmen sprengt.

Dem mußte schließlich auch dadurch Rechnung getragen werden, daß in beiden Nachfolgekonventionen ein weitgehend einheitlicher Begriffsapparat und gleiche Grundprinzipien Anwendung finden. Darum geht es schließlich auch:

Der Staatennachfolge als komplexem historisch-sozialen Ereignis muß eine adäquate komplexe völkerrechtliche Regelung entsprechen.

Jede konkrete Normierung der einzelnen Materien der Nachfolge wird natürlich durch die Grundprinzipien des Völkerrechts und ebenso durch angrenzende Institute des Völkerrechts mitgeprägt. Hinsichtlich der Grundprinzipien ist dies besonders für das Selbstbestimmungsrecht der Völker, für die Souveränität und die Pflicht zur friedlichen Zusammenarbeit bedeutsam. So ist z. B. das Selbstbestimmungsrecht Grundlage für die Privilegierung des neuen unabhängigen Staates

of States' contained in the 1978 Vienna Convention, considering it desirable that, where the Convention and the draft articles refer to one and the same phenomenon, they should, as far as possible, give identical definitions of it". (YBILC, 1979, Bd. II. [Teil 2], S. 16).

24 Vgl. YBILC, 1974, Bd. II (Teil 1), S. 5, para. 13.

sowohl bei der Nachfolge in Verträge als auch bei der Nachfolge in andere Materien. Es ist aber auch eine wesentliche Grundlage für die anderen Typen der Staatennachfolge. Diese einheitliche Motivierung der Staatennachfolge im Interesse des gesellschaftlichen Fortschritts und der internationalen Zusammenarbeit würde bei der Negierung des eigenständigen Charakters der Staatennachfolge als einheitliches Institut des Völkerrechts abgeschwächt oder gänzlich in Frage gestellt.

Das völkerrechtliche Institut der Staatennachfolge existiert jedoch nicht isoliert von anderen Völkerrechtsinstituten. In diesem Zusammenhang sind insbesondere das Vertragsrecht, die Anerkennung und die Verantwortlichkeit zu nennen. Diese Zusammenhänge zwischen einzelnen Instituten des Völkerrechts stellen aber nicht deren Eigenständigkeit in Frage. Ausschlaggebend für ein einheitliches Institut der Staatennachfolge ist letztlich der ihm zugrundeliegende einheitliche Sachverhalt der Staatennachfolge als ein komplexer sozial-historischer Vorgang.

Schlußfolgernd kann festgehalten werden, daß die Negierung des Charakters der Staatennachfolge als einheitliches Institut des Völkerrechts und eine damit verbundene Überbetonung des Zusammenhangs zwischen der Nachfolge in Verträge und dem Recht der Verträge folgende Aspekte hat:

— Die bevorzugte Behandlung des neuen unabhängigen Staates, die ein wesentliches Charakteristikum der Staatennachfolge darstellt, würde durch die Betonung des von der Gleichheit der Vertragspartner geprägten Rechts der Verträge relativiert.[25]
— Eine einseitige Bindung der Staatennachfolge an das Vertragsrecht hätte zu einer Unterbewertung aller anderen Materien der Staatennachfolge geführt. Außerdem würde der Zusammenhang zu anderen relevanten Völkerrechtsinstituten vernachlässigt.

Diese Bestrebungen, die sowohl in den Vorbereitungsarbeiten der ILC zu verzeichnen waren als auch nunmehr bei der Interpretation der Konvention zum Ausdruck kommen, stellen letztlich ein Verharren in traditionellen völkerrechtlichen Vorstellungen und eine Unterschätzung des Elements „Weiterentwicklung“ (progressive development) im Verhältnis zur bloßen Kodifikation bei den Arbeiten dar, die zu den beiden Wiener Konventionen zur Staatennachfolge geführt haben.[26]

4. Definition und Klassifizierung der Staatennachfolgetypen

Eine zentrale Bedeutung kommt in beiden Konventionen der Definition der Staatennachfolge und in Verbindung hiermit der Klassifizierung der einzelnen

25 Vgl. hierzu: R. Szafarz, Succession of States in respect of Treaties in Contemporary International Law, a. a. O., S. 394/95.

26 Vgl. A. P. Mowtschan, Kodifizierung und Weiterentwicklung des Völkerrechts, Berlin 1974, S. 44ff.

Nachfolgetypen zu. Der dialektische Zusammenhang zwischen der Definition der Staatennachfolge und den konkreten Nachfolgefällen besteht darin, daß die Definition in abstrakter Form die Gemeinsamkeiten aller Staatennachfolgeereignisse zum Ausdruck bringt. Die Charakterisierung der Staatennachfolge in den Artikeln 2b) beider Konventionen als „die Ersetzung eines Staates durch einen anderen in der Verantwortlichkeit für die internationalen Beziehungen eines Territoriums" widerspiegelt ein für alle Fälle der Staatennachfolge typisches und grundlegendes Element — den Territorialwechsel. Sie beschränkt sich allerdings nur auf das faktische Ereignis einer Staatennachfolge und bezieht die sich daran anknüpfenden Rechtsfolgen nicht ein. Es handelt sich daher um eine sehr begrenzte, pragmatische und neutrale Formulierung, die nur eine äußere Erscheinungsform der Staatennachfolge erfaßt. Sie wird theoretisch erst verständlich und akzeptabel, wenn man sie in Verbindung mit den jeweils gleichlautenden Artikeln 6 bzw. 3 beider Konventionen betrachtet, wonach Staatennachfolge in Übereinstimmung mit den Grundprinzipien des Völkerrechts und hier insbesondere mit dem des Selbstbestimmungsrechts der Völker stehen muß. Wenn man die Definition nur aus wissenschaftlicher Sicht beurteilt, dann ist sie zweifellos unzureichend, aber darauf kommt es hier allein nicht an.

Die ILC hat stets zurecht betont, daß es sich bei ihrer Definition lediglich um eine für Zwecke der Konventionen gewählte Formulierung handelt, die nicht den Anspruch wissenschaftlicher Vollständigkeit erhebt. Wir haben bereits in unserer Monographie diese Problematik ausführlich erörtert und vom Standpunkt der sozialistischen Theorie folgende Definition vorgeschlagen:

„Bei der Staatennachfolge handelt es sich um einen historisch-sozialen Prozeß des Staatenwechsels (faktische Seite), an den das Völkerrecht bestimmte Rechtsfolgen knüpft (völkerrechtliche Seite). Staatennachfolge ist der Souveränitätswechsel (Diskontinuität der Staatsgewalt) in Übereinstimmung mit den Grundprinzipien des Völkerrechts, vor allem mit dem Selbstbestimmungsrecht der Völker, dem Annexionsverbot und der Pflicht zur friedlichen Zusammenarbeit. Das völkerrechtliche Institut der Staatennachfolge umfaßt die Gesamtheit der Rechtsnormen, die regeln, in welchem Umfang und in welcher Art und Weise völkerrechtliche Rechte und Pflichten des Vorgängerstaates, die dem jus cogens entsprechen, vom Nachfolgestaat übernommen werden können oder müssen und welche korrespondierenden Rechte und Pflichten daraus für andere Staaten (Drittstaaten) entstehen."[27]

Wenn man sich — ausgehend von der allgemeinen Definition der Staatennachfolge — der Klassifizierung und Charakterisierung der einzelnen Nachfolgetypen zuwendet, kann man die in beiden Konventionen erfaßten Typen — nämlich „neuer unabhängiger Staat", Vereinigung, Separation, Zerfall eines Staates in zwei oder mehrere Nachfolgestaaten sowie die Gebietsübertragung zwischen zwei bestehenden Staaten — grundsätzlich akzeptieren. Ungünstig erscheint lediglich

27 W. Poeggel/R. Meißner/Ch. Poeggel, Staatennachfolge in Verträge, a. a. O., S. 75.

die im Artikel 34 der Konvention von 1978 vorgenommene Verknüpfung von Separation und Zerfall (Dissolution) eines Staates, weil dadurch wesentliche Unterschiede beider Typen verwischt werden.[28] Dieser Mangel wird jedoch in der Konvention von 1983 erfreulicherweise aufgehoben, indem jeder Fall gesondert definiert und geregelt wird.[29]

Der für die Staatennachfolge tragende Grundsatz des Selbstbestimmungsrechts der Völker wurde aber in beiden Konventionen hinreichend zur Geltung gebracht, wobei trotz aller Kritik imperialistischer Länder der aus der nationalen Befreiungsrevolution hervorgegangene „neue unabhängige Staat" zurecht im Mittelpunkt beider Konventionen steht. Vom Standpunkt der marxistisch-leninistischen Völkerrechtstheorie ist als prinzipieller Mangel festzustellen, daß die Konventionen nur diesen aus einer sozialen Revolution hervorgegangenen Staat als Nachfolgetyp direkt behandeln. Dagegen wird der als Resultat einer sozialistischen Revolution entstandene Staat grundsätzlich nicht erfaßt. Für ihn kommen die Regeln der Konventionen nur dann in Frage, wenn er zugleich mit einem der in den Konventionen geregelten Typen zusammenfällt. Die ILC und im Ergebnis auch die Konventionen erkennen aber ansonsten den neu entstandenen sozialistischen Staat nicht als Fall der Staatennachfolge an. Der Spezialberichterstatter Vallat gab dafür die Begründung, daß hier philosophische Fragen des Staates, der völkerrechtlichen Anerkennung und der Regierungsnachfolge berührt würden, die man aber in den Konventionen wegen ihrer politischen Brisanz ausgeklammert habe.[30]

Damit bleiben wesentliche Probleme der Einordnung von Nachfolgeereignissen als Staaten- oder Regierungsnachfolge unbeantwortet. Dieses Herangehen widerspiegelt ein bestimmtes Kräfteverhältnis in der ILC und auf den Staatenkonferenzen. Es erweist sich als ein Nachteil, daß die ILC Probleme der Regierungsnachfolge nicht bearbeitet hat. Wir verkennen hierbei keineswegs die theoretischen und praktischen Schwierigkeiten einer Abgrenzung beider Arten der Nachfolge, aber man hätte wenigstens versuchen sollen, Gemeinsamkeiten und Unterschiede zwischen Staatennachfolge und Regierungsnachfolge sowie die daraus resultierenden Rechtsfolgen zu behandeln. Trotz aller grundlegenden Meinungsverschiedenheiten in dieser Frage wäre es nützlich gewesen, einige praktische Regeln aufzustellen. Es gibt ja nicht nur Unterschiede zwischen Staatennachfolge und Regierungsnachfolge, sondern auch zahlreiche Gemeinsamkeiten. Die wichtigste besteht gerade darin, daß sich beide auf den Staat beziehen und Ausdruck der Verwirklichung des Selbstbestimmungsrechts der Völker auf einer bestimmten historischen Stufe sind. Wenn man die Geschichte betrachtet, wird man sicherlich kaum übersehen können, daß eigentlich die weitreichenden Veränderungen in den

28 Vgl. Art. 34 bis 37 der Konvention von 1978; vgl. auch: ebenda, S. 33ff.
29 Vgl. jeweils die Artikel 17 und 18, 30 und 31 sowie 40 und 41 der Konvention von 1983.
30 Vgl. YBILC, 1974, B. II (Teil 1), S. 15/16, paras. 53—57.

internationalen Beziehungen und im Völkerrecht nicht vorrangig von den in der bürgerlichen Theorie und Praxis anerkannten „klassischen“ Typen der Staatennachfolge ausgegangen sind. Es kann wohl kaum geleugnet werden, daß z. B. die bürgerliche französische Revolution, die Große Sozialistische Oktoberrevolution und die zahlreichen nationalen Befreiungsrevolutionen qualitativ mehr Diskontinuität als Kontinuität im Völkerrecht hervorgerufen haben, obwohl die jeweils bestehenden Großmächte durch die Behandlung dieser neuen Staaten als „Regierungsnachfolge“ gerade diese Diskontinuität verhindern wollten, um „alles beim Alten“ belassen zu können. Immerhin besteht das qualitativ Neue der Staatennachfolgekonventionen darin, daß in ihnen der „neue unabhängige Staat“ als wichtigster Fall der Staatennachfolge anerkannt worden ist.

Wir stellen keineswegs in Abrede, daß es in der Praxis durchaus schwierig ist, eine im Ergebnis einer sozialen Revolution entstandene Staatsmacht als Fall einer Staatennachfolge oder einer Regierungsnachfolge einzuordnen. Seit den 70er Jahren vollziehen sich unterschiedliche soziale Revolutionen und damit verbundene grundlegende Veränderungen von Staaten, die teilweise noch nicht abgeschlossen sind und es daher sehr schwierig machen, sie als Staaten- oder Regierungsnachfolge einzuordnen. In diesem Zusammenhang sei nur auf die sozial-historischen Prozesse in Nikaragua, Iran, Afghanistan, u. a. Länder verwiesen. Folgende Aspekte sind hier besonders hervorzuheben:

a) Die in Ausübung des Selbstbestimmungsrechts vor sich gehenden sozialen Revolutionen haben innerhalb kurzer Zeit das jeweilige politische Regime — vor allem die Staatsmacht und -form — grundlegend verändert. Die Umgestaltung der Eigentums- und Produktionsverhältnisse vollzieht sich in einem sehr langen und nicht genau bestimmbaren Zeitraum.

Wie die Praxis gezeigt hat, sind diese Prozesse unter Verletzung des Selbstbestimmungsrechts auch umkehrbar (z. B. Chile).

b) Es ist zu beobachten, daß die alten Rechtsverhältnisse keineswegs kontinuierlich fortgeführt werden, sondern zum Teil mit größeren Veränderungen als bei mancher Staatennachfolge verbunden sind. Während die neue Staatsmacht einerseits die Fortführung gleichberechtigter Verträge unterstreicht, führt sie andererseits einen zähen Kampf um die Änderung oder Aufhebung jener Verträge, die ihren nationalen Interesse widersprechen. Dabei nutzt sie das durch das allgemeine Vertragsrecht zur Verfügung stehende Instrumentarium, um sich aus den Verträgen zu befreien. Hier spielt die Norm der grundlegenden Veränderung der Umstände (Art. 62 der WVK) eine besondere Rolle. Die Anwendung des Art. 62 WVK auf Fälle der Regierungsnachfolge birgt u. E. große Unsicherheiten in sich. Es erweist sich auch daher als ein Mangel, daß man sich nicht bemüht hat, bestimmte Rechtsfolgen der Staatennachfolge auf Ereignisse einer Regierungsnachfolge entsprechend anzuwenden.

c) Wir haben auf der Grundlage des Selbstbestimmungsrechts den subjektiven Faktor zu berücksichtigen, wonach es für die Annahme einer Staaten- oder Regierungsnachfolge wesentlich ist, als was sich die neue Staatsgewalt selbst betrachtet und völkerrechtlich behandelt wissen will.

d) Die im Ergebnis sozialer Revolutionen entstandene neue Staatsmacht wird in der Regel nicht als Staat, sondern als Regierung anerkannt.

Die Regierungsnachfolge und die völkerrechtliche Anerkennung als neue Regierung hat offensichtlich eine solche Bedeutung erlangt, die eine unmittelbare Nähe zur Staatennachfolge erkennen läßt. Entgegen der Auffassung von der Diskontinuität des Staates im Falle einer Staatennachfolge und der Beibehaltung seiner Identität bei einer Regierungsnachfolge, wie sie in der bürgerlichen Theorie und Praxis so nachdrücklich betont wird[31] zwingt doch eine historisch-konkrete Analyse dazu, die Relativität dieser Unterscheidung für die Rechtsfolgen zu betonen.

Wir haben bereits früher hervorgehoben, daß eine Vernachlässigung der Regierungsnachfolge bedeutet, daß sich die davon betroffenen Staaten auf die Norm der grundlegenden Veränderungen der Umstände stützen (Art. 62 WVK), um eine Neuordnung der völkerrechtlichen Verhältnisse ihrer Vorgänger-„Regierung" vorzunehmen. Auf diese Problematik hat aus bürgerlicher Sicht neuerdings Köck in seinem Beitrag „Altes und Neues zur Clausula rebus sic stantibus"[32] aufmerksam gemacht. Gegen die Anerkennung einer sozialen Revolution als Fall der Staatennachfolge wird immer wieder geltend gemacht, man könne sie nicht von einem Coup d'état, einer Palastrevolte oder Konterrevolution abgrenzen.[33] Das grundlegende gemeinsame Element sowohl für die Staatennachfolge im allgemeinen als auch für die soziale Revolution im besonderen ist das Selbstbestimmungsrecht. Dagegen richten sich z. B. Konterrevolutionen in Chile und anderen Ländern gegen das Selbstbestimmungsrecht der Völker. Die betreffenden Regimes werden deshalb wegen ihrer massenhaften Verletzung der grundlegenden Menschenrechte in der UNO und von anderen internationalen Organisationen verurteilt.

Der Widerstand der imperialistischen Staaten gegen die Behandlung zahlreicher aus sozialen Revolutionen hervorgegangener Staaten als Nachfolgestaaten ist letztlich nur damit zu erklären, daß sie gegen die dadurch bewirkten sozialen Veränderungen sind. Es ist daher einerseits zu begrüßen, daß die beiden Staatennachfolgekonventionen eine Reihe von Typen der Staatennachfolge völkerrechtlich geregelt haben. Andererseits ist es jedoch ein Mangel, daß die sozialistische Revo-

31 Vgl. K. Marek, Identity and Continuity of States in Public International Law, a. a. O.; W. Fiedler, Das Kontinuitätsproblem im Völkerrecht, a. a. O.

32 H. F. Köck, Altes und Neues zur Clausulus rebus sic stantibus, in: Völkerrecht und Rechtsphilosophie. Internationale Festschrift für Stephan Verosta zum 70. Geburtstag, Berlin (West), 1980, S. 84ff.; vgl. weiter: (ohne Verf.) Revolutions, Treaties and State Succession, in: The Yale Law Journal, Bd. 76 (1967), S. 1669ff.; A. C. Bundu, Recognition of Revolutionary Authorities: Law and Practice of States, in: The International and Comparative Law Quarterly, Bd. 27 (1978), S. 18ff.

33 Vgl. ebenda.

lution nicht als Fall der Staatennachfolge erfaßt wurde und keine Aussage über die Abgrenzung der Staatennachfolge von der Regierungsnachfolge getroffen wurde.

5. Materien der Staatennachfolge

Für die Kodifikationsarbeiten war von Anbeginn eines der Hauptprobleme, welche Rechtsverhältnisse im Zusammenhang mit einer Staatennachfolge geregelt werden müssen. Wenn man die ersten Überlegungen hierzu in der ILC analysiert, so zeigt sich, daß die vom Unterkomitee aufgelisteten Gegenstände erkennen ließen, daß man sowohl völkerrechtlich relevante Materien als auch solche erfaßt hatte, die ihrem Wesen nach in die innerstaatliche Kompetenz des Nachfolgestaates gehören. Es sei hier nur auf solche Punkte wie Staatsbürgerschaft, Rechtsverhältnisse von natürlichen und juristischen Personen, Status von Ausländern, „wohlerworbene Rechte" (acquired rights) u. a. verwiesen.[34] Diese Tendenz widerspiegelte sich auch auf den Staatenkonferenzen selbst. Es ist daher insgesamt zu begrüßen, daß sich die ILC und auch die Konferenzen im Verlaufe ihrer Arbeit zur Staatennachfolge strikt auf die Regelung von völkerrechtlichen Auswirkungen einer Staatennachfolge beschränkten; gab es doch bis zum Abschluß der Konvention von 1983 massive Versuche, Sachverhalte in die Konventionen einzubeziehen, die in ihrer Substanz die neuen Staaten gezwungen hätten, die Rechtsordnung des Vorgängerstaates unverändert zu übernehmen. Die Konventionen regeln als Materien der Staatennachfolge völkerrechtliche Verhältnisse zwischen Staaten und anderen Völkerrechtssubjekten in bezug auf Verträge, Staatsvermögen, Staatsarchive und Staatsschulden. Der Artikel 5 der Konvention von 1983 sieht vor, daß sie keine Auswirkung auf andere als durch die vorliegende Konvention erfaßten Materien hat und auch diesbezüglich nichts präjudiziert.

Dies ist unter Berücksichtigung der Konvention über die Staatennachfolge in Verträge durchaus folgerichtig im Sinne einer Abgrenzung in der Anwendung beider Konventionen. Gleichzeitig wird aber auch die Frage nach weiteren Materien aufgeworfen, die bisher durch beide Konventionen nicht geregelt wurden. Wir vertreten hierzu jedoch die Auffassung, daß mit den beiden Konventionen die völkerrechtlich bedeutsamen Rechtsfolgen einer Staatennachfolge erfaßt worden sind. Es mag im konkreten Fall durchaus weitere Sachverhalte geben, bei denen völkerrechtliche Aspekte eine Rolle spielen könnten. Diese werden aber kaum von substantiellem Gewicht sein. Es ist für die beteiligten Staaten günstiger, wenn sie auf der Basis der Grundprinzipien des Völkerrechts und in entsprechender Anwendung der Normen beider Konventionen einen völkerrechtlichen Kompromiß aushandeln. Der Vorzug der Konventionen besteht in dieser Hinsicht darin, daß sie einen „Perfektionismus" vermieden haben.

34 Vgl. YBILC, 1963, Bd. II, S. 261.

6. Zeitfaktor bei der Anwendung der Konventionen

Der Zeitfaktor bei der Anwendung der Nachfolgekonventionen ist in jedem konkreten Fall insbesondere mit der Frage verbunden, ab wann und wielange sich ein neuer Staat auf den Rechtsstatus des Nachfolgers gegenüber anderen Staaten berufen darf.

Die Antwort darauf kann nicht losgelöst von solchen Aspekten erfolgen wie dem Datum des Nachfolgeereignisses, der rückwirkenden Anwendung der Konventionen, der völkerrechtlichen Anerkennung des Nachfolgestaates und schließlich der Zeitdauer, die die beteiligten Staaten für eine völkerrechtliche Regelung einzelner Nachfolgematerien benötigen. Als Datum des Eintritts der Staatennachfolge bezeichnen beide Konventionen jeweils in Art. 2 den Zeitpunkt, an „. . . dem der Nachfolge staat den Vorgängerstaat in der Verantwortlichkeit . . . ersetzt hat . . ." Dieses Datum ist der entscheidende Punkt im historisch-sozialen Prozeß der Entstehung eines neuen Staates.

Obwohl die Herausbildung eines neuen Staates in vielen Fällen eine Reihe von Jahren beansprucht, so hat in der Regel doch jeder Neustaat ein „Geburtsdatum" in Gestalt eines Staatsgründungsaktes, dessen Datum häufig als Nationalfeiertag gilt. Dieses Datum ist zugleich der Beginn der Staatennachfolge für den betreffenden Staat. Wenngleich in einzelnen Fällen Schwierigkeiten bezüglich des Datums auftreten können, so hat doch die neuere Geschichte bewiesen, daß in der Regel die Bestimmung des Datums der Staatennachfolge weniger Probleme aufwirft, als es den Anschein hat. Dies wird in jüngster Zeit durch die Anerkennung neuer Staaten und ihre Aufnahme in die UNO unterstrichen. Daran ändert auch nichts die Tatsache, daß in den 50er und 60er Jahren die imperialistischen Mächte gegenüber sozialistischer Staaten eine Politik der Nichtanerkennung und Diskriminierung betrieben und dadurch zeitweilig eine Beeinträchtigung dieser Nachfolgestaaten in der Wahrnehmung ihrer Rechte bewirkten. Hiermit war auch die sogenannte Sperrklausel in völkerrechtlichen Verträgen mit universellem Charakter verbunden. Diese diskriminierende Bestimmung wurde Anfang der 70er Jahre durch die „All-Staaten-Klausel" ersetzt.

Ein weiterer Aspekt für den neuen Staat besteht darin, daß er zum Zeitpunkt seiner Entstehung noch nicht Mitglied der beiden Konventionen sein kann und daher ihre Bestimmungen noch nicht zur völkerrechtlichen Regelung seiner Nachfolge herangezogen werden können. Aufgrund dessen sehen beide Konventionen die Möglichkeit ihrer rückwirkenden Anwendung (Art. 7 bzw. Art. 4) vor, wenn der Nachfolgestaat eine solche Absicht erklärt bzw. mit Drittstaaten vereinbart. Während im allgemeinen Vertragsrecht ein generelles Rückwirkungsverbot besteht (Art. 4 und 28 der WVK), ist bezüglich der Staatennachfolge eine rückwirkende Anwendung geradezu erforderlich, wenn die Konventionen überhaupt eine effektive völkerrechtliche Wirksamkeit erlangen sollen.

Für den Zeitfaktor bei der Anwendung der Konventionen spielt im konkreten

Fall die völkerrechtliche Anerkennung des Nachfolgestaates eine wichtige Rolle. Die Souveränität eines Staates und seine Völkerrechtssubjektivität besteht ipso jure und wird nicht erst durch die völkerrechtliche Anerkennung „verliehen". Wenn auch die völkerrechtliche Anerkennung von Staaten und Regierungen ein selbständiges Institut des Völkerrechts ist, so besteht dennoch eine bestimmte Beziehung zur Staatennachfolge, weil die Anerkennung sowohl das politische als auch das völkerrechtliche Instrument darstellt, mit dem bestehende Staaten ihre internationalen Beziehungen zu dem neuen Staat regeln. Grundsätzlich ist davon auszugehen, daß der Rechtsstatus eines Nachfolgestaates nicht von der vorherigen völkerrechtlichen Anerkennung bereits bestehender Staaten abhängig ist. Andernfalls wäre es eine Frage des subjektiven Ermessens einzelner Staaten, ob ein Nachfolgestaat von den ihm aus dem völkerrechtlichen Institut der Staatennachfolge erwachsenden Rechten überhaupt Gebrauch machen kann.

Der enge Zusammenhang zwischen dem völkerrechtlichen Institut der Staatennachfolge und der Anerkennung zeigt sich besonders deutlich im bilateralen Bereich. Der neue Staat wird eine völkerrechtliche Regelung von Materien der Nachfolge mit einem bestimmten Drittstaat praktisch erst dann realisieren können, wenn er zuvor von diesem anerkannt worden ist. Insofern hat der Termin der Anerkennung des Neustaates durchaus erhebliche Auswirkungen auf die Zeitdauer der Anwendung von Nachfolgeregelungen zwischen einem Neu- und einem Drittstaat.

Als weiterer wesentlicher Aspekt ist zu berücksichtigen, daß die beteiligten Staaten oft viele Jahre benötigen, um einvernehmliche völkerrechtliche Regelungen der betreffenden Materien der Nachfolge zu erzielen. Diese Tatsache erscheint uns letztlich als das bestimmende Kriterium dafür, wie lange sich ein neuer Staat auf den Rechtsstatus als Nachfolgestaat gegenüber einem anderen Staat berufen kann. Die Erfahrungen nach dem ersten und zweiten Weltkrieg haben gezeigt, daß die Regelung umstrittener Nachfolgematerien oft sogar Jahrzehnte dauerte bzw. noch andauert.

Insgesamt ergibt sich aus den hier in Betracht kommenden Aspekten, daß eine exakte zeitliche Bestimmung oder Eingrenzung für die Inanspruchnahme des Nachfolgestatus oder der Anwendung der in den Konventionen enthaltenen Normen für den Einzelfall nicht vorgenommen werden kann. Dies ist weder als Kritik noch als Mangel zu werten. Logisch betrachtet ist ein anderes Resultat nicht möglich.

7. Zusammenfassende Würdigung

Im Ergebnis der Analyse kann die Aussage getroffen werden, daß beide Wiener Konventionen zur Staatennachfolge den grundlegenden Prinzipien des Völkerrechts, insbesondere dem Selbstbestimmungsrecht der Völker, entsprechen. Da beide Konventionen ein und denselben Sachverhalt zum Gegenstand haben, nämlich die Rechtsfolgen einer Staatennachfolge, stehen sie auch in einem untrennbaren Verhältnis zueinander. Dieser Zusammenhang kommt vor allem in der Einheitlichkeit grundlegender Begriffe und Definitionen sowie in der Struktur und dem Aufbau zum Ausdruck. Die allgemeinen Nachfolgegrundsätze stellen einen ausgewogenen Kompromiß sowohl zwischen dem clean-slate-Prinzip als auch dem Kontinuitätsprinzip dar. In ihrem jeweiligen Anwendungsbereich werden sie unter Berücksichtigung des konkreten Nachfolgeereignisses und der betreffenden Materie der Nachfolge sinnvoll eingegrenzt.

In beiden Konventionen wurde unter Beachtung ihrer grundlegenden Bestimmungen den betreffenden Nachfolge- und Drittstaaten ein angemessener Entscheidungsspielraum bei der Regelung der einzelnen Materien eingeräumt. Bezüglich der Verträge kommt das vor allem in der häufig verwandten Formel zum Ausdruck, daß die Nachfolge mit Gegenstand und Ziel eines Vertrages vereinbart sein muß bzw. die Bedingungen für seine Durchführung nicht grundlegend geändert werden. Hinsichtlich der Regelung der Nachfolge in das Staatsvermögen, die Staatsarchive und in die Staatsschulden widerspiegelt sich das sowohl im Grundsatz der Wahrung des Prinzips der ständigen Souveränität jedes Volkes über seine Reichtümer und natürlichen Ressourcen als auch in den Teilungskriterien, wobei hier vor allem der Angemessenheitsgrundsatz, die Billigkeit und Gerechtigkeit sowie die Berücksichtigung aller relevanten Faktoren zu nennen sind.

Obgleich dieser Entscheidungsspielraum von den imperialistischen Staaten heftig kritisiert wurde, ermöglichen es gerade diese Grundsätze, der Unterschiedlichkeit eines jeden Nachfolgefalles gebührend Rechnung zu tragen.

Diese insgesamt positive Würdigung beider Konventionen soll keineswegs die bereits dargelegten und andere Probleme der Konventionen verdecken. Sie stellen aber keine durchgreifenden Schwächen im Verhältnis zu den Vorteilen der erzielten Kodifikation der Staatennachfolge dar.

Es ist angesichts der eingangs erwähnten Unsicherheiten und Widersprüche in Theorie und Praxis der Staatennachfolge als bedeutsamer politischer und rechtlicher Erfolg zu werten, daß es mit der Annahme der beiden Wiener Konventionen zur Staatennachfolge gelungen ist, die völkerrechtlichen Auswirkungen der Staatennachfolge zu kodifizieren und damit erheblich zur Weiterentwicklung des Völkerrechts auf diesem Gebiet beizutragen. Wenn es auch noch einige Jahre dauern wird, bis die Konventionen inkrafttreten und weltweite Verbindlichkeit erlangen, so wirkt jedoch schon jetzt die bloße Existenz beider Konventionen. Sie tragen bereits heute dazu bei, in den internationalen Beziehungen größere Rechtssicherheit hinsichtlich der völkerrechtlichen Regelung von Ereignissen der Staatennachfolge zu ermöglichen.[35]

35 Vgl. C. Th. Eustathiades, Unratified Codification Conventions, Geneve 1973 (Gilberto Amado Memorial Lecture).

Резюме

В. Пэггель/Р. Мейснер/К. Пэггель

К теории правопреемства государств в результате кодификации в рамках ООН

На практике и в теории международного права правовые последствия правопреемства государств являются объектом оживленных споров. Историческое и социальное разнообразие явлений правопреемства государств и противоречивое регулирование связанных с этим международно-правовых аспектов привели к тому, что до сих пор сложились лишь немногие общепризнанные обычные нормы международного права.

После принятия конвенций о правопреемстве 1978 и 1983 гг. теоретическая дискуссия должна теперь учитывать этот факт. Исходя из этих обеих конвенций, авторы видят в диалектическом подходе наилучший метод, чтобы, с одной стороны, критически проверить собственные теоретические взгляды и, с другой, подвергнуть конвенции такой же критической оценке.

В частности, рассмотрению подвергаются следующие проблемы: а) отношение конвенций к международно-правовому институту правопреемства государств; б) определение правопреемства государств, классификация типов правопреемства и их разграничение в отношении правопреемства правительств; в) области правопреемства государств и конкретная сфера действия конвенций; г) фактор времени в применении.

В результате своего анализа авторы приходят к выводу, что обе конвенции, касающиеся правопреемства государств, соответствуют основным принципам международного права, в особенности праву народов на самоопределение. Обе конвенции находятся в неразрывной взаимосвязи, что прежде всего выражается в единстве основных понятий и определений, а также в структуре. Общие принципы правопреемства представляют собой сбалансированный компромисс как между принципом „чистого слоя“ („clean slate“), так и принципом непрерывности. В каждой отдельной сфере их применения они рационально ограничиваются с учётом конкретного проявления правопреемства и соответствующего ему объекта. Одновременно соответствующим государствам — преемникам и третьим государствам предоставляется надлежащая возможность регулирования отдельных областей.

Авторы придерживаются мнения, что обе конвенции о правопреемстве государств уже теперь позволяют достичь большой правовой надёжности по вопросу международноправового регулирования явлений правопреемства государств в международных отношениях.

Summary

W. Poeggel/R. Meißner/Ch. Poeggel

Theoretical Aspects of State Succession Following the Codification Work of the United Nations

The legal consequences of state succession are greatly disputed in practice as well as in theory of international law. The historical and social particularities of separate events of state succession and contradictory regulations of the connected international matters resulted in the development of only a few rules of general international customary law.

The fact of the adoption of two conventions on state succession in 1978 and 1983 now must be taken into account for theoretical discussions. On the basis of these two conventions the authors prefer the dialectic method for a critical appraisal of their own theoretic conceptions and of the conventions too.

In particular the following problems will be examined:
a) the relationship between the conventions and the international legal institute of state succession;
b) the definition of state succession, the classification of types of state succession and the differentiation against succession of governments;
c) the matters of state succession and the scope of the conventions;
d) the temporal factor in the application of the conventions.

As a result of their analysis the authors draw the conclusion that both conventions on succession of states are in conformity with the fundamental principles of international law, especially with the right to self-determination of people. Both conventions are connected by an inseparable relation which becomes obvious in the correspondence of fundamental terms and definitions as well as in the structure. The general principles of succession represent a well-balanced compromise between the principles of clean slate and of continuity. In their specific areas of application they are reasonably restricted, dependent on the separate event of succession and the corresponding matter of succession.

Within the framework of the basic provisions the conventions offer to successor states and third states concerned an appropriate latitude for decisions in respect of the regulation of separate matters.

The authors hold the view that the two conventions on succession of states already at present contribute to a greater reliability in international relations regarding the regulation of events of state succession according to international law.

L. Rüster

Die völkerrechtlichen Grundlagen der Zusammenarbeit im RGW

Der RGW hat in den 35 Jahren seines Bestehens einen bedeutenden Beitrag zur wirtschaftlichen Entwicklung seiner Mitgliedsländer, zur Vertiefung ihrer gegenseitigen ökonomischen Beziehungen und zur Festigung ihrer Positionen in der Weltwirtschaft geleistet.

Ursprünglich als regionale ökonomische Organisation von sechs europäischen Staaten — Bulgarien, Ungarn, Polen, Rumänien, UdSSR und Tschechoslowakei — gegründet, umfaßt der RGW heute zehn sozialistische Länder auf drei Kontinenten — außer den sechs Gründungsmitgliedern die DDR, Vietnam, die Mongolei und Kuba — mit einer Bevölkerung von 440 Millionen Menschen. Die zehn RGW-Länder bestreiten — mit etwa einem Zehntel der Weltbevölkerung — ein Drittel der Weltindustrieproduktion. Mehr als 18 % ihres Nationaleinkommens setzen die RGW-Länder über den gegenseitigen Außenhandel um; die VRB, die UVR, die DDR und die ČSSR liefern 30—40 % ihrer Maschinenbauproduktion auf den RGW-Markt. Der gesamte Außenhandelsumsatz der RGW-Länder stieg seit 1950 um das 30-fache.[1]

Gegenwärtig stehen die entwickelten RGW-Länder am Anfang einer neuen Etappe ihrer wirtschaftlichen Entwicklung — dem Übergang zum Typ der vorwiegend intensiv erweiterten Reproduktion. Die Intensivierung der wirtschaftlichen Entwicklung im Innern bedingt auch eine grundlegende Umgestaltung des Inhalts und der Struktur der sozialistischen internationalen Arbeitsteilung. Die Zusammenarbeit im RGW wird deshalb vor allem auf die Nutzung der qualitativen Wachstumsfaktoren der Wirtschaft orientiert — die Beschleunigung des wissenschaftlich-technischen Fortschritts, die Beherrschung von Innovationsprozessen, die Verbindung von Wissenschaft, Technik, Produktion und Absatz zu einem geschlossenen Reproduktionszyklus, die Entwicklung und Anwendung energie- und ressourcensparender Technologien, den Einsatz der Mikroelektronik und Robotertechnik in der Volkswirtschaft, die Einführung neuer, hochproduktiver Erzeugnisse mit geringem Materialaufwand in die Produktion u. a. Aufgaben der Intensivierung.[2]

1 Vgl. „Ökonomische Zusammenarbeit der Mitgliedsländer des RGW", 1984/1, S. 2 und Nr. 2, S. 37.

2 Vgl. hierzu insbesondere O. Čukanov, Integracija kak faktor intensifikacii ekonomiki stran SEV, in: Kommunist, 1982/17, S. 103 und O. Bogomolov, SEV: ekonomiceskaja strategija 80-ich godov, in: ebenda, 1983/7, S. 73.

Dem RGW fällt bei der Lösung dieser Aufgaben eine wichtige Rolle zu. Im Zentrum seiner Tätigkeit steht die Ausarbeitung einer einheitlichen wissenschaftlich-technischen Politik und einer gemeinsamen Wirtschaftsstrategie der RGW-Länder. Davon sind konkrete Maßnahmen zur Vereinigung der Anstrengungen und Ressourcen der Mitgliedsländer in ausgewählten Bereichen, zur weiteren Vervollkommnung der Koordinierung der Volkswirtschaftspläne und zur Entfaltung einer breiten und tiefgreifenden Wissenschafts- und Produktionskooperation abzuleiten.[3]

Ein aktiver Faktor bei der Gestaltung der wirtschaftlichen und wissenschaftlich-technischen Zusammenarbeit im RGW ist deren rechtliche Regelung. Sie ist ein unverzichtbares Instrument zur Herausbildung eines funktionsfähigen, effektiven Mechanismus der sozialistischen ökonomischen Integration. Die Vervollkommnung der Rechtsgrundlagen der Zusammenarbeit der Mitgliedsländer des RGW ist deshalb eine wesentliche Komponente der Weiterentwicklung und Vertiefung des Integrationsprozesses.[4] Die sich daraus ergebenden Aufgaben der Rechtsbildung und Rechtsverwirklichung erfordern die ständige, konzentrierte Aufmerksamkeit der sozialistischen Rechtswissenschaft.[5]

Die rechtliche Regelung der sozialistischen ökonomischen Integration hat komplexen Charakter; sie erfaßt sowohl zwischenstaatliche als auch Beziehungen auf der Ebene der Wirtschaftsorganisationen und Wissenschaftseinrichtungen.[6] Hauptträger des Integrationsprozesses sind die sozialistischen Staaten. Die Beziehungen zwischen ihnen bilden folglich die Achse in dem mehrdimensional verflochtenen Beziehungsgefüge der sozialistischen ökonomischen Integration. Daraus leitet sich auch die fundamentale Bedeutung der rechtlichen Regelung der Integrationsbeziehungen auf zwischenstaatlicher Ebene ab.

Aus dem großen Kreis damit verbundener Rechtsfragen sollen in dem vorliegenden Beitrag einige aktuelle Aspekte der Völkerrechtsprinzipien der ökonomischen Zusammenarbeit der RGW-Länder und der völkerrechtlichen Formen der Tätigkeit des RGW behandelt werden.

3 Vgl. Wirtschaftsberatung des RGW auf höchster Ebene vom 12.—14. Juni 1984 in Moskau, Dokumente, Berlin 1984.

4 Vgl. Komplexprogramm, Abschnitt 15 „Vervollkommnung der Rechtsgrundlagen der Zusammenarbeit der Mitgliedsländer des RGW", in: Grunddokumente des RGW, Berlin 1978, S. 134ff.

5 Vgl. Zur Rechtsentwicklung im Prozeß der sozialistischen ökonomischen Integration (Abhandlungen der Akademie der Wissenschaften der DDR, W 1983/1), Berlin 1983.

6 Vgl. Autorenkollektiv unter Leitung von M. Kemper und L. Rüster, Internationales Wirtschaftsrecht. Rechtliche Regelung der sozialistischen ökonomischen Integration, Berlin 1983.

1. Die völkerrechtlichen Prinzipien der Zusammenarbeit im RGW

1.1. Die Grundprinzipien des sozialistischen Internationalismus

Der RGW ist eine Gemeinschaft souveräner, gleichberechtigter sozialistischer Staaten. Völkerrechtliche Prinzipien und Normen bilden daher die Rechtsgrundlage für die Zusammenarbeit seiner Mitgliedstaaten und bestimmen die grundlegenden Seiten der Tätigkeit des RGW.

Völkerrechtliche Prinzipien und Normen sind nicht sozialökonomisch indifferent. Ihr Klassencharakter wird von den ihnen zugrunde liegenden internationalen Beziehungen geprägt. Für die Beziehungen zwischen den Mitgliedsländern des RGW sind die objektiven, allgemeingültigen Gesetzmäßigkeiten des Sozialismus das Bestimmende, Ausschlaggebende. In den RGW-Ländern herrschen übereinstimmend sozialistische Produktionsverhältnisse, beruht das Wirtschaftssystem auf dem sozialistischen Eigentum an Produktionsmitteln und der gesellschaftlichen Planung, übt die Arbeiterklasse im Bündnis mit allen anderen Werktätigen und unter Führung ihrer marxistisch-leninistischen Partei die politische Macht aus und bilden die Lehren des wissenschaftlichen Sozialismus die Grundlage für die Leitung der gesellschaftlichen Entwicklung. Die einheitliche sozialökonomische Basis der RGW-Länder, ihr gleichartiger Staatsaufbau und die einheitliche Ideologie — der Marxismus-Leninismus — verleihen ihren gegenseitigen internationalen Beziehungen sozialistischen Charakter. Die Beziehungen zwischen den RGW-Ländern verkörpern insofern einen neuen, höheren Typ internationaler Beziehungen — Beziehungen brüderlicher Zusammenarbeit und Solidarität.

Von aktueller Bedeutung für die Wahrung und weitere Ausprägung des sozialistischen Charakters der Beziehungen zwischen den RGW-Ländern ist die Tatsache, daß die Bruderparteien der europäischen Mitgliedsländer in kollektiver theoretischer Arbeit die Konzeption der entwickelten sozialistischen Gesellschaft ausgearbeitet haben. Damit verfügen sie über eine in den Grundzügen übereinstimmende Gesellschaftsstrategie für den weiteren Aufbau des Sozialismus. Bei der Ausarbeitung der Konzeption der entwickelten sozialistischen Gesellschaft spielte die Verallgemeinerung der reichen, oft recht unterschiedlichen Erfahrungen der sozialistischen Länder eine große Rolle.[7] Umgekehrt werden von der Verwirklichung der sozialistischen Gesellschaftskonzeption in den einzelnen Ländern entscheidende Impulse auf die internationalen Beziehungen zwischen ihnen ausgehen. Bei Beachtung der Dialektik zwischen allgemeingültigen Gesetzmäßigkeiten des sozialistischen Aufbaus und nationalen Besonderheiten wird es im Prozeß der Vertiefung der wirtschaftlichen und wissenschaftlich-technischen

7 Vgl. J. Andropow, Die Lehre von Karl Marx und einige Fragen des sozialistischen Aufbaus in der UdSSR, in: Neues Deutschland vom 25. Februar 1983, S. 3.

Zusammenarbeit zu einer weiteren Annäherung zwischen den sozialistischen Ländern kommen.[8] Damit erhalten die sozialistischen internationalen Beziehungen einen realen gesellschaftlichen Boden und eine spezifische verbindende Funktion zugleich, wodurch ihr grundsätzlich sozialistischer Charakter weiter verstärkt und entsprechend der neuen Entwicklungsetappe der Länder der sozialistischen Gemeinschaft konkretisiert wird.

In Übereinstimmung mit dem sozialökonomischen Inhalt der internationalen Beziehungen zwischen den Mitgliedsländern des RGW besitzen die diese Beziehungen regelnden völkerrechtlichen Prinzipien und Normen ebenfalls sozialistischen Charakter. Sie spiegeln die soziale Qualität ihres Regelungsobjektes adäquat wider. Zugleich wirken die sozialistischen völkerrechtlichen Prinzipien und Normen aktiv auf die internationalen ökonomischen Beziehungen zwischen den RGW-Ländern zurück, indem sie den sozialistischen Charakter dieser Beziehungen bewahren, schützen und festigen sowie seiner Entfaltung dienen.

Der sozialistische Charakter der völkerrechtlichen Prinzipien der Zusammenarbeit im RGW kommt im Statut des Rates eindeutig zum Ausdruck, indem es nicht nur festlegt, daß der RGW auf den „Grundlagen der souveränen Gleichheit" seiner Mitgliedsländer beruht, sondern darüber hinaus auch bestimmt, daß „. . . die wirtschaftliche und wissenschaftlich-technische Zusammenarbeit der Mitgliedsländer des Rates in Übereinstimmung mit den Prinzipien des sozialistischen Internationalismus . . . verwirklicht (wird)."[9] Während die „Grundlagen der souveränen Gleichheit" den allgemeinen völkerrechtlichen Rahmen der Zusammenarbeit im RGW charakterisieren, füllen die „Prinzipien des sozialistischen Internationalismus" diesen allgemeinen Rahmen mit konkretem sozialökonomischen Inhalt aus. Die Prinzipien des sozialistischen Internationalismus sind in diesem Zusammenhang Katalysator und Garant des sozialistischen Charakters des RGW.

Die völkerrechtlichen Prinzipien der Zusammenarbeit im RGW bilden offenbar ein mannigfaltiges, kompliziertes Prinzipiensystem, dessen Bestand im einzelnen theoretisch nicht vollständig geklärt ist. Unbestritten ist, daß die Prinzipien des sozialistischen Internationalismus die Grundprinzipien (die allgemeinen Prinzipien bzw. die Leitprinzipien) dieses Prinzipiensystems sind.[10] Daraus ergibt sich zwangsläufig, was von vielen Autoren auch ausdrücklich anerkannt wird, daß die Prinzipien des sozialistischen Internationalismus nicht die alleinigen Prinzi-

8 Vgl. K. Hager, Gesetzmäßigkeiten unserer Epoche — Triebkräfte und Werte des Sozialismus, Berlin 1983, S. 26ff.; insbesondere S. 30/31.

9 Statut des RGW, Art. 1 Abs. 2, in: GBl. II 1981, S. 82.

10 Vgl. insbesondere G. I. Tunkin, Teorija meždunarodnogo prava, Moskva 1970, S. 487ff.; V. M. Šuršalov, Meždunarodnye pravootnošenija, Moskva 1971, S. 31ff.; E. T. Usenko, Osnovnye meždunarodno-pravovye principy sotrudnicestva socialističeskich stran, in: Sov. gosudarstvo i pravo, 1961/3, S. 16; H. Kröger, in: Sozialistische Staatengemeinschaft und Völkerrecht, Berlin 1979, S. 43ff.

pien der Zusammenarbeit im RGW (bzw. der sozialistischen ökonomischen Integration) sind. Vor einer übermäßigen Ausdehnung der Anzahl von Prinzipien muß allerdings ebenso gewarnt werden wie vor einer Reduzierung auf die Grundprinzipien.[11]

Die Prinzipien des sozialistischen Internationalismus sind nicht ausschließlich Prinzipien der internationalen ökonomischen Zusammenarbeit der RGW-Länder, im Gegenteil, sie besitzen weitaus umfassenderen Charakter. Originär sind sie als proletarischer Internationalismus politische Prinzipien für das Zusammenwirken der nationalen Abteilungen der Arbeiterklasse im internationalen Maßstab, in multinationalen sozialistischen Staaten wie der Sowjetunion sind sie Grundlage für den staatlichen Zusammenschluß der verschiedenen Nationalitäten und Völkerschaften, als völkerrechtliche Prinzipien liegen sie auch den politischen, militärischen und anderen Beziehungen zwischen den sozialistischen Staaten zugrunde. In jedem dieser verschiedenen gesellschaftlichen Bereiche nehmen die Prinzipien des sozialistischen Internationalismus bei Wahrung ihres inneren Wesens spezifische Züge an und werden durch spezielle Prinzipien konkretisiert und ergänzt. Zugleich bleiben sie unabhängig von ihrem spezifischen Anwendungsbereich und ihrer besonderen Ausdrucksform Bestandteil des primären und umfassenderen Prinzips des proletarischen Internationalismus.

Der charakteristische Wesenszug der völkerrechtlichen Prinzipien des sozialistischen Internationalismus besteht darin, daß sich in ihnen die klassenmäßig bedingten Prinzipien der brüderlichen Freundschaft, der Solidarität und der gegenseitigen kameradschaftlichen Hilfe mit den für zwischenstaatliche Beziehungen unverzichtbaren Prinzipien der Achtung der staatlichen Souveränität, der Nichteinmischung in die inneren Angelegenheiten, der Gleichberechtigung und des gegenseitigen Vorteils zu einer organischen Einheit verbinden. Keine dieser beiden Seiten des sozialistischen Internationalismus darf von der anderen losgelöst oder ihr gegenübergestellt werden.

Die völkerrechtlichen Prinzipien des sozialistischen Internationalismus besitzen unbeschadet ihrer unterschiedlichen historischen Herkunft einen einheitlichen sozialökonomischen und politischen Charakter. Das heißt nicht nur die unmittelbar aus dem proletarischen Internationalismus hervorgegangenen völkerrechtlichen Prinzipien der brüderlichen Freundschaft, engen Zusammenarbeit und gegenseitigen kameradschaftlichen Hilfe, sondern auch die ursprünglich als allgemein-

11 Auf einer vom Institut für Staat und Recht der AdW der UdSSR im November 1983 speziell zum Thema „Die Prinzipien der sozialistischen ökonomischen Integration“ veranstalteten internationalen wissenschaftlichen Konferenz wurden von den Referenten und Diskussionsteilnehmern etwa 25 verschiedene Prinzipien genannt, darunter solche wie „das Prinzip der Koordinierung der Tätigkeit zwischenstaatlicher ökonomischer Organisationen“ oder „das Prinzip der Selbständigkeit der zwischenstaatlichen spezialisierten Organisationen“, bei denen man berechtigte Zweifel hegen muß, ob die betreffenden Sachverhalte — bei all ihrer Wichtigkeit — den Rang von Prinzipien der sozialistischen ökonomischen Integration haben.

demokratische Prinzipien verkündeten Völkerrechtsprinzipien der Achtung der Souveränität, der Nichteinmischung und der Gleichberechtigung haben im Prinzipiensystem des sozialistischen Internationalismus sozialistischen Charakter. Insofern sind sie mit den Prinzipien der Achtung der Souveränität, der Nichteinmischung und Gleichberechtigung im allgemeinen Völkerrecht nicht identisch. Die sozialökonomisch unterschiedlichen Prinzipien deshalb lediglich als „gleichnamig" anzusehen,[12] erscheint jedoch übertrieben. Da diese Prinzipien im Prinzipiensystem des sozialistischen Internationalismus die Funktion der entsprechenden Prinzipien des allgemeinen Völkerrechts ausüben, besteht zwischen ihnen ein funktioneller Zusammenhang, der eine inhaltliche Beziehung voraussetzt. Diese ist auch dadurch gegeben, daß die sozialistischen Völkerrechtsprinzipien der Achtung der Souveränität usw. nicht im Widerspruch zum Wesen der entsprechenden Grundprinzipien des allgemeindemokratischen Völkerrechts stehen, sondern deren konsequenteste Verwirklichung sind.[13]

Die Prinzipien des sozialistischen Internationalismus sind nicht nur theoretisch als Grundprinzipien der sozialistischen ökonomischen Integration bzw. der Zusammenarbeit im RGW anerkannt, sondern in dieser Eigenschaft auch in den Grunddokumenten des RGW verankert. Nachdem die Prinzipien des sozialistischen Internationalismus in Erklärungen der kommunistischen und Arbeiterparteien und in bilateralen Freundschaftsverträgen als Grundlage der Beziehungen zwischen den sozialistischen Ländern festgelegt worden waren,[14] wurden sie im Komplexprogramm von 1971 erstmalig in einem multilateralen völkerrechtlichen Dokument fixiert. Es heißt dort, daß sich die ökonomische Zusammenarbeit und Integration der Mitgliedsländer des RGW auch künftig entsprechend „... den Prinzipien des sozialistischen Internationalismus auf der Grundlage der Achtung der staatlichen Souveränität, der Unabhängigkeit und der nationalen Interessen, der Nichteinmischung in die inneren Angelegenheiten der Länder, der vollen Gleichberechtigung, des gegenseitigen Vorteils und der kameradschaftlichen gegenseitigen Hilfe" vollziehen wird.[15] Mit diesem Wortlaut wurden die Prinzipien des sozialistischen Internationalismus als Grundlage für die Verwirklichung der wirtschaftlichen und wissenschaftlich-technischen Zusammenarbeit im RGW in das Statut des Rates in der Fassung von 1974 übernommen.[16] Sie sind damit die allgemeinen Rechtsprinzipien der sozialistischen ökonomischen Integration

12 Vgl. G. I. Tunkin, Teorija meždunarodnogo prava, a. a. O., S. 495; H. Kröger, in: Sozialistische Staatengemeinschaft und Völkerrecht, a. a. O., S. 55ff.

13 Vgl. G. I. Tunkin, Teorija meždunarodnogo prava, a. a. O., S. 504; E. T. Usenko, Osnovnye meždunarodno-pravovye principy sotrudnicestva socialističeskich stran, a. a. O., S. 19/20; H. Kröger, in: Sozialistische Staatengemeinschaft und Völkerrecht, a. a. O., S. 66ff.

14 Vgl. hierzu ebenda, S. 47ff.

15 Grunddokumente des RGW, a. a. O., S. 50.

16 Vgl. GBl. II 1981 S. 82.

wie auch die völkerrechtlichen Grundprinzipien des RGW als internationaler Organisation.

Komplexprogramm und RGW-Statut sind bisher die einzigen multilateralen Völkerrechtsquellen der Prinzipien des sozialistischen Internationalismus. Obwohl ihr unmittelbarer Regelungsgegenstand nur die ökonomischen Beziehungen sind, geht ihre Bedeutung über den Bereich der ökonomischen Zusammenarbeit hinaus. Ihre Formulierung ist auch nicht speziell auf ökonomische Beziehungen zugeschnitten. Erst in der praktischen Anwendung im ökonomischen Bereich erhalten sie spezifische ökonomische Akzente, so wird der gegenseitige Vorteil in der wirtschaftlichen Zusammenarbeit zum ökonomischen Vorteil, die gegenseitige Hilfe zur Wirtschaftshilfe usw.

1.2. Spezielle ökonomische Prinzipien der Zusammenarbeit

Problematischer als die Modifizierung der allgemeinen Prinzipien des sozialistischen Internationalismus entsprechend der Spezifik ihrer Anwendung in den ökonomischen Beziehungen ist die Frage, ob und — wenn ja — durch welche speziellen ökonomischen Prinzipien sie konkretisiert und ergänzt werden. Die Existenz spezieller Prinzipien der ökonomischen Zusammenarbeit wird im allgemeinen bejaht,[17] wobei diese vorzugsweise die völkerrechtlichen Grundprinzipien des sozialistischen Internationalismus weiter spezifizieren (z. B. das Prinzip der Interessiertheit die Achtung der nationalen Interessen, das Prinzip des gleichen Stimmrechts die Gleichberechtigung usw.). Das eigentliche Problem besteht darin, ob spezielle Prinzipien existieren, die unmittelbar mit den objektiven ökonomischen Gesetzmäßigkeiten des Integrationsprozesses verbunden sind.

Solche speziellen ökonomischen Prinzipien enthält m. E. das Komplexprogramm, indem es erklärt, daß „. . . das System der wirtschaftlichen und wissenschaftlich-technischen Zusammenarbeit der Mitgliedsländer des RGW auf den allgemeinen Gesetzmäßigkeiten des sozialistischen Aufbaus, den grundlegenden Prinzipien der sozialistischen Wirtschaftsführung und der organischen Verbindung der Koordinierung der Pläne — als Hauptmethode für die Organisation der Zusammenarbeit — mit der breiteren Nutzung der Ware-Geld-Beziehungen beruht."[18] Es ist offensichtlich, daß diese Formulierung des Komplexprogramms eine prinzipielle Aussage über die ökonomischen Grundlagen der Zusammenarbeit im RGW trifft, d. h. die grundsätzlichen ökonomischen Voraussetzungen nennt, ohne die die Zusammenarbeit mit dem Ziel der ökonomischen Integration auf sozialistischer Grundlage nicht vonstatten gehen kann. Hierbei handelt es

17 Vgl. E. T. Usenko, Obscie principy socialističeskoj ekonomiceskoj integracii, in: Principy socialističeskoj ekonomičeskoj integracii, Tezisy dokladov, Moskva 1983, S. 4.

18 Grunddokumente des RGW, a. a. O., S. 51.

sich sowohl um innere Voraussetzungen des Integrationsprozesses (Gesetzmäßigkeiten des sozialistischen Aufbaus, Prinzipien der sozialistischen Wirtschaftsführung) als auch um seine internationalen Grundlagen (Verbindung der Plankoordinierung mit der Nutzung der Ware-Geld-Beziehungen). Als ideelle Widerspiegelung objektiver gesellschaftlicher Gesetzmäßigkeiten haben die genannten Bedingungen für den Prozeß der sozialistischen ökonomischen Zusammenarbeit und Integration die Qualität von Prinzipien der gesellschaftlichen Entwicklung. Insofern als sie im Komplexprogramm den Charakter von verbindlichen Verhaltensregeln erhalten haben, handelt es sich um Rechtsprinzipien, und zwar um solche völkerrechtlichen Charakters. Ihr juristischer Gehalt besteht darin, daß die Mitgliedsländer des RGW mit der Annahme des Komplexprogramms die Verpflichtung übernommen haben, ihre ökonomische Zusammenarbeit unter Beachtung der allgemeinen Gesetzmäßigkeiten des sozialistischen Aufbaus, der Prinzipien der sozialistischen Wirtschaftsführung und der organischen Verbindung von Plankoordinierung und Ware-Geld-Beziehungen zu gestalten. Diese Grundsätze können als Prinzipien der internationalen sozialistischen Wirtschaftsführung bezeichnet werden, da sie einerseits im engen Zusammenhang mit den Prinzipien der sozialistischen Wirtschaftsführung im Innern der Länder stehen und andererseits diese Prinzipien auf internationaler Ebene widerspiegeln. Ihr Kern ist die organische Verbindung von Plankoordinierung und Ware-Geld-Beziehungen, womit das grundlegende Prinzip der inneren sozialistischen Wirtschaftsführung — die Verbindung der zentralen staatlichen Planung mit der wirtschaftlichen Rechnungsführung — international weitergeführt wird.

Die Prinzipien der internationalen sozialistischen Wirtschaftsführung stellen den unlösbaren Zusammenhang zwischen inneren und äußeren Bedingungen der sozialistischen ökonomischen Integration her. Nicht zufällig werden in demselben Zusammenhang die ökonomischen Funktionen der sozialistischen Staaten auf der Grundlage des demokratischen Zentralismus und der planmäßigen Leitung der Volkswirtschaft genannt.[19] Wie die praktischen Erfahrungen zeigen, kann die internationale ökonomische Zusammenarbeit zwischen den RGW-Ländern nur dann erfolgreich verwirklicht werden, wenn die Wirtschaftsmechanismen der einzelnen Länder unter Beachtung der jeweiligen nationalen Spezifik auf prinzipiell einheitlichen Grundlagen beruhen. Das schließt vor allem ein, daß die sozialistischen Staaten — bei allen Unterschieden in der konkreten Ausgestaltung ihrer inneren Leitungs-, Planungs- und Stimulierungssysteme — ihre Funktion als zentraler Eigentümer und Planer der sozialistischen Gesellschaft erfüllen. Nur wenn die nationalen Wirtschaftssysteme in den Grundzügen übereinstimmen, kann die Verbindung zwischen den nationalen Volkswirtschaftskomplexen und damit die sozialistische ökonomische Integration real gewährleistet werden. Die Annäherung der Strukturen der Wirtschaftsmechanismen der RGW-Länder ist

19 Vgl. ebenda.

deshalb eine wichtige Voraussetzung für die Weiterführung des Kurses der sozialistischen ökonomischen Integration.[20]

1.3. Die Wirkung der völkerrechtlichen Prinzipien der Zusammenarbeit auf der Ebene der Wirtschaftsorganisationen

Die Prinzipien der Zusammenarbeit im RGW, sowohl die allgemeinen des sozialistischen Internationalismus als auch die speziellen der internationalen sozialistischen Wirtschaftsführung, haben völkerrechtlichen Charakter. Ihre Wirkung ist jedoch nicht auf die Sphäre der zwischenstaatlichen Beziehungen beschränkt, vielmehr durchdringen sie auch die Beziehungen auf der Ebene der Wirtschaftsorganisationen und Wissenschaftseinrichtungen der RGW-Länder. Dieser Aspekt wird in der völkerrechtlichen Literatur gewöhnlich ignoriert.[21] Allenfalls wird eingeräumt, daß einige zivilrechtliche Prinzipien wie das Prinzip der juristischen Selbständigkeit der Subjekte der Außenhandelsverträge und das Prinzip der getrennten Verantwortlichkeit des Staates und der staatlichen Wirtschaftsorganisationen ebenfalls zu den Prinzipien der sozialistischen ökonomischen Integration gerechnet werden können, eine unmittelbare Wirkung der Grundprinzipien der Zusammenarbeit der sozialistischen Staaten in der Sphäre der internationalen Vermögensbeziehungen, die durch das Zivilrecht reguliert werden, wird jedoch abgelehnt.[22]

Tatsächlich vollziehen sich die internationalen ökonomischen Beziehungen zwischen den RGW-Ländern nicht nur auf zwischenstaatlicher Ebene (und der Natur ökonomischer Beziehungen nach können sie das auch gar nicht), sondern gleichfalls (gleichzeitig) auf der Ebene der Wirtschaftsorganisationen. Mehr als das: die ökonomischen Beziehungen auf beiden Ebenen bilden eine dialektische Einheit, ein einheitliches System, in dem den Staaten die Rolle der leitenden und den Wirtschaftsorganisationen der geleiteten Elemente zufällt. Es würde die Ein-

20 Vgl. Rechenschaftsbericht des ZK der KPdSU an den XXVI. Parteitag, Berlin 1981, S. 12; J. Širjaev/N. Bautina, Uglublenie vzaimodejsvii chozjajstvennych mechanizmov stran SEV, in: Meždunarodnaja žizn, 1982/10, S. 12 (deutsch in: Sowjetwissenschaft, Gesellschaftswissenschaftliche Beiträge, 1983/2, S. 174).

21 Ein Ansatz für eine umfassendere Betrachtung findet sich bei K. Becher, der ausgehend von entsprechenden Bestimmungen der bilateralen Freundschaftsverträge darauf hinweist, daß die allseitige Zusammenarbeit in der sozialistischen Gemeinschaft nicht auf die Staaten beschränkt bleibt, sondern auch die direkten Beziehungen zwischen staatlichen Organen und gesellschaftlichen Organisationen einschließt (vgl. K. Becher, in: Sozialistische Staatengemeinschaft und Völkerrecht, a. a. O., S. 89). Diese Beziehungen stehen zweifellos nicht außerhalb der Wirkung der Prinzipien des sozialistischen Internationalismus, die in den Freundschaftsverträgen als Grundprinzipien der allseitigen Zusammenarbeit festgelegt sind.

22 Vgl. E. T. Usenko, Obscie principy socialističeskoj ekonomiceskoj integracii, in: Principy socialističeskoj ekonomičeskoj integracii, Tezisy dokladov, a. a. O., S. 5.

heitlichkeit dieses Systems zerstören, wenn seine tragenden Prinzipien in einem seiner Teilsysteme isoliert werden würden. Deshalb durchdringen diese Prinzipien, darunter die ihren Kern bildenden Prinzipien des sozialistischen Internationalismus, m. E. alle Seiten des Systems der internationalen ökonomischen Beziehungen zwischen den RGW-Ländern, d. h. auch die Beziehungen zwischen den Wirtschaftsorganisationen.

Natürlich werden die Prinzipien der sozialistischen ökonomischen Zusammenarbeit und Integration auf der Ebene der Wirtschaftsorganisationen nicht in der Form wie auf zwischenstaatlicher Ebene angewandt. Wie die Prinzipien des sozialistischen Internationalismus in den verschiedenen Bereichen gesellschaftlicher Beziehungen spezifische Züge annehmen, so erhalten sie (wie auch die speziellen Prinzipien, die sie konkretisieren und ergänzen) auf den verschiedenen Ebenen der internationalen ökonomischen Beziehungen besondere Wesenszüge und Erscheinungsformen. So setzt sich z. B. das Prinzip der Achtung der staatlichen Souveränität, der Unabhängigkeit und der nationalen Interessen in den zwischenstaatlichen Beziehungen in der wirtschaftlichen und juristischen Selbständigkeit der Wirtschaftsorganisationen in ihren internationalen Wirtschaftsbeziehungen fort, die nicht einfach Ausdruck einer eigenen abstrakten Rechtspersönlichkeit ist, sondern hinter der die Selbständigkeit des jeweiligen nationalen Volkswirtschaftskomplexes auf der Grundlage des staatlichen Eigentums steht. Ebenso verkörpert der Grundsatz der kameradschaftlichen Zusammenarbeit zwischen den Wirtschaftsorganisationen nicht nur die selbstverständliche Forderung nach einem gewissenhaften geschäftlichen Verhalten, sondern ist auch Ausfluß des Prinzips der gegenseitigen kameradschaftlichen Hilfe, das ja nicht mit „Unentgeltlichkeit" gleichzusetzen ist und ebenfalls mit den Mitteln der Wirtschaftsorganisationen (z. B. in Form der operativen Produktionshilfe, der kommerziellen Information, der Zusammenarbeit auf Drittmärkten usw.) realisiert werden kann und realisiert wird.

Das dialektische Verhältnis der einzelnen Seiten des Prinzipiensystems des sozialistischen Internationalismus ist wie auf zwischenstaatlicher Ebene so auch in den Beziehungen zwischen den Wirtschaftsorganisationen der RGW-Länder zu beachten. Die Selbständigkeit der Wirtschaftsorganisationen und ihre kameradschaftliche Zusammenarbeit sind keine Gegensätze. Davon ausgehend müssen einseitige Tendenzen in der einen oder anderen Richtung zurückgewiesen werden. So sind Versuche, eine gemeinsame wirtschaftliche Rechnungsführung der wirtschaftlich und juristisch selbständigen Betriebe im Rahmen internationaler Produktionskomplexe einführen zu wollen, ebenso verfehlt wie Bestrebungen, die Beziehungen zwischen den sozialistischen Wirtschaftsorganisationen auf eine rein kommerzielle Basis zu reduzieren.

2. Die völkerrechtlichen Formen der Zusammenarbeit im RGW

2.1. Struktur und Funktion der Entscheidungs- und Vereinbarungsformen im RGW

Die Zusammenarbeit im RGW hat die Organisierung internationaler ökonomischer Beziehungen der Mitgliedsländer, sowohl untereinander als auch — mittels der Koordinierung — mit Drittländern, zum Inhalt. Die darauf gerichteten Aktivitäten der RGW-Länder bringen Willens- und Rechtsverhältnisse zwischen ihnen zur Entstehung. Dieser Vorgang verläuft in einem juristisch geregelten Entscheidungsbildungsprozeß im Rahmen des RGW, der auf dem Prinzip der Einstimmigkeit der interessierten Mitgliedsländer des Rates beruht und dessen Resultate in bestimmten Rechtsformen fixiert werden, deren Grundformen Entscheidungen des RGW und völkerrechtliche Verträge zwischen seinen Mitgliedsländern sind.

Das Prinzip der Einstimmigkeit der interessierten Mitgliedsländer (kurz auch Interessiertheitsprinzip genannt) baut auf den völkerrechtlichen Grundprinzipien des sozialistischen Internationalismus auf. Es setzt speziell die Prinzipien der Achtung der staatlichen Souveränität, der Unabhängigkeit und der nationalen Interessen sowie der vollen Gleichberechtigung in organisationsrechtliche Regeln um. In seinem Kern besagt es, daß Entscheidungen des RGW nur mit Einverständnis der interessierten Mitgliedsländer angenommen werden können.[23] Das Recht der Mitgliedsländer, ihre Interessiertheit zu erklären, fußt auf ihren realen ökonomischen Interessen; ohne tatsächliches ökonomisches Interesse kommen keine tragfähigen juristischen Bindungen zwischen ihnen zustande.[24]

Die Hauptformen der Entscheidungsbildung im RGW sind Empfehlungen zu Fragen der wirtschaftlichen und wissenschaftlich-technischen Zusammenarbeit sowie Beschlüsse zu organisatorischen und Verfahrensfragen. Daneben haben sich mit der Entstehung neuer Tätigkeitsrichtungen und der Bildung neuer Organe des RGW weitere Entscheidungsformen herausgebildet. Dabei handelt es sich vor allem um Formen für die direkte Zusammenarbeit zwischen den Vertretern der Mitgliedsländer in den RGW-Organen, die operative Abstimmung von konkreten Maßnahmen und die abschließende Behandlung von Einzelfragen auf Expertenebene bzw. spezieller Fragen in Fachorganen des RGW. Im einzelnen

23 Formell ist die Anwendung des Prinzips der Einstimmigkeit der interessierten Mitgliedsländer in den Normativdokumenten des RGW nur bei der Annahme von Empfehlungen und Beschlüssen sowie — durch Verweis — von abgestimmten Vorschlägen vorgesehen; die Idee der Interessiertheit liegt aber ohne ausdrückliche Regelung und formelles Verfahren auch den anderen Entscheidungsformen des RGW zugrunde.

24 Ausführlicher zum Interessiertheitsprinzip vgl. L. Rüster, Internationale ökonomische Organisationen der RGW-Länder. Rechtsfragen, Berlin 1980, S. 27ff.; Internationales Wirtschaftsrecht. Rechtliche Regelung der sozialistischen ökonomischen Integration, a. a. O., S. 52ff.

gehören zu diesen neuen Entscheidungsformen: endgültige Abstimmungen in den Arbeitsorganen, Übereinkünfte zwischen Mitgliedsländern über die Durchführung einzelner, zwischen ihnen abgestimmter Maßnahmen, abgestimmte Vorschläge der Beratungen des RGW, an internationale ökonomische Organisationen gerichtete Entscheidungen und RGW-Standards.[25]

Außer den organisationseigenen Entscheidungsformen finden in der Zusammenarbeit des RGW in zunehmendem Maße auch Vertragsformen, sowohl völkerrechtliche als auch internationale Wirtschaftsverträge auf der Ebene von Wirtschaftsorganisationen, Anwendung.[26] Sie werden in den RGW-Organen vorbereitet und überwiegend auf deren Empfehlung, u. U. aber auch auf der Grundlage einer entsprechenden Übereinkunft zwischen Mitgliedsländern abgeschlossen. Die genannten Entscheidungs- und Vereinbarungsformen bilden ein bestimmtes System von Willensbildungsinstrumenten der RGW-Zusammenarbeit. Jede Form weist einen typischen Entscheidungs- bzw. Vereinbarungsinhalt und einen bestimmten Verbindlichkeitsgrad auf. Dabei bestehen zwischen den einzelnen Formen sowohl Gemeinsamkeiten als auch Unterschiede. Manche Elemente kommen bei mehreren Formen parallel vor, und diese können dann bei Vorhandensein dieses Elements alternativ angewandt werden (z. B. Empfehlung oder völkerrechtlicher Vertrag zu Fragen der wirtschaftlichen und wissenschaftlich-technischen Zusammenarbeit); andere Formen sind ausschließlich an ein bestimmtes Element gebunden, so daß bei Vorhandensein dieses Elements nur diese Form zur Anwendung kommen kann (z. B. der Beschluß bei organisatorischen und Verfahrensfragen, RGW-Standards für technische Normative). Somit sind die Übergänge von einer zur anderen Form z. T. fließend, z. T. haben die Formen exklusiven Charakter. Insgesamt bildet das Willensbildungsinstrumentarium der RGW-Zusammenarbeit ein elastisches Entscheidungsfindungssystem, dessen einzelne Formen nach dem Baukastenprinzip kombiniert angewandt werden können.

Zwischen den einzelnen Entscheidungs- und Vereinbarungsformen der Zusammenarbeit im RGW bestehen nicht nur funktionelle und strukturelle, sondern auch juristische Gemeinsamkeiten und Unterschiede. Die organisationseigenen Entscheidungsformen des RGW und die völkerrechtlichen Verträge weisen insofern eine grundlegende rechtliche Gemeinsamkeit auf, als sie alle auf der Willensübereinstimmung der Mitgliedsländer des RGW beruhen und völkerrechtliche Verpflichtungen für sie bzw. zwischen ihnen hervorbringen. Zugleich ergibt sich

25 Zu den Entscheidungsformen im einzelnen vgl. L. Rüster, Internationale ökonomische Organisationen der RGW-Länder. Rechtsfragen, a. a. O., S. 46ff.; Internationales Wirtschaftsrecht. Rechtliche Regelung der sozialistischen ökonomischen Integration, a. a. O., S. 56ff.

26 Letztere bleiben entsprechend der Thematik des vorliegenden Beitrages weitgehend außer Betracht. Vgl. zu den internationalen Wirtschaftsverträgen ausführlich ebenda, S. 92ff.

ein wesentlicher juristischer Unterschied zwischen ihnen daraus, daß die Resultate der Willensübereinstimmung bei den organisationseigenen Entscheidungen des Rates zu Willensäußerungen eines einheitlichen Völkerrechtssubjekts, des RGW, werden, während sie bei den völkerrechtlichen Verträgen Vereinbarungen zwischen zwei oder mehreren Völkerrechtssubjekten sind. Deshalb sind z. B. die RGW-Empfehlungen einerseits und die völkerrechtlichen Verträge andererseits — worauf noch näher einzugehen sein wird — selbständige, voneinander zu unterscheidende Rechtsformen.

Den Charakter organisationseigener Entscheidungsformen des RGW im Sinne von Willensäußerungen des Rates als einheitliches Völkerrechtssubjekt haben nur die Empfehlungen, Beschlüsse, abgestimmten Vorschläge, an internationale ökonomische Organisationen gerichteten Entscheidungen und RGW-Standards. Die Übereinkünfte und endgültigen Abstimmungen nehmen dagegen eine gewisse Zwischenstellung zwischen Entscheidungen des RGW und völkerrechtlichen Verträgen ein. Die Übereinkünfte sind direkte Vereinbarungen zwischen einzelnen Mitgliedsländern, insofern also völkerrechtliche Verträge, die im Unterschied zu üblichen völkerrechtlichen Verträgen in einem vereinfachten Verfahren zustande kommen. Als Ergebnisform der Willensbildung im RGW sind sie jedoch eng mit der Tätigkeit des RGW verbunden und weisen deshalb nach der Art des Zustandekommens (als abschließende Behandlung von Fragen der wirtschaftlichen und wissenschaftlich-technischen Zusammenarbeit im RGW), der Bevollmächtigung der Vertreter der Länder (im Rahmen ihrer Vertretungsbefugnis in dem betreffenden RGW-Organ ohne spezielle schriftliche Unterzeichnungsvollmacht) und der Form ihrer Fixierung (nicht in Vertragsform, sondern im Tagungsprotokoll des RGW-Organs) eine starke Ähnlichkeit mit den organisationseigenen Entscheidungsformen des RGW im engeren Sinne auf. Entsprechendes gilt für die endgültigen Abstimmungen, mit dem Unterschied, daß sie nicht zwischen den Mitgliedsländern insgesamt, sondern nur zwischen den in den Arbeitsorganen des RGW vertretenen Organen bzw. Institutionen der Mitgliedsländer zustande kommen.

Die meisten der Entscheidungs- und Vereinbarungsformen der RGW-Zusammenarbeit (außer den Beschlüssen) haben die Abstimmung von Fragen der wirtschaftlichen und wissenschaftlich-technischen Zusammenarbeit zum Inhalt bzw. können solche Fragen betreffen. Dabei können universelle und spezielle Rechtsfragen unterschieden werden. Universellen Charakter haben die Empfehlungen, Übereinkünfte und völkerrechtlichen Verträge, da ihren Gegenstand beliebige Fragen der wirtschaftlichen und wissenschaftlich-technischen Zusammenarbeit bilden können. Die speziellen Entscheidungs- bzw. Vereinbarungsformen können nur Fragen einer bestimmten Art oder einen begrenzten Fragenkreis betreffen: die RGW-Standards können ausschließlich technische Normative zum Gegenstand haben; die abgestimmten Vorschläge nur Fragen, die in die Kompetenz der Beratungen fallen (d. h. nur Rechtsfragen, Fragen der Wasserwirtschaft usw.);[27] die endgültigen Abstimmungen lediglich Fragen, die zum Mandat der Arbeitsorgane gehören, die an internationale ökonomische Organisationen gerichteten Entscheidungen nur Fragen im Rahmen des Tätigkeitsgebiets der betreffenden Organisation. Während die universellen Rechtsformen miteinander austauschbar sind (den gleichen Regelungsgegenstand vorausgesetzt), ist das bei den speziellen Rechtsformen insofern nicht der Fall.

Noch differenzierter als nach ihrem Gegenstand, jedoch in Korrespondenz mit diesem, sind die Entscheidungs- und Vereinbarungsformen der Zusammenarbeit im RGW nach ihrem Verbindlichkeitsinhalt. Ihre Eigenschaft als systembildende Rechtsformen ist folglich nicht nur von den unterschiedlichen Entscheidungs- und Vereinbarungsgegenständen, sondern in erheblichem Maße auch von den verschiedenen Verbindlichkeitsinhalten abhängig.

Die größte Eigentümlichkeit weisen in dieser Hinsicht die RGW-Empfehlungen auf. Mit ihrer Annahme durch die RGW-Organe werden sie für die Mitgliedsländer inhaltlich nicht verbindlich, jedoch werden diesen dadurch bestimmte Behandlungs- und Informationspflichten auferlegt (Behandlung durch die zuständigen Staatsorgane und Information über das Ergebnis der Behandlung an das RGW-Sekretariat innerhalb von 60 Tagen).[28] Erst nach ihrer Bestätigung durch die Mitgliedsländer werden die Empfehlungen des RGW für diese inhaltlich rechtsverbindlich, d. h. haben die Mitgliedsländer aufgrund ihrer im RGW-Statut übernommenen Erfüllungsgewähr die in den Empfehlungen enthaltenen Verpflichtungen zu realisieren.[29]

Unmittelbar verbindliche Entscheidungen bzw. Vereinbarungen sind im Unterschied zu den Empfehlungen des RGW die Beschlüsse der Ratsorgane zu organisatorischen und Verfahrensfragen, die mit ihrer Annahme durch das zuständige RGW-Organ rechtswirksam werden, die endgültigen Abstimmungen in den Arbeitsorganen zu Fragen, die nicht dem übergeordneten Organ zur Bestätigung vorgelegt werden müssen, und die RGW-Standards, die nach einem speziellen Verfahren mit ihrer Bestätigung durch die Ständige Kommission für Standardisierung für die daran beteiligten RGW-Länder unmittelbar verbindlich werden.[30]

Einen spezifischen Verbindlichkeitsinhalt haben die abgestimmten Vorschläge der Beratungen. Sie werden in den Beratungen unmittelbar und endgültig angenommen, aber von den Mitgliedsländern nach eigenem Ermessen realisiert.[31]

27 Zu den Kompetenzen der Beratungen des RGW vgl. Grunddokumente des RGW, a. a. O., S. 203ff.

28 Vgl. Statut des RGW, Art. IV Ziff. 1 Abs. 1, a. a. O., und Typenverfahrensregeln der Ständigen Kommissionen, Regel 33, in: Osnownye dokumenty SEV, Bd. 1, Moskva 1981, S. 387f.

29 Vgl. Statut des RGW, Art. II Ziff. 4 Buchst. a), a. a. O.

30 Vgl. Konvention über die Anwendung der Standards des RGW, Art. I, in: GBl. II 1974 S. 508.

31 Vgl. z. B. Statut der Beratung für Rechtsfragen, Abschn. III, Buchst. a), in: Osnownye dokumenty SEV, a. a. O., S. 396f.

D. h. die Mitgliedsländer übernehmen für sie im Unterschied zu den bestätigten RGW-Empfehlungen keine Erfüllungsgewähr.

Die völkerrechtlichen Verträge und Übereinkünfte sind nach völkerrechtlichem Vertragsrecht grundsätzlich verbindlich, jedoch hängt ihre konkrete Verbindlichkeit von den individuellen Vereinbarungen der Partner im Einzelfall ab. Die Übereinkünfte sind in der Praxis entsprechend ihrer Funktion als Instrument operativer Abstimmung einzelner Fragen der Zusammenarbeit in der Regel endgültig und unmittelbar verbindliche Abmachungen. Für die Verbindlichkeit der im RGW ausgearbeiteten und abgestimmten völkerrechtlichen Verträge werden die in der internationalen Praxis üblichen Vertragsklauseln, darunter über die Ratifizierung, Bestätigung oder das Inkrafttreten mit Unterzeichnung, angewandt.

Die verschiedenen Entscheidungs- und Vereinbarungsformen werden entsprechend ihrer spezifischen gegenstandsbezogenen Funktion und ihrem spezifischen Verbindlichkeitsinhalt in der praktischen RGW-Zusammenarbeit auf vielfältige Weise miteinander verflochten. Dabei entstehen z. T. typische Verflechtungen, z. T. aber aufgrund der variablen Elemente auch individuelle Variationen. Generell sind hierarchische Strukturen und funktionelle Verbindungen zu unterscheiden.

Eine typische hierarchische Struktur besteht zwischen völkerrechtlichen Verträgen und Entscheidungen des RGW in der Weise, daß der Grundvertrag des RGW, sein Statut, als originäre Rechtsquelle für die Existenz und die Tätigkeit des Rates die primäre Rechtsgrundlage für die Entscheidungen des RGW bildet. D. h. Entscheidungen des RGW können nur in Übereinstimmung mit dem RGW-Statut und den auf seiner Grundlage angenommenen organisationsinternen Normativdokumenten des RGW (Statuten und Verfahrensregeln der Ratsorgane) zustande kommen. Andererseits können die Entscheidungen des RGW, insbesondere seine Empfehlungen, Ausgangspunkt und Grundlage für den Abschluß völkerrechtlicher Verträge, sowohl zu allgemeinen als auch konkreten Fragen der Zusammenarbeit, sein. Ein ähnliches Verhältnis besteht zwischen der Konvention über die Anwendung der Standards des RGW und den einzelnen RGW-Standards sowie letzteren und völkerrechtlichen und internationalen Wirtschaftsverträgen. Einerseits bildet die Konvention die primäre Rechtsgrundlage für die RGW-Standards, andererseits werden die RGW-Standards Bestandteil völkerrechtlicher oder internationaler Wirtschaftsverträge, insbesondere konkreter Liefer- und Leistungsverträge auf der Ebene der Wirtschaftsorganisationen.

Typische funktionelle Entscheidungs- und Vereinbarungsketten existieren in der Planungszusammenarbeit und in der internationalen Spezialisierung und Kooperation der Produktion. Große Integrationsvorhaben werden z. B. regelmäßig durch einen grundsätzlichen Beschluß der Ratstagung, dem höchsten Organ des RGW, eingeleitet. Auf seiner Grundlage wird dann im Planungskomitee des RGW ein multilaterales Generalabkommen vorbereitet und auf Regierungsebene abgeschlossen, das wiederum der Ausgangspunkt für bilaterale Regierungsabkommen zwischen dem Standortland des Integrationsobjektes und den anderen

Teilnahmeländern ist. Die konkreten Liefer- und Leistungsverpflichtungen werden in der Folge Gegenstand der langfristigen Handelsabkommen und Jahresprotokolle, schließlich auf ihrer Grundlage auch der internationalen Wirtschaftsverträge.[32] Bei der Spezialisierung und Kooperation der Produktion werden in Form von RGW-Beschlüssen Spezialisierungsprogramme bestätigt, auf deren Grundlage im Rahmen des RGW konkrete multilaterale Spezialisierungsverträge vorbereitet werden, die auf der Grundlage von Empfehlungen des RGW an die Mitgliedsländer von deren Wirtschaftsorganisationen unterzeichnet werden.[33]

2.2. Zum Rechtscharakter der Empfehlungen des RGW

Die Empfehlungen des RGW nehmen im Entscheidungsbildungssystem des Rates eine zentrale Stellung ein. Die mit ihnen verbundenen Rechtsfragen verdienen schon allein aus diesem Grunde besondere Aufmerksamkeit. Hinzu kommt jedoch, daß die Empfehlungen eine originelle, in ihrer Art nur dem RGW zukommende Rechtsform sind, die zudem eine äußerst komplizierte juristische Struktur aufweist. Es nimmt deshalb nicht wunder, daß sich der Rechtscharakter der RGW-Empfehlungen seit mehr als zwei Jahrzehnten in einer ununterbrochenen, intensiven internationalen wissenschaftlichen Diskussion befindet, an der sich in letzter Zeit — was nur zu begrüßen ist — immer mehr Rechtswissenschaftler beteiligen, die neue interessante Gesichtspunkte in die Diskussion einbringen und somit zur allseitigen theoretischen Klärung des Problems einen wesentlichen Beitrag leisten. Im Rahmen des vorliegenden Beitrags ist es nicht möglich, die umfangreiche, vielschichtige Diskussion über den Rechtscharakter der RGW-Empfehlungen in alle historischen Etappen und bis in alle Details zu verfolgen,[34] jedoch geben einige neuere Diskussionsbeiträge Veranlassung,[35] erneut zu einigen Aspekten dieses Problems Stellung zu nehmen, möglichst ohne frühere Erörterungen und Argumente, die ihre Gültigkeit behalten, zu wiederholen.[36]

32 Vgl. ein konkretes Einzelbeispiel in: Internationales Wirtschaftsrecht. Rechtliche Regelung der sozialistischen ökonomischen Integration, a. a. O., S. 160f.

33 Vgl. ebenda, S. 205.

34 Vgl. hierzu L. Rüster, Internationale ökonomische Organisationen der RGW-Länder. Rechtsfragen, a. a. O., S. 46ff.; Internationales Wirtschaftsrecht. Rechtliche Regelung der sozialistischen ökonomischen Integration, a. a. O., S. 56ff. und die dort in den Fn. 37 und 38 angegebene Literatur.

35 Gemeint sind die Beiträge von J. Mrasek, J. Vekilov, L. Fizere und E. T. Usenko in: Pravovye formy rukovodstva socialističeskoj ekonomiceskoj integracii, Moskva 1983, S. 88ff., S. 98ff., S. 195ff. und S. 218ff.

36 Vgl. außer dem in Fn. 24 zitierten Buch des Verf. dieses Beitrages die von ihm gemeinsam mit anderen Autoren verfaßten Beiträge in: 30 Jahre RGW — Rechtsfragen seiner Tätigkeit, Berlin 1979; Sozialistische Staatengemeinschaft und Völkerrecht, a. a. O.; Internationales Wirtschaftsrecht. Rechtliche Regelung der sozialistischen ökonomischen Integration, a. a. O.

In der wissenschaftlichen Diskussion gibt es zwei Hauptrichtungen: die eine Richtung sieht die von den Mitgliedsländern angenommenen (bestätigten) Empfehlungen des RGW als völkerrechtliche Verträge (sui generis) an (die Empfehlungen werden mit ihrer Bestätigung in völkerrechtliche Verträge umgewandelt bzw. gehen aus den bestätigten Empfehlungen völkerrechtlicher Verträge hervor), wobei sich dies nur auf bestimmte Empfehlungen bezieht, nämlich auf diejenigen, die die minimalen Requisiten völkerrechtlicher Verträge aufweisen; die andere Richtung sieht in den RGW-Empfehlungen ein selbständiges Rechtsinstitut (bzw. eine selbständige Rechtsform bzw. einen eigenständigen völkerrechtlichen Akt), wobei das Vorhandensein oder Nichtvorhandensein der Vertragsrequisiten für diese Konzeption keine Rolle spielt.

Die Formulierung der Grundfrage, um die es in der Diskussion geht, mit mehreren Varianten macht deutlich, daß die verschiedenen Vertreter beider Hauptrichtungen in die Fragestellung eine Reihe von Nuancen eingebracht haben; die Varianten sind aber z. T. auch Ausdruck dessen, daß verschiedene Diskussionspartner im Laufe des Meinungsstreits ihre theoretischen Konzeptionen verändert (präzisiert) haben, ohne allerdings ihre jeweiligen Grundpositionen aufgegeben zu haben.[37]

Vor der theoretischen Erörterung des Rechtscharakters der RGW-Empfehlungen soll kurz auf die Frage eingegangen werden, die sich dem Leser wahrscheinlich unwillkürlich aufdrängt, welchen Sinn, welchen Nutzen die Diskussion dieses Problems hat. Abgesehen von dem allgemeinen erkenntnistheoretischen Wert hat das gestellte Problem m. E. zumindest zwei praktische Aspekte: erstens geht es um die Herausarbeitung der spezifischen Funktion, des typischen Inhalts der Empfehlungen in dem Entscheidungs- und Vereinbarungsintrumentarium der Zusammenarbeit im RGW (der jetzige Zustand ist trotz einiger Fortschritte immer noch unbefriedigend)[38]; zweitens handelt es sich um das rechtliche Regime der RGW-Empfehlungen, d. h. welche Rechtsnormen für ihre Annahme, ihre Erfüllung und evtl. Änderung sowie Beendigung maßgebend sind.

Die erste Hauptrichtung geht davon aus, daß die RGW-Empfehlungen, die exakt ausgedrückte Rechte und Pflichten beinhalten, mit ihrer Annahme (Bestätigung) durch die Mitgliedsländer einen völkerrechtlichen Vertrag sui generis hervorbringen, der aus den Erklärungen der Mitgliedsländer gegenüber dem RGW-Sekretariat über die Annahme der Empfehlung besteht, wobei der Inhalt der

37 Besonders bemerkenswert ist, daß E. T. Usenko seine ursprüngliche These von der „Umwandlung" der RGW-Empfehlungen in völkerrechtliche Verträge inzwischen aufgegeben hat und nunmehr von der „Entstehung" völkerrechtlicher Verträge (sui generis) aus den RGW-Empfehlungen spricht (vgl. in: Pravovye formy rukovodstva socialističeskoj ekonomiceskoj integracii, Moskva 1983, S. 234); am Kern seiner Position ändert sich dadurch m. E. allerdings nichts.

38 Vgl. hierzu meinen Beitrag in: Impact of international organizations on public administration, Budapest 1983, S. 192ff. (deutsch).

Empfehlung den Gegenstand dieses Vertrages bildet.[39] Die zweite Hauptrichtung bestreitet nicht, daß die RGW-Empfehlungen eine Reihe von Gemeinsamkeiten mit völkerrechtlichen Verträgen aufweisen, da sie ebenso wie jene auf der Willensübereinstimmung von Staaten beruhen und völkerrechtliche Verpflichtungen hervorbringen, behauptet jedoch, daß die Empfehlungen eine selbständige Rechtsform sind, da sie Rechtsakte eines einheitlichen Völkerrechtssubjekts, des RGW, sind, während völkerrechtliche Verträge stets Vereinbarungen zweier oder mehrerer Völkerrechtssubjekte darstellen, und daß deshalb eine generelle direkte oder analoge Anwendung des Rechts der völkerrechtlichen Verträge (so unter anderem der Regeln über den Beitritt, über die Ergänzung und Änderung, die Vorbehalte und die Kündigung) auf die RGW-Empfehlungen ausgeschlossen ist.[40] Soweit kurz skizziert die beiden Grundpositionen. Welche neuen Argumente und Gesichtspunkte werden nun vorgebracht?

E. T. Usenko setzt sich mit einigen gegen die — von ihm selbst so genannte — „Vertragskonzeption" gerichteten Argumenten auseinander, die auf Unterschiede im Rechtsregime der RGW-Empfehlungen gegenüber den völkerrechtlichen Verträgen hinweisen (Unzulässigkeit bzw. Unüblichkeit der Erklärung von Vorbehalten und der Ratifizierung, Besonderheiten im Verfahren und in der Form des Zustandekommens usw.). Er räumt durchaus ein, daß in diesen Fragen Abweichungen bzw. Besonderheiten bei den Empfehlungen des RGW gegenüber den völkerrechtlichen Verträgen bestehen, führt jedoch entweder Beispiele an, daß einzelne Empfehlungen wie völkerrechtliche Verträge behandelt wurden (z. B. gegen sie Vorbehalte erklärt wurden oder sie in einigen Ländern ratifiziert wurden), oder erklärt die bestehenden Besonderheiten (in der Form usw.) für unwichtig, so daß sie an dem — von ihm a priori vorausgesetzten — vertraglichen Wesen der RGW-Empfehlungen nichts ändern.

Dagegen ist zunächst einzuwenden, daß es sich bei den angeführten Beispielen um nicht immer — wie bei den Vorbehalten — in ihrer Bedeutung unbestrittene Einzelfälle handelt. Die Frage ist doch aber, ob diese Verfahren (Erklärung von Vorbehalten, Ratifizierung) allgemein zugelassen bzw. vorgesehen sind und ob sich ihre Zulässigkeit bzw. Üblichkeit aus dem völkerrechtlichen Vertragsrecht ergibt. Die Tatsache z. B., daß einzelne Erklärungen zu Empfehlungen, die über die verfahrensrechtlich zugelassenen sog. „Protokollnotizen" hinausgingen und in ihrer Bedeutung dem Wesen von Vorbehalten nahe- oder gleichkamen, Veranlassung zur Untersuchung der Frage der Zulässigkeit von Vorbehalten zu Empfehlungen im RGW war, zeugt doch eher davon, daß ein solches Recht nicht einfach gemäß allgemeinem völkerrechtlichen Vertragsrecht als gegeben vorausgesetzt

39 Vgl. E. T. Usenko, in: Pravovye formy rukovodstva socialističeskoj ekonomiceskoj integracii, a. a. O., S. 230, S. 232 und S. 233/234.

40 Vgl. Internationales Wirtschaftsrecht. Rechtliche Regelung der sozialistischen ökonomischen Integration, a. a. O., S. 57/58.

wird. Im Gegenteil, die zu dieser Frage vorbereitete — noch nicht angenommene — Regelung (ihre Annahme ist eine konzeptionelle Frage) stellt augenscheinlich unter Beweis, daß das völkerrechtliche Vertragsrecht nicht direkt auf Empfehlungen angewandt werden kann; denn sonst wären ja spezielle — sich inhaltlich übrigens wesentlich von der allgemeinen völkerrechtlichen Regelung für Verträge unterscheidenden — Regeln über die Erklärung von Vorbehalten zu RGW-Empfehlungen nicht notwendig. Was die wenigen Fälle der Ratifizierung von RGW-Empfehlungen betrifft, so ist doch hier entscheidend, daß eine solche Ratifizierung weder allgemein noch in den speziellen Fällen international vorgesehen war bzw. ist, sondern von den betreffenden Ländern im Rahmen der ihnen im RGW-Statut eingeräumten Möglichkeit vorgenommen wurde, die von ihnen angenommenen Empfehlungen aufgrund von Beschlüssen der zuständigen Organe dieser Länder in Übereinstimmung mit ihrer Gesetzgebung innerstaatlich in Kraft zu setzen (vgl. Art. IV Ziff. 1 Abs. 2).

Allerdings geht es bei dem zur Diskussion stehenden Problem des Rechtscharakters der RGW-Empfehlungen weniger darum, welche Berechtigung oder Bedeutung die angeführten Einzelfälle haben, sondern vielmehr stellt sich die Frage, ob diese oder andere Vorgänge den vertraglichen Charakter der Empfehlungen begründen können. (Die Ablehnung der direkten Anwendung allgemeiner Regelungen des völkerrechtlichen Vertragsrechts auf die RGW-Empfehlungen ist übrigens nicht — wie E. T. Usenko meint —[41] Grund, sondern Folge der Auffassung, daß die RGW-Empfehlungen keine völkerrechtlichen Verträge sind.) Dies führt zu der grundsätzlichen Frage, wodurch der Rechtscharakter von Rechtsakten internationaler (zwischenstaatlicher) Organisationen eigentlich bestimmt wird — eine Frage, die in der bisherigen Diskussion bereits aufgeworfen wurde[42]), auf die E. T. Usenko jedoch nicht eingeht. Wir stehen auf dem, u. E. in der sozialistischen Völkerrechtsdoktrin allgemein anerkannten Standpunkt, daß die Rechtsnatur der Resolutionen internationaler zwischenstaatlicher Organisationen *nur* durch die Statuten der jeweiligen Organisationen bestimmt wird und daß ihre Resolutionen nur die Rechtskraft besitzen, die die betreffenden Statuten vorsehen.[43] Aus der (noch nicht in Kraft getretenen) Wiener Vertragsrechtskonvention ergibt sich andererseits eindeutig, daß sie nicht auf Resolutionen internationaler Organisationen Anwendung findet.[44] Ebenso enthalten die dafür maßgeblichen Normativdokumente des RGW keinerlei Festlegungen darüber,

41 Vgl. E. T. Usenko, in: Pravovye formy rukovodstva socialističeskoj ekonomiceskoj integracii, a. a. O., S. 241/242.

42 Vgl. L. Rüster, Internationale ökonomische Organisationen der RGW-Länder. Rechtsfragen, a. a. O., S. 53.

43 Vgl. G. I. Tunkin, Teorija meždunarodnogo prava, a. a. O., S. 191f.

44 Vgl. Wiener Konvention über das Recht der Verträge, Art. 1—3, in: Völkerrecht, Dokumente, Teil 3, Berlin 1973, S. 1038ff.

daß die Empfehlungen in irgendeiner Hinsicht völkerrechtliche Verträge sind oder als solche behandelt werden. Sie statuieren im Gegenteil für die Empfehlungen des RGW ein vollkommen selbständiges rechtliches Regime, dem diese ausschließlich unterliegen.[45]

Davon gehen auch andere Autoren aus. So hebt L. Fizere hervor, daß die Empfehlungen des RGW aufgrund ihrer charakteristischen Merkmale ein Völkerrechtsakt sind, der selbständige Bedeutung besitzt und der sich in Übereinstimmung mit den Bestimmungen des Statuts und der anderen Normativdokumente des RGW befinden muß; weiterhin, daß die aus den Empfehlungen hervorgehenden gegenseitigen Verpflichtungen der Mitgliedsländer völkerrechtlichen Charakter haben, daß diese völkerrechtliche Beziehungen materiellrechtlicher Natur hervorbringen, d. h., daß sie vom Standpunkt ihrer Erfüllung her die Rechtskraft eines völkerrechtlichen Vertrages erlangen, ohne sich jedoch selbst in einen völkerrechtlichen Vertrag zu verwandeln; schließlich — was m. E. bisher übersehen oder nicht genügend gewertet wurde —, daß die Verpflichtung der Mitgliedsländer zur Erfüllung der von ihnen angenommenen Empfehlungen nicht nur untereinander, sondern auch gegenüber dem RGW entsteht, obwohl dieser an der Empfehlung nicht im materiellrechtlichen Sinne beteiligt ist.[46] J. Mrasek, der es für möglich hält, daß eine qualifizierte Empfehlung des RGW zur Entstehung eines völkerrechtlichen Vertrages sui generis führen kann, vertritt die Meinung, daß ein solcher Vertrag keinen selbständigen Status hätte, da sein materieller Inhalt aus der angenommenen Empfehlung hervorgehen würde; weiterhin hält er es für ausgeschlossen, daß hinsichtlich eines solchen Vertrages die Frage einer möglichen Kündigung entstehen könnte, da die Änderung einer von den Ländern angenommenen Empfehlung nicht außerhalb des Rates vorgenommen werden kann.[47]

J. Vekilov, der ebenfalls davon ausgeht, daß Empfehlungen des RGW völkerrechtliche Verträge hervorbringen können, führt selbst eine Vielzahl von Unterschieden zwischen völkerrechtlichen Verträgen und RGW-Empfehlungen an, die m. E. den eigenständigen Rechtscharakter letzterer belegen. Er schreibt, daß zwischen völkerrechtlichen Verträgen und RGW-Empfehlungen viel Gemeinsames besteht, daß die Unterschiede zwischen beiden Völkerrechtsakten jedoch nicht unterschätzt werden dürfen. Solche Unterschiede bestehen im Rechtsbildungsprozeß, in der Geltung und Beendigung der Geltung, in der Form und in der Rechtsnatur — die Ausarbeitung der Empfehlungen ist durch das Statut des

45 Dieses Regime ist in der Literatur so oft beschrieben worden, daß hier darauf verzichtet wird, vgl. Internationales Wirtschaftsrecht. Rechtliche Regelung der sozialistischen ökonomischen Integration, a. a. O., S. 56—57.

46 Vgl. L. Fizere, in: Pravovye formy rukovodstva socialističeskoj ekonomiceskoj integracii, a. a. O., S. 205/206.

47 Vgl. J. Mrasek, in: ebenda, S. 95/86.

RGW streng reglementiert, die Empfehlungen werden von den kompetenten Organen des RGW angenommen, der Staat ist nicht verpflichtet, das für die Bestätigung völkerrechtlicher Verträge vorgesehene Verfahren zu eröffnen, er darf die Geltung der Empfehlungen nicht einseitig beenden, er darf sie nicht kündigen usw. Weiter führt er aus, daß die Annahme (Bestätigung) der Empfehlungen durch die Mitgliedsländer ein einseitiger Rechtsakt ist, der nicht als Akt der Umwandlung der Empfehlungen in einen völkerrechtlichen Vertrag betrachtet werden kann.[48]

Die hier wiedergegebenen Argumente bestätigen m. E. die Auffassung, daß die Empfehlungen des RGW einen spezifischen, von den völkerrechtlichen Verträgen zu unterscheidenden Rechtscharakter besitzen und daß ihr rechtliches Regime ein anderes als das der völkerrechtlichen Verträge ist. E. T. Usenko behauptet, daß mit der Nichtanwendung des Rechts der völkerrechtlichen Verträge auf die RGW-Empfehlungen die völkerrechtliche Verantwortlichkeit für die Nichterfüllung von Verpflichtungen aus den Empfehlungen ausgeschlossen werden soll.[49] Das ist nicht zutreffend. Die von den Mitgliedsländern des RGW kraft Statut übernommene Erfüllungsgewähr gegenüber den Empfehlungen (Art. II Ziff. 4 Buchst. a) impliziert durchaus die völkerrechtliche Verantwortlichkeit für die Nichterfüllung der sich für sie aus den von ihnen angenommenen (bestätigten) Empfehlungen ergebenden Verpflichtungen. Die völkerrechtliche Verantwortlichkeit ist doch keineswegs nur auf vertragliche Verpflichtungen beschränkt, sondern erstreckt sich auch auf sich aus anderen Völkerrechtsakten bzw. -normen ergebenden Verpflichtungen, darunter auch aus den verbindlichen Rechtsakten zwischenstaatlicher Organisationen wie sogar aus dem Völkergewohnheitsrecht. Was die Autoren von „30 Jahre RGW" betrifft, auf die sich E. T. Usenko in diesem Zusammenhang beruft, so bestand ihre Absicht keinesfalls darin, die Verantwortlichkeit der Mitgliedsländer für die Einhaltung der von ihnen übernommenen Verpflichtungen im Rahmen des RGW zu schmälern, sondern sie haben lediglich dargelegt, daß bezüglich der durch die Empfehlungen des RGW geregelten Materien — mangels einer anderen ausdrücklichen Regelung — der in dem „Effektivitätsbericht"[50] beschriebene mitgliedsrechtliche Revisions- und Novationsmechanismus als Stabilisierungsfaktor ausreichen muß.[51] Sie haben weiterhin in Übereinstimmung mit der wirklichen Rechtslage darauf hingewiesen, daß im völkerrechtlichen Vertrag über materielle Leistungen theoretisch die materielle Verantwortlichkeit der Staaten begründet ist, daß der daraus herzuleitende Schadenersatzanspruch jedoch (jedenfalls gegenwärtig bei Fehlen einer effektiven Regelung der Staatenverantwortlichkeit im Rahmen des RGW) nicht

48 Vgl. J. Vekilov, in: ebenda, S. 98, S. 101/102, S. 106/107.

49 Vgl. E. T. Usenko, in: ebenda, S. 241/242.

50 Vgl. Doklad o povyšenii effektivnoсti rekomendacij SEV (gebilligt vom Exekutivkomitee des Rates am 14. 10. 1976), in: Osnownye dokumenty SEV, Bd. 2, Moskva 1983, S. 460ff.

51 Vgl. 30 Jahre RGW — Rechtsfragen seiner Tätigkeit, a. a. O., S. 79.

zu einem praktikablen Ergebnis führt und daß deshalb, wenn die materielle Verantwortlichkeit zur Stabilisierung von Leistungspflichten eingesetzt werden soll, Verträge zwischen Wirtschaftsorganisationen abzuschließen sind, da hierfür ein wirksamer Verantwortlichkeitsmechanismus besteht.[52] Wie man sieht, sind die Autoren von „30 Jahre RGW" nicht nur nicht gegen die materielle Verantwortlichkeit, sondern empfehlen auch wirksame Mittel für ihre Nutzung.

Die Stabilität der sich aus den RGW-Empfehlungen ergebenden Verpflichtungen wird übrigens wohl kaum durch die von E. T. Usenko aus der „vertraglichen" Natur dieser Verpflichtungen hergeleiteten Schlußfolgerung gefördert, daß ein Mitgliedsland, wenn sein Versuch, eine Revision oder Novation einer Empfehlung gemäß dem im „Effektivitätsbericht" beschriebenen Verfahren zu erreichen, fehlgeschlagen ist, das Recht hat, von seinen „vertraglichen" Verpflichtungen (gemeint sind seine sich aus der Empfehlung ergebenden Verpflichtungen) aus denselben Gründen wie von völkerrechtlichen Verträgen überhaupt zurückzutreten.[53] Diese von E. T. Usenko bereits früher in absoluter Form (ohne Einschränkung durch einen Revisions- bzw. Novationsversuch) geäußerte Auffassung[54], die — soweit bekannt — in der Literatur von keinem anderen Autor geteilt wird, steht m. E. im Widerspruch zur bestehenden Rechtslage. Im „Effektivitätsbericht" (der den Rang einer authentischen Interpretation der Normativdokumente des RGW hat) heißt es unzweideutig, daß das Statut des RGW nicht die Möglichkeit eines einseitigen Rücktritts der Mitgliedsländer des RGW von der Erfüllung der Verpflichtungen, die sich für sie aus den von ihnen angenommenen Empfehlungen ergeben, vorsieht.[55]

Die Auffassung E. T. Usenkos zur Möglichkeit des Rücktritts von Verpflichtungen aus RGW-Empfehlungen befindet sich im inhaltlichen Widerspruch zu seiner eigenen ablehnenden Haltung gegenüber den Übereinkünften, die er damit begründet, daß man Übereinkünfte ebenso „leicht ändern wie annehmen könne", was „Elemente der Instabilität" in die Zusammenarbeit der Länder hineintragen könnte.[56] Die berechtigte Sorge um die Stabilität der Zusammenarbeit, die wohl von allen Autoren, die sich mit den Rechtsfragen des RGW befassen, geteilt wird, entsteht aber genauso im Zusammenhang mit der angeblichen „vertraglichen" Natur der RGW-Empfehlungen, die die direkte generelle Anwendung der Regeln des allgemeinen völkerrechtlichen Vertragsrechts auf die Empfehlungen des RGW begründen soll.[57] Die Empfehlungen sind so eng mit der gesamten Tätigkeit

52 Ebenda, S. 111/112.

53 Vgl. E. T. Usenko, in: Pravovye formy rukovodstva socialističeskoj ekonomiceskoj integracii, a. a. O., S. 245.

54 Vgl. E. T. Usenko, in: Voprosy dejatel'nosti SEV, Moskva 1977, S. 5.

55 Vgl. Doklad o povyšenii effektivnosti rekomendacij SEV, a. a. O., S. 470.

56 Vgl. E. T. Usenko, in: Pravovye formy rukovodstva socialističeskoj ekonomiceskoj integracii, a. a. O., S. 249.

57 Vgl. Sozialistische Staatengemeinschaft und Völkerrecht, a. a. O., S. 177.

des RGW verbunden, zwischen den einzelnen Empfehlungen des Rates bestehen derart feste Beziehungen, die Teilnahme eines Mitgliedslandes an einer Empfehlung kann direkt von der Beteiligung der anderen Mitgliedsländer nicht nur an dieser, sondern auch an anderen Empfehlungen abhängig sein, so daß das gesamte rechtliche Regime der Ausarbeitung, Annahme, Geltung, Änderung und Beendigung der RGW-Empfehlungen einheitlich in der gemeinsamen Verantwortung der Mitgliedsländer des RGW liegt. Der Zusammenschluß der sozialistischen Staaten im RGW zu einer auf übereinstimmenden Zielen und Prinzipien beruhenden Integrationsgemeinschaft ist es letztlich, der den spezifischen, eigenständigen Rechtscharakter der Empfehlungen als einem wichtigen Rechtsinstrument zur Gestaltung dieser Integrationsgemeinschaft bestimmt.

Резюме

Л. Рюстер

Международно-правовые основы сотрудничества в рамках СЭВ

Основными международно-правовыми принципами сотрудничества в СЭВ являются принципы социалистического интернационализма. В них сочетаются классово обусловленные принципы братской дружбы, солидарности и товарищеской взаимопомощи с необходимыми в межгосударственных отношениях принципами уважения государственного суверенитета, невмешательства во внутренние дела, равноправия и взаимной выгоды в органическое, в социально-экономическом и политическом отношении однородное единство. Принципы социалистического интернационализма в качестве основных принципов сотрудничества в СЭВ с международно-правовой обязательностью закреплены в Комплексной программе и Уставе Совета.

Основные принципы социалистического интернационализма в рамках СЭВ конкретизируются и дополняются специальными принципами организационно-правового [принцип заинтересованности и т. д.] и экономического характера [принципы международного социалистического хозяйствования]. Ядром последних является органическое сочетание координации планов с товарно-денежными отношениями.

Принципы сотрудничества в СЭВ обладают международно-правовым характером, их действие, однако, не ограничивается межгосударственными отношениями, а они проникают и в отношения на уровне хозяйственных организаций и научных учреждений стран СЭВ. На этом уровне они принимают особые отличительные черты и формы проявления [так принцип уважения суверенитета и т. д. продолжается в соблюдении экономической и юридической самостоятельности хозяйственных организаций, принцип товарищеской взаимопомощи — в оперативной производственной помощи и т. д.].

Основными международно-правовыми формами сотрудничества в СЭВ являются постановления Совета и международно-правовые договоры между его странами-членами. Главными формами постановлений СЭВ являются рекомендации по вопросам экономического и научно-технического сотрудничества, а также решения по организационным и процедурным вопросам, дальнейшими формами постановлений Совета являются согласованные предложения совещаний Совета, направленные международным экономическим организациям постановления и стандарты СЭВ. Между этими постановлениями СЭВ и международно-правовыми договорами между его странами-членами находятся так называемые договорённости между странами-членами Совета, а также окончательное согласование вопросов в рабочих органах, которые, с одной стороны, являются в упрощенном порядке заключенными международно-правовыми договорами или соответственно непосредственными согласованиями между органами стран-членов Совета, а с другой стороны, в качестве форм результатов согласования воли в СЭВ тесно связаны с его деятельностью и поэтому имеют сходство с постановлениями Совета по способу их согласования, по уполномочию их подписавших и по их форме.

Формы постановлений и согласований в рамках сотрудничества в СЭВ образуют определённую систему волевых инструментов с, отчасти, общими, а отчасти, различными элементами, из которых, в общем, возникает гибкая система нахождения решений. Формы постановлений и согласований обладают частично универсальным [рекомендации, договорённости, международно-правовые договоры], частично специальным характером [все остальные]. Первые могут быть применены альтернативно [при одинаковом предмете], а применение последних ограничено вопросами определённого рода или определённым кругом вопросов. Системообразующая функция форм постановлений и согласований зависит не только от их [отчасти] различного предмета, а в значительной мере и от различного содержания их обязательности. Самым большим своеобразием обладают в этом отношении рекомендации СЭВ, которые с их принятием [подтверждением] странами-членами Совета приобретают для них обязательную силу на основе принятой ими в Уставе СЭВ обязанности обеспечивать их выполнение. Различные формы постановлений и согласований в практическом сотрудничестве в рамках СЭВ образуют как типичные функциональные соединения, так и индивидуальные вариации.

Рекомендации СЭВ являются оригинальной, в их роде только Совету присущей правовой формой со сложной юридической структурой. Их правовой характер в теории оспаривается. По мнению автора рекомендации СЭВ являются самостоятельной, от международно-правовых договоров отличающейся правовой формой, для которой действует автономный, исключительно на нормативных актах СЭВ основанный правовой режим их принятия, действия, возможного изменения и окончания. Они обладают рядом общих черт с международно-правовыми договорами, поскольку они также основываются на волевом согласовании государств и порождают обязательства международно-правового характера, а в то же время, когда международно-правовые договоры всегда являются соглашениями между двумя или несколькими субъектами международного права, рекомендации СЭВ представляют собой правовые акты единого субъекта международного права, а именно Совета. Общее прямое или аналогичное применение права международно-правовых договоров на рекомендации СЭВ [так, между прочим, правил о присоединении, дополнений и изменении, а также об оговорках и денонсировании] поэтому исключается. Исходя из этого, автор в отдельности рассматривает допустимость оговорок, правовое значение ратификации отдельных рекомендаций СЭВ некоторыми странами-членами Совета, а также проблему отказа. По последней проблеме он придерживается того взгляда, что по правовому положению, которое однозначно выражается в „Докладе о повышении эффективности рекомендаций СЭВ" [с рангом аутентичной интерпретации норматизных актов Совета], односторонний отказ стран-членов СЭВ от выполнения обязательств, которые вытекают из принятых ими рекомендаций, исключен.

Summary

L. Rüster

The International Legal Basis of Cooperation in the Council for Mutual Economic Assistance (CMEA)

The basic international legal principles of cooperation in CMEA are the principles of socialist internationalism. They combine organically the principles of friendship, solidarity and mutual assistance with the principles necessary in interstate relations: respect of State sovereignty, non-interference into domestic affairs, equality and mutual benefit. The principles of socialist internationalism are stipulated with binding legal force in the Complex Program and in the Statute of the CMEA. These basic principles are concretized and completed in special legal principles both of organizational (e.g. the principle of interestedness) and economic character (e.g. the principles of socialist management). The care of the latter is the organic connection of plan coordination and commodity-money-relations.

The principles of cooperation in CMEA bear the character of principles of international law, although they operate not only in the sphere of interstate relations, but also on the level of economic organizations and scientific research institutions of the members of CMEA. On this level they obtain specific features and forms: so e.g. the principle of respect of State sovereignty has a continuation in the respect of the economic and juridical independence of economic organizations, and the principle of mutual assistance — in the operative production aid.

The principal international legal forms of cooperation in the CMEA are decisions of the Council and international treaties between members of CMEA. The main forms of decisions are recommendations on economic and scientific-technical matters, and decisions on organizational and procedural matters. Other forms of decisions of the Council are agreed proposals of advisory bodies as well as decisions and standards for international economic organizations. A place between decisions of the CMEA and treaties among member-States have so called specific agreements of member-States and the final coordinations in the working bodies. They have the character of simplified international treaties and direct contracts between organs of member-States, respectively. At the same time as a result of the coordination of wills and interests within the Council they are closely connected with its activity and have certain similarities with decisions of the Council in particular as to their elaboration, their forms and authorization of signatories.

Decisions and agreements within CMEA form a flexible system of decision-making instruments which have partially similar and partially different elements. The forms of decisions and agreements are in part of universal character (recommendations, specific agreements, international treaties) and partially of special character (all other forms). The former can be applied alternatively (with the same subject-matter), whereas the application of the latter is confined to a specific field or subject-matter. The system-building function of the forms of decisions and agreements depends not only on their (partially) different subject-matters but also in a considerable manner on their different binding force. Recommendations of CMEA have in this respect several peculiarities, since after their acceptance by member-States they obtain binding force, the source of which is an obligation stipulated in the Statute to ensure the realization of such recommendations. The different forms of decisions and agreements appear in the practical work of CMEA as typical functional instruments but also as individual variations.

The recommendations of CMEA represent an original legal phenomenon with complex juridical structure. Their legal nature is contested in the theory of law. In the opinion of the author recommendations of the Council are an autonomous legal phenomenon, different from international treaties, with a separate legal regime of adoption, functioning, possible amendment and termination, which is based exclusively on the normative acts of CMEA. They possess many common features with international treaties because they are based on the coordination of wills and interests of States and give rise to obligations under international law. At the same time international treaties are always agreements between two or more subjects of international law, whereas the recommendations of CMEA are legal acts of one subject of international law, namely the CMEA. This is the reason why the general direct or analogous application of the law of treaties (inter alia the rules concerning accession, amendments, reservations and termination) is excluded. From this point of view the author analyses the admissibility of reservations, the legal consequences of ratification of certain recommendations by certain member-States and the problem of withdrawal. In the opinion of the author the problem of withdrawal should be solved along the lines of the "Report concerning the effectivity of recommendations of the CMEA" (which is an authoritative interpretation of the normative acts of the Council) with its provision stating unequivocally, that the unilateral withdrawal of a member-State from its obligations under an accepted recommendation is excluded.

G. I. Tunkin

A New Dimension of International Law: Normative Model of Global International System

It is hardly possible to ignore the profound changes that have taken place in international law in the course of the XX century as a result of revolutionary changes in the society as a whole.

The transformation of international law since the Great October socialist revolution to the present day has been thoroughly studied by the socialist science of international law. However there is one new and very important dimension of present day international law that has not yet been brought to the fore, namely the emergence of a generally recognised normative model of the global international system.

1. A New Notion of International System

In the science of international relations and in the science of international law the term "international system" is commonly used in the sense of a system of international relations.

In its turn, it is understood under the term of "international relations" either only relations among states (including interstate organizations) or all relations reaching beyond state borders. Both the former and the latter are in a sense international relations. However, in applying systems approach the question arises whether all these relations are a single system. In our opinion this question should be answered negatively.

At the same time it may be asserted with certainty that relations among states constitute a system and the study of them as a system is quite justified and necessary. However, interstate relations are a part of a broader system which encompasses states and quasi-states (as, e.g., free cities), peoples fighting for their independence (i.e., states at the stage of formation), international interstate organizations, international interstate conferences, various associations of states which are not international organizations (e.g., Non-Alignment Movement, "77 Group", etc.), international organs (e.g., mixed commissions), international law and other social rules acting in this system (resolutions of international organizations, rules of international morality, etc.), interactions among these components.

But is such an aggregate a system?

There are many definitions of the notion of "system". In the Short Philosophical

Encyclopaedia a system is defined as "an aggregate of elements interrelated and interconnected with each other, which forms a certain wholeness, unity"[1]. The necessity of the presence in a "system" of integrative qualities should also be underlined. As Academician V. Afanasiev writes, a system "is an aggregate of objects whose interaction conditions the presence of new integrative qualities not proper to the parts, components forming it"[2].

In general it is possible to say that a system should possess three characteristics: (1) to be an aggregate of elements interacting with each other; (2) this aggregate must be a unit; (3) it must possess integrative qualities.

In the international system, as defined above, all elements interact with each other.

The degree of integration of individual components in the international system is different. The integration of the main components of the international system — of states — is of primary importance. The international community of states is usually viewed as a decentralized one. It is not quite exact, although here there is no supreme authority standing above states.

It is true that states are only partially integrated in the international system: they exist, first of all, as independent entities, and at the same time they are elements of the international system. The degree of integration of states in the international system is rather low but this integration exists. In international organizations, being systems and subsystems of the global international system, the degree of integration of states is higher than in the global international system, but still states are integrated in international organizations only partially as well.

The integration of states, sufficient for viewing them as components of the international system, is a new phenomenon. It is the result of mainly objective factors, such as internationalization of economic and other aspects of life of peoples, emergence of global problems on which depends the destiny of mankind. Of special importance is the appearance of thermonuclear and other types of weapons of mass destruction which turned the threat of a world war into the threat to the very existence of mankind.

And, finally, integrative qualities of a system and its elements exist in the international system. Integrative qualities of the system are not equal to a sum total of the qualities of its components, they are a new phenomenon, the result of integration of all components of the international system, including international organizations, international law, etc.

Besides that, integrative qualities mean that qualities of individual components of the international system are not entirely the same as their qualities outside the system.

1 Filosofskij enciklopedičeskij slovar', Moscow 1983, p. 610.

2 V. G. Afanasiev, Sistemnost' i obscestvo, Moscow 1980, p. 24.

Integrated qualities are more clearly seen in such a system as the United Nations which is a subsystem of the global international system. The UN possess new qualities which are not a simple arithmetical sum of qualities of its members. All activities of the UN speak of the correctness of this thesis. On the other hand, states as UN-members act somewhat differently as they are members of the system which influences them.

Qualities of the international system depend also on its environment which is in our opinion, society as a whole. There exists a constant interaction between the international system and its components, on the one hand, and the environment, on the other.

The influence exercised by various elements of the environment on the international system is diverse. However, the presence of these influences does not mean that actors effecting such influences are components of the international system. These are out-of-system influences. Thus, for example, national movements, non-governmental international organizations, private corporations, etc., which are not components of the international system, exercise considerable influence on it.

2. Universally Recognized Normative Model of the Global International System

There are different conceptual models of the global international system reflecting class, religious and other view on international life. In the contemporary epoch there clash first of all two main class conceptual models of the global international system — the socialist one and capitalist one.

They embody the main views of the two antagonistic classes on international life. Besides, at present the capitalist model stands in opposition to the socialist model of the international system mainly in its extreme version, namely, as the imperialist model of the international system.

There also exists a general democratic conceptual model of the international system which had been forming during centuries in the mind of peoples and finding its expression in the works of progressive thinkers. Thus, K. Marx in his Inaugural Address of the Working Men's International Association (1864), in reflecting hopes of peoples, called the working class "to vindicate the simple laws of morals and justice, which ought to govern the relations of private individuals, as rules paramount of the intercourse of nations"[3].

The Great October Socialist Revolution has considerably accelerated the development of peoples' conscience and the formation of this conceptual model of the international system. The study of this model is of a considerable interest

3 K. Marx i F. Engels, Soč., vol. 16, p. 11.

both from the scientific and practical points of view. With the increasing struggle of peoples for securing international peace this model acquires special importance as it determines to a considerable extent the direction of this struggle.

Finally, there is also a model of the global international system which is formed by agreement among states and legally binding for them. It is a normative model of the international system with international law being its foundation. It is not the model of "being" but the model of "ought". This model is not proclaimed by states *expressis verbis* but the scientific analysis shows that it is inherent in the aggregate of international norms formed by agreement among states.

Contemporary international law and especially its main principles fix the parameters of actions of states and other international law subjects and thus define the outlines of the global international system.

Together with international law and within the framework set by this law other social international rules as, e.g. moral rules, resolutions and recommendations of international organizations, etc., also play a certain role in this model of the international system.

International law must be sufficiently developed in order to exercise the function of outlining the model of the international system.

There is a concept according to which contemporary international law does not regulate all international relations. We are not of this opinion. Contemporary international law covers all international relations, but to a varying degree.

First of all there are no international political problems which are not at the same time legal ones. This matter is closely connected with the problem of gaps in international law.

It seems to us that the solution of this problem requires a dialectical approach. The answer is as follows: there are no gaps and they exist.

There are no gaps as the main principles of international law regulate all relations among states. Probably it is possible to speak of gaps if having in mind relations among states and other international law subjects or relations among these other subjects. But when gaps are mentioned, relations among states are meant because they are of the greatest significance. In fact there are no relations among states which would not affect one or several main principles of international law. It should be noted that in international law principles are rules as well but more important and of a broader and more general content than ordinary rules.

Let us take as an example relations among states on matters of disarmament. It cannot be said that these relations are not regulated by international law. Contemporary international law contains the principles of prohibition of the use and threat of force in international relations. As a consequence of this as well as a number of other principles of international law, the policy of force, whose aspects are the arms race, use and threat of force in international relations leading to an aggravation of international situation and an increased danger of war, contradicts international law.

There is also another obligation of states with respect to disarmament. States are obligated to conduct negotiations in good faith for reaching an agreement on the limitation of armaments and disarmament. Naturally, such negotiations must be conducted on the basis of principles of sovereign equality, non-interference in internal affairs, etc.

We have strived to show that in international law there are no gaps as far as relations among states are concerned. At the same time in a certain sense there are gaps in international law. The example of relations among states on the matters of disarmament shows that their relations in this field are not sufficiently regulated by international law and that in this sense there are gaps here. These gaps manifest themselves in that on many aspects of disarmament there are no sufficiently defined and exact rules in international law.

The main characteristics of the normative model of global international system are, in our opinion, the following ones:

(1) general democratic nature of contemporary general international law and universal international organizations;

(2) prohibition of the use of force and threat of force;

(3) general democratic concept of international peace;

(4) general democratic concept of peaceful coexistence.

3. General Democratic Nature of Contemporary General International Law and Universal International Organizations

According to the Marxist-Leninist theory law is the aggregate of specific rules not of technical but of social nature. International law rules are also not "pure" rules of conduct of states and other international law subjects but they have social character. They are the result of coordination of wills of states (or other international law subjects) in what concerns the content of a rule of conduct and its recognition as legally binding.

Binding for all states rules of general international law are the result of coordination of wills of all states. As for their social content, they cannot be either socialist or capitalist. The socialist content is unacceptable for capitalist states and the capitalist content is unacceptable for socialist states. The agreement of all states can take place only on a general democratic basis; this basis is acceptable for all states. Hence follows the general democratic nature of contemporary general international law.

The general democratic nature of international law is a new phenomenon. It means that for the first time history international law corresponds to the interests and hopes of all mankind in difference to classical, i.e., bourgeois international law which reflected the interests of ruling classes of capitalist states.

The general democratic nature of contemporary universal international organizations is another important aspect of the normative model of the global international system. Legal bases of these organizations are general international treaties which determine the social nature of the organizations. These treaties as well as general international law have a general democratic character because on this basis only an agreement between states of different social systems is possible.

4. Principle of Non-use of Force and Threat of Force

All basic principles of international law are of great importance. However in the history of international law in general and particularly in the present times which are characterized by a revival by the US imperialism of the policy of force and an increasing danger of a thermonuclear war, two main principles are of exceptional importance: the principle of non-use of force and threat of force in international relations and the principle of peaceful coexistence of states with opposite social systems.

The appearance in international law of the universally recognized principle of non-use of force and threat of force was an exceptionally important event. The initiative in this field belonged to the Soviet state. By its first constitutional act — the Decree on Peace of November 8, 1917 — the socialist state declared an aggressive war to be "a crime against humanity"[4].

The first stage was the Paris Pact of 1928. Two principles proclaimed by this Pact — prohibition of war and peaceful settlement of international disputes — have become principles of general international law. The second stage was the Charter of the United Nations Organization which prohibits not only the resort to war but also the use or threat of force in international relations.

At the present time this principle is of special significance as the policy of force, i.e., the policy which considers the use and threat of force as the main characteristic of international policy, has become the leading idea of the foreign policy of the most powerful state of the capitalist world and its allies.

Objectively justifying the violation by imperialists of this principle the theorists of the policy of force assert that regardless of the fact that the principle of non-use of force and threat of force is set forth in the UN Charter, it is not actually observed and it cannot be observed as relations among sovereign states are based and can be based entirely or primarily on force.

Thus, the chief theorist of the policy of force in the USA Professor Hans Morgenthau, whose book "Politics among Nations" published in 1948[5] has become in the words of R. Bosc, French sociologist of international relations, "the Bible

4 Dokumenty vneshnei politiki SSSR, vol. 1, p. 11.
5 H. Morgenthau, Politics among Nations, New York, 1948.

for all professors and students of political sciences"[6], writes: "International politics, like all politics, is a struggle for power"[7]. He continues: "The aspiration for power being the distinguishing element of international politics, as of all politics, international politics is of necessity power politics."[8]

G. Schwarzenberger, British professor of international law, whose book "Power Politics" was published, by the way, earlier than the said book by Morgenthau, namely in 1941, writes that the policy of force is the inevitable consequence of the existence of sovereign states. "Power politics", — he writes in the third edition of his book, — "has been a constant feature of international relations throughout the ages."[9]

R. Aron, in his widely known book "War and Peace among Nations", also asserts that "relations among states seem to be simply directed at securing their existence in the face of a threat from other states . . . In their mutual relations states have not yet passed the stage of natural law."[10] Under the natural law Aron understands, following Hobbes, such a state of relations when force is the basis for relations among its participants.

Yale University Professor E. V. Rostow, Former Director of the US Arms Control and Disarmament Agency in President Reagan's Administration, draws a practical conclusion from this concept quite satisfying the US Administration. It means that the principle of non-use of force and threat of force may be disregarded. Rostow characterizes the UN Charter provisions regarding prohibition of the use of force in international relations in the following way: "The effective validity of these rules as law is an illusion despite the near unanimity with which they are pronounced."[11]

However, all these assertions of proponents of the policy of force are unsound. The principle of non-use of force and threat of force set forth in the UN Charter and other important international documents, as it was justly indicated by the UN General Assembly Special Committee on Principles of International Law Concerning Friendly Relations and Cooperation among States, "is the cornerstone of contemporary international legal order and of the cooperation, friendly relations, and peaceful coexistence of states"[12].

In accordance with international law the practice of a small group of states violating an international law rule, in this particular case the principle of non-use of force and threat of force, can neither modify nor abolish this rule.

6 R. Bosc, Sociologie de la paix, Paris 1965, p. 22.
7 H. Morgenthau, Politics among Nations, New York 1960, p. 27.
8 Ibid., p. 31.
9 G. Schwarzenberger, Power Politics, London 1964, p. 19.
10 R. Aron, Paix et guerre entre les nations, Paris 1962, p. 19.
11 E. Rostow, The Politics of Force, „The Year Book of World Affairs", London 1982, p. 55.
12 Doc. A/6799 (XXII), para. 29, New York 1967.

5. General Democratic Concept of International Peace

There are many concepts of international peace: the Marxist-Leninist concept, the imperialist concept, various religious concepts, etc.

However, together with these concepts there is the concept of international peace tacitly recognized by all states. The roots of this concept go back to the Decree on Peace which called all participating in the war states to begin negotiations on "a just democratic peace".

The general democratic concept of international peace, which is universally recognized, has been formed as a result of agreement among states under the influence of progressive forces. It is embodied in the Charter of the United Nations, in international law as a whole and especially in its main principles. This concept is neither socialist nor capitalist for the same reason as general international law.

The general democratic concept of peace means first of all the absence of war. This is conditio sine qua non of international peace. This is not the "negative peace"[13]. The definition by Galtung of "negative peace" and "positive peace" is, to our view, only a play on words. International peace is always a positive phenomenon which, however, can be defined in various ways.

The general democratic concept of peace means not only the absence of war but also peaceful relations among states. As it is an aspect of the concept recognized by states, conditions of these relations may be defined and have already been defined by the coordination of the wills of states. The coordination of wills of states may result in different international rules: rules of international law, rules of resolutions/recommendations of international organizations, etc.

International law rules are legally binding rules, and all other international rules function only within the framework established by international law. It means that international law lies in the basis of conditions of peaceful relations among states.

The Charter of the United Nations wherein the main principles of contemporary international law are embodied, defines the aims and conditions of general democratic peace recognized by all states: "to save succeeding generations from the scourge of war", "to practice tolerance and live together in peace with one another as good neighbours", "to unite our strength to maintain international peace and security".

The universally recognized concept of international peace means international reality with all its contradictions and conflicts. That is why it includes not only the prohibition of the use of force and threat of force, the prohibition of the resort

13 J. Galtung, Peace: Research. Education. Action. Essays in Peace Research. vol. 1, Copenhagen 1975, p. 29.

to war but also active measures for the maintenance or restoration of international peace.

6. Universally Recognized Concept of Peaceful Coexistence

The idea of peaceful coexistence of states with opposite socioeconomic systems was put forward by V. I. Lenin even before the October Revolution and later — in the Decree on Peace on the second day after the Revolution, and especially in his concluding speech on this Decree. The general content of this idea was the following: the conflict between the two opposite systems must be resolved not by force but by way of peaceful competition; normal and even friendly relations between capitalist states and the socialist state are possible.

As the socialist concept of peaceful coexistence was put forward by Lenin and later developed by the Communist Party and the Soviet State, many authors think that when peaceful coexistence is mentioned it is the matter necessarily of the Soviet concept of peaceful coexistence. Those in capitalist countries who speak against normal relations with socialist countries sometimes say that they allegedly cannot accept peaceful coexistence as it is a communist idea.

In reality together with the Marxist-Leninist concept of peaceful coexistence there exists a general democratic concept of peaceful coexistence which is tacitly recognized by all states. It is true that the concept put forward by Lenin, i.e., the the socialist concept, was the starting point for this concept. But is does not mean that the universally recognized concept of peaceful coexistence is identical to the socialist concept.

The socialist concept of peaceful coexistence is a part of the Marxist-Leninist theory. It reveals the historical role of peaceful coexistence, its place in the world revolutionary process, views peaceful coexistence as a specific form of class struggle between socialism and capitalism on the international arena.

Nobody ever suggested capitalist states to adopt this theory of peaceful coexistence. When Lenin repeatedly proposed peaceful coexistence he spoke of specific problems, of normal and friendly relations, of economic relations first of all. It is these practical Soviet proposals that served as the basis for the general democratic concept of peaceful coexistence. Such a concept appeared as a result of agreement among states which was forming gradually regardless of many ideological differences.

The situation is similar to that which exists in the field of international law. There are many theories and sociological explanations of international law but regardless of that international law exists and develops.

The general democratic concept of peaceful coexistence is embodied in the UN Charter, in its guiding ideas and normative principles which are the principles of general international law obligatory for all states. Such provisions of the UN

Charter as "to practice tolerance and live together in peace with one another as good neighbours", "to develop friendly relations among nations based on respect for the principle of equal rights and self-determination of peoples", naturally have in view relations among all states but in practice — especially relations among states with opposite social systems.

The universally recognized concept of peaceful coexistence is concretized in the main principles of international law.

This concept of peaceful coexistence determines the outlines and essence of relations among states. Actual relations change and hence changes the level of peaceful coexistence. Thus in relations between the United States and the Soviet Union this level fluctuated in the following way: close cooperation at the time of war; the cold war waged by imperialist states against the Soviet Union and other socialist countries and lowering of the level of peaceful coexistence; détente and the rise of this level; renunciation by the United States of the policy of détente and new considerable drop of the level of peaceful coexistence.

The level of peaceful coexistence is determined by two factors: the struggle cooperation between states with opposite social systems. The higher the level of cooperation and the lower the level of struggle, the higher is the level of peaceful coexistence. The low level of cooperation does not mean the absence of peaceful coexistence, but the absence of cooperation is the absence of peaceful coexistence.

Thus, for example, relations between the United States and Cuba cannot be qualified as relations of peaceful coexistence because the cooperation between them even on a very low level is absent. But relations between the USA and the USSR are relations of peaceful coexistence as the cooperation still exists although on a very low level.

It means that the notion of peaceful coexistence is not equal to the notion of peace. It is peace plus cooperation.

The policy of US ultraimperialists after World War II has been directed essentially against peaceful coexistence with socialist states. But as in the USA there are different political forces in the early 70s more sober attitudes prevailed in the US foreign policy, and the period of detente started. In May 1972 in Moscow there were signed Basic Principles of Relations between the Union of Soviet Socialist Republics and the United States of America which read: "They will proceed from the common determination that in the nuclear age there is no alternative to conducting their mutual relations on the basis of peaceful coexistence. Differences in ideology and in the social systems of the USSR and the USA are not obstacles to the bilateral development of normal relations based on the principles of sovereignty, equality, non-interference in internal affairs and mutual advantage".

Theorists of the most reactionary circles of imperialism assert that as a consequence of sharp differences in economic, social and political systems and ideologies peaceful coexistence between capitalist and socialist states is impossible.

In denying the possibility of peaceful coexistence of states of opposite socio-economic systems Aron writes: "The Cold War characterizes the real development of international relations."[14]

One of the spokesmen of US reactionary circles Prof. Z. Brzezinski tried in August of 1972, not daring at the time to directly attack détente, to present the period of Cold War as the Golden Age in international relations. He wrote: "Let me begin with a disagreeable prediction. As the older generation fades, and the younger ripens, we will increasingly look back on the Cold War as a period marked by a relative calm, by a measure of stability, and by a great deal of clarity... It will, therefore, stand in contrast to the confuse turbulent, perplexing state of global affairs that is presently in the making."[15]

Later, becoming President Carter's national security advisor Brzezinski did a lot to turn Carter's Administration from détente to confrontation. All this eventually contributed to the victory at the next presidential elections of 1980 of the most reactionary circles of US imperialism.

Détente, i.e., a developed peaceful coexistence, was derailed. Soon after his arrival at the White House in 1981 President Reagan declared: "So far detente's been a one-way street that the Soviet Union has used to pursue its own aims"[16].

A "crusade" against communism was proclaimed which was gaining strength. In his speech in March 1983 Reagan, in repeating what was said by Senator Goldwater almost twenty years ago, called communism "the source of evil in the modern world"[17].

As former US Undersecretary of State G. Ball wrote "... the Reagan administration has now brought to the shaping of governmental decision an ideological bias one might call the Manichaean Heresy. Present day Manichaeans espouse the doctrinal concept that Soviet Communism is the Antichrist — an evil element that must be extirpated if we are to have peace in the world"[18].

The anti-communist propaganda has been brought to the state of "psychological warfare" against the Soviet Union and other socialist countries. An endless dirty torrent of slander regarding the social and state system of the USSR, blood curdling shrieks about the "Soviet military threat", scenarios of nuclear war against the Soviet Union, etc., have become an everyday phenomenon.

In characterizing the situation in the USA former US Ambassador in the Soviet Union G. Kennan, expert on Soviet-US relations, writes: "The almost exclusive militarization of thinking and discourse about Soviet-American relations that now commands the Washington atmosphere and a good deal of our press —

14 R. Aron, Op. cit., p. 717.
15 Z. Brzezinski, The International and the Planetary, "Encounter", August 1972, p. 49.
16 Department of State Bulletin, vol. 81, No. 2098, March 1981, p. 12.
17 Pravda 1983, March 10.
18 The New York Times Magazine, September 12, 1982, p. 118.

a militarization which, it sometimes seems to me, could not be different if we knew for a fact that we were unquestionably to be at war with the Soviet Union within a mater of months: this in itself is a dangerous state of affairs, which it is not going to be easy to correct."[19]

"This endless series of distortions and oversimplifications," — Kennan writes on, — "this systematic dehumanization of the leadership of an other great country; this routine exaggeration of Moscow's military capabilities and of the supposed inequity of Soviet intentions; this monotonous misrepresentation of the nature and the attitudes of an other great people . . . ignoring of their pride, their hopes — yes, even of their illusions (for they have their illusions, just as we have ours; and illusions, too, deserve respect); this reckless application of the double standard to the judgement of Soviet conduct and our own; this failure to recognize, finally, the communality of many of their problems and ours as we both move inexorably into the modern technological age; and this corresponding tendency to view all aspects of the relationship in terms of supposed total and irreconcilable conflict of concerns and of aims; these, believe me, are not the marks of the maturity and discrimination one expects of the diplomacy of a great power; they are the marks of an intellectual primitivism and naiveté unpardonable in a great government."[20]

The renunciation by US "hawks" and President Reagan's Administration of peaceful coexistence does not mean that the universally recognized concept and principle of peaceful coexistence no longer exist. They are recognized by all states and if the policy of any state contradicts this concept then it only means that this state violates international law and has to bear for that international law responsibility.

Thus, despite assertion of US ultras, there exists the recognized by all states and legally binding for them normative model of the global international system including the universally recognized concepts of peace and peaceful coexistence, universally recognized principles and rules of international law whose observance will secure peace and development of a mutually beneficial cooperation among all states.

The universally recognized normative model of the global international system is a starting point for all forces fighting for peace, development of friendly relations among states, a faster economic development of underdeveloped countries and a peaceful and happy life for all peoples on the Earth.

The Soviet Union, and fraternal socialist countries unswervingly follow in their foreign policy the universally recognized normative model striving at the same time to improve it.

19 G. Kennan, The Nuclear Delusion, Soviet-American Relations in the Atomic Age, New York 1982, pp. 196—197.
20 Ibid., p. 197.

The policy of force and anti-communism, arms race and aggravation of international situation which is so stubbornly pursued now by the US government and some of its allies, flagrantly contradicts this model of the international system accepted by all states, obligatory for them and approved by peoples.

In this critical period of the history of mankind peoples of all countries, faced with a new formidable danger, must unite in the common struggle for the maintenance of peace and force the reactionary circles of the USA and its allies to bring their policy in line with the universally recognized normative model of the global international system and thus to stop the mankind from going down-hill to the abyss of non-existence.

Резюме

Г. И. Тункин

Новое измерение международного права: нормативная модель глобальной международной системы

Глубокие изменения в международном праве после Великой Октябрьской революции были довольно обстоятельно изучены социалистической наукой международного права. Однако, существует новое, очень важное измерение современного международного права, которое пока ещё не изучено — образование общепризнанной модели глобальной международной системы. Эта система возникла путём соглашения между государствами и является юридически обязательной для них. Основа нормативной модели — это международное право. Нормативная модель обладает на наш взгляд следующими характеристиками:

— общедемократическая сущность современного общего международного права и универсальных международных организаций
— запрет угрозы силой и применения силы
— общедемократическое понятие международного мира
— общепризнанный принцип мирного сосуществования.

Общеобязательные нормы международного права возникают в процессе согласования воли всех государств. Содержание таких норм не может быть ни социалистическим ни капиталистическим. Поэтому соглашения между всеми государствами могут осуществляться только на общедемократической основе.

Сегодня, в условиях обострения конфронтации между Востоком и Западом, вызванной политикой реакционных кругов империализма в США, особое значение приобретают принцип неприменения силы и принцип мирного сосуществования. Общедемократическая концепция мирного сосуществования сегодня молча признаётся всеми государствами. Вопреки высказываниям западных авторов, она не тождественна социалистической концепции мирного сосуществования, которая является составной частью марксистско-ленинской теории и как таковая неприемлема капиталистических стран. Общедемократическая концепция мирного сосуществования признаётся всеми государствами и обязательна для них. Она закреплена нормативно в Уставе ООН и в основных принципах международного права.

Это понятие мирного сосуществования отражает основные черты и сущность межгосударственных отношении. Конкретный уровень этих отношений определяется борьбой и сотрудничеством между государствами с противоположным социальным строем. Это означает, что понятие мирного сосуществования шире понятия мира. Оно есть мир и сотрудничество вместе взятые.

Общепризнанная и общеобязательная модель международной системы существует несмотря на попытки нынешней администрации в США постулировать невозможность мирного сосуществования. То, что США отошли от политики мирного сосуществования не означает, что этот принцип перестал существовать. Этот принцип обязателен для всех государств и если политика одного государства ему противоречит, это означает только то, что это государство нарушает международное право и должно нести международно-правовую ответственность за это.

Resümee

G. I. Tunkin

Eine neue Dimension des Völkerrechts: Normatives Modell des globalen internationalen Systems

Die tiefgreifenden Veränderungen, die sich seit der Oktoberrevolution im Völkerrecht vollzogen haben, sind in der sozialistischen Völkerrechtswissenschaft gründlich untersucht worden. Es existiert allerdings eine neue und sehr wichtige Dimension des gegenwärtigen Völkerrechts, die noch nicht erforscht ist — das Entstehen von einem allgemein anerkannten normativen Modell des globalen internationalen Systems. Dieses System ist durch Vereinbarung zwischen den Staaten entstanden und ist juristisch verbindlich für sie. Das Fundament des normativen Modells ist das Völkerrecht. Nach unserer Auffassung hat das normative Modell des globalen internationalen Systems folgende Charakteristiken:

— Das allgemein-demokratische Wesen des allgemeinen Völkerrechts der Gegenwart und der universellen internationalen Organisationen.
— Das Verbot der Androhung und Anwendung von Gewalt in den internationalen Beziehungen.
— Das allgemein-demokratische Konzept des internationalen Friedens.
— Das allgemein anerkannte Prinzip der friedlichen Koexistenz.

Die allgemein verbindlichen Normen des Völkerrechts entstehen im Prozeß der Willenskoordinierung zwischen allen Staaten. Der Inhalt solcher Normen kann weder sozialistisch noch kapitalistisch sein. Eine Vereinbarung zwischen allen Staaten kann daher nur auf allgemein-demokratischer Basis stattfinden.

Unter den gegenwärtigen Bedingungen der verschärften Konfrontation, die durch die aggressivsten Kreise des Imperialismus in den USA ausgelöst wurde, sind die völkerrechtlichen Grundprinzipien des Gewaltverbots und der friedlichen Koexistenz von besonderer Bedeutung. Das allgemein-demokratische Konzept der friedlichen Koexistenz ist heute von allen Staaten stillschweigend anerkannt. Es ist, entgegen westlicher Auffassungen, nicht identisch mit dem sozialistischen Konzept der friedlichen Koexistenz. Letzteres ist Bestandteil der marxistisch-leninistischen Theorie und kann als solches den imperialistischen Ländern nicht aufgezwungen werden. Das allgemein-demokratische Konzept der friedlichen Koexistenz ist in der UN-Charta und in den Grundprinzipien des Völkerrechts normativ verankert. Es handelt sich um Ideen und Prinzipien, die von allen Staaten verbindlich sind.

Dieses Konzept der friedlichen Koexistenz widerspiegelt die Grundzüge und das Wesen der zwischenstaatlichen Beziehungen. Das tatsächliche Niveau der

Beziehungen wird von dem Kampf und der Zusammenarbeit der Staaten mit entgegengesetzten Gesellschaftssystemen bestimmt. Das bedeutet, daß der Begriff der friedlichen Koexistenz breiter als der Begriff des Friedens ist. Er ist Frieden plus Zusammenarbeit.

Das allgemein anerkannte und verbindliche globale Modell des internationalen Systems existiert trotz der Versuche der Reagan-Administration, die Unmöglichkeit der friedlichen Koexistenz zu postulieren. Die Abkehr der USA von der Politik der friedlichen Koexistenz bedeutet nicht, daß dieses Prinzip nicht mehr existiert. Es ist ein allgemein anerkanntes Prinzip und wenn die Politik eines Staates diesem Prinzip widerspricht, bedeutet das lediglich, daß dieser Staat das Völkerrecht verletzt und völkerrechtliche Verantwortlichkeit dafür trägt.

Е. Т. Усенко

Содружество социалистических государств — важнейший фактор упрочения мира и прогрессивного развития международного права

В Пражской Политической декларации государств-участников Варшавского Договора говорится, что страны социализма, миролюбие которых определяется самой природой их общественного строя, „кладут на чашу весов мира весь свой международный авторитет, политический и экономический потенциал".[1]

В этих словах Пражской декларации заложен глубочайший исторический смысл. Первым провозвестником рождения нового общественного строя был именно Декрет о мире, представляющий по своему существу международно-правовую декларацию Октября.

Вместо признания законности всякой войны — был провозглашен принцип преступности агрессивной войны. Вместо легализации любого захвата, угнетения и эксплуатации других народов — идея противоправности аннексий, признание права наций на самоопределение, требование предоставления независимости всем угнетенным народам в соответствии с их свободно выраженным желанием.

Таким образом, Советское государство на чашу весов справедливого, демократического мира положило свой международный авторитет с первого дня своего возникновения и с тех пор ведет борьбу за него на протяжении всей истории. Ныне вместе с Советским Союзом борьбу за справедливый, демократический мир для всех народов ведут и другие социалистические страны. Для них, как и для Советского Союза, неизменная политика мира предопределяется самой природой их общественного строя, свободного от классовых антагонизмов и межнациональной розни и вражды. В этом находит свое подтверждение на практике известное положение марксизма о том, что вместе с антагонизмом классов внутри наций падут и враждебные отношения наций между собой.[2]

1 Политическая декларация государств-участников Варшавского договора. Прага, 5 января 1983 г. — „Правда" 7. 1. 1983 г.
2 См. К. Маркс и Ф. Энгельс, Соч., т. 4, с. 445.

1. Борьба СССР и других социалистических стран за утверждение принципа международного демократического мира

Международно-правовые идеи Октябрьской революции, сформулированные в Декрете о мире, выражали объективные тенденции исторического развития, интересы всех прогрессивных сил мира. Поэтому изменения международного права в направлении предначетанном Октябрем начались еще в тот период, когда Советское государство одно противостояло империалистическому миру. В дальнейшем разгром германского фашизма и японского милитаризма во второй мировой войне при решающей роли СССР, существенно подорвавший позиции сил империализма и международной реакции, возникновение и развитие мировой социалистической системы, выход на мировую арену молодых национальных государств, многие из которых избрали путь социалистической ориентации, равно как и другие факторы углубления кризиса всей мировой капиталистической системы обусловили неуклонное прогрессивное развитие общего международного права в антиимпериалистическом, общедемократическом направлении. В целом международное право за истекшие 66 лет претерпело такие существенные изменения, которые дают основание говорить о современном международном праве как качественно отличном от старого международного права, существовавшего до появления на международной арене государства, положившего начало формированию социализма как исторически новой общественной системы. Для каждого объективного исследователя не может не быть очевидным, что превращение старого международного права, которое по меткому выражению Иммануила Канта было правом „на войну", „на войне" и „после войны"[3], в право основной целью которого является упрочение и сохранение международного мира, в значительной, если не в решающей мере обусловлено как активной внешнеполитической деятельностью социалистических государств, направленной на защиту мира, так и самим фактом существования социалистической системы, оказывающей прогрессивное воздействие на многие стороны исторических процессов, протекающих в современном мире.

Мы полагаем, что наиболее общую идейную основу современного международного права составляет принцип международного демократического мира.[4] Его основные требования — признание незаконности агрессивной войны и права наций на самоопределение — получили свое закрепление в Уставе ООН. В качестве обобщающего принципа, лежащего в основе единой системы современного международного права, он охватывает все его

3 I. Kant, Metaphysische Anfangsgründe der Rechtslehre. Königsberg, 1798, S. 246.

4 Подробнее об этом см. Е. Т. Усенко, Принцип демократического мира — наиболее общая основа современного международного права. — „СЕМП. 1973", М. 1975, с. 13—43.

основные принципы, кодифицированные в принятой в 1970 г. Декларации ООН, и дает исходные положения для дальнейшего их развития в соответствии с его требованиями. Главные стороны этого принципа продолжают развиваться в соответствии с теми задачами, которые выдвигает международная жизнь на каждом этапе ее развития. Конкретный тому пример — Декларация принципов Заключительного акта Совещания по безопасности и сотрудничеству в Европе 1975 года, как и сам этот акт в целом.

Реальный путь дальнейшего прогрессивного развития международного права в направлении повышения его эффективности как важной формы обеспечения международной безопасности, свободы и независимости народов и плодотворного международного сотрудничества — это реализация положений Советской программы мира. Будучи сформулированными и последовательно развитыми в решениях XXIV, XXV и XXVI съездов и последующих пленумов Коммунистической партии Советского Союза и подтвержденными в решениях партийных съездов других братских стран и Организации Варшавского Договора положения Советской программы мира смогли лечь в основу важнейших внешнеполитических акций не только СССР, но и всех стран социалистического содружества и именно потому, что борьба за мир представляет собой кардинальную составную часть их политической и идеологической общности. Борьба за мир — это борьба за создание наиболее благоприятных международнх условий для строительства социализма и коммунизма в странах содружества и для развития мирового революционного процесса. Вместе с тем в современных условиях она есть борьба против угрозы термоядерного унитожения человечества и потому — есть борьба, отвечающая интересам не только социалистических стран и других прогрессивных сил мира, но и всех людей планеты, за исключением империалистических маньяков, уповающих на возможность спасения капитализма в результате победы в ракетно — ядерной войне. Ныне борьба за социализм и коммунизм органически сплетается с борьбой за сохранение и упрочение мира.

Советская программа мира, ставшая программой всех стран социалистического содружества, наметила конкретные меры, отвечающие насущным задачам ослабления, а затем и предотвращения опасности военной катастрофы, нависшей над миром. К числу таких мер Пражская политическая декларация государств-участников Варшавского Договора относит предложения, направленные на достижение договоренностей о радикальном сокращении и ограничении ядерных средств средней дальности в Европе, о сокращении и ограничении оружия стратегического назначения, о создании безъядерных зон на Севере Европы, на Балканах и в других регионах континента, как и вообще об освобождении Европы от ядерного оружия, о сокращении обычных вооружений и снижении уровней военного противостояния, о заключении международных договоров по таким важнейшим проблемам как полное и всеобщее запрещение испытаний ядерного оружия, запрещение и ликвидация химического оружия, запрещение нейтронного оружия, запрещение размещения в космическом пространстве оружия любого рода, запрещение радиологического оружия, предложение о взаимном неприменении военной силы и поддержании отношений мира и целый ряд других предложений, исходящих из принципа равенства и одинаковой безопасности как для СССР и США, так и для других стран участниц Варшавского Договора и сран-членов НАТО, равно как и для других государств.

Все эти предложения социалистических стран в области сокращения и ограничения вооружений и уменьшения военного противостояния имеют своей непосредственной целью ликвидацию врзывоопасной ситуации, особенно обострившейся с начала 80-х годов в связи с усилением агрессивности стран империалистического блока во главе с США. Вместе с тем в стратегическом аспекте реализация этих мер явилась бы важным этапом в утверждении на земле мира без оружия, мира без войн. В этом отношении указанные предложения являются прямым продолжением идей Декрета о мире о преступности агрессивной войны, получившей закрепление в международном праве.

Поскольку современное международное право признает допустимым применение вооруженных сил в международных отношениях лишь в целях индивидуальной или коллективной самообороны или поддержания международного мира, постольку ясно, что уровень вооружений государств и их военно-технические средства должны соответствовать этим целям. Следует обратить внимание также и на то, что предложения социалистических стран в области разоружения и военной разрядки как факторов сохранения мира неизменно и органически связываются с их требованиями и конкретными предложениями по окончательной ликвидации колониализма и расизма, отказа от политики неоколониализма, угнетения и эксплуатации других народов, прекращению империалстических актов агрессии и вмешательства во внутренние дела стран, обеспечению права народа каждой страны свободно решать вопросы своего социально-экономического и политического развития. Страны социалистического содружества неоднократно подчеркивали свою убежденность в том, что „сохранение всеобщего мира неотделимо в наше время от признания равноправия всех народов и государств. Прочным миром может быть только мир справедливый, в котором каждое государство признает и уважает законные права и интересы всех других“.[5]

Следовательно, борьба за мир, которую ведут социалистические государства и все прогрессивные силы народов земли, есть борьба за утверждение международного демократического мира. Эта мысль ярко выражена в обращении ЦК КПСС, Президиума Верховного Совета СССР и Прави-

5 Политическая декларация государств-участников Варшавского договора., см. там же.

тельства Советского Союза „К народам, парламентам и правительствам" в связи с 30-летием победы над фашизмом и милитаризмом. В этом обращении говорится, что солдаты всех континентов, партизаны и борцы Сопротивления „шли на великую битву, надеясь и мечтая завоевать прочный, справедливый и демократический мир". Далее в обращении отмечается, что в результате победы над гитлеровской Германией и милитаристской Японией произошли „социальные и политические сдвиги величайшего значения, и была создана — впервые в истории — объективная возможность исключения мировой войны из жизни человечества".[6]

Но путь к осуществлению этой возможности оказался непрост. Империализм, которому органически присущи милитаризм и агрессия, стремление к угнетению народов и мировому господству, вновь попытался повернуть ход истории вспять. Человечество было ввергнуто на долгие годы в пучину „холодной войны" и атомного шантажа со стороны Соединенных Штатов Америки. Затем, после краткого периода относительной нормализации международных отношений в 70-е годы, достигнутой благодаря настойчивым усилиям социалистических государств и всех миролюбивых сил, когда стало очевидным, что в условиях мира и мирного соревнования государств различных социально-экономических систем, укрепления позиции социализма на мировой арене, подъема революционных сил во многих странах мира, империализм может вовсе утратить почву для своего существования, США вместе со своими союзниками развернули беспрецедентную гонку вооружений, провозгласив целью своей политики уничтожение социализма как общественной системы.

Но ход истории необратим и один из ярких тому примеров — само международное право. За четверть века „холодной войны" ее организатором практически не удалось внедрить в международное право ни один из принципов, составляющих ее устои. И в этих тяжелых условиях международное право продолжало развиваться в общедемократическом, антиимпериалистическом направлении. Несомненно, что и нынешняя атака империализма против социалистических и других прогрессивных государств, сопровождающаяся чудовищными нарушениями международного права, завершится неизбежным крахом. А для этого необходимо, с одной стороны, крепить безопасность стран социалистического содружества, чтобы никакой потенциальный агрессор не мог надеяться избежать сокрушительного ответного удара, а — с другой, удвоить, утроить усилия в проведении политики мира и международного сотрудничества.

Активная целеустремленная деятельность социалистических государств на всех направлениях международной политики, имеющих важное значение для укрепления мира, обеспечения свободы и независимости народов,

6 „Правда" 10 мая 1975 г.

развития равноправного международного сотрудничества, встречает все более широкую поддержку других государств. Это со всей убедительностью подтвердила последняя сессия Генеральной Ассамблеи ООН, которая одобрила разработанные по инициативе социалистических стран Декларацию об осуждении ядерной войны, резолюции о замораживании ядерных вооружений и предотвращении гонки вооружений в космическом пространстве.

2. Принцип социалистического интернационализма — стержень внешней политики стран социализма

Естественно, что степень воздействия социализма на ход мировых событий во многом зависит от состояния дел в самом социалистическом содружестве. Это прекрасно понимают империалистические правительства, приглагающие настойчивые усилия для подрыва социализма изнутри, для разобщения социалистических стран.

Стремясь всячески ограничить международное влияние стран социализма, империалистические политики, как отмечал К. У. Черненко, „пытаются ослабить их сплоченность, расшатать основы социалистического строя там, где, как им кажется, можно расчитывать на успех. В этих условиях особенно важно сохранять и крепить солидарность братских социалистических стран".[7] Этим прежде всего объясняется, почему XXVI съезд КПСС, равно как и съезды других братских стран уделили столь большое внимание дальнейшему сближению стран социалистического содружества, их товарищеской сплоченности.

Социально-экономическая, политическая и идеологическая общность социалистических стран создает объективную основу для развития прочных и дружественных межгосударственных отношений, отношений нового, высшего исторического типа. Мы строим, говорилось на XXVI съезде КПСС, — „новый, социалистический мир, небывалый еще в истории тип отношений между государствами, по настоящему справедливых, равноправных, братских".[8]

Вместе с тем необходимо учитывать, что объективные возможности, созданные новым общественным строем, сами собой не реализуются. Их воплощение в реальность, в действительность международных отношений нового исторического типа может быть только результатом огромной организующей и направляющей политики коммунистических и рабочих партий социалистических стран, правильного применения на практике принципов марксизма-ленинизма, пролетарского, социалистического интерна-

7 Речь товарища К. У. Черненко. — „Правда", 3 марта 1984 г.
8 См. „Материалы XXVI съезда КПСС", М. 1982., с. 5.

ционализма. Исторический опыт развития мировой социалистической системы, растущая сплоченность стран социалистического содружества на основе социалистического интернационализма в полной мере подтверждают эту истину.

Для правильного понимания значения и содержания принципа социалистического интернационализма в межгосударственных отношениях важно учитывать, что он есть одна из форм пролетарского интернационализма, основные положения которого, как известно, были выработаны теорией марксизма-ленинизма задолго до возникновения мировой социалистической системы.

Пролетарский интернационализм родился как требование международного классового союза пролетариев всех стран в борьбе против буржуазии. „Капитал, — писал В. И. Ленин, — есть сила международная. Чтобы ее победить нужен междунардодный союз рабочих, международное братство их.“[9] Эта сторона пролетарского интернационализма получает свое дальнейшее развитие в форме социалистического интернационализма как требование единства и сплоченности социалистических государств в борьбе против политики империализма и агрессии, за международный мир и создание благоприятных условий для построения социализма и коммунизма.

Но пролетарский интернационализм, будучи составной частью научного мировоззрения пролетариата, как исторически прогрессивного класса, призванного не только уничтожить капитализм вместе с порождаемыми им конфликтами, но и построить новое общество, естественно, должен был с самого начала нести в себе общие мировоззренческие идеи *межнациональных отношений* не только в борьбе против капитала, но и в условиях строительства социализма. Историческая заслуга развития этих идей до уровня задач новой эпохи, раскрытие их общего мировоззренческого аспекта, их глубокого теоретического обоснования, несомненно, принадлежит В. И. Ленину. Он подчеркивал, что буржуазный национализм и пролетарский интернационализм это не только *две* непримиримо враждебных политики, соответствующим двум великим классовым лагерям всего капиталистического мира, но и два миросозерцания в национальном вопросе.[10]

Эти два мировоззрения представляют собой идеологическое выражение двух противоположных явлений: конфликта между историческими тенденциями в области национальных отношений в условиях капитализма, с одной стороны, возможности их гармонического сочетания и единства при социализме, — с другой. Непосредственную связь пролетарского мировоззрения в национальном вопросе с историческими тенденциями развития современного общества — тенденцией к государственному обособлению

9 В. И. Ленин, Полн. собр. соч., т. 22, с. 205.
10 В. И. Ленин, Полн. собр. соч. т. 24, с. 123.

наций и тенденцией к их сближению и всестороннему сотрудничеству — отмечал В. И. Ленин.[11]

Соответственно, пролетарский интернационализм, наряду с требованием теснейшего союза, теснейшего единства пролетариев всех стран в борьбе против буржуазии, против господства капитала за социализм и коммунизм, необходимо включает в себя требования свободы и равноправия наций и не только формальных, но и подлинных, и не для одной своей нации, а для всех наций, и, следовательно, отрицание всякого национального гнета и национальных привилегий. В органической взаимосвязи обеих этих сторон, в соединении демократического требования свободы национального развития с требованием классового союза пролетариев всех стран, дополенного ленинским требованием союза с угнетенными капитализмом народами, в борьбе против капитала и империалистического гнета за новый общественный строй — в этой взаимосвязи заложена подлинная суть пролетарского интернационализма и как мировоззрения и как общего принципа международного рабочего движения.

С превращением социализма в мировую систему пролетарский интернационализм, сохраняя свое качество принципа международного рабочего движения, стал также принципом межгосударственных отношений — отношений между суверенными социалистическими государствами. В этой своей роли он именуется в программных документах коммунистических и рабочих партий, в многосторонних и двусторонних актах социалистических государств, в их конституционных актах как *принцип* социалистического интернационализма, а вся совокупность входящих в него требований трактуется как *принципы* социалистического интернационализма.

И поскольку межгосударственные отношения регулируются международным правом, постольку социалистический интернационализм, сохраняя свое качество морально-политического принципа, приобрел также юридическое значение, стал международно-правовым принципом, лежащим в основе всех взаимоотношений социалистических государств. Его юридическое закрепление осуществлялось как обычно — правовым, так и договорным путем.[12]

При этом каждая из сторон пролетарского интернационализма получает свое развитие и конкретизацию в соответствующих ей международно-правовых принципах: принцип равноправия наций приобретает форму международно-правового принципа равноправия государств; принцип свободы и независимости наций — форму принципов уважения суверенитета государств, невмешательства в их внутренние дела, уважения целостности

11 Там же, с. 124. См. также „КПСС в резолюциях и решениях съездов, конференций и пленумов ЦК“, ч. 1, изд. седьмое, с. 709—713.

12 См. Г. И. Тункин, Теория международного права. Москва, 1970, с. 489.

их территории, их национальных интересов; принцип единства и взаимопомощи пролетариев всех стран — форму принципов солидарности и товарищеской взаимопомощи социалистических государств. Естественно, что в практике межгосударственных отношений социализма как отношений нового исторического типа происходит не только заполнение принципов общего международного права новым, социалистическим содержанием, но и их переработка, а также выработка новых принципов, пока еще не получивших закрепления в общем международном праве — принципов солидарности и взаимопомощи.

Такое развитие находится в полном согласии с современным международным правом, которое не может не отражать сложую социальную структуру международных отношений эпохи перехода от капитализма к социализму. Оно дает возможность государствам устанавливать в их взаимоотношениях принципы и нормы, обусловленные их социальными, историческими, географическими и иными особенностьями, поскольку такие принципы и нормы не противоречат основным принципам общего международного права, его нормам jus cogens или, тем более, если они [как это имеет место во взаимоотношениях социалистических государств] идут дальше того минимума требований, соблюдение которых необходимо по общему международному праву для мирного сожительства и сотрудничества государств.[13]

Являясь морально-политической и международно-правовой основой сплочения социалистических государств, социалистический интернационализм имеет важное значение в деле укрепления социалистического содружества, а, следовательно, и в повышении его роли как фактора противодействия империалистической агрессии, упрочения международного мира и международного права. Помогая братской Польше и братской Кубе противостоять империалистическому давлению, оказывая всемерную поддержку революционной Никарагуа как и другим странам, подвергшимся империалистической агрессии, проявляя солидарность с народами, борющимися за ликвидацию колониализма и расизма, социалистические страны тем самым отстаивают незыблемость принципов суверенного равенства государств, невмешательства в их внутренние дела, равноправия и самоопределения народов, недопустимости угрозы силой или ее применения против территориальной неприкосновенности или политической независимости любого государства и другие важнейшие принципы международного права.

13 См. об этом: Völkerrecht. Lehrbuch. Teil I. Staatsverlag der DDR, Berlin, 1973, S. 44—45. Völkerrecht. Grundriß. Staatsverlag der DDR, Berlin 1983, S. 29—30, S. 45—47.

3. Экономическая интеграция — важный фактор укрепления интернационального единства социалистических стран.

Существенное значение в историческом процессе укрепления интернационального единства социалистических стран в борьбе за построение социализма и коммунизма имеет их экономическая интеграция, которая, как и все взаимоотношения стран социалистического содружества, развивается в соответствии с принципами социалистического интернационализма. Она имеет существенное значение и для упрочения позиций и повышения роли социалистического содружества на международной арене прежде всего благодаря тому, что в немалой мере способствует росту его экономической и оборонной мощи, которую оно, говоря словами Пражской декларации, кладет на чашу весов мира. Рост экономического потенциала социалистических стран позволяет им оказывает все более широкое экономическое и научно-техническое содействие и развивающимся странам в строительстве их независимой экономики, что способствует упрочению союза социализма с национально-освободительным движением. Фактор экономического роста позволяет странам содружества расширять деловое сотрудничество с развитыми капиталистическими странами, представляющее собой важное условие мирного сосуществования государств с различными социальными системами, стабилизации международной обстановки.

Следует также учитывать то влияние, которое оказывает на прогрессивное развитие международных отношений и международного права сам пример подлинно дружеских международно-правовых отношений в области политики, экономики, науки, культуры и других областях на основе принципов социалистического интернационализма. В этой практике, выражающей всесторонний учет прав и интересов сотрудничающих государств, черпают свое вдохновение многие страны в их борьбе за утверждение своей независимости и равноправное сотрудничество с другими государствами.

Важное значение для развития общих принципов межгосударственных отношений в современном мире имеет, например, применение международно-правовых принципов социалистического интернационализма к такой обширной области международных отношений как социалистическая экономическая интеграция. Ведь международные экономические отношения являются именно той областью, где капиталистические государства наиболее беспардонно во все времена нарушали и ныне нарушают принципы международного права, а борьба за новый экономический порядок есть по существу не что иное как борьба за такой порядок международных экономических отношений, который основывался бы на принципах международного права. Здесь же — в экономических отношениях между социалистическими странами — международно-правовые принципы нового типа получили полный простор для своего воплощения в реальную действительность.

Представляется несомненным, что пример международных социалистических хозяйственных связей, которые характеризуются подлинным равноправием, взаимным уважением независимости и суверенитета, братской взаимопомощью и солидарностью государств, оказывает и будет оказывать все более глубокое воздействие на мировые экономические отношения, содействовать устранению дискриминации и неравенства, порождаемых империалистической и неоколониалистской политикой.

Процесс восприятия общим международным правом принципов и норм, складывающихся во взаимоотношениях социалистических государств, а также выработки новых норм под воздействием принципов отношений между социалистическими странами — это процесс повседневный. Яркий пример в этом отношении представляет решение Женевской конференции ООН по торговле и развитию 1964 г. об установлении определенных преференциальных изъятий из принципа наибольшего благоприятствования в пользу развивающихся стран, без распространения этих изъятий на развитые страны.[14] Это положение соответствует принципу социалистического равноправия, который, как уже отмечалось, требует установления и такого неравенства в пользу менее развитой страны, которое содействовало бы достижению фактического равенства. С этим принципиальным положением перекликается и предложение, сделанное социалистическими странами о выделении на нужды социально-экономического развития развивающихся стран части средств, которые освобождались бы при сокращении военных расходов стран-членов НАТО и стран-членов Организации Варшавского Договора.[15]

4. Воздействие практики стран социализма на развитие принципов и норм международного права

Естественно, что переходя из области отношений между социалистическими государствами в область общего международного права, такие нормы приобретают общедемократический характер.

Велик вклад социалистических государств в международную договорную практику, как и в развитие самого права международных договоров. Так, например, долгосрочные экономические договоры и программы сотрудничества на длительную перспективу по общим и конкретным вопросам, рожденные практикой социалистических государств, ныне получили широкое

14 Заключительный акт Конференции ООН по торговле и развитию, ч. II. Общий принцип восьмой.

15 См. Предложение государств-участников Варшавского Договора государствам-членам НАТО относительно переговоров по вопросу о неувеличении и сокращении военных расходов. — „Правда", 6 марта 1984 г.

распространение в отношениях между социалистическими и капиталистическими странами, играя роль фактора укрепления мирного сосуществования государств с различными социально-экономическими системами и определенной стабилизации международных экономических и политических отношений. Важное значение в аспекте укрепления основ международного сотрудничества на основе учета различий в социальной структуре современных международных отношений имело последовательное отстаивание социалистическими государствами принципа универсальности общих международных договоров и упрощения процедуры оговорок к ним, которое дало свои позитивные результаты.

Велик вклад практики социалистических государств также в развитие института международных договоров в упрощенной форме, особенно договоров межведомственных, получившей в отношении последних свое отражение в советском Законе о порядке заключения, исполнения и денонсации международных договоров СССР. В данной связи следует также отметить международные договоры, которые возникают из квалифицированных рекомендаций СЭВ в силу принятия таких рекомендаций странами, которым они адресованы. Представляется, что в соответствующих уставных положениях СЭВ намечена определенная тенденция и одно из важных направлений прогрессивного развития двух центральных институтов, или отраслей современного международного права — права международных договоров и права международных организаций или, шире, международных институций вообще.

Что касается международных институций, то в этой области можно отметить возникновение такой новой их формы как межправительственные комиссии по экономическому и научно-техническому сотрудничеству. Эта форма, рожденная в практике взаимоотношений социалистических государств, ныне получила более широкое распространение, в том числе и в отношениях социалистических государств с капиталистическими, способствуя укреплению в международных отношениях мирного взаимовыгодного делового сотрудничества.

Примеры воздействия практики социалистических государств на развитие принципов и норм современного международного права, в том числе в области дипломатических и консульских отношений, урегулирования пограничных и других территориальных вопросов, вопросов гражданства, правовой помощи и охраны окружающей среды, можно было приумножить. Но главное заключается в том, что воздействие социалистических государств на развитие любой отрасли или института международного права всегда направлено, непосредственно или в конечном итоге, на укрепление в нем начал международной безопасности, мирного сотрудничества и равноправных отношений государств, начал гуманности и дружбы между народами.

В деле борьбы за мир, за реализацию программы мира социалистических стран большую роль играют такие межгосударственные организации как Организация Варшавского Договора и Совет Экономической Взаимопомощи — международные организации нового исторического типа. Именно социалистическая сущность этих организаций и широкая ответственность в международных делах, которой они наделены странами-учредителями, делает их важным инструментом сотрудничества государств-членов как в решении задач развития нового типа международных отношений, так и мировой политики в целом.

Практически все предложения, которые выдвигались индивидуально или коллективно странами социалистического содружества в области обуздания гонки вооружений, их ограничения и сокращения, равно как и по другим вопросам мира и безопасности в Европе и во всем мире, нормализации международных отношений и международного сотрудничества, неизменно предварительно обсуждались и согласовывались в Политическом Консультативном комитете и других органах Организации Варшавского Договора. Благодаря этому ОВД способствовала не только единству действий ее членов на международной арене, но и их политической сплоченности, представляющей собой необходимый фактор объединения их оборонных усилий в рамках Варшавского Договора.

Совет Экономической Взаимопомощи, основной функцией которого является организация сотрудничества своих членов в деле их экономической интеграции о международном значении которой говорилось выше, неоднократно использовал свой международный авторитет, как и авторитет своих членов для внешнеполитических заявлений, направленных против империалистической политики использования экономических и других дискриминационных мер в качестве средства вмешательства во внутренние дела стран и оказания на них политического давления. Так, в январе 1982 г. Исполнительный комитет Совета выступил с заявлением, в котором решительно осудил действия США и других стран НАТО по отношению к Польской Народной Республике как „грубейшее нарушение общепризнанных норм международной жизни, принципов Устава ООН и Заключительного акта Совещания по безопасности и сотрудничеству в Европе“.[16]

Предпринимали государства-члены СЭВ коллективные акции и по вопросам международной безопасности. Так, в октябре 1983 г. главами правительств стран-членов СЭВ, собравшимися на XXXVII Сессию Совета, было сделано заявление, в котором они призвали США и другие государства-члены НАТО вести дело к достижению договоренности об отказе от размещения в Европе новых ядерных ракет средней дальности и соответствую-

16 Заявление Исполнительного комитета Совета Экономической Взаимопомощи. — „Правда“, 22. 1. 1982 г.

щему сокращению существующих ядерных средств средней дальности, а также заявили о готовности их стран сотрудничать со всеми государствами Европы и мира, со всеми миролюбивыми силами с целью предотвращения дальнейшей эскалации гонки вооружений.[17]

Совместные акции государств социалистического содружества и акции их международных организаций, направленные на предотвращение войн, на обуздание гонки вооружений и достижение справедлового, действительно безопасного, в полной мере демократического мира встречает все большую поддержку государств и народов земли. В борьбе за такой мир социалистические государства опираются на принципы и нормы международного права, в прогрессивное развитие которых социалистический мир вносит свой существенный вклад.

17 См. Заявление глав правительств государств-членов Совета Экономической Взаимопомощи. — „Правда", 21. 10. 1983 г.

Resümee

E. T. Usenko

Die sozialistische Staatengemeinschaft — wichtiger Faktor für die Festigung des Friedens und die progressive Entwicklung des Völkerrechts

In den vergangenen 67 Jahren hat das Völkerrecht wesentliche Veränderungen erfahren, die es heute ermöglichen, von einem qualitativ neuen Völkerrecht auszugehen, das im Vergleich zum alten Völkerrecht der Periode vor der Oktoberrevolution wichtige Unterschiede aufweist. Das Prinzip des Friedens ist die ideelle Grundlage des gegenwärtigen Völkerrechts. Es wird charakterisiert durch das gesamte System der Grundprinzipien, die in der Prinzipiendeklaration von 1970 kodifiziert wurden. In ihrem Kampf für die Erhaltung des Friedens haben die sozialistischen Staaten eine Reihe konkreter Vorschläge unterbreitet, die gegen die Gefahr eines nuklearen Infernos gerichtet sind. Große Bedeutung kommt in diesem Zusammenhang der Prager Deklaration der Warschauer Vertragsstaaten zu.

Ausgehend davon, daß der Stand der Beziehungen innerhalb der sozialistischen Gemeinschaft eine wichtige Voraussetzung für die Wirksamkeit des Einflusses der sozialistischen Länder auf den Gang der internationalen Ereignisse ist, wird die Rolle des sozialistischen Internationalismus als eine Form des proletarischen Internationalismus hervorgehoben. Da der sozialistische Internationalismus heute auch im Bereich der zwischenstaatlichen Beziehungen wirksam ist, hat er neben der moralischen und politischen auch eine juristische Qualität als Völkerrechtsprinzip.

Im Bereich der sozialistischen ökonomischen Integration haben die neuen sozialistischen Völkerrechtsprinzipien ein breites Anwendungsfeld. Die sozialistischen internationalen Wirtschaftsbeziehungen sind ein Beispiel für reale Gleichberechtigung, Achtung der Souveränität und solidarische Hilfe, das weitreichende Auswirkungen auf die Weltwirtschaftsbeziehungen hat.

Die völkerrechtliche Praxis der sozialistischen Länder hat zur Entwicklung wichtiger Bereiche des Völkerrechts beigetragen. Positiven Einfluß auf das Vertragsrecht haben die Bemühungen der sozialistischen Länder für die Durchsetzung des Universalitätsprinzips für allgemeine multilaterale Verträge sowie die Entwicklung vereinfachter Formen völkerrechtlicher Verträge. In diesem Zusammenhang werden die zwischenbehördlichen Abkommen und die völkerrechtlichen Verträge, die aufgrund von qualifizierten Empfehlungen des RGW entstehen, erwähnt. Von der völkerrechtlichen Praxis der sozialistischen Länder sind wichtige Impulse auch für die Weiterentwicklung des Völkerrecht auf dem Gebiet des

Rechts der internationalen Organisationen, des Diplomaten- und Konsularrechts, in Fragen der Rechtshilfe und des Umweltschutzes ausgegangen.

Das wichtigste Anliegen der sozialistischen Länder bei der Entwicklung aller Zweige des Völkerrechts ist stets die Festigung der Grundlagen der internationalen Sicherheit und der friedlichen Zusammenarbeit der Staaten.

Summary

E. T. Usenko

The Socialist Community — An Important Factor for Strengthening Peace and Progressive Development of International Law

International law has undergone substantial changes for the last 67 years. It differs qualitatively from the old law of Nations of the period before the Great October Socialist Revolution. The principle of international peace is the fundament of modern international law. It encompasses the whole system of basic principles of international law, as codified in the 1970 Declaration on the principles of international law. In their struggle for the maintenance of peace socialist States have advanced a series of concrete proposals, aimed at preventing nuclear holocaust. In this connection the Prague declaration of the Warsaw Treaty member-States is of particular importance. The level of relations within the Socialist community is an important premise for its influence on international events. In this connection reference is made to the specific role of socialist internationalism, as a form of proletarian internationalism. Since socialist internationalism today governs socialist interstate relations it has obtained not only a political and moral, but also a legal quality as a principle of international law.

In the field of socialist economic integration the new socialist principles of international law have obtained broad possibilities for their application. The economic relations between Socialist States are an example of real equality, respect of sovereignty and solidarity, having a great impact on world economic relations.

The international legal practice of socialist States has a positive influence on the progressive development of international law. Socialist States have played an important role in establishing the principle of universal participation in general multilateral treaties, as well as in the elaboration of simplified forms of international treaties. In this context mention is made of such instruments as the agreements between state organs and treaties based on qualified recommendations of the CMEA. The international legal practice of socialist States has also influenced the development of the law of international organizations, diplomatic and consular law, the settlement of border disputes, questions of nationality and environmental protection etc.

The most important concern of the Socialist community, in developing all branches of international law, has always been the strengthening of international peace and security and promoting peaceful cooperation among States.

H. Wünsche

Die neue Konvention über das Seerecht und das „gemeinsame Erbe der Menschheit"

Der Begriff des gemeinsamen Erbes der Menschheit wurde insbesondere nach dem Zweiten Weltkrieg im Zusammenhang mit der Kodifikationsarbeit zur fortschreitenden Entwicklung des Völkerrechts im Rahmen der Vereinten Nationen entwickelt. So wurde bereits 1950 in der Völkerrechtskommission der Vereinten Nationen die Idee geäußert, den Meeresboden und seine Ressourcen einer Nutzung durch die Staatengemeinschaft als Vertreter der Menschheit vorzubehalten.[1] Auch auf der I. Seerechtskonferenz der Vereinten Nationen im Jahre 1958 traten einige Staatenvertreter mit dem Vorschlag auf, den Festlandsockel zum Nutzen und im Interesse der gesamten Menschheit auszubeuten.[2] In der Zwischenzeit war die Idee des gemeinsamen Erbes der Menschheit auch auf andere Bereiche der zwischenstaatlichen Zusammenarbeit ausgedehnt worden. So trat z. B. der argentinische Völkerrechtler Cocca 1954 dafür ein, den Weltraum als „res humanitatis" zu bezeichnen.[3]

In der Diskussion über den Rechtsstatus des Meeresgrundes und -untergrundes drang das Konzept expressis verbis mit dem Vorschlag des damaligen Botschafters von Malta, Pardo, ein, in dem die Forderung gestellt wurde, das Regime des Meeresbodens im Rahmen der UNO neu zu regeln.[4] Am 17. August 1967 unterbreitete Pardo eine Adresse an die Vollversammlung der Vereinten Nationen mit dem Vorschlag:

1 Vgl. K. Young, The Legal Status of Submarine Areas Beneath the High Seas, in: American Journal of International Law, Bd. 45 (1951), S. 229.

2 Vgl. A/CONF. 13/42, S. 18, para. 1; S. 4, para. 17 und S. 47, para. 20.

3 Vgl. A. A. Cocca, Colloquium on the Law of outer space, Bd. 10, Washington 1968, S. 221 bis 224. Vgl. dazu auch I. L. Alvarez Hernandes, Anteprojecto sobre los principios que deben regir las actividadas de los estados en la investigacion, exploracion, explotacion y utilisacion pacifica del espacio ultra terestre y los cuérpos celestes, Paper für XX. Colloquium des Institute for International Space Law, 1977; A. A. Cocca, Mankind as a New Subject: A New Juridical Dimension Recognised by the United Nations, XIII. Colloquium des Institute for International Space Law, S. 213; F. Rusconi, Regime of the Property of natural Resources on the Moon and the other celestial bodies, XII. Colloquium des Institute for International Space Law; E. Fasan, The Meaning of the Term "Mankind" in Space Legal Language, in: Journal of Space Law, Bd. 2 (1974) 2, S. 128; M. Ferrer, Activities on Celestial Bodies Including the Exploration of Natural Resources, XII. Colloquium des Institute for International Space Law, S. 141.

4 Vgl. UN-Doc. A/6695 sowie A. Pardo, Whose is the Bed of the Sea?, in: Proceedings of the American Society of International Law 1968, S. 221.

a) eine Deklaration mit dem Inhalt anzunehmen, daß der Meeresgrund und -untergrund jenseits der Grenzen der nationalen Jurisdiktion das gemeinsame Erbe der Menschheit ist;
b) der Ausarbeitung einer begrenzten Zahl allgemeiner Prinzipien für die Erforschung, Erhaltung, Nutzung und Ausbeutung des Meeresgrundes und -untergrundes;
c) des Verzichts der Mitgliedstaaten auf weitere Ausdehnung ihrer souveränen Rechte über den Meeresgrund und -untergrund bis zu dem Zeitpunkt, zu dem eine generell akzeptable Vereinbarung über die Nutzung dieses Gebietes geschaffen wurde und schließlich der Ausarbeitung einer neuen Konvention über das Seerecht.

Im Ergebnis dieser Initiative Maltas schuf die Vollversammlung durch die Resolution 2340 (XXII) einen ad-hoc-Ausschuß, der sich mit der friedlichen Nutzung des Meeresgrundes außerhalb der Grenzen nationaler Jurisdiktion beschäftigen sollte. Die Vollversammlung setzte dann durch die Resolution 2467 (XXIII) den Ausschuß für die friedliche Nutzung des Meeresbodens außerhalb der Grenzen nationaler Jurisdiktion ein. Mit der Resolution 2574 setzte sich die Vollversammlung für ein Moratorium hinsichtlich nationaler Aktionen zur Erforschung und Ausbeutung des Meeresgrundes bis zu dem Zeitpunkt ein, an dem eine generell akzeptable Vereinbarung zwischen den Staaten erreicht sei. Diese Resolution wurde durch die Prinzipiendeklaration über die Erforschung und Ausbeutung des Meeresgrundes und -untergrundes 2749 (XXV) ergänzt.

Die beiden zuletzt genannten Resolutionen 2574 und 2749 haben eine besondere Bedeutung insofern im Rahmen der Entwicklung eines neuen Seerechts, weil sie zunächst einmal den Paketcharakter aller Probleme unterstrichen, die die Regelung des neuen Seerechts berücksichtigen muß. Die Resolution 2749 enthält 15 generelle Prinzipien für das zu schaffende neue Regime des Meeresgrundes und -untergrundes. Zum ersten Mal wird in einer UNO-Resolution in diesem Zusammenhang im Artikel 1 das gemeinsame Erbe der Menschheit als Prinzip erwähnt.[5] Damit war zwar das Prinzip des gemeinsamen Erbes der Menschheit generell erklärt, allerdings ließ diese Resolution die konkreten Formen, in denen dieses Prinzip des gemeinsamen Erbes ausgestaltet werden sollte, noch völlig offen.

In der Konvention über das Seerecht, die von der III. Seerechtskonferenz der Vereinten Nationen am 30. 4. 1982 angenommen wurde,[6] ist dieses Prinzip unter verschiedenen Aspekten festgehalten. Zunächst spricht die Präambel, nachdem davon ausgegangen wird, daß diese Konvention ein wichtiger Beitrag zur Erhaltung von Frieden, Gerechtigkeit und Fortschritt für alle Völker der Welt darstellt, davon, daß ihre Ausarbeitung und Annahme in dem Bestreben erfolgt, mit dieser Konvention die in der Resolution 2749 (XXV) vom 17. Dezember 1970 ent-

5 Vgl. A. Studier, Seerechtskonferenz und Dritte Welt, München—London 1980.
6 Vgl. A/CONF. 62/122 vom 7. 10. 1982.

haltenen Grundsätze zu entwickeln, in der die Vollversammlung der Vereinten Nationen unter anderem feierlich erklärte, daß das Gebiet des Meeresgrundes und des -untergrundes außerhalb der Grenzen nationaler Jurisdiktion sowie seine Ressourcen das gemeinsame Erbe der Menschheit sind, deren Erforschung und Ausbeutung zum Wohle der Menschheit als Ganzem, unabhängig von der geographischen Lage der Staaten erfolgen soll. Dieser Gedanke wird im Artikel 136 unterstrichen, in dem festgestellt wird, daß das Gebiet und seine Ressourcen das gemeinsame Erbe der Menschheit sind. Eine etwas nähere Erläuterung dazu findet sich im Artikel 140, der in Ziffer 1 feststellt: Wie in diesem Teil ausdrücklich vorgesehen, wird die Tätigkeit im Gebiet zum Wohle der gesamten Menschheit ausgeübt, unabhängig von der geographischen Lage der Staaten sowie davon, ob es sich um Küsten- oder um Binnenstaaten handelt, und unter besonderer Berücksichtigung der Interessen und Bedürfnisse der Entwicklungsländer sowie der Völker, die noch nicht die volle Unabhängigkeit oder einen anderen von den Vereinten Nationen im Einklang mit der Resolution 1514 (XXV) der Vollversammlung und der anderen einschlägigen Resolutionen der Vollversammlung anerkannten Status der Selbstregierung erlangt haben.

Die Bedeutung dieses Prinzips für die Seerechtskonvention wird insbesondere bei einer Betrachtung des Artikels 311 der Konvention deutlich, in dessen Ziffer 6 hervorgehoben wird: die Teilnehmerstaaten kommen überein, daß es keine Abänderungen des im Artikel 136 verankerten wesentlichen Grundsatzes bezüglich des gemeinsamen Erbes der Menschheit geben darf und daß sie an keinem Abkommen teilnehmen werden, das eine Abweichung davon darstellt. Da damit für das internationale Seerecht das Prinzip des gemeinsamen Erbes der Menschheit ausdrücklich nicht für zwischenstaatliche Vereinbarungen zur Disposition steht, ist es im weiteren umso notwendiger, den konkreten Inhalt dieses Prinzips zu definieren. Das ist insbesondere erforderlich, um ein exaktes Bild davon zu erhalten, welche Fragen im Zusammenhang mit der friedlichen Nutzung des Meeresgrundes und -untergrundes von den Staaten in Verwirklichung der Seerechtskonvention noch vereinbart werden dürfen, welche Fragen sich auf Grund der Regelungen des Artikels 311, Ziffer 6 einer zwischenstaatlichen Vereinbarung entziehen. Das ist insbesondere auch eine Frage der internationalen Rechtssicherheit.

Parallel zum Seevölkerrecht vollzog sich eine ähnliche Entwicklung auch im Weltraumrecht. Bereits auf dem 5. Kongreß der Internationalen Astronautischen Föderation (IAF) 1954 sprach sich Cocca dafür aus, den Weltraum weder als „res nullius“ noch als „res omnium communis“ zu betrachten, sondern als eine „res humanitas“, die eine eigene rechtliche Qualität besitze.[7] Die Vollversammlung beschäftigte sich mit dieser Frage unter anderem in ihrem Resolutionen 1472 (XIV), 1721 (XVI) und 1802 (XVII) zu den Problemen, die mit der internationalen Zusammenarbeit bei der friedlichen Nutzung des Weltraumes im Zusammenhang

7 Vgl. K. Young, The Legal Status of Submarine Areas Beneath the High Seas, a. a. O., S. 229.

standen. In ihrer Resolution 1963 (XVIII) legte die Vollversammlung weitere Maßnahmen zur Kodifizierung des Weltraumrechts fest, wobei die Grundlage dafür die Resolution 1962 (XVIII) war, die eine Deklaration über die Rechtsprinzipien hinsichtlich der Aktivitäten der Staaten in der Ausbeutung und Nutzung des Weltraums beinhaltet. Artikel 1 dieser Deklaration geht eindeutig davon aus, daß die Ausbeutung und Nutzung des Weltraumes zum Wohle und im Interesse der gesamten Menschheit erfolgen soll. Dieser Gedanke wird dann im Vertrag über die Prinzipien für die Tätigkeit der Staaten bei der Erforschung und Nutzung des Weltraumes einschließlich des Mondes und anderer Himmelskörper vom 27. Januar 1967[8] wieder aufgegriffen, indem der Artikel 1 dieses Vertrages feststellt, daß die Erforschung und Nutzung des Weltraumes einschließlich des Mondes und anderer Himmelskörper eine Angelegenheit der gesamten Menschheit ist. Eine weitere Präzisierung des Prinzips des gemeinsamen Erbes der Menschheit findet sich dann im Abkommen über die Tätigkeit der Staaten auf dem Mond und anderen Himmelskörpern, das als Anhang zur Resolution 34/68 von der Vollversammlung der Vereinten Nationen verabschiedet wurde. Das spezifisch vorgesehene rechtliche Regime für die Ausbeutung der natürlichen Ressourcen des Mondes wurde in Artikel 11 des Mondvertrages niedergelegt, dessen Absatz 1 bestimmt: „Der Mond und seine natürlichen Ressourcen sind das gemeinsame Erbe der Menschheit, was seinen Ausdruck in den Festlegungen dieses Abkommens, insbesondere in Absatz 5 dieses Artikels findet". Absatz 5 sieht vor, daß „die Teilnehmerstaaten dieses Abkommens (sich hiermit) verpflichten . . ., ein internationales Regime einschließlich geeigneter Verfahren für die Regelung der Ausbeutung der natürlichen Ressourcen des Mondes zu schaffen, in dem Maße, wie diese Ausbeutung praktisch durchführbar wird."

Die Grundlage für diese Regelungen stellen die Grundprinzipien des Weltraumrechts, wie sie auch für den Mondvertrag gelten, dar. Dieser enge Zusammenhang, diese Einordnung wird durch die Formulierung der Absätze 2 bis 4 des Artikels 11 unterstrichen, in denen ausdrücklich auf das Aneignungsverbot ebenso wie die Weltraumfreiheit verwiesen wird. Darauf wird im einzelnen noch einzugehen sein.

Zum einen geht es bei der Regelung des Artikels 11 darum, die Interessen der den Mond erforschenden und künftig auch nutzenden Staaten zu sichern, eine Ausbeutung der natürlichen Ressourcen des Mondes durch eine gebührende Berücksichtigung ihrer Interessen auch real zu fördern und zu unterstützen. Entsprechend der Ausführung der Outer Space Affairs Division war „. . . die andere wesentliche Überlegung, daß ein solcher Vertrag das Recht aller Völker auf ihren Anteil an den Weltraumressourcen schützen sollte . . ." Das Prinzip, daß der Mond und andere Himmelskörper und ihre natürlichen Ressourcen als

8 Vgl. Völkerrecht, Dokumente, Teil 2, Berlin 1980, S. 576ff.

gemeinsames Erbe der Menschheit angesehen werden, muß im Lichte dieser generellen Überlegung gesehen werden.[9]

Im Verlauf der Diskussion zur Erarbeitung des bereits zitierten Weltraumvertrages wurden verschiedentlich die beiden Termini „Angelegenheit der ganzen Menschheit" und „gemeinsames Erbe der Menschheit" gegenübergestellt. Während einige Staaten auf dem Standpunkt standen, die Formulierung der Angelegenheit der ganzen Menschheit deshalb beizubehalten, weil sie im engen Zusammenhang mit den Prinzipien der Weltraumfreiheit und dem Aneignungsverbot steht,[10] vertraten andere Staaten die Auffassung, diesen Ausdruck durch den Begriff gemeinsames Erbe der Menschheit zu ersetzen.[11]

Im endgültigen Text des Mondvertrages sind beide Begriffe enthalten. Artikel 4 bestimmt im Absatz 1: „Die Erforschung und Nutzung des Mondes sind Angelegenheit der gesamten Menschheit und werden zum Wohle und im Interesse aller Länder, ungeachtet des Standes ihrer ökonomischen oder wissenschaftlichen Entwicklung durchgeführt." Es handelt sich dabei nahezu um ein wörtliches Zitat des Artikels 1, Satz 1 des Weltraumvertrages. Artikel 11, Absatz 1 des Mondvertrages lautet: „Der Mond und seine natürlichen Ressourcen sind das gemeinsame Erbe der Menschheit, was seinen Ausdruck in den Festlegungen dieses Abkommens, insbesondere im Absatz 5 dieses Artikels findet." Da beide Termini im Text des Mondvertrages in unterschiedlichem Zusammenhang ihren Niederschlag gefunden haben, sind sie folglich auch unterschiedlich zu interpretieren, ist ihre rechtliche Bedeutung auch differenziert zu bestimmen. Die Bestimmung darüber, daß die Erforschung und Nutzung des Mondes Angelegenheit der gesamten Menschheit ist, stellt eine grundlegende Regelung dar, die die Zusammenarbeit der Staaten in allen Bereichen ihrer Unternehmen zum Mond und anderen Himmelskörpern unterstreicht, welche auf die Berücksichtigung des Wohles und der Interessen aller Staaten abzielt. Die Regelung des Artikels 11 des Mondvertrages ist als Umsetzung dieses Grundsatzes für die Ausbeutung der natürlichen Ressourcen der Himmelskörper anzusehen, d. h. sie erfüllt ihn mit konkretem und spezifischem rechtlichen Inhalt.

Die Analyse der bisherigen völkerrechtlichen Normierung des Prinzips des gemeinsamen Erbes der Menschheit im Zusammenhang mit der Kodifizierung des internationalen Seerechts und des Weltraumrechts macht bereits deutlich, daß das gemeinsame Erbe der Menschheit in der bisherigen Staatenpraxis immer konkret bezogen auf die friedliche internationale Zusammenarbeit der Staaten in bestimmten sachlichen Bereichen erfolgt. Das betrifft die Zusammenarbeit in souveränitätsfreien Räumen, d. h. der Erforschung und Ausbeutung des Meeres-

9 W. Jaseritualayana, A United Nations Perspective of the Moon Agreement, S. 2.
10 Vgl. z. B. UdSSR-Working-Paper vom 28. 3. 1973, UN-Doc. A/AC. 105/196, Annex I, S. 12.
11 Vgl. z. B. Argentinien-Working-Paper vom 17. 4. 1973, UN-Doc. A/AC. 105/196, Annex I, S. 16.

grundes und -untergrundes außerhalb der Grenzen der nationalen Jurisdiktion und der Erforschung und Ausbeutung des Weltraumes, des Mondes und anderer Himmelskörper.

In der gegenwärtigen internationalen Diskussion — vor allem auch in den Vereinten Nationen — im Zusammenhang mit der Erarbeitung der Prinzipien einer „neuen internationalen Wirtschaftsordnung" stellt sich die Frage nach dem rechtlichen Inhalt des Prinzips des „gemeinsamen Erbes der Menschheit".[12]

Die Analyse der bisher abgeschlossenen multilateralen Verträge wie auch der Resolutionen der Vollversammlung der Vereinten Nationen macht deutlich, daß es bislang eine Legaldefinition des Prinzips des gemeinsamen Erbes der Menschheit, aus der sich die konkreten Rechte und Pflichten der Staaten im Zusammenhang mit der Verwirklichung dieses Prinzips ableiten ließen, nicht gibt. Es ist deshalb erforderlich, aus dem in den letzten Jahren deutlich gewordenen Willen der Staatengemeinschaft, bestimmte Verhaltensnormen im Zusammenhang mit der friedlichen Zusammenarbeit bei der Erforschung und Nutzung souveränitätsfreier Räume wie des Meeresgrundes und -untergrundes außerhalb der nationalen Jurisdiktion und des Weltraumes zu vereinbaren, jene Elemente herauszuarbeiten, die den Inhalt des gemeinsamen Erbes der Menschheit bestimmbar machen. Es wird dabei davon ausgegangen, daß in jedem Falle nachgewiesen werden muß, daß die Staatengemeinschaft sowohl einen konkreten Inhalt wie auch die Tatsache expressis verbis vereinbart hat, daß es sich dabei um eine Norm des Völkerrechts handelt. Aus den bisherigen völkerrechtlichen Vereinbarungen der Staaten lassen sich dabei bis jetzt als allgemeine Elemente folgende ableiten:

1. Die Bedeutung der Grundprinzipien des allgemeinen Völkerrechts für die Bestimmung des Inhalts des Prinzips des „gemeinsamen Erbes der Menschheit"

In den relevanten völkerrechtlichen Verträgen, die bisher als universelle Verträge unter der Ägide der Vereinten Nationen abgeschlossen wurden, haben die Staaten eindeutig vereinbart, daß die von ihnen zu regelnden konkreten Verhaltensnormen eindeutig den Zielen und Grundsätzen der Organisation der Vereinten Nationen, d. h. der Durchsetzung der universellen Grundprinzipien des allgemeinen Völkerrechts dienen müssen.

So heißt es in der Präambel der Konvention über das Seerecht: „In der Überzeugung, daß die in dieser Konvention erreichte Kodifizierung und fortgeschrittene Entwicklung des Seerechts zur Festigung des Friedens, der Sicherheit, der Zusam-

12 Vgl. dazu auch Wolfrum, The Principle of the Common Heritage of Mankind, in: Zeitschrift für ausländisches öffentliches Recht und Völkerrecht (zitiert als: ZaöRV), Bd. 43 (1983), S. 312ff.

menarbeit und der freundschaftlichen Beziehungen zwischen allen Staaten gemäß den Grundsätzen der Gerechtigkeit und der Gleichberechtigung beitragen und den wirtschaftlichen und sozialen Fortschritt aller Völker der Welt in Übereinstimmung mit den Zielen und Grundsätzen der Organisation der Vereinten Nationen, wie sie in der Charta festgelegt sind, fördern wird, . . ." Im Vertrag über die Prinzipien für die Tätigkeit der Staaten bei der Erforschung und Nutzung des Weltraumes einschließlich des Mondes und anderer Himmelskörper vom 27. Januar 1967 wird in der Präambel festgestellt: „. . . in der Überzeugung, daß der Vertrag über die Prinzipien für die Tätigkeit der Staaten bei der Erforschung und Nutzung des Weltraumes einschließlich des Mondes und anderer Himmelskörper die Verwirklichung der Ziele und Prinzipien der Satzung der Organisation der Vereinten Nationen fördern wird, . . ." Im Mondvertrag, der als Anhang zur Resolution 34/68 von der Vollversammlung der Vereinten Nationen am 5. Dezember 1979 angenommen wurde, heißt es im Artikel 2: „Alle Aktivitäten auf dem Monde, einschließlich seiner Erforschung und Nutzung, sollen in Übereinstimmung mit dem Völkerrecht, insbesondere der Charta der Vereinten Nationen sowie unter Berücksichtigung der Deklaration über die Prinzipien des Völkerrechts betreffend die freundschaftlichen Beziehungen und Zusammenarbeit zwischen den Staaten in Übereinstimmung mit der Charta der Vereinten Nationen, welche durch die Vollversammlung am 24. Oktober 1970 angenommen wurde, im Interesse der Erhaltung des internationalen Friedens und der Sicherheit ausgeübt werden..."

Die in diesen Dokumenten genannten Grundsätze der Charta der Vereinten Nationen stellen nach übereinstimmender Auffassung die Grundprinzipien des allgemeinen Völkerrechts der Gegenwart dar. Sie sind das System der grundlegenden und richtungsweisenden Normen für das Verhalten der Völkerrechtssubjekte zueinander, die als solche allgemein anerkannt und daher verbindlich sind.

Diese Grundprinzipien wurden 1945 von den Gründerstaaten der Organisation der Vereinten Nationen vor allem in den Artikeln 1 und 2 der Charta der Vereinten Nationen als vorrangig geltendes internationales Recht vereinbart und in der mit der Resolution 2625 (XXV) von der UN-Vollversammlung angenommenen Resolution über die Prinzipien des Völkerrechts betreffend die freundschaftlichen Beziehungen und die Zusammenarbeit zwischen den Staaten in Übereinstimmung mit der Charta der Vereinten Nationen vom 24. Oktober 1970 authentisch interpretiert.[13]

Die besondere rechtliche und damit auch politische Wirkung der Grundprinzipien des allgemeinen Völkerrechts besteht in ihrem zwingenden Charakter (jus cogens). Sie sind für alle Staaten unabdingbar, d. h., sie können von einzelnen Staaten weder abgeändert noch in ihrer Geltung ausgeschlossen werden. Diese unbedingte Allgemeinverbindlichkeit der Grundprinzipien ist eindeutig in Artikel

13 Vgl. Völkerrecht, Dokumente, Teil 1, Berlin 1980, S. 105ff. bzw. Völkerrecht, Dokumente, Teil 3, Berlin 1980, S. 709ff.; vgl. weiter Völkerrecht, Lehrbuch, Teil 1, Berlin 1981, S. 103f.

103 der UN-Charta in Verbindung mit Ziffer 3 der genannten Prinzipiendeklaration vom 24. Oktober 1970 festgelegt und in Artikel 53 der Wiener Konvention über das Recht der Verträge vom 23. Mai 1969[14] bekräftigt worden.

In diesem Sinne fungieren die Grundprinzipien zugleich als verbindliche Orientierung für die Interpretation und Weiterentwicklung des Völkerrechts. Die Grundprinzipien stellen damit den konzentrierten normativen Ausdruck des allgemeinen Völkerrechts unserer Zeit dar. Die juristische Quelle dieser Prinzipien sind die Grundsatzbestimmungen der Präambel und der Artikel 1 und 2 der Charta der Vereinten Nationen in ihrer authentischen Auslegung durch die Prinzipiendeklaration vom 24. Oktober 1970.

Eine spezifische Folge des zwingenden Charakters der Grundprinzipien des allgemeinen Völkerrechts ist es, daß die Übereinstimmung mit ihnen die Gültigkeitsvoraussetzung für alle anderen Völkerrechtsquellen, also sowohl für das völkerrechtliche Vertragsrecht als auch für das Völkergewohnheitsrecht, ist. Im Hinblick auf völkerrechtliche Verträge bestimmt der Artikel 53 der Vertragsrechtskonvention vom 23. Mai 1969 ausdrücklich, daß sie nichtig sind, wenn sie einer zwingenden Norm des allgemeinen Völkerrechts widersprechen — eine Regelung, die auch schon vor dem Inkrafttreten dieser Konvention (allgemein oder für bestimmte Staaten) als gewohnheitsrechtlich geltend anzusehen war. Angesichts der rechtlichen Gleichrangigkeit von Vertragsrecht und Gewohnheitsrecht muß dasselbe für den Grundprinzipien widersprechende gewohnheitsrechtliche Völkerrechtsnormen gelten.

Der hohe politische und juristische Rang der völkerrechtlichen Grundprinzipien nötigt zu einer Begrenzung der Normen, die zu diesen Grundprinzipien gerechnet werden. Nicht alle wichtigen, allgemein respektierten Regeln des Völkerrechts stellen daher derartige Grundprinzipien dar, sondern nur die eingangs genannten, in Ziffer 3 der Prinzipiendeklaration vom 24. Oktober 1970 ausdrücklich als solche bezeichneten. Manche mitunter als Grundprinzipien gekennzeichneten Normen des Völkerrechts sind in Wirklichkeit nur Bestandteile oder Erscheinungsform bestimmter Grundprinzipien. Die Feststellung in Ziffer 3 der genannten Prinzipiendeklaration, daß die in der Deklaration behandelten 7 Prinzipien der UN-Charta die Grundprinzipien des Völkerrechts sind, darf allerdings mit Blick auf die Zukunft nicht exklusiv verstanden werden. Der Artikel 64 der Wiener Konvention über das Recht der Verträge weist vielmehr ausdrücklich auf die Möglichkeit der Weiterentwicklung des Prinzipiensystems durch künftige universelle Vereinbarungen hin.

Die zwingenden Grundprinzipien des geltenden Völkerrechts sind in ihrer Einheit und in ihrem Zusammenhang miteinander in vielfältigen universellen, regionalen und bilateralen völkerrechtlichen Vereinbarungen in bezug genommen und bekräftigt worden. Das trifft auch auf die unseren Gegenstand berührenden

14 Vgl. Völkerrecht, Dokumente, Teil 2, a. a. O., S. 638ff.

Abkommen zu. Die Teilnehmerstaaten der neuen Seerechtskonvention, des Weltraum- und des Mondvertrages gehen demzufolge eindeutig davon aus, daß die Erforschung und Nutzung des gemeinsamen Erbes der Menschheit generell und grundsätzlich von diesen Grundprinzipien des allgemeinen Völkerrechts bestimmt werden. Demzufolge kann eine inhaltliche Bestimmung des Begriffs des gemeinsamen Erbes der Menschheit nur davon ausgehen, daß er in erster Linie von diesen zwingenden Grundprinzipien des allgemeinen Völkerrechts geprägt ist.

2. Die Pflicht der Staaten zur ausschließlich friedlichen Nutzung des gemeinsamen Erbes der Menschheit

Geleitet von diesen Grundprinzipien des allgemeinen Völkerrechts haben sich die Staaten in den verschiedensten völkerrechtlichen Dokumenten, die den Gegenstand unserer Untersuchung betreffen, verpflichtet, das gemeinsame Erbe der Menschheit nur zu ausschließlich friedlichen Zwecken zu nutzen.

So wird diese Verpflichtung unter anderem bestätigt in der Resolution 2467 (XXIII), in der Resolution 2564 (XXIV), in der Resolution 2749 (XXV), in der Resolution 3281 (XXIX), in der Deklaration der 3. Konferenz der Staats- und Regierungschefs der nichtpaktgebundenen Staaten vom 10. September 1970. In drei universellen Konventionen wurde ausdrücklich die Verpflichtung von den Staaten übernommen, den Meeresgrund und -untergrund jenseits der Grenzen nationaler Jurisdiktion friedlich zu nutzen. Das betrifft einmal den Vertrag über das Verbot der Stationierung von Kernwaffen und anderen Massenvernichtungswaffen auf dem Meeresgrund und Ozeanboden und in deren Untergrund vom 11. Februar 1971.[15] Die gleiche Verpflichtung ist in den Artikeln 88 und 141 der Konvention über das Seerecht enthalten. Dazu zählt auch der Vertrag über das Verbot der Kernwaffenversuche in der Atmosphäre, im kosmischen Raum und unter Wasser vom 5. 8. 1963.[16]

Für die friedliche Nutzung des Weltraumes, des Mondes und anderer Himmelskörper finden sich entsprechende völkerrechtliche Regelungen in den Artikeln III und IV des Weltraumvertrages, im Artikel 2 des Mondvertrages sowie im Abkommen zwischen Bulgarien, Kuba, der ČSSR, der DDR, Ungarn, der Mongolischen Volksrepublik, Polen, Rumänien und der UdSSR über die Zusammenarbeit bei der Erforschung und Nutzung des Weltraumes für friedliche Zwecke vom 13. Juli 1976. Die gleichen Auffassungen der Staaten finden ihren Niederschlag auch z. B. in den Resolutionen 1721 (XVI), 1897 (XVIII), 1963 (XVIII) und 35/7.

Es ist dabei bedeutsam festzustellen, daß der Grundsatz der ausschließlich friedlichen Nutzung der Himmelskörper sich nicht auf das Verbot der Anwendung

15 Vgl. Völkerrecht, Dokumente, Teil 3, a. a. O., S. 721 ff.
16 Vgl. Völkerrecht, Dokumente, Teil 2, a. a. O., S. 526 ff.

und Androhung von Gewalt und das Verbot der Stationierung von Massenvernichtungswaffen beschränkt. Von dem allgemeinen Gebot einer das friedliche Zusammenleben der Völker fördernden Verhaltensweise bei der Erforschung und Nutzung des gemeinsamen Erbes der Menschheit ist der Begriff friedlich zu unterscheiden, wie er in den genannten Konventionen verwandt wird, da er erheblich weiter geht.

Für den Meeresgrund und -untergrund und den Mond sowie die anderen Himmelskörper ist bestimmt, daß sie ausschließlich für friedliche Zwecke genutzt werden dürfen. Im einzelnen ergibt sich die Konkretisierung dieses Gebots aus den Konventionen, wie z. B. dem Artikel IV des Weltraumvertrages. Dabei ist beachtenswert, daß in den Konventionen jeweils im einzelnen eine exakte, auf den jeweiligen konkreten Gegenstand bezogene Auslegung des Begriffs „friedlich“ erfolgt. Die Analyse der genannten Dokumente macht deutlich, daß es dabei eine einheitliche, umfassende gültige Bedeutung des Begriffs „friedlich“ nicht gibt. So stellt sich eine ganze Reihe von Regelungen in der Seerechtskonvention durchaus anders dar als im Weltraum- bzw. Mondvertrag.

Generell kann zum Inhalt der Regelung der ausschließlich friedlichen Nutzung des gemeinsamen Erbes der Menschheit, bezogen auf den Meeresgrund und -untergrund, den Weltraum, den Mond und andere Himmelskörper festgestellt werden, daß dieses Prinzip die Staaten generell verpflichtet, die Androhung oder Anwendung von Gewalt und jede feindlichen Handlung oder die Androhung einer feindlichen Handlung zu unterlassen sowie das gemeinsame Erbe der Menschheit nicht für militärische Zwecke zu nutzen, einschließlich des Verbots der Stationierung und Anwendung von Kern- und anderen Massenvernichtungswaffen.

3. Die Pflicht aller Staaten zur internationalen Zusammenarbeit bei der Erforschung und Nutzung des gemeinsamen Erbes der Menschheit

Ein Grundprinzip des allgemeinen Völkerrechts der Gegenwart ist die Pflicht der Staaten zur gegenseitigen Zusammenarbeit in Übereinstimmung mit der Charta der Vereinten Nationen.

Die Anwendung dieses universellen Prinzips auch für die Tätigkeit der Staaten bei der friedlichen Erforschung und Nutzung des Meeresgrundes und -untergrundes jenseits der Grenzen der nationalen Jurisdiktion sowie des Weltraumes einschließlich der Himmelskörper ergibt sich eindeutig aus den bisherigen internationalen multilateralen Abkommen, in denen die Geltung des Völkerrechts einschließlich der UN-Charta ausdrücklich unterstrichen wird. So heißt es z. B. im Artikel 138 der Konvention über das Seerecht: „Das allgemeine Verhalten der Staaten im Hinblick auf das Gebiet wird im Interesse der Erhaltung von Frieden und Sicherheit sowie der Förderung der internationalen Zusammenarbeit und der gegenseitigen Verständigung von den Festlegungen dieses Teils, den in der Charta der Vereinten Nationen verankerten Grundsätzen sowie von anderen Normen des Völkerrechts bestimmt." Der gleiche Gedanke findet seinen Niederschlag in Artikel 150 der Konvention über das Seerecht, in dem die Leitsätze für die Tätigkeit im Gebiet festgelegt werden. Die organisierte Form der Zusammenarbeit zur Erforschung und Ausbeutung der Ressourcen des Meeresgrundes und -untergrundes außerhalb der nationalen Jurisdiktion zeigt sich in Gestalt der Internationalen Meeresbodenbehörde, die nach Artikel 157 die Organisation ist, durch die entsprechend dem Grundsatz der souveränen Gleichheit aller ihrer Mitglieder die Teilnehmerstaaten in Übereinstimmung mit diesem Teil die Tätigkeit im Gebiet organisieren und überwachen, insbesondere mit dem Ziel, die Ressourcen des Gebietes zu verwalten.

Auch hinsichtlich der Zusammenarbeit der Staaten bei der friedlichen Erforschung und Nutzung des Weltraumes einschließlich der Himmelskörper ist ihre entsprechende Pflicht als immanentes Prinzip des Weltraumrechts formuliert worden. Die Staaten formulieren in der Präambel sowohl des Weltraumvertrages als auch des Mondvertrages die Absicht, zu einer breiten internationalen Zusammenarbeit bei der Erforschung und Nutzung des Weltraumes zu friedlichen Zwekken bzw. bei der Erforschung und Nutzung des Mondes beizutragen. Sie gehen davon aus, daß eine solche Zusammenarbeit zur Entwicklung des gegenseitigen Verständnisses und zur Festigung der freundschaftlichen Beziehungen zwischen den Staaten und Völkern ebenso wie zur Verhinderung internationaler Konflikte beitragen kann.

Nachdem bereits im Weltraumvertrag eine Reihe von Bestimmungen über die Förderung der internationalen Zusammenarbeit enthalten war (Artikel I und IX des Weltraumvertrages), gilt gemäß Artikel 4 Absatz 2 des Mondvertrages: „Die Teilnehmerstaaten lassen sich in ihrer gesamten Tätigkeit bei der Erforschung und Nutzung des Weltraumes vom Prinzip der Zusammenarbeit und gegenseitigen Hilfe leiten. Die internationale Zusammenarbeit bei der Durchführung dieses Abkommens sollte so breit wie möglich sein und kann auf multilateraler und bilateraler Grundlage oder über internationale zwischenstaatliche Organisationen erfolgen".

Die Staaten sind aber nicht bei dieser allgemeinen Verpflichtung stehengeblieben, diese umfassende Pflicht zur Zusammenarbeit hat vielmehr in einer Reihe von Bestimmungen eine weitergehende konkrete Ausgestaltung erfahren.

4. Die souveräne Gleichheit und die Nichtdiskriminierung der Staaten bei der Erforschung und Nutzung des gemeinsamen Erbes der Menschheit

Die Souveränität der Staaten und das Prinzip der souveränen Gleichheit werden heute wesentlich durch die eben charakterisierte Pflicht der Staaten zur friedlichen internationalen Zusammenarbeit generell bestimmt. Konsequenterweise geht die internationale Staatengemeinschaft demzufolge bei der Erforschung und Nutzung des gemeinsamen Erbes der Menschheit vom Prinzip der souveränen Gleichheit der Staaten und dem Verbot ihrer Diskriminierung aus. Daraus folgt die Gleichheit ihrer Rechte und Pflichten bei der friedlichen Zusammenarbeit im Rahmen völkerrechtsmäßiger, dem gegenseitigen Vorteil dienender Beziehungen.

So bestimmt Artikel 141 der Konvention über das Seerecht eindeutig: „Das Gebiet steht allen Staaten, ob Küsten- oder Binnenstaat, ohne Diskriminierung und unbeschadet der anderen Bestimmungen dieses Teils zur Nutzung für ausschließlich friedliche Zwecke offen." Im Artikel 150 g wird als ein wesentliches Ziel der Erforschung und Ausbeutung des Meeresgrundes und -untergrundes jenseits der Grenzen der nationalen Jurisdiktion genannt, die Möglichkeiten aller Teilnehmerstaaten ungeachtet ihres sozialökonomischen Systems und ihrer geographischen Lage zur Beteiligung an der Nutzbarmachung der Ressourcen des Gebietes zu erweitern und die Monopolisierung der Tätigkeit im Gebiet zu verhindern.

Im Weltraumvertrag wird im Artikel I davon ausgegangen, daß „(d)ie Erforschung und Nutzung des Weltraumes einschließlich des Mondes und anderer Himmelskörper . . . zum Wohle und im Interesse aller Länder (erfolgt), ungeachtet des Standes ihrer ökonomischen oder wissenschaftlichen Entwicklung . . ." Die gleichen Prinzipien werden dann in den Artikel IX und X des Weltraumvertrages genannt. Der Mondvertrag stellt ebenfalls in seinem Artikel 11, Absatz 4 fest, daß alle Staaten das Recht zur Erforschung und Nutzung des Mondes ohne jegliche Diskriminierung auf der Grundlage der Gleichheit und in Übereinstimmung mit dem Völkerrecht haben.

Das Prinzip der souveränen Gleichheit und Nichtdiskriminierung der Staaten ist wie diese beispielhafte Aufzählung der bisherigen völkerrechtlichen Normierung zeigt, ein wesentliches Element des Prinzips des gemeinsamen Erbes der Menschheit.

5. Die Verhinderung der einseitigen Bevorteilung bei der Erforschung und Nutzung des gemeinsamen Erbes der Menschheit (Antimonopolistische Klausel)

In den bisherigen völkerrechtlichen Vereinbarungen wurde ein detailliertes organisiertes System für die Erforschung und Ausbeutung des gemeinsamen Erbes der Menschheit nur im Zusammenhang mit der Kodifizierung des Seerechts vereinbart. Für die Ausbeutung der natürlichen Ressourcen des Mondes wurde von der Staatengemeinschaft im Artikel 11 des Mondvertrages ein solches Regime in Aussicht genommen, wenn diese praktisch durchführbar wird. Wir können uns also bei der Untersuchung dieses Elements des gemeinsamen Erbes der Menschheit zunächst nur auf die konkreten Regelungen der Konvention über das Seerecht stützen.

Ausgangspunkt für die Betrachtung dieses Problems ist ebenfalls der Artikel 150g der Konvention über das Seerecht, in dem ausdrücklich festgelegt wird, daß das Regime für die Erforschung und Ausbeutung des Meeresgrundes und -untergrundes außerhalb der nationalen Jurisdiktion so gestaltet werden muß, daß die Möglichkeiten aller Teilnehmerstaaten ungeachtet ihres sozialökonomischen Systems und ihrer geographischen Lage zur Beteiligung an der Nutzbarmachung der Ressourcen des Gebiets erweitert werden und die Monopolisierung der Tätigkeit im Gebiet verhindert wird. Im einzelnen wird dann in der Anlage III zur Konvention über die Grundbedingungen für die Prospektierung, Erforschung und Ausbeutung im Artikel 6 festgestellt, daß die Behörde vorgesehene Arbeitspläne für die Erforschung und Ausbeutung bestimmter Bereiche des Meeresgrundes und -untergrundes dann nicht erteilen darf, wenn der vorgeschlagene Arbeitsplan von einem Teilnehmerstaat eingereicht oder unterstützt wird, der bereits über Arbeitspläne für die Erforschung und Ausbeutung polymetallischer Knollen in nichtreservierten Feldern unter bestimmten Voraussetzungen verfügt. In Artikel 7 der Anlage III ist eindeutig festgelegt, daß die Behörde bei der Auswahl unter den Antragstellern für Produktionsgenehmigungen objektive und nichtdiskriminierende Kriterien anlegen muß, die in ihren Regeln, Vorschriften und Verfahren enthalten sind. In diesem Sinne wird auch in Ziffer 5 des Artikels 7 der Anlage III festgestellt: „Die Auswahl erfolgt unter Berücksichtigung der Notwendigkeit, die Möglichkeiten für alle Teilnehmerstaaten zu vergrößern, ungeachtet ihres sozialökonomischen Systems oder ihrer geographischen Lage, um Diskriminierungen gegen irgendeinen Staat oder irgendein System zu vermeiden, an der Tätigkeit im Gebiet teilzunehmen und die Monopolisierung dieser Tätigkeit zu verhindern."

Damit ist eine klare Regelung geschaffen, die ausschließen soll, daß wenige technisch hochentwickelte Staaten oder transnationale Monopole die reichsten Vorkommen des Meeresgrundes und -untergrundes ausbeuten können. Es wird deshalb im Artikel 155d der Konvention über das Seerecht im Zusammenhang mit der durchzuführenden Revisionskonferenz festgelegt, daß diese Konferenz die Aufgabe hat, zu überprüfen, ob die Monopolisierung der Tätigkeit im Gebiet verhindert wurde. Offensichtlich ist es erforderlich, auch bei einer zukünftigen konkreten Gestaltung der Ausbeutung der Ressourcen anderer Gebiete, wie z. B. des Mondes, in der im Mondvertrag vorgesehenen konkreten Regelung der Bedingungen für die Ausbeutung der Ressourcen des Mondes eine derartige antimonopolistische Klausel aufzunehmen, die eine wesentliche Garantie dafür darstellt, daß das gemeinsame Erbe der Menschheit tatsächlich auf gleichberechtigter, diskriminierungsfreier Grundlage im Interesse aller Staaten und Völker genutzt wird.

6. Die Erforschung und Nutzung des ‚gemeinsamen Erbes der Menschheit' im Interesse aller Staaten und Völker

Das Ziel dieser auf dem Prinzip der souveränen Gleichheit und Nichtdiskriminierung beruhenden Zusammenarbeit der Staaten und Völker besteht ganz eindeutig darin, das gemeinsame Erbe im Interesse aller Staaten und Völker, d. h. der gesamten Menschheit, zu erforschen und zu nutzen. So heißt es im Artikel 140 der Konvention über das Seerecht: „Wie in diesem Teil ausdrücklich vorgesehen, wird die Tätigkeit im Gebiet zum Wohle der gesamten Menschheit ausgeübt, unabhängig von der geographischen Lage der Staaten sowie davon, ob es sich um Küsten- oder Binnenstaaten handelt, und unter besonderer Berücksichtigung der Interessen und Bedürfnisse der Entwicklungsländer sowie der Völker, die noch nicht die volle Unabhängigkeit oder einen anderen von den Vereinten Nationen im Einklang mit der Resolution 1514 (XV) der Vollversammlung und anderen einschlägigen Resolutionen der Vollversammlung anerkannten Status der Selbstregierung erlangt haben." Wie es dazu im Artikel 140, Ziffer 2 weiter heißt, wird die Behörde in Übereinstimmung mit dem Artikel 160 Absatz 2 Buchstabe f Ziffer I Vorkehrungen dafür treffen, daß eine angemessene Verteilung des finanziellen und sonstigen wirtschaftlichen Nutzens, der sich aus der Tätigkeit im Gebiet ergibt, über einen geeigneten Mechanismus und frei von Diskriminierung erfolgt. Im Rahmen der Leitsätze für die Erforschung und Ausbeutung des Meeresgrundes und -untergrundes legt der Artikel 150 i fest, daß das gemeinsame Erbe zum Nutzen der Menschheit als Ganzem nutzbar gemacht werden soll. Eine ähnliche Formulierung finden wir auch für die Erforschung und Nutzung des Weltraumes und seiner Himmelskörper. So unterstreicht bereits Artikel I des Weltraumvertrages, daß die Erforschung und Nutzung des Weltraumes einschließlich des Mondes und anderer Himmelskörper zum Wohle und im Interesse aller Staaten erfolgt, ungeachtet des Standes ihrer ökonomischen oder wissenschaftlichen Entwicklung, und daß diese Tätigkeiten eine Angelegenheit der gesamten Menschheit sind.

Auch Artikel 11 Absatz 7d des Mondvertrages hebt hervor, daß eines der Ziele des zu errichtenden internationalen Regimes in einer gerechten Beteiligung aller Teilnehmerstaaten an dem aus diesen Ressourcen gewonnenen Nutzen besteht, wobei den Interessen und Bedürfnissen der Entwicklungsländer sowie den Bemühungen der Staaten, die entweder direkt oder indirekt zur Erforschung des Mondes beigetragen haben, besondere Beachtung geschenkt wird.

Die betreffenden völkerrechtlichen Verträge formulieren dabei einige generelle Richtlinien, nach denen einerseits die Interessen und Bedürfnisse der Staaten berücksichtigt werden müssen, die in besonderem Maße in dem vergangenen Zeitraum zur Erforschung dieser Gebiete beigetragen haben. Gleichzeitig — darauf wird noch einzugehen sein — wird den Interessen und Bedürfnissen der Entwicklungsländer ein besonderes Gewicht eingeräumt.[17] Es geht also offensichtlich nicht schlechtweg darum, jedem Staat einen bestimmten gleichen oder nach der Bevölkerung oder anderen Aspekten gerichteten Anteil zuzuweisen, sondern diesen Anteil sowohl an den Bedürfnissen wie auch dem bei der Erforschung dieser Gebiete geleisteten Beitrag zu orientieren.

Dabei — das zeigen deutlich die Bestimmungen, insbesondere des Anhangs III zur Konvention über das Seerecht — sollen als ein wesentlicher Ausgangspunkt die Selbstkosten der Nutzung der Ressourcen berücksichtigt werden. Diese Selbstkosten umfassen die Erschließungskosten, die Kosten für die Abbaubetriebe, die zur Errichtung derselben notwendigen Aufwendungen, Transportkosten ebenso wie Energieaufwendungen und so weiter. Nur der vom Gesamtwert bzw. Preis der gewonnenen Bodenschätze nach Abzug dieser Kosten verbleibende Nutzen kommt für die Beteiligung aller Teilnehmerstaaten in Betracht. Dabei sollen, was die Nutzung der Ressourcen des Meeresgrundes und -untergrundes außerhalb der nationalen Jurisdiktion anbetrifft, die Nutzensbeteiligung der Mitgliedstaaten im einzelnen durch entsprechende Vorschriften der Behörde geregelt werden. Demzufolge werden für die künftige Entwicklung sowohl im Seerecht, wo die neue Konvention eine ganze Reihe konkreter Regelungen den Entscheidungen der zukünftigen Meeresbodenbehörde überläßt, wie auch für den Weltraum erst in der Folgezeit exakt zu fixieren sein. Ganz offensichtlich sind aber die Ausarbeitung konkreter Vorschriften für die Nutzung des gemeinsamen Erbes der Menschheit durch alle Staaten und Völker ein wesentliches Element dieses Prinzips.

7. Die Berücksichtigung der speziellen Interessen der Entwicklungsländer bei der Erforschung und Nutzung des gemeinsamen Erbes der Menschheit

In dem eben genannten Zusammenhang wird in den bisher von der Staatengemeinschaft vereinbarten völkerrechtlichen Dokumenten wie auch den Resolutionen der Vollversammlung der Vereinten Nationen nachdrücklich auf die Notwendigkeit hingewiesen, die speziellen Interessen der Entwicklungsländer bei der Erforschung und Nutzung des gemeinsamen Erbes der Menschheit zu berücksichtigen. So unterstreicht Artikel 140 der Konvention über das Seerecht, daß die Interessen und Bedürfnisse der Entwicklungsländer sowie der Völker, die noch nicht die volle Unabhängigkeit oder einen anderen von den Vereinten Nationen im Einklang mit der Resolution 1514 (XV) der Vollversammlung und anderen einschlägigen Resolutionen der Vollversammlung anerkannten Status der Selbstregierung erlangt haben, besonders zu berücksichtigen sind. Hinsichtlich der Leitsätze für die Tätigkeit bei der Erforschung und Ausbeutung des Meeresgrundes und -untergrundes

17 Vgl. P. P. C. Haanappel, Article XI of the Moon Treaty, Paper, Kongreß der Internationalen Astronautischen Föderation, IAF-80-SL-10.

hebt Artikel 150 der Seerechtskonvention hervor, daß unter anderem die Tätigkeit in diesem Gebiet mit dem Ziel der allseitigen Entwicklung aller Länder, insbesondere der Entwicklungsländer gefördert wird und „... daß die Entwicklungsländer vor denen für ihre Wirtschaft oder ihre Exporterlöse negative Folgen, die aus einer Preisherabsetzung für ein betroffenes Mineral oder einer Verminderung des Exportumfangs bei diesem Mineral herrühren, in dem Maße geschützt werden, wie eine solche Herabsetzung oder Verminderung durch die gemäß Artikel 151 erfolgende Tätigkeit im Gebiet verursacht wurde ...“

Im Artikel 8 der Anlage III zur Konvention über das Seerecht wird hervorgehoben, daß die sogenannten reservierten Felder für Aktivitäten durch die Behörde mittels ihres Förderbetriebs oder in Verbindung mit Entwicklungsländern zu reservieren ist. Auch Artikel 11, Absatz 7d des Mondvertrages unterstreicht die Notwendigkeit, die speziellen Interessen der Entwicklungsländer zu berücksichtigen und zu fördern.

Diese Bestimmungen, die ein wesentliches Element zur gemeinsamen Erforschung und Nutzung des gemeinsamen Erbes darstellen, stehen in engem Zusammenhang mit den Fragen des Kampfes gegen den Neokolonialismus, für eine Demokratisierung der internationalen Wirtschaftsbeziehungen. Insbesondere die Entwicklungsländer verfolgen das Anliegen, in der internationalen ökonomischen Beziehungen alle Bedingungen dafür zu schaffen, eine weitere Vergrößerung der Kluft im Entwicklungsniveau zwischen den Staaten in der Welt zu verhindern und eine schrittweise Angleichung zu erreichen. Zu einem bedeutenden Teil tragen diese Forderungen antiimperialistischen Charakter, sind gegen die Aktivitäten der transnationalen Monopole, gegen deren Diktat von Preisen und anderen Bedingungen im internationalen Wirtschaftsverkehr, gegen Profittransfer, brain drain usw. gerichtet. Damit sind die Probleme, die mit der gemeinsamen Erforschung und Nutzung des gemeinsamen Erbes der Menschheit zusammenhängen, in ein großes internationales Konzept eingebettet.

8. Die speziellen Regelungen für den Technologietransfer im Zusammenhang mit der Erforschung und Nutzung des gemeinsamen Erbes der Menschheit

Als ein Mittel, um das eben genannte Ziel, insbesondere die Bedürfnisse und Interessen der Entwicklungsländer zu berücksichtigen und zu fördern, wird in der Konvention über das Seerecht — in diesem Umfang bisher zum ersten Mal in einem völkerrechtlichen Dokument — der Transfer von Technologie an die Entwicklungsländer im Zusammenhang mit der Erforschung und Ausbeutung des Meeresgrundes und -untergrundes genannt. Während der Teil XIV der Konvention über das Seerecht (Artikel 266—278) ganz allgemein über die Zusammenarbeit der Staaten und speziell die Hilfe für Entwicklungsländer bei der Entwicklung mariner Technologie spricht, beziehen sich die Bestimmungen im Teil XI der Konvention konkret auf den Transfer von Technologie im Zusammenhang mit der Erforschung und Ausbeutung des Meeresgrundes. So beauftragt der Artikel 144 die zukünftige Behörde, in Übereinstimmung mit dieser Konvention Maßnahmen zu ergreifen, um Technologie und wissenschaftliche Kenntnisse zu erwerben, die mit der Tätigkeit im Gebiet im Zusammenhang stehen und um die Weitergabe solcher Technolgie und solcher wissenschaftlichen Kenntnisse an Entwicklungsländer zu fördern und zu unterstützen, damit alle Teilnehmerstaaten daraus Nutzen ziehen. Mit diesem Ziel sollen die zukünftige Behörde und die Teilnehmerstaaten bei der Förderung der mit der Tätigkeit im Gebiet im Zusammenhang stehenden Weitergabe von Technologie und wissenschaftlichen Kenntnissen zusammenarbeiten. Dazu gehören insbesondere Programme für die Weitergabe von Technologie an den Förderbetrieb und Entwicklungsstaaten im Zusammenhang mit der Tätigkeit im Gebiet. Konkreter sind diese Fragen dann in der Anlage III der Konvention über das Seerecht geregelt. Im Artikel 5 der Anlage III sind die Vorschriften über die Weitergabe von Technologie enthalten. Danach muß jeder Antragsteller, der einen Arbeitsplan bei der Behörde einreicht, der Behörde eine allgemeine Beschreibung der bei der Durchführung der Tätigkeit im Gebiet einzusetzenden Ausrüstung und der anzuwendenden Methoden und andere diesbezügliche gesetzlich nicht geschützte Informationen über die Merkmale einer solchen Technologie und Information darüber, wo eine solche Technologie verfügbar ist, übergeben. Jeder Vertrag, der zwischen der Behörde und einem Antragsteller abgeschlossen wird, muß unter anderem Verpflichtungen für den Antragsteller enthalten, dem Förderbetrieb dann, wenn die Behörde darum ersucht, auf der Grundlage gerechter und angemessener kommerzieller Bedingungen die erforderliche Technologie zur Verfügung stellen, soweit der Förderbetrieb nicht imstande ist, die gleiche oder eine gleichermaßen leistungsfähige und nutzbringende Technolgie auf dem freien Markt zu gerechten und angemessenen kommerziellen Bedingungen zu erwerben.

Weiter müssen die Eigentümer der Technologie erklären, daß die Eigentümer dann, wenn die Behörde darum ersucht, dem Förderbetrieb im gleichen Umfang wie gegenüber dem Antragsteller diese Technologie unter den genannten ökonomischen Bedingungen zur Verfügung stellt. Damit ist im einzelnen im Artikel 5 der Anlage III zur Konvention über das Seerecht ein detailliertes Verfahren vorgesehen, um auf alle Fälle zu garantieren, daß die Behörde und gegebenenfalls auch die Entwicklungsländer die Möglichkeit haben, mit Hilfe der erforderlichen Technologie an der Erforschung und Nutzung des gemeinsamen Erbes der Menschheit teilzunehmen. Es ist interessant, daß dabei Artikel 5, Ziffer 8 den Begriff Technologie im Sinne von Spezialausrüstungen, das technische know-how einschließlich von Handbüchern, Zeichnungen, Bedienungsanleitungen, Ausbildungen, technischer Beratung und Hilfe, die notwendig sind, um ein funktionsfähiges System zu montieren, zu warten und zu bedienen definiert.

In diesem Sinne legt der Artikel 15 der Anlage III fest, daß die Antragsteller, die einen solchen Vertrag mit der Behörde zur Erforschung und Ausbeutung eines bestimmten Feldes abschließen, praktische Programme für die Ausbildung des Personals der Behörde und der Entwicklungsländer, die die Teilnahme dieses Personals an allen Tätigkeitsarten im Gebiet einschließen, die im Vertrag vorgesehen sind, erarbeiten werden.

Mit diesen Regelungen, wonach diejenigen, die Meeresbergbau betreiben, Technologie an die Behörde übertragen müssen, ist eine gewisse Garantie dafür geschaffen worden, daß die Festlegungen zur Erforschung und Nutzung des gemeinsamen Erbes der Menschheit über die gleichberechtigte und diskriminierungsfreie Zusammenarbeit unter besonderer Berücksichtigung der Interessen und Bedürfnisse der Entwicklungsländer, die noch nicht über einen entsprechenden industriellen Entwicklungsstandard verfügen, gesichert ist.

9. Das Verbot der nationalen Aneignung des gemeinsamen Erbes der Menschheit

Eindeutig haben die Staaten in den bisherigen völkerrechtlichen Dokumenten wie auch den Resolutionen der Vereinten Nationen die nationale Aneignung von Gebieten jenseits der nationalen Jurisdiktion ausdrücklich verboten. So sagt Artikel 137 der Seerechtskonvention eindeutig in Absatz 1: „Kein Staat darf hinsichtlich irgendeines Teils des Gebietes oder seiner Ressourcen Souveränität der souveräne Rechte beanspruchen oder ausüben und kein Staat und keine natürliche oder juristische Person darf sich irgendeinen Teil desselben bzw. derselben aneignen. Derartigen Ansprüchen auf Souveränität oder souveräne Rechte sowie der Ausübung solcher Souveränität oder souveränen Rechte und einer derartigen Aneignung wird die Anerkennung versagt." Es wird in Absatz 3 des gleichen Artikels auch deutlich ausgeführt, daß Rechte auf die aus dem Gebiet gewonnenen Mineralien von Staaten sowie natürlichen oder juristischen Personen nur in Übereinstimmung mit diesem Teil der Konvention beansprucht, erworben oder ausgeübt werden dürfen. Anderenfalls wird der Anspruch auf solche Rechte, ihr Erwerb oder ihre Ausübung nicht anerkannt.

Ähnlich formuliert der Artikel II des Weltraumvertrages: „Der Weltraum einschließlich des Mondes und anderer Himmelskörper unterliegt nicht der nationalen Aneignung durch Hoheitsansprüche, durch Nutzung oder Besetzung oder durch andere Mittel." Die gleiche Formulierung wurde dann in den Artikel 11, Absatz 2 des Mondvertrages übernommen.

Dieses eindeutig und absolut formulierte Aneignungsverbot ist ein unabdingbares Element des Konzepts des gemeinsamen Erbes der Menschheit. Falls eine Aneignung von Teilen dieses gemeinsamen Erbes — gleich wo immer es gelegen sein mag — zulässig wäre, würde dies nicht nur eine entscheidende Einschränkung der postulierten Zusammenarbeit der Staaten auf gleichberechtigter Grundlage darstellen, sondern würde das Gesamtkonzept des gemeinsamen Erbes der Menschheit illusorisch machen. Kurz ausgedrückt ließe sich die Formel verwenden: Ohne Verbot der Nichtaneignung kein gemeinsames Erbe der Menschheit.

10. Die rationelle Bewirtschaftung und der Schutz des gemeinsamen Erbes der Menschheit

In den gesamten Diskussionen über die Herausbildung und Formulierung des „gemeinsamen Erbes der Menschheit" und seiner Elemente hat die Frage der rationellen Bewirtschaftung eine wesentliche Rolle gespielt. Verständlicherweise sind diese Fragen bisher am konkretesten in der Konvention über das Seerecht bezüglich der Erforschung und Ausbeutung des Meeresgrundes und -untergrundes enthalten.

Bei den Problemen der rationellen Bewirtschaftung geht es nicht nur darum, die Reichtümer des Meeresgrundes und -untergrundes sowie des Weltraumes und seiner Himmelskörper auch für die kommenden Generationen sorgfältig zu bewahren, durch einen international organisierten Umweltschutz dieses „gemeinsame Erbe der Menschheit" vor schädlichen Auswirkungen zu schützen, sondern insbesondere auch darum, die Nutzung der Ressourcen dieser Gebiete außerhalb der nationalen Jurisdiktion sinnvoll in die gesamte Demokratisierung der internationalen Wirtschaftsbeziehungen einzuordnen.

So beginnt die Präambel des Artikels 150 der Konvention über das Seerecht, in dem die Leitsätze für die Tätigkeit im Gebiet festgelegt sind, mit der Bestimmung, daß die Tätigkeit im Gebiet so durchgeführt wird, wie in diesem Teil ausdrücklich vorgesehen ist, damit die gesunde Entwicklung der Weltwirtschaft und das ausgewogene Wachstum des internationalen Handels begünstigt werden und die internationale Zusammenarbeit mit dem Ziel der allseitigen Entwicklung aller Länder, insbesondere der Entwicklungsländer, gefördert wird. In diesem Sinne bestimmt Artikel 150b, daß die Ressourcen des Gebietes ordnungsgemäß, sicher und rationell bewirtschaftet werden, was die effektive Durchführung der Tätigkeit im Gebiet einschließt, und daß in Übereinstimmung mit vernünftigen Grundsätzen der Ressourcenerhaltung unnötige Vergeudung vermieden wird. Auf dieser Grundlage sind dann im Artikel 151 der Konvention über das Seerecht Leitsätze für die Produktion enthalten. Im Absatz 1a heißt es dazu grundsätzlich: „Unbeschadet der in Artikel 150 genannten Zielstellung und zum Zwecke der Verwirklichung von Buchstabe g dieses Artikels trifft die Behörde im Rahmen bestehender Gremien oder, so dies angezeigt ist, neuer Vereinbarungen oder Abkommen, an denen alle interessierten Seiten, einschließlich der Produzenten und Verbraucher, beteiligt sind, die notwendigen Maßnahmen, um das Wachstum, die Leistungsfähigkeit und die Stabilität der Märkte für die Rohstoffe, die aus den aus dem Gebiet gewonnenen Mineralien produziert werden, bei Preisen zu fördern, die lohnend für die Produzenten und angemessen für die Verbraucher sind. Alle Teilnehmerstaaten arbeiten mit diesem Ziel zusammen." Diese sogenannte Produktionspolitik, die eine wesentliche Aufgabe der zukünftigen Meeresbodenbehörde sein wird, dient gerade diesem Ziel, nämlich der Einordnung des Meeresbergbaus in die internationalen Wirtschaftsbeziehungen.

Mit diesen klaren Festlegungen wird eindeutig das Ziel verfolgt, zu verhindern, daß das gemeinsame Erbe der Menschheit in einer solchen Form genutzt wird und genutzt werden kann, die letztlich dazu führt, daß eine größere Zahl von Ländern, insbesondere Entwicklungsländer, im Ergebnis dieser Nutzung schwerwiegende ökonomische Schäden erleiden, was gerade dem Konzept des gemeinsamen Erbes der Menschheit widerspricht.

In dem gleichen Zusammenhang gehören die Bestimmungen über die Verpflichtungen der Staaten zum Schutz der Umwelt bezüglich des gemeinsamen Erbes. In diesem Zusammenhang sei insbesondere auf die Artikel 145, 162w und x sowie 209 der Konvention über das Seerecht, Artikel IX des Weltraumvertrages und Artikel 7 des Mondvertrages verwiesen.

Das gemeinsame Erbe der Menschheit soll also rationell bewirtschaftet und gemeinsam im Interesse der gesamten Menschheit geschützt werden.

11. Die völkerrechtliche Verantwortlichkeit für Verletzungen der Regeln für die Erforschung und Ausbeutung des „gemeinsamen Erbes der Menschheit" und die Haftung für Schäden aus rechtmäßigem Handeln

Es sei an dieser Stelle — ohne näher auf diese Problematik, die seit Jahren in der Völkerrechtskommission der Vereinten Nationen behandelt wird, einzugehen — darauf verwiesen, daß im Zusammenhang mit der Erforschung und Nutzung des gemeinsamen Erbes der Menschheit eine klare völkerrechtliche Verantwortlichkeit festgelegt ist für den Fall, daß Staaten ihre Verpflichtungen dabei verletzen. Diese Fragen sind z. B. im Artikel 139 der Konvention über das Seerecht und Artikel 22 der beigefügten Anlage III enthalten. Ähnliche Bestimmungen finden sich im Artikel VI des Weltraumvertrages und Artikel 14 des Mondvertrages. Für die Tätigkeit im Weltraum ist auch in diesem Zusammenhang von besonderer Bedeutung die Konvention über die internationale Haftung für Schäden, die durch Weltraumobjekte verursacht werden vom 29. März 1972.[18]

Es bedarf an dieser Stelle keiner näheren Beweisführung, daß das Prinzip der Verantwortlichkeit der Staaten, das bis jetzt allerdings inhaltlich noch nicht eindeutig bestimmt ist, wie die Arbeit der Völkerrechtskommission beweist, als Prinzip dem Völkerrecht immanent ist. Demzufolge muß es selbstverständlich

18 Vgl. Völkerrecht, Dokumente, Teil 3, a. a. O., S. 780ff.

auch als ein wesentliches Element in die Interpretation des Prinzips des gemeinsamen Erbes der Menschheit einbezogen werden.

Zusammenfassend läßt sich zum „gemeinsamen Erbe der Menschheit" folgendes feststellen:

1. Die Rechtsquellen des Prinzips „gemeinsames Erbe der Menschheit".

Die Rechtsquellen sind einmal für die Erforschung und Nutzung des Meeresgrundes und -untergrundes die Konvention über das Seerecht und für die Erforschung und Nutzung des Weltraumes und seiner Himmelskörper in erster Linie der Weltraumvertrag und der Mondvertrag.

Darüber hinaus wird das Prinzip des gemeinsamen Erbes der Menschheit in mehreren — im Rahmen der Analyse genannten — Resolutionen der Vollversammlung der Vereinten Nationen herausgearbeitet. Nach dem Wortlaut der Charta der Vereinten Nationen haben diese Resolutionen aber grundsätzlich nur empfehlenden Charakter und stellen keine für alle Staaten verbindliche Völkerrechtsnormen dar.[19]

2. Das Prinzip des gemeinsamen Erbes der Menschheit und das allgemeine Völkerrecht.

Die bisherigen Untersuchungen haben deutlich gemacht, daß das Prinzip des gemeinsamen Erbes der Menschheit bisher von der internationalen Staatengemeinschaft bezüglich konkreter Gegenstände normiert worden ist. Das sind die analysierten Dokumente und die genannten Gegenstände. Aber bereits die Regelungen, die in der Konvention über das Seerecht einerseits und im Weltraum- und Mondvertrag andererseits enthalten sind, machen deutlich, daß im einzelnen eine solche Vielzahl von Unterschieden besteht, die es unmöglich erscheinen läßt, einen einheitlichen und gemeinsamen Inhalt des Prinzips „gemeinsames Erbe der Menschheit" zu bestimmen. Solche Unterschiede betreffen die besonderen Regelungen für Küstenstaaten, Binnenstaaten und geographisch benachteiligte Staaten, Entwicklungsländer usw. unterschiedliche Kategorien der Nutznießer einer Nutzensbeteiligung, die Regelung hinsichtlich einer Meeresbodenbehörde und so fort. Bereits aus der bisherigen Normierung ergibt sich, daß schon eine Identität zwischen den Regelungen im Seerecht und im Weltraumrecht hinsichtlich des gemeinsamen Erbes der Menschheit nicht besteht. Aus diesem Grunde erscheint es nicht möglich, heute davon auszugehen, daß das gemeinsame Erbe der Menschheit ein Prinzip des allgemeinen Völkerrechts ist, das grundsätzlich für alle souveränitätsfreien Räume Gültigkeit hat. Dieses Prinzip muß offensichtlich auch auf Grund der großen Unterschiede, die sich aus dem Bezug zu dem jeweiligen Gegenstand ergeben, im einzelnen für jeden zu regelnden Bereich neu vereinbart werden.

19 A. Verdross, Kann die Generalversammlung der Vereinten Nationen das Völkerrecht weiterbilden?, in: ZaöRV, Bd. 26 (1966), S. 691 f.

Daneben ist auf Grund der Verschiedenartigkeit etwa des Mondes vom Meeresboden, dem Grad der Forschung wie der Zugänglichkeit und damit Ausbeutbarkeit jeweils im einzelnen konkret das Regime der Erforschung und Ausbeutung der natürlichen Ressourcen und damit auch der Inhalt des gemeinsamen Erbes der Menschheit zu bestimmen.

3. Der rechtliche Inhalt des Prinzips „gemeinsames Erbe der Menschheit".

Aus dem klar erkennbaren Staatenwillen, der in den entsprechenden völkerrechtlichen Vereinbarungen seinen Ausdruck findet, ist aber klar ersichtlich, daß es generell darum geht, das gemeinsame Erbe der Menschheit durch die friedliche internationale Zusammenarbeit zwischen allen Staaten und Völkern auf der Grundlage der souveränen Gleichheit und Nichtdiskriminierung im Interesse der gesamten Menschheit zu nutzen. Die elf genannten Elemente zum Inhalt dieses Prinzips können nachweisbar aus den bisherigen völkerrechtlichen Vereinbarungen herausgearbeitet werden. Inwieweit neue Elemente hinzugefügt werden, muß der Entscheidung der souveränen Staaten im Rahmen der Vereinten Nationen überlassen bleiben.

Резюме

Г. Вюнше

Новая конвенция по морскому праву и „общее наследие человечества“

1. Правовыми источниками „общего наследия человечества“ в отношении исследования и использования морского дна и морских недр являются Конвенция по морскому праву и относительно изучения и использования космического пространства и небесных тел в первую очередь Договор о принципах деятельности государств по исследованию и использованию космического пространства, включая Луну и другие небесные тела, и Договор о Луне.

Кроме того, принцип общего наследия человечества разрабатывается во многих — названных в рамках работы — резолюциях Генеральной Ассамблеи Организации Объединенных Наций. Однако, согласно тексту Устава Организации Объединенных Наций, эти резолюции носят принципально рекомендательный характер и не представляют собой обязательных для всех государств международно-правовых норм.

2. Принцип общего наследия человечества и общее международное право.

Исследования показали, что принцип общего наследия человечества до настоящего времени регулировался международной общностью государств в отношении конкретных предметов. Это — проанализированные документы и названные предметы. Но уже те положения, которые содержатся в Конвенции по морскому праву, с одной стороны, и в Договоре о принципах деятельности государств по исследованию и использованию космического пространства, включая Луну и другие небесные тела, и Договоре о Луне, с другой, показывают, что в частности имеется столько различий, что кажется невозможным определить единое и общее содержание принципа „общего наследия человечества“. Такие различия касаются особых положений относительно прибрежных государств, государств, не имеющих прямого выхода к морю, и расположенных географически невыгодно государств, развивающихся стран и т. д., а также различных категорий пользователей объекта коллективного использования и регулирования относительно Международного органа по морскому дну и т. д. Уже из имеющегося нормативного материала следует, что между положениями по регулированию в области морского права и в области космического права не имеется идентичности относительно общего наследия человечества. По этой причине кажется невозможным на сегодня исходить из того, что общее наследие человечества является принципом общего международного права, действующим в принципе в отношении всех пространств вне пределов государственной юрисдикции. Очевидно, что также по причине больших различий, вытекающих из обращения к тому или иному предмету, относительно этого принципа должно быть достигнуто новое соглашение по каждой регулируемой сфере в отдельности.

Наряду с этим, по причине различий, например, Луны и морского дна в отношении степени их изученности, а также доступности и тем самым их эксплуатационной возможности необходимо соответственно конкретно определить режим исследования и эксплуатации природных ресурсов и тем самым содержание общего наследия человечества.

3. Правовое содержание принципа „общего наследия человечества“.

Из очевидной воли государств, находящей своё выражение в соответствующих международно-правовых соглашениях, очевидно, что речь идёт о том, чтобы использовать общее наследие человечества путем мирного международного сотрудничества всех государств и народов на основе суверенного равенства и недискриминации в интересах всего человечества. В частности, одиннадцать названных элементов содержания этого принципа могут быть бесспорно определены на основе уже имеющихся международно-правовых соглашений. В какой мере они должны быть пополнены новыми элементами, предоставлено решению суверенных государств в рамках Организации Объединенных Наций.

Summary

H. Wünsche

The New Convention on the Law of the Sea and the "Common Heritage of Mankind"

1. Regarding the principle of the common heritage of mankind, it is necessary to find out the sources to refer to in order to prove its existence. As to the exploration and use of the sea-bed and ocean floor and subsoil thereof such source, undoubtedly, is the Convention on the Law of the Sea and, as to the exploration and use of outer space and its celestial bodies it is above all the Treaty concerning Outer Space and the Agreement concerning the Moon.

Moreover, the principle of the common heritage of mankind is being elaborated in several resolutions of the United Nations General Assembly which were named in this analysis. In accordance with the Charter of the United Nations, however, these resolutions bear, on principle, recommendatory character and do not represent rules of international law binding on all States.

2. The principle of the common heritage of mankind and general international law

The study proved that the principle of the common heritage of mankind up to now has been regulated by the international community of States with regard to concrete objects. These objects and the related documents have been analysed in the present study. But already the regulation contained in the Convention on the Law of the Sea as well as in the Treaty concerning Outer Space and in the Agreement concerning the Moon show that there is, in detail, such a multitude of differences which make the definition of a uniform and common content of the principle of the "common heritage of mankind" seem impossible. There are such differences as to the special regulations for coastal States, land-locked States and geographically handicapped States, developing countries, etc., various categories of beneficiaries sharing in a benefit, the regulations concerning the Sea-Bed Authority, and so on. Already the existing regulation shows that there is not even an identity between provisions in the law of the sea and those in space law in respect of the common heritage of mankind. For this reason it does not seem to be possible at present to depart from the common heritage of mankind as being a principle of general international law which is basically valid for all areas beyond national jurisdiction. Obviously, this principle will — also taking into account the great differences resulting from the respective object — have to be newly agreed upon in detail for every sphere of regulation.

Besides, the régimes to govern the exploration and exploitation of natural ressources and hence also the content of the common heritage of mankind have to be determined separately in every concrete case, this being due to the differences in nature, for instance between the moon and the sea-bed and ocean floor, and to the degree of their research and accessibility and thus exploitability.

3. Legal content of the principle of "common heritage of mankind"

The clearly recognizable will of the States which finds its expression in corresponding international agreements shows that what matters, in general, is to use the common heritage of mankind for peaceful international cooperation between all States and peoples on the basis of sovereign equality and non-discrimination in the interest of mankind as a whole. Particularly the eleven elements described as constituting the content of this principle can be derived from the existing international agreements. The extent to which new elements are added must be left to the decision by the sovereign States within the framework of the United Nations.

Autorenverzeichnis

L. A. Alexidze
Professor für Völkerrecht, Universität Tbilissi

J. Barcz
Dr., wiss. Mitarbeiter, Forschungsinstitut für Gerichtsrecht beim Ministerium der Justiz, Warschau

G. K. Dmitrieva
Dozent, Universität Kiew

H. de Fiumel
Professor für Völkerrecht, Polnische Akademie der Wissenschaften, Institut für Staat und Recht, Warschau

B. Graefrath
Professor für Völkerrecht, Akademie der Wissenschaften der DDR, Institut für Theorie des Staates und des Rechts, Berlin

G. Herczegh
Professor für Völkerrecht, Universität Pécs

H. Kröger
Professor (em.) für Völkerrecht, Akademie für Staats- und Rechtswissenschaft der DDR, Potsdam-Babelsberg

I. I. Lukašuk
Professor für Völkerrecht, Universität Kiew

R. Meißner
Dr., Sektorenleiter im Ministerium für Auswärtige Angelegenheiten

E. Oeser
Professor für Völkerrecht, Humboldt-Universität, Berlin

Ch. Poeggel
Dr., wiss. Mitarbeiter, Karl-Marx-Universität, Leipzig

W. Poeggel
Professor für Völkerrecht, Karl-Marx-Universität, Institut für internationale Studien, Leipzig

L. Rüster
Professor für Internationales Wirtschaftsrecht, Akademie der Wissenschaften der DDR, Institut für Theorie des Staates und des Rechts, Berlin

G. I. Tunkin
Professor für Völkerrecht, Universität Moskau, Korrespondierendes Mitglied der Akademie der Wissenschaften der UdSSR

E. T. Usenko
Professor für Völkerkunde, Akademie der Wissenschaften der UdSSR, Institut für Staat und Recht, Moskau

H. Wünsche
Professor für Völkerrecht, Akademie für Staats- und Rechtswissenschaft der DDR, Potsdam-Babelsberg

Список авторов

Л. А. Алексидзе
Профессор международного права, Тбилисский государственный университет

Я. Барч
Канд. юр. наук, научный сотрудник Исследовательского института судебного права при Министерстве юстиции, Варшава

Г. К. Дмитриева
Доцент, Киевский государственный университет

Г. де Фиумель
Профессор международного права, Институт государства и права АН ПНР, Варшава.

Б. Грэфрат
Профессор международного права, Институт теории государства и права АН ГДР

Г. Герцег
Профессор международного права, Печский университет

Г. Крэгер
Профессор международного права, Академия государственных и правовых наук ГДР, Потсдам-Бабельсберг

И. И. Лукашук
Профессор международного права, Киевский государственный университет

Р. Мейснер
Канд. юр. наук, зав. сектором в Министерстве иностранных дел ГДР

Э. Эзер
Профессор международного права, Университет им. Гумбольдта Берлин

К. Пэггель
Канд. юр. наук, научный сотрудник, Университет им. Карла Маркса, Лейпциг

В. Пэггель
Профессор международного права, Университет им. Карла Маркса. институт международных исследований, Лейпциг

Л. Рюстер
Профессор международного хозяйственного права, Институт теории государства и права АН ГДР, Берлин

Г. И. Тункин
Профессор международного права МГУ, член-корреспондент АН СССР

Е. Т. Усенко
Профессор международного права, Институт государства и права АН СССР, Москва

Г. Вюнше
Профессор международного права, Академия государственных и правовых наук ГДР, Потсдам-Бабельсберг

Notes on the Authors

L. A. Alexidze
Professor of International Law, Tbilissi University

J. Barcz
Research Fellow, Doctor of Law, Research Institute of Judicial Law of the Ministry of Justice, Warsaw

G. K. Dmitrieva
Doctor of Law, Kiew University

H. de Fiumel
Professor of International Law, Polish Academy of Sciences, Institute of State and Law, Warsaw

B. Graefrath
Professor of International Law, Academy of Sciences of the GDR, Institute of Theory of State and Law, Berlin

G. Herczegh
Professor of International Law, Pécs University

H. Kröger
Professor (em.) of International Law, Academy of Law and Political Sciences of the GDR, Potsdam-Babelsberg

I. I. Lukashuk
Professor of International Law, Kiew University

R. Meißner
Doctor of Law, senior officer in the Ministry of Foreign Affairs of the GDR

E. Oeser
Professor of International Law, Humboldt University Berlin

Ch. Poeggel
Doctor of Law, Research Fellow, Karl-Marx-University, Leipsic

W. Poeggel
Professor of International Law, Karl-Marx-University, Institute of International Studies, Leipsic

L. Rüster
Professor of International Economic Law, Academy of Sciences of the GDR, Institute of Theory of State and Law, Berlin

G. I. Tunkin
Professor of International Law, Moscow University, Corresponding Member of the Academy of Sciences of the USSR

E. T. Usenko
Professor of International Law, Soviet Academy of Sciences, Institute of State and Law, Moscow

H. Wünsche
Professor of International Law, Academy of Law and Political Sciences of the GDR, Potsdam-Babelsberg

FSC
www.fsc.org
MIX
Papier | Fördert
gute Waldnutzung
FSC® C083411

Kolibri 360 GmbH
Ferdinand-Jühlke-Straße 7
99095 Erfurt, Deutschland
produktsicherheit@kolibri360.de